本书受"中央财经大学全球金融治理协同创新中心"项目经费支持

Global Financial Governance Report
(2015—2016)

全球金融治理报告
（2015—2016）

张礼卿　谭小芬◎主编

人民出版社

策划编辑：郑海燕

封面设计：吴燕妮

责任校对：吕　飞

图书在版编目（CIP）数据

全球金融治理报告（2015—2016）/张礼卿，谭小芬 主编. —北京：人民出版社，2016.7

ISBN 978 - 7 - 01 - 016220 - 1

Ⅰ.①全…　Ⅱ.①张…　②谭…　Ⅲ.①国际金融管理-研究报告-世界-2015—2016

Ⅳ.①F831.2

中国版本图书馆 CIP 数据核字（2016）第 110022 号

全球金融治理报告（2015—2016）

QUANQIU JINRONG ZHILI BAOGAO（2015—2016）

张礼卿　谭小芬　主编

人民出版社 出版发行

（100706　北京市东城区隆福寺街 99 号）

环球东方（北京）印务有限公司印刷　新华书店经销

2016 年 7 月第 1 版　2016 年 7 月北京第 1 次印刷

开本：710 毫米×1000 毫米 1/16　印张：26.75

字数：508 千字

ISBN 978 - 7 - 01 - 016220 - 1　定价：80.00 元

邮购地址 100706　北京市东城区隆福寺街 99 号

人民东方图书销售中心　电话（010）65250042　65289539

CONTENTS

目　录

专　论

背　景　篇

问　题　篇

中 国 篇

前　言

　　2007年美国次贷危机爆发以后，全球金融治理问题引起了国际社会的高度关注。不少经济学家认为，尽管这场自1929—1933年大萧条以来最大的全球性金融危机有很多原因，但从根本上讲则是因为全球金融治理存在诸多缺陷。对这些缺陷的批评主要涉及美元的霸权地位和货币特权，以及在金融自由化和金融创新冲击下国际金融监管体系的漏洞等。在应对金融危机的过程中，以G20为主要平台的国际经济政策协调机制在一定程度上促进了全球经济复苏和金融市场稳定，但总体上很多基本问题仍然没有得到解决。从危机爆发至今已经过去了8年时间，全球金融治理结构很难说取得了实质性改善。如何对全球货币和金融体系进行改革，从制度层面进行必要的重构，仍然是当今各国政策制定者面临的重要课题。

　　所谓全球金融治理(global finance governance)，是指通过规则、制度和机制的建立，对全球货币事务和金融活动进行有效的管理，包括在全球、区域和国家层面对各种利益关系进行协调。其宗旨是通过维护全球货币和金融的稳定和公平，进而推动全球经济、贸易和投资等各个领域的健康发展。大致说来，当前全球金融治理领域有八个方面的问题值得我们深入展开研究。

　　第一，应该如何评价以美元为中心的国际货币体系？什么样的国际货币体系最有助于全球金融体系的稳定？在20世纪七八十年代，以查尔斯·金德伯格尔、罗伯特·吉尔平等为代表的学者认为，世界需要美元"霸权"，因为美国在享有货币特权的同时会向世界提供有助于金融稳定的公共产品，如在全球金融危机时通过增加流动性充当最后贷款人。存在近三十年的布雷顿森林体系,似乎在一定程度上为"霸权稳定论"提供了经验支持。不过,以约瑟夫·斯蒂格利茨、周小川等为代表的学者则不以为然。在他们看来,美元作为一种主权货币,充当国际货币时难免遭遇"特里芬难题";再则,美国的货币政策总会优先考虑美国国内经济稳定的需要,不可能以全球经济稳定为政策出发点。布雷顿森林体系的瓦解以及半个多世纪以来全球金融动荡的频繁发生,都表明"霸权稳定论"并没有获得有效验证,美元主导的全球货币体系并不是一个具有内在稳定性的制度框架。

既然以美元为中心的国际货币体系存在严重缺陷,那么改革就具有突出的意义。事实上,在过去几十年间出现过不少改革方案,其中包括回到国际金本位方案、实行单一世界货币方案、基于 SDR 的超主权货币方案、多元储备货币方案和改良的美元本位方案等等。然而,所有这些方案均看不到在近期实现的可能性。人民币国际化进展的启动和快速发展,为多元储备货币方案的实施增添了机会。近期,人民币成为 SDR 篮子的定值货币,从而继续推动人民币国际化这一重要的历史进程。不过,从总体上看,这一进程仍然处在初期,如何避免各种风险和问题而使其获得可持续发展,值得深入研究。

第二,如何进行有效的国际宏观经济政策协调,以便减少重要经济体宏观经济政策的溢出效应?在各国经济高度关联的今天,美国、欧盟和中国等主要经济体的宏观经济政策已经具有越来越明显的外溢效应。2007—2008 年美国次贷危机很快酿成全球性金融危机,其量化宽松货币政策的实施和退出对新兴市场经济体金融稳定的冲击,中国汇率政策调整对全球金融市场产生的影响等等,都已清楚地表明,主要经济体的政策协调至关重要。从目前看,G20 可能是最重要的国际经济政策协调机制。然而,自 2009 年伦敦峰会成功地促成各国经济刺激以来,G20 的作用总体上并不明显,正在演化成一个主要经济体领导人空谈和作秀的平台。如何继续有效发挥 G20 在政策对话方面的积极作用,使之真正成为一个具有约束力的持久的协调机制,是当前全球金融治理领域面临的最主要挑战之一。

第三,如何建立和健全全球金融安全网,以防范日趋明显的流动性冲击？自 20 世纪 70—80 年代以来，伴随着金融自由化和金融全球化的快速发展，新兴市场经济体的金融稳定频繁遭遇冲击，货币危机不断发生。作为对策，很多国家尝试大量积累外汇储备，或者签署双边货币互换协定，或者参与区域性金融一体化进程，或者在危机发生时向国际货币基金组织（IMF）寻求流动性贷款。所有这些措施都有一定的作用，但总体上并不充足，不能完全避免货币金融危机的发生。而且，有的工具或途径还存在较大的约束和使用成本，譬如，大规模持有外汇储备，意味着巨大的机会成本，即不能充分利用外汇资源发展经济；再譬如，在使用 IMF 贷款和某些区域性货币互换安排时，危机国常常被要求接受苛刻的"条件性"（Conditionality）。如何创新和完善全球金融安全网的建设，着力维护全球金融体系的稳定，仍然需要进行积极的探索和创新。

第四，如何对现行的全球金融治理机构（如 IMF）进行改革？为了在战后对国际货币秩序进行重建，在美国主导之下，布雷顿森林体系于 1944 年应运而生。尽管已经过去了 70 年，而且在其核心内容——可调整的钉住汇率制度（即"双挂钩"）在 1973 年已经退出历史舞台，但作为这一体系的机构遗产，国际货币基金组织和世界银行集团一直保留至今，并且成为现行全球金融治理框架的重要组成部分。客观讲，在这 70 年里，国际货币基金组织和世界银行集团在促进全球货币稳定、经济发展和减少贫困等方面作出了不可忽略的重要贡献。但是，在全球经济格局发生重大变革后的今天，无论是国际货币基金组织还是世界银行，以美国为绝对主导的治理结构不仅难以更为有效地发挥其应有作用，也有失公平。对这两大国际组织的份额和投票权结构进行改革，使中国等新兴市场经济体拥有更多的话语权，已是大势所趋。遗憾的是，由于种种原因，特别是由于美国国内政治力量的阻挠，这方面的改革至今没有结果。如何寻求突破，依然是主要经济体的领导人所面临的挑战。

第五，如何对国际资本流动进行有效管理？国际资本流动的经济影响是双重的。一方面，正常的资本流动具有促进资源合理配置、实现跨期均衡和分散投资风险等潜在利益；另一方面，非理性的特别是投机性短期资本的大规模流动常常成为一国金融动荡的根源。近年来不少实证研究发现，资本自由流动与经济增长并不存在明显的相关关系，其包含的政策含义值得我们深思。

实际上,在过去几十年间,工业化国家的资本周期性地大规模流入和流出新兴市场,在很多国家引发了宏观经济不稳定和资产价格的泡沫生成与破灭周期("Boom-burst Circle"),最终基本上都以金融危机收场。面对屡屡发生的动荡,国际货币基金组织终于自 2012 年起改变了长期以来鼓励资本账户开放的立场,认为面对大规模资本流入冲击时,一国除了应该及时调整宏观经济政策、允许货币升值和加强宏观审慎监管外,还应该将资本管制当作可选的政策工具。这一立场转变无疑有助于新兴市场经济体国家的金融稳定。不过,如何提高这些政策工具的效果,并不是一件很容易的事情。

值得指出的是,如果仅仅从输入国对国际资本流动进行管理,不仅效果不佳,而且并不公平。因为一方面,无论是调整宏观经济政策、允许货币升值、加强宏观审慎监管还是实行资本管制,其政策代价基本由输入国承担而与输出国无关。因此,如何探索一个由输入国和输出国共同参与的国际资本流动管理框架,通过某种形式的国际协定对国际资本流动进行双向管理,将是全球金融治理领域的一项重要任务。

第六,如何对全球金融业进行监管? 2008 年美国次贷危机后,国际社会对于全球金融监管给予了高度重视。在 2009 年召开的 G20 伦敦峰会上,与会各国一致同意在原先的金融稳定论坛(Financial Stability Forum)基础上创立金融稳定委员会(Financial Stability Board,简称 FSB),作为促进全球金融监管的主要机构,与国际货币基金组织一起对全球金融风险预警并提出解决措施。会上还提出了全球金融监管的基本框架,主要包括:改造金融监管架构,加强对宏观审慎风险的识别和管理;扩大金融监管范围,将系统重要性金融机构、金融市场和金融工具纳入审慎监管范围;改进金融机构的薪酬制度;提高金融体系资本质量和数量,阻止过度杠杆,提取缓冲资金;呼吁会计准则改革等。在之后的匹兹堡峰会和首尔峰会上,又对如何缓解金融机构的顺周期效应、加强对影子银行和衍生产品进行监管等重要问题提出了具体应对措施。

高度重视全球金融监管框架的建立,无疑是美国次贷危机以来全球金融治理方面的一项重要内容。在金融稳定委员会的积极努力下,这方面的成绩不容低估。不过,这一进程同样面临挑战。首先,最大的问题是如何使得各项监管设想得到有效的实施;其次,如何形成一个各国均应遵守,但也能适当体现不同发展阶段国家特点的国际标准;最后,如何加强各国在监管领域的协调和合作。所有这些,都值得进行深入研究。

第七,如何有效开展区域性和集团性货币金融合作?区域性和集团性货币金融合作是全球金融治理的一个重要层面。近年来,由于全球性货币金融合作面临资金不足、条件苛刻等诸多困难,加上各种区域经济一体化进程的推动,区域性和集团性的货币金融合作框架不断出现。前者如"清迈协议"及其多边化(CMI,CMIM),后者如金砖国家应急储备安排(BCAR)等。在长期发展融资方面,除了亚洲开发银行、非洲开放银行、泛美开发银行这些较早成立的开发性金融机构外,新建成启动的有亚洲基础设施投资银行(简称"亚投行")和金砖国家新开发银行等。

区域性或集团性货币金融合作安排的出现,是对全球性货币金融合作机制的补充。但是,由于种种原因,一些合作安排并没有取得很好的成效。譬如,由于缺乏独立的宏观经济检测机制,创建于 2000 年 5 月的"清迈协议"在使用时相当程度上需要与 IMF 的"条件性"(Conditionality)挂钩,因而至今没有被启用过。尽管挂钩的比例已经从最初的 90% 降为 70%,但仍然不足以鼓励有关国家在危机时申请使用。其他区域性货币安排也有类似的问题。至于亚洲基础设施投资银行(AIIB)、金砖国家新开发银行等新成立的开放性融资机构,主要问题是如何构建合理的内部治理结构、提高信用评级和扩大筹集能力等。

第八,中国应该如何参与全球金融治理?经过 30 多年的快速发展,中国经济正在迅速崛起。近年来,中国已相继成为全球第二大经济体和第一大对外贸易国,同时也是全球主要的国际直接投资输入国和输出国。另外,人民币国际化的进程也颇为迅速。截至 2015 年 8 月底,人民币已经成为全球第二大贸易融资货币、第四大支付货币和第六大外汇交易货币。

作为一个正在迅速上升的新兴经济体,中国理应在全球和区域两个层面积极参与全球治理。事实上,伴随着对外金融的进一步开放和人民币国际化的逐步实现,借助 G20 峰会、IMF 改革进程、亚洲货币金融合作框架、亚洲基础设施投资银行、金砖国家新开发银行、丝路基金、上海合作组织峰会、"一带一路"倡议等国际性和区域性安排,中国正在努力承担更多的国际责任并在国际事务中享有更多的话语权。2016年,G20峰会将在杭州举办,相信中国政府会充分利用议题设立等有利条件使这一峰会产生切实有效的积极作用。

不过,中国究竟应该如何面对第二次世界大战结束后形成的、由美国主导的国际经济秩序和金融治理结构?是积极挑战,还是在尊重现状的同时逐渐寻求改革和突破?中国是否已经准备好承担更多的国际责任?应该如何处理好深化国内改革和扩大对外开放之间关系?应该如何协调全球、区域和双边这三个国际合作层次的关系?应该如何在坚持商业原则的前提下,积极推进与相对落后国家之间的经济和金融合作?这些问题,都亟待从理论到政策层面展开深入研究。

本书是中央财经大学国际金融研究中心和全球金融治理创新中心(筹)的研究成果。全书共分为四部分。第一部分为专论,收录了亚洲基础设施投资银行行长金立群先生就布雷顿森林体系进行的回顾和反思,以及著名经济学家、中国社会科学院学部委员余永定教授对中国贸易平衡和人民币国际化的最新分析。第二部分为背景篇,对一年来全球宏观经济和金融形势,以及全球金融市场的运行状况进行回顾和展望。第三部分为问题篇,着重探讨当前全球金融治理领域中面临的主要问题,包括国际储备体系的改革和特别提款权,全球流动性的变化、影响及其管理,国际资本流动管理的新趋势,全球金融监管框架的变化,G20在全球金融治理中的作用,亚洲货币金融合作和中国的作用,东亚国家货币汇率安排的新趋势,后危机时代的欧盟区域金融合作,金砖国家货币金融合作的意义和发展方向等。第四部分为中国篇,主要研究中国的对外金融开放和相关政策,包括人民币国际化面临的挑战和对策、中国资本账户开放的进程和风险控制、中国对外投资的崛起及其可持续发展、中国的国际收支和人民币汇率变化趋势等。

本书的出版,凝聚着每一位作者对相关问题的认真思考和辛勤付出。尤为值得一提的是,金立群先生和余永定教授在他们极其繁忙的日程中,拨冗为本书提供了专稿。对于他们的大力支持,我们深感荣幸并致以衷心的感谢。中央财经大学科研处提供了出版资助,人民出版社经济编辑室的郑海燕主任以高度的社会责任感为本书的出版提供了帮助,承担了繁重的编辑工作。在此,我们一并致谢。由于水平有限,书中难免存在错误和遗漏,敬请读者批评指正。

张 礼 卿

中央财经大学国际金融研究中心主任、教授、博导

2015 年 11 月 26 日

专 论

第一章 布雷顿森林体系70年

——中国如何在新一轮国际竞争格局中发挥作用

金立群[*]

70年前,当第二次世界大战的硝烟尚未消散之时,战争大局已定。盟国已经开始在谋划战争结束之后的重建和构建新的世界格局。20世纪是人类工业化迅速发展的阶段,很多国家的国民生产总值和人均收入从未达到这样的高度。可是,偏偏在这样的条件下,一个世纪过去了不到一半的时间,就打了两场就规模和残忍度而言均为史无前例的大战。两次世界大战的间隔非常短暂,第一次世界大战实际上是欧洲地区的局部战争,由于"欧洲中心论"的影响力,就权且称为世界大战,似乎无人对此质疑;而第二次世界大战则包括远东和太平洋战争,那是名副其实的世界大战。第一次世界大战之后重建,此后再遭摧毁,接着又要重建,属于不得已而为之,却又不是毫无意义的事情。为了避免悲剧再度重演,当时的要务,乃是建立一个新的国际合作框架,在全球的范围内寻求共同合作和发展,争取持久的和平。这样的设计,当然也包含着把行将战败的国家纳入其中。构建全球合作框架,首先要考虑的是国际货币体系的设计,因为这是经济和贸易往来的基础。

第一节 布雷顿森林体系瑕瑜错陈

设计和创建布雷顿森林体系,以解决当时重建的燃眉之急。国际货币基金组织和国际复兴开发银行应运而生,并和关税与贸易总协定构成了战后三大经济支柱。这两个机构对于全球经济发展和金融稳定,作出了很大的贡献,其作用无论如何不可低估。然而,对于批评者来说,布雷顿森林机构70年来的表现,可谓瑕瑜错陈。这并

---

* 金立群:亚洲基础设施投资银行(AIIB)行长,中国财政部前副部长,中金公司前董事长,亚洲开发银行前副行长。

不奇怪,因为缺点比优点更加明显,暗处比明处更为醒目,这是人性使然。

布雷顿森林体系建立70周年之际,世界各地的研究机构都纷纷举办讨论会,回顾这段历史。中国学者也不甘寂寞,研讨会、论文集、专著等,甚为可观。这反映了中国经济和金融学术界对全球化和国际多边合作体系的重视。中国不仅是资金走出去、技术走出去,学术思想也要走出去,充分体现崛起的中国的硬实力和软实力。布雷顿森林体系的作用,以及制度设计上的缺陷,谈得已经非常多了。我只是想从几个不同的角度来探索一下,是否可以从众人反复踏勘的地方,发现一些新的启迪。

最近一次金融危机和欧债危机,似乎又再一次给布雷顿森林体系揭短。国际货币基金组织未能作出金融危机的预警,世界银行也不可能给自称发达国家的欧元区债务国提供贷款。在全球化日益扩张的今天,这个体系是否能够继续存在并发挥作用,全在利益相关者的态度,看他们是否愿意进行改革。而对某些大国来说,这毕竟是一件非常痛苦的事情。

重塑布雷顿森林体系的构想,对很多人来说,颇有感召力。这是现实的需要,属于当务之急。其目的是要对布雷顿森林体系进行改革,使之更为有效,而不是把它彻底推倒。国际社会的主流试图改造这一体系,首先就是对其迄今为止所起的作用的肯定,而改革是为了使其适用新的历史条件。

从第二次世界大战行将结束时的心理预期来看,动荡年代的人们热切盼望的是各种货币之间汇率的稳定。

在美国新罕布什尔州的布雷顿森林庄园要解决的问题,一是能否有一种近乎统一的全球货币;二是在不可能建立全球货币的情况下,能否保持各主要币种之间的汇率稳定,从而实现近似国际货币的效果。与会代表最终达成一致,决定建立一种基于"双挂钩"(即美元和黄金挂钩、各国货币与美元挂钩)的可调整的钉住汇率制度,因为如果纸币能按一定的固定汇率兑换,就可以有货币价值稳定的预期,就可以确保经济的稳定。在最初的一些年,基于一盎司黄金兑换35美元的官方价格,美国有足够的黄金储备来承诺兑换黄金。当时,美国的经济如日中天,欧洲国家都普遍看好美国。美国经济强劲使人们预期美元升值,其他货币贬值。由于美国承诺成员国的货币可以兑换成美元,所以,他们都乐于投资美元;和美国贸易,有美元也更加方便。总之,固定美元和黄金的汇率,符合各方面的利益。不过,当美国的代表参与讨论并主导谈判的进程时,美国是否意识到美元和黄金挂钩存在着潜在的风险?美国是否考虑到其国际义务和承担这一义务的持久的能力?美国不可能没有考虑过这个问题。但是,任何重大的政治决策都着眼于当下,其次才是长远。

第二次世界大战后的这种可调整的钉住汇率制度不可能风平浪静,没有任何干扰。但是,战后各国经济重建,百废待举,呈欣欣向荣的一派生气。而且,各国致力于国际合作,谋求平稳复兴,政治上比较一致。每当协定国家的黄金平价受到攻击而发生货币危机时,他们基本上都能得到其他国家储备的帮助。要是没有各国中央银行和政府之间的密切合作和配合,这种钉住汇率制度很难维持下去。

布雷顿森林体系的本质是以确保黄金平价为可兑换的基础的钉住汇率制。但是,设计者赋予了这一体系一套三位一体的保障机制:钉住汇率可调整(原则上在1%—10%之间,允许资本管制,由国际货币基金组织对各国政策实施监督,并对发生困难的国家提供融资)。

这套保障机制的协调运行,需要得到各个参与国政府的支持和配合,需要各国负责,更需要互信。在第二次世界大战后重建的最初几年里,布雷顿森林体系的运行还算平稳,各国汇率保持了稳定。得益于此,在这段时期内,欧洲各国,包括德国和日本这两个战败国,经济恢复得很快。这种各国政策协调的积极性,来自于现实的需要,亦源于痛苦的记忆。这往往是大动荡之后人民对于安定的企盼,谦让和容忍度会比以往任何时候都好。

随着各国经济的恢复,布雷顿森林体系确定的原则,开始经受考验。这个体系的前瞻性,究竟多远,也就显得十分清晰了。这个体系运行不到十年,就开始出现问题了,不能不说制度设计上存在着缺陷。事实上,任何一种经济关系的安排,无不是政治关系的安排。政治就其本质来说,是针对当前,而不是未来。一种政治经济体制的设计,看其是否成功,并不在于其能否一成不变,而在于其有多大的适应性,能够做多大的调整而保持其整体结构的稳固。从这个意义上来说,布雷顿森林体系又可以说是成功的。

布雷顿森林体系的设计者,其实主要有两个国家,即英国和美国。这两个国家也主要靠两个人,即怀特(Harry Dexter White)和凯恩斯(John Maynard Keyes)。其他人充其量都是旁观者,或者是跑龙套的随从,起不了多大作用,想法再好也不会有人听,而且根本插不上嘴。凯恩斯强调新体系"技术稳定性",怀特则坚持"政治可行性"。这两种思路,孰优孰劣,难有定论,但两者兼备的方案似乎很难找到。

第二节　超主权货币的构想

凯恩斯方案,又称国际清算同盟计划(International Clearing Union),即建立一个世界性的中央银行。各国在国际货币联盟中的份额,以第二次世界大战前三年进出口贸易平均值的75%计算。会员国不需缴纳黄金或外汇,只需在联盟中开设往来账户,通过存款账户和转账来计算各国的债权和债务。

这个方案主张采用透支原则,蕴含了超主权货币的设想。由国际清算联盟发行一种国际货币"班柯"（Bancor），作为各国中央银行或财政部清算之用。班柯以黄金定值，与黄金之间有固定的比例，但是国际货币联盟可以调整其价值。各国按一定的比例和班柯建立固定汇率，这个汇率是可以调整的。但是，不能单方面进行竞争性的货币贬值，改变汇率必须经过国际清算联盟同意。

设计一种新的机制，首先是立足于解决当前的问题，并尽可能考虑长远的功能。但是，设计师的前瞻性不可能延伸得很远，能够预计到多年后会发生的问题。因此，指望70年之前创立的机制解决今天的很多问题，是不公平的。如果有不公平，那就是主要的利益相关者拒绝与时俱进，从而使之遭到被废弃的危险。当今世界已经和布雷顿森林的设计者所处的那个时代大不相同了。当年，美国是无可争议的全球霸主，美国执意要建立的机制，欧洲无力挑战。事实上，70年之后，不管这一体系如何不能适应当今世界的需要，它仍然在美国的影响下运行。布雷顿森林体系依然有其存在的理由，只不过需要更新改造。

布雷顿森林体系，实际上是"可兑换黄金的美元本位"，这和黄金本位不同之处是：美元与黄金挂钩，其他货币和美元挂钩，汇率固定。由于存在"特里芬难题"，如果美国保持贸易顺差，将会出现美元稀缺，国际储备流动性不足，形成通缩压力，势必影响全球贸易和经济的发展；反之，如果美国国际收支持续逆差，市场将对美元失去信心，人们必将抛售美元，使美国无法维持1盎司黄金兑换35美元的承诺。

第三节　美国的解脱

布雷顿森林体系的瓦解，正好说明了布雷顿森林体系的成功，它成为其自身成功的牺牲品。这是其最初的设计者所始料未及的。这个体系使欧洲国家在较为稳定的国际经济环境下得以迅速恢复和发展，美国的资金和市场在此起了很重要的作用。问题是，欧洲国家的恢复势头强劲，德国和日本的经济重建也进展很快，这使美国很快从顺差国转变为逆差国，最终使美国不得不放弃1盎司黄金兑换35美元的承诺。

对于美国来说，布雷顿森林体系的崩溃，是美国的解脱，并由众多国家为美国埋单。牙买加体系，使美元成了本位货币，具有讽刺意味的是，布雷顿森林体系正因美元贬值而崩溃，其结果是各国在无奈之中捧起贬值的美元作为国际储备货币，从而强化了美元的地位。牙买加体系企图解决"可兑换黄金的美元本位制"和僵化的汇率制度；现在，固定汇率制度已经不存在了。但是，美国靠借债和美元贬值来致富的方式，一直遭到国际社会的诟病。然而，不满归不满，追逐美元的劲头丝毫不减，没有其他国家可以复制美国的致富模式。原因有以下几点。第一，美元本位制，即国际储备货币发行国的天然优势。第二，美国有发达的金融体系，控制了全球的金融服务的大部分业务,这和美元作为储备货币密切相关。只要使用美元,就绕不过纽约的美元清算系统。金融系统本身为美国创造财富。第三,美国有强大的跨国公司和海外投资。美国拥有众多知识产权,每年都能够获得丰厚的收益。美元地位依故,各国还将继续为美国埋单。

众所周知,今天中国也希望人民币国际化,走向世界,成为国际储备货币。这是13.7亿中国人所期盼的。但是,中国目前是否有这样的条件?中国还要做什么样的努力?与美国相比,还差得很远,尤其是在金融系统的发达程度和抗风险的能力方面。归根结底,人民币"走出去"不是中国一厢情愿的事情,而在于世界其他国家对人民币的需求,以及满足这种需求的其他条件。

美国周期性巨额贸易逆差及由此引起的美元贬值,不断地给其他国家造成重大的经济损失。远的不说,自从20世纪60年代以来,大约每十年就有一次大幅度贸易逆差和美元贬值。经过大约十年时期的调整,美国继续陷入巨额贸易逆差和美元贬值。由于全球化趋势,美元贬值冲击波及的国家越来越多,程度越来越严重,造成全球金融系统的极度动荡。对此,国际金融体系毫无应对措施。国际社会除了继续使用美元,承受损失之外,没有任何其他选择。美元和美国市场相对于其他国家或地区而言,仍然是不可替代的。美国对改造国际金融秩序的话题非常敏感,担心这种体制的改变会从根本上影响美国的利益。但是,在相当长的一段时期内,这种局面是难以改变的。这次欧债危机,日本持续的衰退和俄罗斯在乌克兰危机之后受到制裁的三种情况的叠加,使美元大受青睐,各国继续乐意接受美国输出的货币。

第四节 "政治可行性"和"技术稳定性"

如前所述,布雷顿森林体系的创立和设计主要是英、美博弈的结果,其他西方国家基本上都是旁观者。当时,即将战败的德国和日本当然不在谈判者之列,众多的亚洲国家还是西方国家的殖民地,或是国力脆弱的国家,包括中国在内,毫无话语权。所以,布雷顿森林体系不可能代表这些国家的利益。但是,布雷顿森林体系设计上的问题,并不会因为这些弱小国家如果有发言权而得以避免。其他各国即使能积极参与,也无奇招可出,他们接受这种制度安排,是因为客观上布雷顿森林体系将会有益于所有参与的国家,而不仅仅是维护英、美的利益。任何一种有效机制的设计都是为了当下,也为了长远,但如果当下和长远发生冲突,当下优先。

在这个问题上,怀特和凯恩斯之争反映了他们不同的视角。一般的印象是,怀特方案之所以最终被采纳,是因为美国的政治和经济力量如日中天,不可抗拒。而英国已经处于下风,无回天之力。这在一定程度上是正确的假设。但是,也许更重要的是,美国的方案主张多变化和包容性,反映了时代的潮流,更符合大多数国家的利益。

怀特方案强调的是"政治可行性",而凯恩斯方案强调的是"技术稳定性"。任何一种政治和经济制度的设计,尤其是国际机构或体系的设计,"政治可行性"永远比"技术稳定性"更加关键。从某种程度上来说,政治不可行的方案不可能达到技术上的稳定;反之,技术稳定必然依赖于政治可行。政治可行性和技术稳定性两者可以兼顾,并非水火不相容。从更深的层次来说,有效机制的设计,一定要考虑到积极的外在效应。只着眼于当事人的利益,无视其他人的诉求,这样的机制不可能有长久的生命力。

怀特方案所建议的"国际稳定基金"(International Stabilization Fund)的目的,是实现汇率的稳定,缓解成员国的国际收支困难。美国主张在成员国之间推动生产性的资本流动,而不仅仅是局限于和英国的经贸关系。怀特方案也是美国力图促进多边贸易最重要的战略,且有其强大的经济实力、美元和黄金储备的支撑。当初美元尚不是最重要的国际储备货币。美元作为储备货币的潜力,在于美国的市场力量,对美元的预期反映和对美国经济的预期。有了美元,就可以买到任何想要的物资和商品。美元的国际化,首先是其市场的国际化;美元的力量,在于其市场的力量。这在一种货币国际化之前是必要条件。而当一种货币成为国际储备货币之后,可以在一定程度上、一定时期内稍稍脱离与该货币发行国家的经济,当然不能完全游离于其经济。

相比之下,怀特方案更加现实,兼顾当下和未来。凯恩斯作为一流的经济学家,也难免受制于英国利益的考量。他更多地想维护英国的传统势力,保持大英帝国对金融的控制。公平地说,凯恩斯并不是事事听命于英国政府,他也对英国政府做了很多疏导和解释,实属不易。但是,他很难不从英国的根本利益出发。正如有的学者指出,凯恩斯是在为不列颠而战;他不是在与轴心国斗争,而是在与美国上升的经济实力斗争。

怀特方案并非不考虑在一定程度上维护英国的势力和利益。相反,美国认为,公平的多边贸易和稳定的汇率制度对英国战后的重建也是有百利而无一弊。英国依然是制造业和出口大国,开放的贸易体系能为英国赢得广阔的市场。这是一贴安慰剂,毕竟面对失去的帝国,留下的一点利益和残羹冷炙无异。

当时,英国对外汇和黄金的流出实行严格的管制,英国政府有意放开,但那时进度很慢。怀特认为这样未免短视,实际上不利于恢复自由贸易,也会造成货币稳定的隐患;对金融资产开放的政策,有利于恢复市场的信心。历史和现实都是无情的,遇到这样的命运,除了适应和调整,没有其他办法,英国毕竟是达尔文的故乡,深谙"适者生存"的道理。

回过头来看,凯恩斯设想的一个超主权的中央银行及其货币"班柯",有很大的合理性,虽然在操作上也不无挑战。这种超主权的货币至少能避免单一主权国家发行货币的很多问题。凯恩斯建议的"国际清算联盟"(International Clearing Union)要成为国际的最后放款者。成员国需要资金时,可以按一定的利率向联盟申请贷款。他认为如果成员国能在正常情况下可以从联盟那里支取他们的大部分份额,而不会受到不必要的限制,那么他们就会有很大的信心。他认为有三个条件可使各国政府有信心:第一,有一种国际货币来补充黄金和美元供给的不足;第二,借款量有足够的数额;第三,贷款决策自动化。但是,凯恩斯的主张遭到美国的反对,美国不主张建立一种国际货币,认为凯恩斯的方案过于宽容,对各国没有约束。对此,英国毫无办法。

第五节　超主权货币的坎坷

50年之后,欧元区成立,超主权的货币终于诞生了,而且比凯恩斯设想的"班柯"更具主权货币的特征。英国首相撒切尔夫人预言,欧元不过几年就会夭折。但是,即使受到欧债危机和金融危机的冲击,欧元区的前景一度晦暗,欧元也仍然存在。像希腊这样本身够不上入盟条件的国家,也坚持待在欧元区不肯退出。欧元区在制度设计上也有问题,只集中货币政策而放任财政政策由各国自管的后果,也不是没有人警告过。但是,先眼前、后未来的政治谈判手段,毕竟催生了欧元,并使之成为至今唯一能和美元较量几个回合的超主权货币。

70年之后,回顾布雷顿森体系的创建和运行过程,对中国这样一个新兴经济大国,是很有借鉴意义的。当年美国确实有财有势,是欧洲国家唯一可以依赖的经济体。但是,美国并不仅仅依靠手中的黄金和美元来指挥世界上其他国家。建立多边平台,采取开放和包容的合作渠道,体现了美国那一代政治和经济外交人员的智慧。马歇尔计划当然不是无私的,不是给欧洲国家的恩赐和赠与。但是,即使推行一个于己有利的庞大的规划,也是要有气度的。

在此后的几十年内,诞生了诸如亚洲开发银行、泛美开发银行、非洲开发银行、欧洲复兴开发银行等多边开发机构、多边合作机制,这些机构和合作机制成为了大家接受的有效合作平台。这是布雷顿森林体系留下的一笔宝贵的遗产。

70年来,布雷顿森林体系的遭遇、国际经济和金融秩序的变迁,充分说明了变动是常态,不变是例外。世界万事万物永远处于变幻之中,而且所变往往出人意表,人民苦于应对动荡,总是力图设计一种机制来应对动荡的世界。

第六节　制度保障的幻觉

第二次世界大战后各国的最大期望是有一个经济和金融稳定的环境。稳定的汇率制度有助于国际贸易、金融稳定和经济增长。布雷顿森林体系的目标之一，是建立稳定的汇率机制。但是，各种因素会打破一国和他国之间由固定汇率维系的平衡，从而使固定汇率日益难以维持。在布雷顿森林体系崩溃之前一段时期里，美元对黄金的汇率不断贬值。德意志银行允许马克和美元汇率浮动之后，美元贬值4%，而黄金价格上涨到一盎司42美元。在这种情况下，美国在官价市场上要坚持35美元一盎司的汇率，也是不可能维持下去的。出于无奈，美国不想再硬撑下去了，于是美国财政部派保罗·沃尔克到欧洲和各主要国家财政部去谈判，要求取消固定汇率。但是，美国政府部门里对实施浮动汇率、关闭黄金窗口有一种恐惧感。大家担心这样将动摇美元作为全球主要储备货币的根基，扰乱整个国际贸易。从政治上讲，这将会使苏联的《真理报》把关闭黄金窗口作为资本主义制度崩溃的特大新闻。

对于像保罗·沃尔克这样的人来说，这也是他难以接受的。他历来捍卫布雷顿森林体系，不希望关闭黄金窗口，而只希望重新设定固定汇率。当时如果让黄金价格翻一番，到每盎司70美元，那么，美国的黄金储备仍然足以应对各国央行以美元兑换黄金的需求。但是，由于不可能预计今后美国经济和贸易的走势，与黄金挂钩和固定汇率永远是一道魔咒。

关闭黄金窗口，黄金和美元脱钩之后，美国从魔咒中得到解套。对于美国公民来说，他们不太在乎黄金和美元的比价。因为从1933年以来，美国公民就不能持有黄金；或者对他们来说，也没有什么损失，只是受到通货膨胀和进口商品价格上涨的冲击。

一种制度所起的保护作用往往使人们产生一种依赖心理，即使这种制度的效果越来越差甚至成为一种束缚。人们总是不愿意或不敢摆脱这种制度。布雷顿森林体系从惠及战后各国，演变成一种制度负担和制度风险，使其最大的受益者也无法应对。不过，一旦把它拆散，其后果并不像人们想象的那样可怕。就像中国的"大锅饭"，一开始是为了给人们提供就业的保障，逐步成为束缚生产力发展的制约因素。人们害怕丢了"铁饭碗"，其实饭碗里本来就没有什么可吃的。一旦打破了"铁饭碗"，日子照样过，而且过得更好。

第七节　中国要有国际合作不到位的思想准备

中国正在进一步融入国际经济，并且从一个相对消极的参与者，逐步转变为积极的引领者。在这一过程中,诚然需要资金实力,但更需要智慧。参与国际事务,创建多边金融机构,促进本地区乃至全球的经济发展和金融稳定,需要气度、高度和力度。中国不会谋求霸主的地位,不会对需要我们帮助的国家颐指气使,而是对其他国家一律平等相待。但是,中国必须跳出传统的框架,有新思维、新构想。创建新的多边合作机制,不是去先克隆一个现有的国际机构,而是要建立一个具有 21 世纪治理水平的新型的国际合作平台。中国是其中的一员,但是敢于负责、敢于担当,值得信赖、可以依靠。作为国际社会中负责任的大国,中国有使命感,并将脚踏实地地去实践使命。

中国主导创办的亚洲基础设施投资银行(简称"亚投行")将是一个带有明显时代特征的多边开发金融机构。中方倡导建立亚投行,目的是为了尽可能满足亚洲地区基础设施融资需求巨大的客观需要。中国将通过承担更多的责任,来促进亚洲地区的合作和多赢。根据亚洲开发银行(简称"亚行")的测算,从现在到 2020 年这段时期,亚洲地区每年基础设施投资需求将达到 7300 亿美元,现有的世界银行、亚洲开发银行等国际多边机构都没有办法满足这个资金需求。

由于基础设施投资的资金需求量大,实施的周期很长,收入流不确定等等的因素,私人部门大量投资于基础设施的项目是有难度的。亚洲地区其实并不缺乏资金,缺少的只是融资机制,我们需要搭建一个专门的基础设施投融资平台,以充分利用本地区充裕的储蓄。亚投行将和现有的多边开发银行合作,撬动私营部门的资金,合理分担风险,利益共享,促进亚洲基础设施的建设。亚投行对世界银行、亚行是一个补充,而不是替代;是对现有国际金融秩序的完善和推进,而不是颠覆。

亚洲地区的经济发展必将为域外的国家带来很好的发展机遇,给他们提供广阔的市场,扩大投资的需求,拉动这些国家经济的复苏,这对全球经济的可持续发展,增加全球的总需求,将是非常重要的。

中国在亚投行作为第一大股东,是根据其在亚洲地区中经济的体量确定的。中国作为第一大股东将提供必要的资金,第一大股东的地位不是特权,而是责任,是担当。

中国在国际上发挥作用,思想上要准备在国际合作不到位的情况下奋斗,要准备在国际社会不合作的前提下拼搏。中国引导世界,主动担当,创建国际合作平台,一开始难以为有些人所接受,要理解为什么有些人满腹狐疑,这总是有原因的。迄今为止的国际合作经验和范例,都不足以作为我们盲目参考的依据。我们面临的现实,和70 年前有很大的差别,中国和周边国家的关系,也不是当年美国和欧洲国家的关系。危机容易促使人们合作,安逸则使人倾向于各行其是。在亚洲国家经济发展相对顺利的情况下,动员大家一起出力办一件大事。需要大家看得更远,不能仅着眼于当下,更为了长远。在布雷顿森林体系创建70周年之际,中国迈出了决定性的一步,十分可喜的一步。

第八节　中国不会以老大自居

在美国、日本等一些大国没有参与亚投行之前,为了保证股本金达到一定的规模,中国提出出资额可以最高达到50%,以便使亚投行能够如期开张运行。今后,随着更多国家的参与,中国将会单方面稀释自己的股份。

即便在初期,作为一个国际社会中负责任的大国,中国也将遵守国际通行准则,不会以老大自居,而是平等待人,有事好商量,尽量以达成一致的方式决策,而不是靠投票权决定。亚投行在从事基础设施投资中,将会十分重视生态环境的保护和改善,会重视搬迁居民的利益。

欧洲发达国家作为创始国参与亚投行,说明他们对中国倡议创立的机构有信心,相信亚投行会建立良好的治理框架,会按照多边机构的规则、国际惯例办事。亚投行的核心理念是精干、廉洁、绿色。亚投行将是高度精简的机构,专业人员全球招聘,我们将配备精兵良将,坚决杜绝机构臃肿的现象;亚投行将对腐败实行零容忍度,我们会建立相关的制度规定,以防止腐败行为的滋生;亚投行将促进绿色经济和低碳经济的发展,实现人类和自然的和谐共处。

总之,亚投行将是由所有成员国通力合作共创的新型多边金融机构,将会广泛代表各个成员国的利益,充分借鉴现有多边发展机构的良好做法和经验,同时,在此基础上有所创新。我们相信通过共同的努力,一定可以打造出一个具有21世纪先进治理理念的新型的国际多边机构。

第二章　重商主义、外汇储备积累与人民币国际化

余永定[*]

目前,全球经济面临的最大威胁无疑是经济陷入长期的衰退。为了加快经济复苏,避免家庭资产负债表的恶化,实现财政和外部的平衡,美国除刺激出口外别无选择。这意味着美国不得不削减经常账户逆差。迄今为止,中国是美国最大的贸易顺差国。中国在避免成为美国政客因自身失败而将中国作为替罪羊的同时,需要处理美国对于中国经济失衡的合理关注。更重要的是,中国经济的再平衡不仅是为了世界其他国家的利益,也是为了中国自身的利益。

过去20年,中国经济失衡的特点是持续的双顺差,即经常账户和资本账户的顺差。结果,中国的外汇储备超过了3.3万亿美元,其中大部分是以美国政府债券形式进行储备。通过双顺差,中国已经分别积累了超过4.7万亿美元的外国资产(3.18万亿美元外汇储备)和2.9万亿美元的国外负债。然而,尽管中国净国际投资头寸(NIIP)是正值,为1.8万亿美元(截至2012年2月),但投资收益在过去的十年里基本是负值。2011年,中国的投资收益为270亿美元。2012年为-260亿美元。很显然,中国的外汇储备积累存在着严重的资源错配。

债权人之所以向借款人支付利息,而不是由从借款人获得回报,其原因主要归于两个简单事实。首先,构成中国大部分负债的FDI回报率很高。根据世界大型企业联合会的数据,2008年美国跨国公司的平均投资回报率高达33%。根据世界银行数据,同一年跨国公司的平均投资回报率一般为22%。相比之下,中国持有的美国十年期债券的投资回报率约为3%。其次,中国的资产和负债存在着货币错配。中国的资产以美元计价,负债大多以人民币计价。每当美元下跌,中国净国际投资头寸就会恶化。最后,无论出于什么目的,美国和其他发达国家的量化宽松政策将会导致中

---

* 余永定:中国社会科学院学部委员,世界经济与政治研究所前所长、研究员。

国外汇储备价值的稀释。随着时间的推移和中国社会的老龄化,中国迟早会用外汇来弥补储蓄的不足。然后,中国将会发现来之不易的外汇储备出现贬值。

显然,如今中国几乎不可避免地要遭受很大的损失。中国已经深陷"美元陷阱",所能期望的就是尽量减少损失。为了能将损失降到最低,中国必须对外汇储备积累的原因有更好的理解,并形成共识。不同时期,中国积累外汇的动机是不同的,这其中包括根深蒂固的重商主义倾向、国际流动性的需要以及自我保险等等。后来,特别是进入 21 世纪以后,尽管中国政府意识到外汇储备已经超出合理水平,但是由于担心减少经常账户顺差可能对经济增长和就业产生负面影响,中国政府仍然不愿作出冒进的政策变化。

几十年来,许多经济学家认为双顺差不存在任何问题。此外,他们认为经常账户顺差是不可避免的,因为中国是一个高储蓄的国家。储蓄缺口是一个结构性问题,如果可以减少,也需要很长时间。这种说法的言外之意是,对于经常账户顺差,中国政府几乎没有什么可以做的。对他们来说,中国应该坚决抵制美国对中国施加的人民币升值压力,并继续维持双顺差。

2008 年中国经常账户的 GDP 占比达到峰值,超过 10%,但是后来这个比例很快下降了,2012 年为 2.6%。在我看来,虽然失衡对于全球经济和中国经济来说不再是一个核心问题,但是中国应该继续解决失衡问题。

本章共分为四个部分。第一部分论述了中国经常账户顺差以及由此导致大量外汇储备积累的原因;第二部分讨论了为什么在经常账户顺差的同时,中国仍然吸引了大量的 FDI,以及为什么中国无法把 FDI 转化为经常账户逆差;第三部分解释了为什么双顺差模式的不平衡有损中国利益;第四部分是结束语。[1]

第一节　中国经常账户顺差原因

大多数关于中国经常账户顺差原因的研究是基于以下恒等式:

$$S-I=X-M \tag{2-1}$$

S、I、X 和 M 分别表示储蓄、投资、出口和进口。[2] 总的来说,基于恒等式,中国的经济学家们对于中国经常账户顺差的原因持两种观点:一派学者认为,中国经常账户

---

[1]　中国持续的经常账户顺差与美国经常账户逆差在中美争端中占据了中心地位。一方面,美国政客指责中国"窃取美国就业和操纵汇率";另一方面,中国认为,中国对美国的经常账户逆差是由于美国挥霍无度的生活方式导致的,美国人应该感激中国持续大量的购买美国政府债券。

[2]　重新定义 S 为国民储蓄,I 是国内投资(包括境内的居民和非居民投资)。我们有一个新的恒等式:$S-I=X-M+NI$,其中 NI 是投资收益平衡。通过定义,贸易平衡+投资收益=经常项目平衡,即,恒等式 $S-I=X-M$ 可以被恒等式 $S-I=CA$ 替代。大多数情况下,本章中的贸易平衡和经常账目平衡可以互换。

顺差的原因是过量储蓄多于投资。换句话说,中国人消费太少,储蓄过多;另一派学者认为,中国经常账户顺差的原因应该是中国的出口促进政策,以及外来冲击直接影响了中国的对外部门。方程(2-1)是国民收入账户的一种变换。根据定义,等号左边必须等于等号右边,反之亦然。例如,如果一个国家不能在国外市场出售部分出口产品并导致经常账户顺差减少,储蓄缺口将会自动缩小,缩小额度等于经常账户顺差的下降值。原因在于,按照定义,未售出的出口产品将会被视为存货投资的增加。在其他条件相同的情况下,存货投资的增加意味着储蓄缺口同等额度的减少。总之,方程(2-1)无法解释储蓄缺口和经常账户顺差之间的因果关系,更不要说它们是如何相互作用的。因此,只有回顾历史事实,才能对二者因果关系的相关争论进行证实或证伪。以下是一些关键事实:

第一,20世纪80年代初以来,中国政府基于东亚的成功经验,采取了出口促进政策。理论上,促进出口的目的是利用比较优势来改善资源配置。实践中,在很长一段时间里,它的目的却是积累外汇储备。在20世纪80年代和将近整个90年代,在中国流行的一个口号是建立"创汇经济"。积累外汇储备意味着中国必须实现贸易顺差。相应地,总的政策机制是鼓励出口并阻止进口。不同时期,积累外汇的动机是不同的,按照时间发生顺序依次是:重商主义倾向、国际流动性需要和自我保险。近几年,中国政府已经意识到外汇储备已经超出合理水平。然而,由于担心经常账户顺差减少可能会对经济增长和就业产生负面影响,所以一直没有对政策进行根本性的改变。

第二,除了1985—1986年、1988—1989年和1993年外,从1981年到2011年,中国几乎每年都有贸易顺差(经常账户顺差)。在全部的三次贸易逆差时期,贸易逆差都伴随着经济过热。在这些时期,中国的投资增长率非常高,导致了通货膨胀。此外,当全球经济处于衰退期,中国的经常账户顺差大幅下降,这一情形发生在1997—1998年的亚洲金融危机和2008—2009年的国际金融危机。

第三,20世纪80年代初,为了鼓励出口并抑制进口,人民币兑美元的汇率一直在下降。人民币官方汇率由1980年的1.5元下降到1994年的8.62元。1994年,中国货币当局进行了一次性的人民币贬值,官方汇率下跌了50%。在人民币贬值的随后几年里,中国的出口和贸易顺差大幅提升。2005年7月21日,人民币汇率不再钉住单一美元,开启了升值过程。此后,扣除物价因素,人民币汇率升值了30%。2005年,中国经常账户顺差的GDP占比为10%,达到高峰,之后一直逐步下降。2011年,这一数值为2.8%,预计在2012年将进一步下降。自从2008年以来,中国经常账户顺差的GDP占比开始下降,这主要是由于全球经济衰退和经济刺激计划带来的固定资产投资增加所致,但是人民币升值也是一个重要的因素。

第四，21世纪初，经过几十年来对出口的不懈追求，中国的经济结构发生了变化。中国的出口占国内生产总值达到了30%以上，成为大型经济体中最高的成员之一。同时，中国已经成为"全球装配工厂"，加工贸易额占中国贸易总额的60%以上。加工贸易在中国贸易中占主导地位，必然会削弱汇率变动对经常账户的影响，但还远不足以消除它的影响。

第五，在20世纪80年代和将近整个90年代，政府面临的主要问题是过度需求和通货膨胀。从1998年到2002年，中国经济一直处于通货紧缩的阴影之下。相应地，出口逐渐被看作是经济增长和就业的重要引擎[①]。

第六，2003年年末，经济过热成为主要的威胁，政府开始实施紧缩的货币政策和财政政策。这种情况一直保持到2008年年底的国际金融危机来袭。

第七，在经济过热的时候，政府紧缩的货币政策和财政政策主要是为了控制投资过热，出口部门则常常能够免受冲击。所以，在宏观经济紧缩期间，经常账户顺差增加是很常见的。需求转移在产业层面体现得更为直接。例如，在2004年，出于对产能过剩的担忧，政府严格限制对钢铁行业以及其他需要消耗大量钢材的行业的投资。结果，中国突然从钢铁净进口国变成了世界上最大的钢铁净出口国。

第八，在国际金融危机发生之后，相反的事情发生了。得益于经济刺激计划，虽然出口大幅下降，但是投资大幅增加，进口下降的速度也没出口那么明显。结果，经常账户顺差下降。

上述观察表明，在20世纪80年代和90年代，中国经常账户顺差是政府积极通过各种政策工具实现的结果。同时，经济周期和外部冲击也对中国经常账户平衡有重大影响。在这一时期，经常账户平衡的变化是储蓄缺口变化的原因，而不是储蓄缺口变化的结果。21世纪初，由于各种原因，储蓄上升已经成为中国经济最显著的特征之一。储蓄缺口对经常账户平衡产生影响，而不是被动地适应经常账户平衡的变化。但即使如此，由于储蓄缺口扩大导致经常账户顺差增加的说法仍存在误导。储蓄缺口和经常账户顺差之间的相互关系其实要复杂得多。

为了更清晰地描述和解释过去20年间中国经常账户顺差的大幅波动以及储蓄与缺口间的相互作用，我们有必要对方程(2-1)进行一些修改，重写方程(2-1)为：

$$GDP - C = I + (X - M) \tag{2-2}$$

并将其重新定义为平衡条件，而不是把它作为一个基于国民收入账户的恒等式。在这里，存货投资的变化不再包含在方程(2-2)中作为一个保证方程成立的残差项。

---

① 2003年年初，当作者提出人民币汇率与美元脱钩时，领导层的主要忧虑是这可能对经济增长和就业产生负面影响。

我们也对潜在产出①和实际产出——总供给②做了区分。从均衡方程(2-2)来考虑，一个关键问题是，如果方程(2-2)被一个外部冲击所破坏，那么有市场力量可以使它回归平衡吗？另一个问题是，如果市场力量使之重新均衡了，那么，与原来的均衡相比，新的均衡会怎样？

假设在期初，虽然经济生产能力尚未达到饱和，但已经处于稳态均衡状态。③

$$GDP_0 - C_0 = I_0 + (X_0 - M_0) \tag{2-3}$$

引入时间标注是为了进行动态分析。假设，由于一个永恒④的政策或外部冲击，出口增加反过来导致了 GDP 相应的增加，但物价没有发生变化。在其他条件不变的情况下，储蓄将会增加，并因此扩大储蓄缺口。储蓄缺口的提高将使经常账户顺差同等地增加。那么，下一期的均衡可以描述为：

$$(GDP_0 + X) - C_0 = I_0 + (X_0 + X - M_0) \tag{2-4}$$

方程(2-4)表明，当经济生产能力没有饱和的情况下，经常账户顺差的增加将使储蓄缺口相应提高。同时，当储蓄自动调整完成后，总需求和总供给重新保持平衡。

有趣的是，如果政策或外部冲击影响的是投资而非出口的话，储蓄缺口和经常账户顺差都不会发生变化。在这种情况下，新的均衡如下：

$$(GDP_0 + I) - C_0 = I_0 + I + (X_0 - M_0) \tag{2-5}$$

更令人关注且意义重大的是，当经济生产能力饱和时⑤储蓄缺口与经常账户顺差如何相互影响。假设在期初，经济处于稳态均衡，价格是灵活变化的，由外生冲击引起的出口增加将导致物价上升。实际利率⑥的提高将可能使投资下降。实际汇率升值上升将导致进口增加，并因此部分抵消了出口增加对经常账户顺差的影响。与此同时，随着实际收入的下降，消费需求下降，储蓄提高。

物价继续上升，直至增加的储蓄缺口与新的经常账户平衡。当重新达到均衡状态时，总需求各组成部分与 GDP 的占比将发生变化，并与它们各自对物价变化的敏感度相对应。然而，稳态均衡将不会通过价格调节来进行自动修复。

关于储蓄缺口与经常账户平衡的动态关系，可以从以下框架进行更好的分析：

$$I - c_0 = i_0 + (x_0 - m_0) \tag{2-6}$$

---

① 根据经合组织的《经济展望》(Economic Dutlook)，潜在的国内生产总值(GDP)是在一个给定的时期内，在通货膨胀率不变的情况下，经济体所能创造的产出水平。

② 在一个给定的时期内，以特定的整体价格水平，一个经济体生产并提供给市场的总产量。

③ 稳态是指需求的各个组成部分增长速度一致，其各自与 GDP 的占比保持固定。

④ 这可以用不同的方法来定义。

⑤ 假设总需求的增加将导致物价水平的变化。

⑥ 然而，出口提高的同时，也可能直接导致对与出口相关的投资需求增加。这里，我们假设出口的增加，引起投资的下降。

这里,小写字母代表总需求各组成部分与 GDP 的占比。

假设在期初,经济处于稳态均衡状态,在外生冲击下,如果出口增长率提高,那么通货膨胀率也将提高。正如前面已经讨论的,在其他条件不变的情况下,作为通货膨胀恶化的后果,投资率将下降,储蓄率将提高。所以,储蓄缺口的 GDP 占比将等于经常账户顺差的 GDP 占比。然而,这里不存在自动的市场调节机制来保证稳态的修复。因此,稳态是暂时的。随着投资率的下降,潜在的经济增长率将降低,或许总供给也将减少①,进而使通货膨胀进一步恶化,并陷入恶性循环。

在外生冲击下,投资率的提高,而非出口,将使通货膨胀率上升。正如前面讨论的,由于实际汇率的提高②,经常账户顺差占 GDP 的比例将下降。同时,由于实际收入的减少,消费率也降低。最终,储蓄缺口占 GDP 之比等于经常账户顺差占 GDP 之比。然而,与之相反的情况是,出口增长速度的提高,更高的投资率将导致更高的潜在增长率和总供给增长率,使得通货膨胀降低。从理论上来说,由更高投资率引起的不均衡,是一种自我修正的过程。然而,在实践中,由于各种复杂的因素,经济过热与生产过剩是相生相伴的。

在较早的讨论中,经济在外生冲击下进行调整后,当其回归稳态均衡时,并不是一蹴而就的。总需求各组成部分的 GDP 占比发生了变化,这也意味着总需求各组成部分的增长率是不同的。为了保证总需求各组成部分维持一致的增长率,有必要实施不同的政策工具。当经济向稳态均衡回归时,储蓄缺口占 GDP 的比例和经常账户顺差占 GDP 的比例不会等于零。当名义汇率固定时,通货膨胀的加速或减速经常不足以消除经常账户顺差和储蓄缺口。消除经常账户失衡需要采用外部政策工具,如汇率政策。

从讨论中可以发现,失衡是一个综合性的问题,其复杂性远不是等号一边是另一边变化的原因那么简单。从数学上来说,I、S、X 和 M 是内生变量。在一个简化的联立方程体系中,考虑到冲击与时间 t,这些变量和其他变量取决于各种政策参数。作为平衡条件的方程(2-1),也仅是动态联立方程体系的一个方程。关于如何减少经常账户失衡的问题,可以放在这样一个框架内来讨论。影响中国经常账户平衡的原因可以划分为三类:外生冲击、结构因素以及宏观经济变量的相互作用。外生冲击包括外部冲击和政策冲击。直接影响中国经常账户平衡的最主要因素是中国的出口导向政策。一项旨在促进出口的新政策的引入,如一次性汇率贬值,可视为一个外生冲击。在方程(2-6)的框架内,当一个冲击可能导致经常账户顺差的增加或者经常账

① 这里存在着一种可能性是,随着出口的增加,资本效率和资本配置有效性得到提高,促进经济潜在增长率的提高,使通货膨胀不会恶化。

② 投资的增加会导致出口的增加。

户顺差的 GDP 占比提高时,它必然会破坏初始的稳态均衡,并使经济增长途径发生变化。过去实施和正在实施的主要出口促进政策包括:

(1)外汇自我平衡以及重要外商直接投资项目的本地化要求。这项政策在中国加入 WTO 后废除。

(2)汇率低估。在亚洲金融危机前,中国的汇率具有"以实际目标为导向"的特征。汇率的设定,主要是根据出口品的生产成本,并以保持出口竞争优势为目标。在亚洲金融危机期间,人民币钉住美元。2005 年取消了人民币钉住美元的政策。但是,人民币升值的步伐较为缓慢。

(3)出口退税。这是非常重要的政策工具。当选择合适的退税率时,它不构成补贴。然而,在实践中,这项政策过度鼓励企业去生产外销型产品,并使一些没有竞争力的出口企业得以存活下来。

(4)提供优惠待遇以鼓励企业参与国际生产网络,吸引外资企业投资中国以使中国企业进入国际生产网络。优惠的待遇形式包括:更好的基础设施、优惠贷款以及廉价的土地等。

外部冲击对中国经常账户失衡也有着重要的直接影响。当全球存在泡沫时,中国经常账户顺差的 GDP 占比就会增加。当全球经济萧条时,中国经常账户顺差的 GDP 占比就会下降。几十年来实行的出口导向政策不可避免地引起相应的经济结构变化。这些政策带来了中国的经常账户顺差,即使这些政策发生变化,经常账户顺差仍然会持续,直至产生新的经济结构。在方程(2-6)的框架下,内生变量如通货膨胀和政策变化,可能会对经常账户顺差或经常账户顺差的 GDP 占比产生消极影响。但是,经济结构的变化,使得经常账户收支的 GDP 占比对内生变量的敏感性减弱。这些经济结构的变化有利于经常账户顺差,其中最主要的经济结构变化包括:

(1)比较庞大的出口部门。中国已经建立了庞大的出口部门,约占 GDP 的 30%。出口部门的企业或多或少地专门生产针对海外市场的产品。

(2)加工贸易占总贸易的比例特别大。按照定义,加工贸易意味着贸易顺差。加工贸易的份额越大,贸易顺差越大。经过政府几十年的推动,加工贸易已占中国贸易总额的 60% 以上。事实上,中国的一般贸易已经多年出现逆差,只是因为加工贸易顺差超过了一般贸易逆差,中国才能够实现经常账户顺差。

(3)由于中国的生产成本低,吸引了大量外资企业,其产品目的地主要是中国本土市场或国外市场。

(4)在许多主要类别的出口产品中,出口部门企业生产高度专业化。

经常账户顺差的变化(或经常账户顺差的 GDP 占比变化)是宏观经济现象,应该从特定时期内宏观经济变量的相互作用来解释（见图 2-1）。

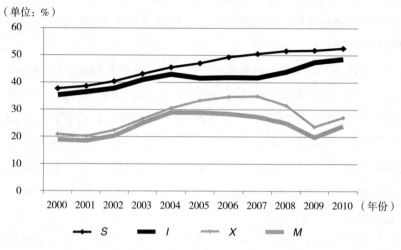

图 2-1　总需求各组成部分的 GDP 动态占比

资料来源：司尔亚司数据信息有限公司（CEIC）。

在 1985—1986 年、1988—1989 年和 1993 年，中国存在着相当大的经常账户逆差。同时，在这三个时期内，中国都存在着经济过热，且伴随着高通货膨胀。这主要是由于高投资增长率造成的。

从 2004 年开始，中国经常账户的 GDP 占比开始上升，并在国际金融危机来袭前达到了峰值，大约 10%。当然，经常账户的 GDP 占比急剧提高不能简单地归因于储蓄缺口的扩大。

在此期间，投资需求和出口需求都非常强劲。结果，经济全速运转，通胀上升。自 2003 年年底以来，中国政府开始实施紧缩的财政政策和货币政策。然而，政府却不愿意让人民币升值。受紧缩宏观经济影响的主要是投资。结果是，投资的增长速度基本与 GDP 保持一致，而出口增长速度却高于 GDP。由于汇率低估和政府对投资的控制，进口增长率保持在相对较低的水平。消费增长率未能赶上 GDP 的增长率，这部分归因于通货膨胀的实际收入效应。

雷曼兄弟破产后，中国经常账户顺差占 GDP 的比例大幅下降，这主要是由于外部需求的急剧减少和与之相对应的进口大幅收缩。另一方面，消费增长率低于 GDP 增长率时，投资增长率已经大大高于 GDP 增长率。毋庸赘述，经常账户顺差的下降不能归因于储蓄缺口的减少。

相反，储蓄缺口收窄是为了适应中国经常账户的 GDP 占比减小。4 万亿刺激计划促进了投资增长率的提高，并反过来带动了进口的复苏，相对应的是，此时出口的复苏仍然比较缓慢。在这个阶段，储蓄率的提高应该归因于强劲的经济复苏，而不是消费增长率的下滑。① 可以预料的是,2012 年,随着政策的放松和外部需求的持续低迷,中国经常账户顺差的 GDP 占比仍将下降。

储蓄率的高企,虽然不应该孤立地从主要宏观经济变量的相互关系来解释,但不可否认的是,高储蓄率或低消费率是影响中国经常账户持续顺差的一个长期重要因素。中国的储蓄率显著上升,它从 2000 年的低于 37%,增长到 2007 年的超过 50%。如何解释这一戏剧性的增长速度是一个挑战。当把储蓄率放在一个更高层次进行拆解分析,可以发现,企业储蓄率从 1999 年的 14.6% 上升到 2004 年的 23.5%,然后从那时开始到现在一直在下降。家庭储蓄率从 1992 年的 20.3% 下降到 2004 年的18.5%,然后开始上升,并在 2008 年达到 23.4%。政府的储蓄率增长势头最为明显,它从 1999 年的 2.6% 上升到 2008 年的 21%。② 导致中国高储蓄的因素包括③:

(1)政府在养老、教育和医疗方面的支出都很低。因此,人们必须为将来的退休、医疗和孩子的教育进行储蓄。

(2)中国的收入政策允许国有企业保留大部分利润。长期以来直至近几年,工资的增长速度低于 GDP 的增长率。不同经济部门之间的这种收入分配模式,导致从整个经济体角度来说,存在着一个更高的储蓄倾向。

(3)收入政策和财政政策扩大了富人与穷人之间的差距。同时,在国民收入中,企业储蓄④替代了劳动工资。企业储蓄是指由于经济中工业占比高,因此有着大量的利息和利润。

(4)低股利支付。在国有企业中,国家是最大的股东,国家一直没有从大多数国有企业⑤中得到分红,直到最近才发生变化。

(5)自 20 世纪 90 年代中期以来,由于快速的工业增长和国有企业重组,增加了企业赢利能力。

(6)一个有利的年龄结构:在过去的 20 年中,抚养率较低,处于工作年龄段的人

---

① 事实上,黄益平等经济学家认为,消费比例近年来持续下跌的官方统计数据是错误的。

② Guonan Ma and Wang Y,"China's High Saving Rate:Myth and Reality",*BIS Working Paper*,No. 312,June 2010.

③ 根据世界银行的一项研究,储蓄是由高产出增长、财政整顿、私人部门信贷增加、年龄结构的有利变化以及贸易改善驱动的。值得一提的是,解释高储蓄不是等于解释经常账户顺差。因此,有一个结构学派的方法论问题。

④ 企业储蓄增加是一种全球现象。在亚洲,储蓄在 2004 年达到了创纪录的高水平,相当大的一部分储蓄来自公共储蓄。Marco Terrones and Roberto Cardarelli,"Global Saving and Investment:The Current State of Play",*World Economic Outlook*,September 1,2005,p.93,the World Bank。

⑤ Bert Hofman and Louis Kuijs,"A Note on Saving,Investment,and Profits of China's Enterprises",World Bank Office Beijing。这份备忘录是以个人名义写的。其一个版本发表于 2006 年 10 月的《远东经济评论》。自 2006 年以来,企业储蓄占总储蓄的份额有所下降,而家庭储蓄份额却在增加。家庭已经重新成为最大的储蓄者。

口比例较高。

（7）收入差距的扩大：有较高储蓄倾向的富人比例显著增加。

综上所述，中国经常账户顺差不只受到储蓄缺口的影响，同样地，储蓄缺口也不仅受到经常账户顺差的影响。实际上，经常账户顺差和储蓄缺口一样，是各种外生因素以复杂的动态方式相互作用产生的结果。从某种意义上说，在分析经常账户动态平衡时，$S-I=X-M$ 是一种误导性的框架。为了使经常账户顺差的 GDP 占比保持在一个合理的水平，有必要采取能够解决所有相关因素的综合政策。

第二节　为什么中国能够在保持经常账户顺差的同时实现资本账户顺差?

各国可以分为经常账户顺差国家和经常账户逆差国家。通常情况下，经常账户顺差的国家资本账户是逆差的，经常账户逆差的国家资本账户是顺差的。日本和美国是比较鲜明的例子。然而，中国经常账户顺差已经保持二十几年了，但是资本账户顺差的时间更长。这种国际收支平衡模式是中国失衡的一个主要特征，被称为"双顺差"。

一个国家可以实现经常账户顺差和资本账户逆差，如日本和德国。或者，一个国家可以实现经常账户逆差和资本账户顺差，就像亚洲金融危机之前的大多数东亚国家一样。经常账户顺差意味着中国有足够的外汇收入来支付进口。从理论上讲，中国没有必要引进外国资本来支付进口。相反，中国应将经常账户顺差转化为资本流出。如果资本流入确实用于支付进口，那么等额的出口收入就不会用来支付进口，而最终会使外汇储备增加。

只有在特殊情况下，国家可以实现经常账户顺差和资本账户顺差以积累外汇储备。其中的一个例子是，亚洲金融危机后东亚各国突然出现的双顺差。然而，历史上从未有过一个国家，能够二十余年一直保持双顺差。

从图 2-2 中可以看到，中国已经连续二十多年实现双顺差，而其中的大部分时间资本账户顺差比经常账户顺差还大。吸引外资是中国改革开放的一项基本政策。发展中国家吸引外资的出发点是弥补国内储蓄不足，这样他们就可以保持投资增长率，因此，GDP 中的投资占比高于其他部分。20 世纪 80 年代初，中国刚开始吸引外资，正好债务危机袭击了拉美国家，中国吸取拉丁美洲的经验，对外国借款实行严格管制。但另一方面，中国采取了各种优惠政策吸引 FDI，因为 FDI 不仅不会增加债务，而且还能够带来外国先进的技术、管理技能和海外市场网络。然而，问题是为什么一个有足够国内储蓄来进行投资的国家，几十年来吸引了大量的 FDI?

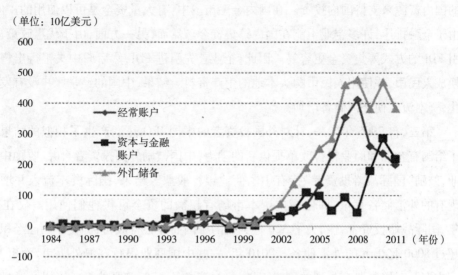

图 2-2 中国的双顺差和外汇储备增长

资料来源:国家外汇管理局,中国人民银行。

首先,中国努力引进 FDI 的过程中,地方政府扮演了一个关键角色。当地政府官员有很强的动力去引进 FDI,这是因为,FDI 的引进数量是他们工作考核(政绩)最为重要的标准之一,如果不是唯一的话。各级政府的所有官员都有引进 FDI 的任务,引进 FDI 最多的官员,是最有可能被进一步提拔的候选人。[1] 在吸引 FDI 的决策过程中,是否有可供选择的国内金融资源,往往不是地方政府考虑的重要因素。更糟糕的是,在全国范围内各省展开竞争,在本省之内各县展开竞争。简而言之,各层级的竞争是如此激烈,以至于没人关心成本。

从地方政府官员的短视观点来看,FDI 是一种"免费午餐"。FDI 的另一个重要吸引力在于,在初始阶段,地方政府不需要支付现金,只需要承担最小的投资风险。他们不太在意五年后是否支付大量股息,因为 FDI 最终是否成功很可能不再是他们的责任。

中国财政体制与制度安排的特点是增值税和财税分级制,这也给地方政府引进 FDI 提供了巨大的动力。FDI 已成为地方政府税收收入增长不可或缺的部分。

第一,对外国投资者来说,中国政治和宏观经济高度稳定、工人工资廉价且技术熟练、税率低、免税期长、有隐性补贴、环境保护法规宽松、免费的基础设施以及极低甚至为负的土地使用租金,这些诱人的条件是难以抗拒的。因此,地方政府在吸引 FDI 和外商投资方面的利益是一致的。

第二,中国金融体系的排斥性是资本账户顺差的另一个重要原因,即便有足够多

---

[1] FDI 的引进为何成为当地政府官员工作绩效的重要标准,不在本章的讨论范围之内。

的国内资源来支持国内投资。在国内金融市场中,有大量资金是可以使用的。但是,由于金融排斥,许多企业不能在国内筹集资金。然而,另一方面,由于优惠政策,以吸引 FDI 的方式筹集资金更容易。因此,企业首先引进 FDI,然后向中央银行出售外汇换成人民币,并使用人民币购买本地的生产资料。结果,中国的经常账户没有发生变化,资本流入使外汇储备增加。

第三,自 2005 年以来,针对外国投资者的中国 IPO 热潮产生了相似的结果。为了给国有企业和商业银行改革提供新的动力,中国鼓励外国投资者合并、收购中国企业,鼓励"国际战略投资者"持有中国商业银行股票。结果,国际资本流入并增加了现有的外汇储备存量,即使国内资本市场有超额的资金可供他们使用。仅在 2005 年,国际战略投资者就购买了 320 亿美元的中国商业银行股份,即使中国已经积累了超过 8000 亿美元的外汇储备。2010 年,一些中国商业银行在海外上市,而事实上,国内资金对银行股有强烈的需求,且银行自身并不真正需要外汇。当银行通过出售股份给国际投资者筹集到美元资金后,他们立即向中央人民银行出售美元换成人民币,而央行不得不用美元来购买美国政府债券。

第四,为套利和寻租,投机资本流入中国,这也导致资本账户顺差的增加,而对经常账户却产生不了抵消效果。一个明显的事实是,在维尔京群岛和开曼群岛中国成为第二大投资者。

虽然有足够的国内资源可以为国内投资融资,但为什么中国还是要吸引这么多以 FDI 为主的外国资本呢?对这个问题的解释,与之相关的一个问题是:作为资本账户顺差国家,为什么中国是经常账户顺差而不是逆差?换句话说,为什么在中国外国资本净流入不能转换成经常账户逆差?

为了简化分析,假设最初的经济处于平衡状态:

$$S-I=CA=0 \tag{2-7}①$$

假设有 FDI 的资本流入,但资本流入没有转换为经常账户逆差。因此我们有:

$$S-(I+FDI)=CA=0 \quad FDI>0 \tag{2-8}$$

与方程(2-7)相比,方程(2-8)中有一个困惑:FDI 加入方程的右边后,如何使经常账户收支仍然为零?这里有两个极端情况:

$$FDI=0 \tag{2-9}$$

或者

$$I_0=I-FDI \tag{2-10}$$

这里 I_0 是引入 FDI 后的国内投资。

---

① 更确切地说,我们应该有备注:$S-I=X-M+IN=CA$,其中 IN 是投资收益,CA 是经常账户差额。这里 S 被重新定义为国民储蓄,其等于国内储蓄减去投资收入。

方程(2-9)表明,虽然有 FDI 流入,但资本流入并没有转化为对中国的真正投资。事实上,在讨论中国金融市场和境外投机资金流入的割裂时,我们已经解释了为什么出现方程(2-9)中存在的情况。方程(2-10)描述的是 FDI 对国内投资的挤出效应。

第三节　为什么中国要纠正其双顺差?

中国的双顺差有什么问题吗? 在我看来,至少有四个问题。我将其分别称为多恩布什问题、威廉姆森问题、克鲁格曼问题和罗戈夫问题。

麻省理工学院多恩布什教授指出,在 20 世纪 70 年代,经常账户顺差意味着资本输出。发展中国家借钱给富裕国家是不合理的,因为国内的资源应该用于能够带来更高回报和提高人民生活水平的国内投资。就人均 GDP 而言,中国作为世界上最贫穷的国家之一,几十年借钱给世界上最富裕的国家——美国,这肯定是不合理的。

1995 年,威廉姆森教授在印度储备银行(RBI)的演讲中指出,资本流入应该转换成经常账户逆差。双顺差意味着中国不能用借来的钱购买外国生产资料和技术。相反,总体上,中国把钱以更低的回报借回给了原始债权人。根据美国商务会议委员会的数据,2008 年美国企业在中国的平均投资回报率是 33%。根据世界银行的数据,2008 年跨国公司在中国的投资回报率是 22%。相比之下,中国对美国政府债券的投资回报率不足 3%。

可以认为,即使经常账户顺差,中国可能仍然想要鼓励外商投资,并将经常账户顺差的收入去投资美国政府债券。因为 FDI 带来了技术,并且 FDI 的社会回报可能高于外国企业所获得的私人收益。这里有两个相反的观点:首先,技术和管理技能一般可以直接引进。事实上,这是日本和韩国在高速增长时期所做的。他们引入但严格限制,甚至长期禁止 FDI。确实,中国正在进行高速度的技术追赶,但这可以归因于引进外国技术,而不是引进 FDI,FDI 只是多渠道技术转让的途径之一。其次,很少有证据表明,FDI 在中国的外溢效应是显著的。相反,有大量的证据发现,中国对 FDI 的依赖降低了自身的创造和创新能力。中国的汽车制造是一个很好的例子。全球主要的汽车制造商都在中国进行了投资,且中国的汽车生产能力已超过 1900 万台,但是,中国却没有属于自己的知名汽车品牌。就是说,引进 FDI 可能是一个特例。

克鲁格曼问题指的是,从美元指数来看,由于美元贬值,中国的外汇储备正面临着严重的资本损失。中国的外国资产以美元计价,负债以人民币计价。每当美元下跌,中国的净国际投资头寸就会恶化,净国际投资头寸不再反映经常账户顺差的积累。

最后,根据罗戈夫教授的观点,因为财政赤字膨胀,美国政府可能很难拒绝通过通货膨胀使美元贬值从而减轻美国债务负担的诱惑。结果便是,中国以美国政府债券为主要储存形式的购买力可能快速下降。2003年中国的外汇储备刚超过4000亿美元,2012年11月已经达到3.2万亿美元,增长了8倍。然而,在2003年,每桶原油低于30美元,黄金价格低于400美元每盎司。2013年3月,石油和黄金价格分别是每桶超过120美元和每盎司1600美元。事实上,从1929年到2009年,按购买力标准,美元贬值了94%。未来它将继续贬值。即使没有明显的通货膨胀,但由于美国一轮又一轮的量化宽松政策,美元贬值将会更严重,中国的外汇储备价值将会继续蒸发。

那么,中国应采取哪些基本措施来恢复经济的平衡呢?

中国的双顺差可以被描述为:

$$(X-M)+(FDI_i-FDI_0)>0 \tag{2-11}$$

$$X-M>0$$

$$FDI_i-FDI_0>0$$

FDI_i、FDI_0分别表示资本流入和资本流出,M分为两部分:M_1和M_2,M_1代表由出口支持的进口,M_2代表由FDI支持的进口。重新整理方程式(2-11),我们有:

$$(X-M_1-FDI_0)+(FDI_i-M_2)>0 \tag{2-12}$$

该表达式表示,中国进口的一部分资金来自于资本流入,中国的出口收入超过了进口和对外直接投资的资金需求。作为中国经济再平衡的第一步,中国确保FDI流入是必要的,以真正用于生产资料和技术进口的融资需求。同时,中国应该通过减少X或增加M_1来缩小$X-M_1$的差距。如果差距仍然存在,中国必须把这一差距转换成对外直接投资,而不是美国政府债券。

中国对外直接投资的潜力一直在稳步增长。这对中国和世界其他地区都是一个积极的发展。

第四节　解决的路径是什么?

2003年以来,中国面临着越来越大的人民币升值压力。中国政府主要关心的是如何降低人民币升值压力,而不让人民币升值。政策开始鼓励资本外流和阻止资本流入。然而,这一政策并没有对国际收支平衡产生重大的影响。

区域金融合作是应对亚洲金融危机的一种反应。"清迈协议"(CMI)明确了合作的主要目的,那就是集中东亚的资金并减少在危机的情况下对IMF救援计划的依赖。后来对该地区汇率协调的可能性进行了集中讨论。所有东亚货币或多或少都面临着升值的压力。其他东亚国家强烈地希望人民币升值,以便减少他们本国货币的升值压力。另一方面,中国不作出表态,并且不希望被亚洲汇率体系捆绑。经过十多年的讨论,在区域汇率协调方面没有取得任何进展。2008年,为了应对国际金融危机以及其对全球经济的破坏性影响,周小川行长提出改革国际货币体系的议题,用超主权货币如特别提款权,取代美元这一主权国家货币。2005年前后,随着外汇储备的积累,越来越多的中国经济学家认为中国已经陷入了"美元陷阱"。如果引进一些新的国际储备货币,中国将有机会把积累的资产放在更安全的地方进行保管。特别提款权或诸如创建替代账户的改革,将给中国提供新的出路。不幸的是,虽然周行长的提议引起了世界各国强烈的兴趣,但中国自身的反应却相当微弱。似乎中国领导人没有兴趣挑战当今以美元为主导的国际货币体系。几项方案之后,包括那些来自联合国和法国政府的方案都未能得到足够的支持,人们对国际货币体系改革的热情迅速熄灭。

自2009年以来,中国对人民币国际化表现出极大的热情。这部分反映了中国近期所遭遇的挫折,包括:国际金融体系改革没有成果,区域金融合作缺乏进展。中国人民银行与韩国央行和其他国家央行的货币互换经验,在某种程度上给中国人民银行一些启发:它使中国官员相信,人民币国际化有助于提升自己在保持汇率稳定和维护外汇储备价值方面的话语权,而不用过度受制于自己控制范围外的外部条件。

到目前为止,中国已在使用人民币作为结算货币、发行人民币计价债券、与外国央行签署货币互换协议方面取得了显著的进展。香港地区人民币存款呈指数级增长。

自从中国政府在2009年4月推出试点人民币贸易结算机制以来,中国在推动人民币国际化方面取得了很大的进展。香港的人民币存款在2011年9月达到了6222亿元,人们普遍认为在2011年年底这一金额有望超过万亿。

可能有人会问,在资本账户没有开放的情况下,如何实现人民币国际化。事实上,人民币国际化是变相的资本账户自由化。如果人民币国际化取得了一些进展,这应该看作是资本账户自由化的意外收获。

表面上,试点方案允许中国内地企业使用人民币结算交易。但是,它也使企业特别是大公司,以人民币贸易结算的名义,在内地与香港之间开通了资金渠道。结果,香港得以建立人民币离岸市场,称为香港离岸人民币市场,并与在岸市场(称为人民币市场)并行。前者是一个自由市场,而后者则是由中国人民银行严格监管的。

因此,同时存在着两种人民币汇率:在岸人民币汇率和香港离岸人民币汇率。由于对人民币的升值预期以及许多其他因素,按美元计算,香港离岸人民币汇率高于在岸人民币汇率,这一情况直到2011年9月才消失。两种汇率价差的扩大,鼓励了内地进口商的套利活动。在结算机制推出之前,进口商必须在在岸市场购买美元。现在他们可以在香港离岸人民币市场将人民币兑换成美元,从而给在岸人民币形成升值压力,给香港离岸人民币形成贬值压力。这种套利应该有助于消除在岸人民币和香港离岸人民币汇率的价差扩大。但是央行的干预和香港居民的套利交易,对两个市场分别产生了抵消压力。结果,两个市场的价差继续存在,套利者疯狂地从中渔利。

2011年9月中旬,香港金融形势发生了很大变化。由于欧洲主权债务危机造成的流动性短缺,发达国家的银行特别是那些在香港投资的欧洲银行,撤回了它们的资金。因此,香港离岸人民币兑换美元的汇率下跌。同时,中国经济的不确定性,也促成了香港离岸人民币汇率的回落。由于香港离岸人民币汇率变得便宜,内地进口商停止从香港离岸人民币市场买入美元,而回到在岸人民币市场进行购买。同时,内地出口商停止在在岸市场抛售美元,而选择在香港离岸市场进行抛售。汇率套利方向的逆转,使在岸市场的美元供给短缺,并因此使在岸市场的人民币兑美元的汇率下跌。套利交易的筹资成本急剧提升和持有人民币资产的吸引力降低,使香港居民对套利交易进行了平仓,这也促成了在岸市场人民币汇率的贬值。

中国人民银行的正式介入,目的在于防止人民币汇率下跌而非上涨。现在,可能是由于中国央行的干预和全球金融市场的暂时平静,人民币已恢复到长期缓慢的与基本面相符的升值通道当中。

这一贬值事件说明了两点。首先,使用人民币作为贸易结算货币,已经悄悄地迫使中国打开资本管制的防火墙。结果,短期跨境资本流动的波动已成为影响人民币汇率的重要因素。因此,中国的汇率正变得越来越不稳定。其次,基于人民币的升值预期,可能很容易使人民币国际化进程出现倒退。事实上,在试点方案实施的早期阶段,香港人民币存款呈指数增加,而后便陷入了停滞。2012年9月以来,这一数值围绕6200亿元人民币波动,远低于市场预期的10万亿元人民币。

曲折的人民币国际化引出了一个非常重要的问题:在国内一些问题没有解决之前,以及利率和汇率尚未市场化之前,中国是否真的想去承担资本账户完全开放的风险?中国面临的问题不是人民币国际化的愿望,而是中国金融改革和制度变革的优先次序。考虑到全球金融市场仍处于动荡状态以及中国金融市场处于混乱的状态,这一问题变得更加敏感。在外部冲击的创造性破坏面前,去寄希望于一个更健康、更稳健的金融体系出现,这是一个危险的赌博。现有的系统仍然太弱,无法承受这样的冲击。

总而言之,本章可以得到以下结论。第一,双顺差和外汇储备的不断积累,不符合中国的利益。中国已采取措施来纠正外部失衡,但进展缓慢,经济正在陷入“美元陷阱”。中国的经常账户顺差和资本账户顺差还在继续,国际收支平衡表中的大部分盈余,将再次转化为美国政府债券。第二,中国政府试图解决失衡问题,包括刺激国内需求、允许人民币逐步升值、多元化外汇储备而非单一的美国政府债券、创建主权财富基金、参与区域金融合作、推动国际货币体系改革与人民币国际化等。然而，所有这些努力，虽然是有用且必要的，但都未能有效触及外汇储备快速增长的直接原因。第三，为停止外汇储备的积累，从而最大限度地减少中国的福利和资本损失，最简单的解决办法是，呼吁中国人民银行停止干预。这意味着，中国必须允许人民币汇率自由浮动，同时保留在必要时进行干预的权利。结束央行干预货币市场是一个复杂的问题。细节决定成败。但不管怎样，在人民币汇率的缓慢调整过程中，中国付出的经济和福利代价太大且逐步加大。第四，从长远来看，中国应继续创造条件，鼓励家庭增加消费，特别是与人力资本积累有关的消费。第五，人民币最终将成为一种重要的国际储备货币，但它需要很长时间。中国应让市场规律发挥作用来引导人民币的国际化。第六，有必要强调，在现在以及未来，在把国内金融部门治理完善以及让市场决定利率和汇率之前，中国承担不起资本账户完全开放的风险。中国面临的不是人民币国际化的意愿问题，而是中国金融改革和制度变革的优先次序问题。

（本章原为英文，由陈振荣翻译，谭小芬校）

背 景 篇

第三章　2015年世界经济运行及其主要问题

尹力博[*]

◇◇◇

第一节　世界经济总体趋势和运行特点

一、2015年世界经济总体形势回顾

世界经济仿佛走在平衡木上。一方面,各国必须解决国际金融危机的遗留问题,包括债务积压、高失业率等;另一方面,经济前景不明朗,潜在增长率已经下调,经济前景的恶化进一步影响到当前的信心、需求和增长。同时,由于这两股力量在不同国家发挥作用的程度不同,全球经济发展已日趋分化。为了较为全面地反映2015年世界经济总体发展状况,下面我们将从经济增长、就业状况、物价水平、贸易与投资、公共债务五个方面一一加以评述。

（一）增长:复苏国别化特征明显

2015年世界经济增长进入"平庸"状态,延续了上一年的经济下行趋势,多数国际经济机构一年来数次下调早先对世界经济增长的预期。2015年10月国际货币基金组织(IMF)预测数据显示,2015年世界经济增速为3.1%,与上年持平,较2015年6月份的预测低0.2个百分点,这主要是由于2015年上半年全球经济活动弱于预期。其中发达经济体增速为2.0%,比上年增加0.2个百分点;新兴市场与发展中经济体增速为4.0%,比上年下降0.6个百分点(见表3-1)。

---

[*] 尹力博:中央财经大学金融学院副教授。

表3-1　世界各经济体经济增长率变化情况　　　　　（单位:%）

	1997—2006 年	2012 年	2013 年	2014 年	2015 年	2016 年	2020 年
世界实际 GDP 增长率	4.0	3.4	3.3	3.4	3.1	3.6	4.0
发达经济体	2.8	1.2	1.1	1.8	2.0	2.2	1.9
欧元区	2.3	-0.8	-0.3	0.9	1.5	1.6	1.6
美国	3.3	2.2	1.5	2.4	2.6	2.8	2.0
日本	0.9	1.7	1.6	-0.1	0.6	1.0	0.7
其他发达经济体	3.6	1.7	2.1	2.2	2.2	2.4	2.6
新兴市场和发展中经济体	5.4	5.2	5.0	4.6	4.0	4.5	5.3
中东欧	4.1	1.3	2.9	2.8	3.0	3.0	3.4
独联体	5.5	3.4	2.2	1.0	-2.7	0.5	2.5
亚洲发展中经济体	7.1	6.8	7.0	6.8	6.5	6.4	6.5
拉美与加勒比地区	3.1	3.1	2.9	1.3	-0.3	0.8	2.8
中东与北非	4.9	5.0	2.1	2.6	2.3	3.8	4.3
撒哈拉以南非洲	5.0	4.3	5.2	5.0	3.8	4.3	5.1

注:本表中 2015 年、2016 年、2020 年为估计值。

资料来源:IMF, *World Economic Outlook*, 2015 年 10 月。

　　发达经济体复苏步伐略有加快,各主要经济体之间仍然存在差异。具体来说,美国和英国已经摆脱危机,取得了不错的增长表现,但即使是这两个国家,目前的潜在增长率也低于 21 世纪初的水平。据 IMF 预测数据,2015 年美国经济增长率为2.6%,较上年上升 0.2 个百分点;英国经济增长率为 2.5%,比上年下降 0.5 个百分点。日本经济在增长,但由于受消费税提高及恶劣天气的影响,日本经济复苏差于预期,过去遗留下来的高额公共债务给宏观经济和财政状况带来了严峻挑战。2015 年11 月公布的统计数据显示,日本三季度国内生产总值(GDP)年率环比下降 0.8%,连续两个季度负增长,且弱于市场预期。欧元区 2015 年早些时候增长几近停滞,尽管这在一定程度上反映了暂时性因素,但不可否认的是危机遗留问题以及潜在增长率低拖累了经济复苏。幸运的是,由于其经济基本面逐步改善,2015 年欧元区经济增长率预计将达到 1.5%,连续两年的经济衰退局面或将扭转。

　　在新兴市场和发展中经济体,由于经济潜在增长率下降,总体经济持续放缓,但表现不尽相同。根据 IMF 预测数据,2015 年新兴市场与发展中经济体的增长率为4.0%,比上年下降 0.6 个百分点。具体来说,中国维持了较高的增长水平,IMF 预计2015 年中国经济增速为 6.8%,比上年下降 0.5 个百分点。印度已从相对疲软状态中恢复,预计 2015 年印度经济增长率为 7.3%,较上一年持平。与此形成对照,俄罗斯不确定的投资前景导致增长前景进一步恶化,IMF预测俄罗斯2015年经济增长率仅为-3.8%,比上年大幅下降4.4个百分点。在巴西,前景不明朗和投资低迷也拖累了经济增长,预计巴西2015年经济增长率为-3.0%,比上年大幅下降3.1个百分点。

（二）就业:有所改善但仍处高位

由于经济不景气和深层次的结构问题,发达经济体失业率虽小幅下降,但仍处在高位且差异明显,失业问题仍是2015年摆在西方发达经济体政府面前的重要课题之一。根据IMF预测数据,2015年发达经济体整体失业率为6.8%,比上年下降0.5个百分点(见表3-2)。

表3-2　发达经济体失业率变化情况　　　　　　（单位:%）

	1997—2006年	2012年	2013年	2014年	2015年	2016年	2020年
发达经济体	6.4	8.0	7.9	7.3	6.8	6.5	6.0
欧元区	9.3	11.4	12.0	11.6	11.0	10.5	9.0
七国集团	6.2	7.3	7.1	6.4	5.9	5.6	5.2
加拿大	7.4	7.3	7.1	6.9	6.8	6.8	6.6
法国	9.3	9.7	10.3	10.0	10.2	9.9	9.1
德国	9.3	5.4	5.3	5.0	4.7	4.7	4.6
意大利	9.2	10.6	12.2	12.7	12.2	11.9	10.4
日本	4.6	4.3	4.0	3.6	3.5	3.5	3.5
英国	5.5	8.0	7.6	6.2	5.6	5.5	5.6
美国	5.0	8.1	7.4	6.2	5.3	4.9	5.0

注:本表中2015年、2016年、2020年为估计值。
资料来源:IMF,*World Economic Outlook*,2015年10月。

在美国,随着经济复苏的进一步巩固,就业市场不断改善,但劳动参与率持续下降。据IMF预测数据,2015年美国失业率为5.3%,比上年下降0.9个百分点。美国劳工统计局数据显示,2015年12月美国失业率为5%,比1月下降0.5个百分点,比上年同月下降0.6个百分点。2014年10月美国劳工部发布的报告指出,在美国372个大都市中,9月份失业率与上年同期相比下降、不变、上升的分别为339个、7个和26个,非农业就业人口增加、不变、减少的分别为314个、5个和53个。但不可忽视的是,美国劳动参与率持续下降的问题仍未得到缓解。2015年12月美国劳动参与率仅为62.6%,虽然好于前值和预期,但也能反映出美国经济和社会存在较大的风险。

在欧洲,劳动力市场呈现复苏态势,但青年失业率居高不下,各国失业率差距亦呈扩大趋势。据 IMF 预测数据,2015 年欧元区的失业率为 11.0%,比上年下降 0.6 个百分点。欧盟统计局数据显示,欧元区 2015 年 10 月份经季节调整后的失业率降至 10.7%,环比下降 0.1 个百分点,较 2014 年同期下降 0.8 个百分点,这表明宏观经济回暖,就业市场的恶化趋势有所好转。从国别来看,2015 年前 10 个月,欧元区有 10 个国家的平均失业率超过 10%。其中,重债国希腊和西班牙的失业情况最严重,失业率分别高达 26.8% 和 24.5%,失业率最低的国家是德国(4.7%)和马耳他(5.7%)。青年失业率居高不下仍然是困扰欧洲各国的头等大事。

统计数据显示,2015 年 7 月,欧元区 25 岁以下年轻人的失业率为 21.9%,欧盟为 20.4%。其中,希腊年轻人失业率在 50% 以上,西班牙、克罗地亚和意大利均超过 40%,表现最好的德国也超过了 7%。与欧美相比,日本的失业率长期以来处于较低水平。2015 年日本就业市场总体表现良好,失业率比上年进一步回落。据 IMF 预测数据显示,2015 年日本失业率为 3.5%,比上年下降 0.1 个百分点。日本总务省数据显示,2015 年 10 月日本失业率为 3.1%,环比下降 0.3 个百分点,已降至 1995 年 7 月以来的低位,这也是该数据近三个月以来首次出现改善。

(三)物价:保持温和

总体来看,2015 年全球通货膨胀水平与上年基本持平或略有下降。其中,发达经济体的通货膨胀水平大幅回落,跌至近年来较低水平;而新兴市场和发展中经济体的通胀水平有所上升;新兴市场与发展中经济体的通胀水平总体上高于发达经济体,并且两者间的差距较上年有所上升。据 IMF 预测数据,2015 年全球通胀水平为 3.3%,较上年下降 0.2 个百分点;发达经济体的通胀水平为 0.3%,比上年下降 1.1 个百分点;新兴市场和发展中经济体的通胀水平为 5.6%,比上年上升 0.5 个百分点(见表 3-3)。

表 3-3　世界各经济体通货膨胀率变化情况　　　　(单位:%)

	1997—2006 年	2012 年	2013 年	2014 年	2015 年	2016 年	2020 年
世界	4.8	4.2	3.9	3.5	3.3	3.4	3.5
发达经济体	2.0	2.0	1.4	1.4	0.3	1.2	2.1
欧元区	2.0	2.5	1.3	0.4	0.2	1.0	1.7
七国集团	1.8	1.9	1.3	1.5	0.2	1.1	2.1
加拿大	2.1	1.5	1.0	1.9	1.0	1.6	2.1
法　国	1.6	2.2	1.0	0.6	0.1	1.0	1.7
德　国	1.4	2.1	1.6	0.8	0.2	1.2	1.9

续表

	1997—2006 年	2012 年	2013 年	2014 年	2015 年	2016 年	2020 年
意大利	2.3	3.3	1.3	0.2	0.2	0.7	1.3
日　本	-0.1	0.0	0.4	2.7	0.7	0.4	1.5
英　国	1.5	2.8	2.6	1.5	0.1	1.5	2.0
美　国	2.5	2.1	1.5	1.6	0.1	1.1	2.4
新兴市场和发展中经济体	8.7	6.0	5.8	5.1	5.6	5.1	4.5
中东欧	24.2	6.0	4.3	3.8	2.9	3.5	4.2
独联体	20.5	6.2	6.4	8.1	15.9	8.9	4.8
俄罗斯	21.8	5.1	6.8	7.8	15.8	8.6	4.8
亚洲发展中经济体	4.2	4.7	4.8	3.5	3.0	3.2	3.7
中　国	0.9	2.6	2.6	2.0	1.5	1.8	3.0
印　度	5.4	10.2	10.0	5.9	5.4	5.5	4.9
拉美与加勒比地区	8.9	5.7	6.7	7.9	11.2	10.7	8.0
巴　西	6.9	5.4	6.2	6.3	8.9	6.3	4.6
中东与北非	5.5	9.7	9.3	6.5	6.5	5.5	4.0
撒哈拉以南非洲	11.2	9.4	6.6	6.4	6.9	7.3	5.8
南　非	5.6	5.7	5.8	6.1	4.8	5.9	5.5

注:本表中 2015 年、2016 年、2020 年为估计值。
资料来源:IMF,*World Economic Outlook*,2015 年 10 月。

发达经济体的物价水平均呈现出较大幅度的下降。2015 年 10 月 IMF 预测,欧元区 2015 年的通胀水平为 0.2%,比上年下降 0.2 个百分点,延续了前三年的下降趋势,欧洲经济正面临通缩风险。欧盟统计局 2014 年 8 月的数据显示,欧元区通货膨胀率为 0.3%,比上月低 0.1 个百分点,为 2009 年 10 月以来最低点,远低于欧洲央行"接近但低于 2%"的通胀目标。彭博社称,欧元区离全面通缩只有咫尺之遥。七国集团 2015 年 CPI 预计从 2014 年的 1.5% 下降 1.3 个百分点,低至 0.2% 的水平。具体来看,美国、英国、法国、德国、日本通胀水平下降明显,2014 年 CPI 上涨分别为 1.6%、1.5%、0.6%、0.8%、2.7%,分别比上年回落 1.5 个百分点、1.4 个百分点、0.5 个百分点、0.6 个百分点、2 个百分点;加拿大的通胀水平也下降了 0.9 个百分点至 1% 的水平;意大利的通胀水平与上一年持平。

新兴市场和发展中经济体的物价水平总体上升。分地区来看,2015 年独联体国家、拉美与加勒比地区、撒哈拉以南非洲的通胀率分别为 15.9%、11.2%、6.9%,较上年上升 7.8 个百分点、3.3 个百分点和 0.5 个百分点;中东欧、亚洲发展中经济体的通胀率分别为 2.9% 和 3%,比上年回落 0.9 个百分点和 0.5 个百分点;中东与北非国家的通胀率与上年持平,维持在 6.5% 的水平。分国别来看,截至 2015 年 9 月,中国、印度和南非的通胀水平有所下降,而俄罗斯和巴西的通胀水平均有不同程度的上升。OECD 数据显示,2015 年前三季度中国 CPI 同比上涨 1.4%,印度 CPI 同比增长 3.66%。南非 2015 年 7 月份 CPI 同比上涨 5.0%,环比上升 0.3 个百分点。相比之下,2015 年 7 月巴西消费物价指数 CPI 同比上涨 9.56%,环比上涨 0.62%,环比涨幅虽低于 6 月的 0.79%,但创 2004 年以来当月新高。俄罗斯 2015 年 6 月份的 CPI 则同比上涨 15.3%。

(四) 贸易与投资:贸易增长停滞,投资出现转机

2015 年国际贸易难以扭转前两年的低速增长态势。2014 年全球贸易增速大幅下降,全球贸易出口额为 18.93 万亿美元,增速接近于零(为 0.6%),延续了过去两年的贸易增长停滞局面,而 2011 年则增长 19.45%,2010 年增长 21.99%。世界贸易组织(WTO)公布的 2014 年世界商品贸易增长率为 2.8%,预计 2015 年达到 3.3%,2016 年达到 4.0%。这主要是因为全球经济增长放缓以及各国对进口商品需求下滑,尤其是南美、中美以及非洲、中东和独联体国家。根据 WTO 数据,2015 年独联体国家的进口增长相比上年同期下降了 11.4%,南美的进口增长相比上年下降了 4.6%。荷兰经济政策分析局(CPB)最新发布的报告显示,2015 年全球贸易总额二季度环比下滑 0.5%,创 2009 年以来最大跌幅,打破了自 2010 年以来全球贸易总额缓慢但稳定的增长势头。这再次印证,虽时隔数年,世界经济仍然未能在金融危机之后实现可持续的、更广泛的快速增长。值得注意的是,2015 年全球贸易量的增长低于全球经济增长步伐,这表明全球贸易面临的下行风险超过增长风险。欧洲经济衰退、新兴经济体增长放缓等负面宏观经济因素对全球贸易造成了较大冲击。此外,日渐盛行的贸易保护主义也是导致贸易增速显著下滑的重要原因。

全球外商直接投资重现谨慎而乐观的增长。联合国贸易与发展会议(UNCTAD)发布的《2015 年世界投资报告》指出,继 2012 年的下滑之后,2014 年全球外商直接投资额再次出现下滑,为 1.23 万亿美元,下降幅度为 16%。其中,发达国家 FDI 流入下滑了 29% 至 0.50 万亿美元,占当年全球外商直接投资总额的 41%,而发展中经济体 FDI 流入则上升至 0.68 万亿美元,占当年全球外商直接投资总额的 55%,剩下的 0.048 万亿美元属于转型经济体;发展中国家和转型经济体占据了目前 FDI 流入排名前 20 的一半。据 UNCTAD 数据,2014 年全球外商直接投资额将达到 1.6 万亿美元,2015 年将达到 1.7 万亿美元,2016 年将达到 1.8 万亿美元;发达国家将表现出相对较快的增速,一些新兴市场本身的脆弱性以及与政策不确定性和区域不稳定性相关的风险会对外商直接投资预期回升产生不利影响。

（五）公共债务：发达经济体债务问题严峻

由于复苏持续巩固,2015 年发达经济体的财政平衡状况整体上继续改善,财政赤字占 GDP 比例进一步下降。2015 年 10 月 IMF 数据显示,2014 年发达经济体财政赤字占 GDP 比例为 3.4%,比上年下降 0.4 个百分点,预计 2015 年发达经济体财政赤字占 GDP 比例将继续下降 0.3 个百分点至 3.1%。其中,2014 年欧盟与欧元区财政赤字占 GDP 比例分别为 2.9% 和 2.4%,分别比上年下降 0.2 和 0.5 个百分点,预计 2015 年欧盟财政赤字占 GDP 比例将继续下降 0.4 个百分点至 2.5%,欧元区财政赤字占 GDP 比例将继续下降 0.4 个百分点至 2.0%;2014 年美国财政赤字占 GDP 比例为 4.1%,比上年下降 0.6 个百分点,预计 2015 年美国财政赤字占 GDP 比例将继续下降 0.3 个百分点至 3.8%;2014 年英国财政赤字占 GDP 比例为 5.7%,与上年持平,预计 2015 年英国财政赤字占 GDP 比例将下降 1.5 个百分点至 4.2%。2014 年新兴市场和发展中经济体的财政赤字水平扩大,财政赤字占 GDP 比例为 2.6%,比上年上升 1.7 个百分点,预计 2015 年新兴市场和发展中经济体的财政赤字占 GDP 比例将有所减少,下降 0.3 个百分点至 4.0%。其中,2014 年俄罗斯、中国、印度、巴西、南非财政赤字占 GDP 比例分别为 1.2%、1.2%、7.0%、6.2% 和 3.8%,预计 2015 年分别为 5.7%、1.9%、7.2%、7.7% 和 4.1%(见表 3-4)。

表 3-4　世界各经济体财政平衡占 GDP 比例变化情况　　　　（单位:%）

	1997—2006 年	2012 年	2013 年	2014 年	2015 年	2016 年	2020 年
发达经济体	-2.7	-5.5	-3.8	-3.4	-3.1	-2.6	-2.0
欧元区	-2.2	-3.6	-2.9	-2.4	-2.0	-1.7	-0.2
七国集团	-3.4	-6.5	-4.5	-4.0	-3.5	-3.1	-2.6
加拿大	1.1	-3.1	-2.7	-1.6	-1.7	-1.3	-0.3
法　国	-2.6	-4.8	-4.1	-4.0	-3.8	-3.4	-0.7
德　国	-2.5	0.1	0.1	0.3	0.5	0.3	1.0
意大利	-3.0	-3.0	-2.9	-3.0	-2.7	-2.0	-0.2
日　本	-6.0	-8.8	-8.5	-7.3	-5.9	-4.5	-4.1
英　国	-1.5	-7.8	-5.7	-5.7	-4.2	-2.8	0.1
美　国	-3.1	-7.9	-4.7	-4.1	-3.8	-3.6	-4.2
欧　盟	-2.0	-4.1	-3.1	-2.9	-2.5	-2.0	-0.3
新兴市场和发展中经济体	-1.4	-0.9	-1.8	-2.6	-4.3	-4.0	-2.7
中东欧	-5.4	-2.6	-2.5	-2.3	-1.9	-1.9	-1.8
独联体	1.5	0.7	-0.8	-0.9	-4.9	-3.1	-0.3
俄罗斯	2.0	0.4	-1.3	-1.2	-5.7	-3.9	-0.3

续表

	1997—2006 年	2012 年	2013 年	2014 年	2015 年	2016 年	2020 年
亚洲发展中经济体	-3.2	-1.4	-2.2	-2.1	-2.8	-3.0	-2.4
中　国	-1.9	0.0	-1.1	-1.2	-1.9	-2.3	-1.7
印　度	-8.2	-7.4	-7.6	-7.0	-7.2	-7.0	-6.1
拉美与加勒比地区	-2.8	-3.1	-3.1	-4.9	-5.8	-5.4	-3.7
巴　西	-4.4	-2.6	-3.1	-6.2	-7.7	-7.2	-3.2
中东与北非	5.6	5.9	3.4	-1.2	-11.0	-9.7	-5.1
撒哈拉以南非洲	0.2	-1.8	-3.1	-3.5	-4.2	-3.6	-2.7
南　非	-0.9	-4.1	-4.1	-3.8	-4.1	-3.7	-3.1

注:本表中 2015 年、2016 年、2020 年为估计值。

资料来源:IMF,*World Economic Outlook*,2015 年 10 月。

但是发达经济体政府债务水平改善缓慢,部分国家政府债务占 GDP 比例持续上升。2015 年 10 月 IMF 预测数据显示,2015 年发达经济体整体政府债务占 GDP 比例为 104.5%,较上年小幅下降 0.1 个百分点。但加拿大、法国、意大利和美国等国家政府债务再度攀升,政府的偿债能力经受严峻考验。2015 年加拿大政府债务占 GDP 比例预计达到 90.4%,较上年上升 2.5 个百分点;法国政府债务占 GDP 比例预计达到 97.1%,较上年上升 1.5 个百分点;意大利和美国政府债务占 GDP 比例预计分别达到 133.1% 和 104.9%,较上年分别上升 1.0 和 0.1 个百分点。公共债务居高不下使发达经济体的财政可持续性面临巨大挑战,极大地侵蚀了财政政策的调整空间,也无疑为其未来经济持续复苏埋下了重大隐患。新兴市场和发展中经济体的公共债务水平小幅上升,但总体可控。2015 年新兴市场和发展中经济体的政府债务占 GDP 比重预计达到 44.4%,较上年小幅上升 3 个百分点。其中,2015 年俄罗斯、中国、印度、巴西、南非预计政府债务占 GDP 比例分别为 20.4%、43.2%、65.3%、69.9% 和 48.4%,分别较上年上升 2.6 个百分点、上升 2.1 个百分点、下降 0.8 个百分点、上升 4.7 个百分点、上升 2.4 个百分点(见表 3-5)。

表 3-5　世界各经济体政府债务占 GDP 比例变化情况　　　(单位:%)

	1997—2006 年	2012 年	2013 年	2014 年	2015 年	2016 年	2020 年
发达经济体	74.0	106.1	104.9	104.6	104.5	104.6	100.9
欧元区	68.9	91.0	93.1	94.2	93.7	92.8	85.2
七国集团	81.4	121.3	119.5	118.6	117.4	117.5	114.1
加拿大	81.3	87.9	87.7	87.9	90.4	89.4	79.9
法　国	61.9	89.4	92.3	95.6	97.1	98.0	93.1

续表

	1997—2006 年	2012 年	2013 年	2014 年	2015 年	2016 年	2020 年
德　国	61.6	79.3	77.0	74.6	70.7	68.2	57.9
意大利	105.0	123.1	128.5	132.1	133.1	132.3	123.0
日　本	155.0	236.6	242.6	246.2	245.9	247.8	251.7
英　国	40.6	85.8	87.3	89.4	88.9	88.0	77.8
美　国	60.2	102.5	104.8	104.8	104.9	106.0	106.2
欧　盟	62.2	85.1	86.9	88.1	87.7	86.9	79.2
新兴市场和发展中经济体	48.6	38.1	39.4	41.4	44.4	46.2	48.3
中东欧	50.7	45.6	46.5	44.9	44.6	45.1	47.3
独联体	38.4	15.3	16.6	21.1	24.8	26.0	26.0
俄罗斯	40.7	12.7	14.0	17.8	20.4	21.0	23.0
亚洲发展中经济体	49.1	41.4	42.7	44.1	45.6	47.4	50.4
中　国	34.6	37.1	39.4	41.1	43.2	46.0	51.4
印　度	76.7	67.5	65.8	66.1	65.3	63.9	59.3
拉美与加勒比地区	52.4	47.9	48.7	51.9	54.8	56.3	57.0
巴　西	70.3	63.5	62.2	65.2	69.9	74.5	76.1
中东与北非	49.4	25.5	26.6	28.0	35.1	38.6	42.7
撒哈拉以南非洲	51.0	27.1	28.5	30.3	34.3	35.5	37.1
南　非	35.9	40.5	43.3	46.0	48.4	49.8	54.3

注：本表中 2015 年、2016 年、2020 年为估计值。

资料来源：IMF，*World Economic Outlook*，2015 年 10 月。

二、2015 年世界经济运行的特点与变化

回顾 2015 年世界经济的总体形势，可以看出 2015 年世界经济呈现出许多新的特点与变化。归纳起来，主要有以下几个方面。

（一）世界经济形成"双引擎"驱动的增长格局

以新兴经济体为首的发展中国家在金融危机期间成为拉动世界经济增长的引擎。随着发达国家经济持续复苏，其对全球增长的贡献率近年来首次接近发展中国家，将与发展中国家共同驱动世界经济增长。美、欧、日等发达经济体加速复苏，但步伐不一致。美国经济开始了金融危机以来最强劲的反弹，金融体系修复初见成效，能源成本降低促进制造业回流和高端制造业发展，在发达经济体中处于领先地位；欧洲主权债务危机风险逐步消退，经济保持增长势头，但通货紧缩压力增大，复苏势头脆

弱;日本结构性改革迟迟不到位,"安倍经济学"刺激效应递减,无力实现可持续复苏。新兴经济体保持较高增长率,但增速继续放缓。俄罗斯、南非经济出现负增长,印度、巴西增长低于预期,印度、印尼、巴西、南非等国面临双赤字、高通胀等问题。

(二) 美国量化宽松政策落幕,全球经济版图面临重组

2014 年 10 月 30 日,美国联邦公开市场委员会(FOMC)正式宣布退出量化宽松货币政策(QE),但目前 0 —0.25% 的利率水平保持不变,并将继续维持所持到期证券本金进行再投资的政策。至此,美国从 2008 年年底推出的量化宽松货币政策告一段落。以美联储的目标为标准,QE 似乎完成了四大目标:经济提速、就业改善、股市繁荣、通胀温和。

然而,美国退出 QE 此举引发了全球经济的诸多变化。第一,美国退出 QE 最直接的影响是降低美元的供给,提高美国债券的收益率,导致美元升值进而提高美元资产吸引力,吸引国际资本回流美国。第二,对黄金市场的影响。美元走强导致黄金市场暴跌:美联储宣布退出 QE 后的一周内,金价暴跌逾 50 美元,单周下跌了 4.74%。此外,美国的通胀抬头预期和加息预期将继续对黄金市场产生重要影响。第三,对股票市场的影响。对美联储退出量化宽松刺激的预期引发市场恐慌,英国、德国和法国主要股市跌幅一度超过 2%,亚洲和美国股市也曾出现抛售情况。第四,对大宗商品市场的影响。美元升值使得以美元计价的大宗商品对买家而言更加昂贵,进而给卖家带来降价的压力。一方面,价格下降拖累了大宗商品出口国,如巴西、俄罗斯和智利的经济增长,各方已经下调新兴经济体的经济增长预测。另一方面,不断下跌的大宗商品价格导致许多新兴经济体通胀压力消退,使央行拥有保持宽松货币政策的回旋余地。以上只是美国退出 QE 对全球经济影响的冰山一角,随着时间的推移,更多的影响将逐步显现,全球经济版图也将随之改变。

(三) 欧洲经济复苏缓慢,通缩风险一直存在

在遭受国际金融危机和欧债危机双重打击后,欧洲经济复苏颇显乏力。在 2014 年多数主要经济体适度扩张的背景下,欧元区的经济复苏却令人失望。2016 年 4 月 IMF 数据显示,2015 年欧元区经济增速为 1.6%,低于发达经济体 1.9% 的平均增速。信心再度减弱,需求疲软导致通胀水平持续下降,欧元区整体通胀水平接近于零,一些国家甚至出现通货紧缩。欧盟统计局最新数据显示,欧元区 2015 年通胀率为 0.2%,较 2014 年的 0.6% 下降 0.4 个百分点,但仍徘徊于历史低位,且远低于欧洲央行设置的通胀目标 2%。事实上,通胀水平在欧元区已经持续下降了近三年。过低的通胀率使得实现相对价格调整而不用忍受长期的低速增长和高失业率变得更加困

难,零通胀预示了通缩风险,这可能使停滞延续并加重债务负担。

(四)"安倍经济学"经受质疑

2012年年底以来,以"三支箭"为核心内容的"安倍经济学"构成了日本经济政策的主要特征。2013年5月日本内阁府发布了2013年一季度GDP的速报值,表明安倍推出的一系列新刺激政策不仅给金融市场注入活力,也开始让企业和消费者振作起来。

然而,"安倍经济学"从一开始就备受质疑。IMF副总裁筱原尚之说,"安倍经济学"未能真正扭转日本经济颓势。第一,日本政府希望贬值日元刺激出口,改善国际收支从而拉动经济增长,然而汇率的升贬是零和游戏:贬了日元,帮助了日本企业的出口,但亚洲其他邻近国家也因此感到极大威胁。第二,经济刺激计划将导致通货膨胀,如果安倍的政策的确引发了通胀,但是消费者反倒是因为担心通胀侵蚀了财富,因此更加节衣缩食、减少开支,"安倍经济学"就无法奏效;此外,物价全面上涨同时消费税上调,日本国民生活负担将越来越重。第三,"三支箭"导致日本股市频繁波动。随着日本的量化宽松政策的实施,日本股市持续大幅度上扬,最高时涨幅达50%;然而随着美国减少债券购买,金融市场再度骚动,日本股市也陷入波动之中,自2013年5月以来,至2013年6月13日;每日跌幅平均超过3%。总体而言,"安倍经济学"就是通过"三支箭"来为经济起飞铺路,然而改革尚未完成,财政又入不敷出,如果再加上投资界对"安倍经济学"的失望,那么这个正反馈有可能又变成负反馈。

(五)中国在世界经济中的主导作用逐渐增强

过去三十多年来,中国融入世界经济的进程举世瞩目。2012年,中国已经成为世界第二大经济体及第一大出口国,中国经济崛起已经通过贸易联系和全球大宗商品市场对其他经济体带来重要影响;与此同时,中国的金融国际化进程也在不断加快。

2014年11月的北京APEC峰会上,中国拟出资400亿美元成立丝路基金。中国推出新版"马歇尔计划"支持中国经济"走出去"战略,达到输出国内过剩产能、促进人民币国际化及提升中国国际影响力的战略目标。"一带一路"战略的实施在短期将有助于消化国内过剩产能;中长期将助力亚太经济一体化,战略意义重大。与美国"马歇尔计划"不同,中国版"马歇尔计划"对世界经济具有更广泛的经济效益。

中国资本账户开放将成为未来十年重塑全球金融体系的最重大事件。进一步开放金融市场是2012年中国"十二五"规划中的一个明确目标,并在2013年11月中共十八届三中全会上重申。尽管时间表未定,但全面的资本账户开放可能在未来十年内实现。实证研究表明,到 2025 年中国的国际投资头寸占世界 GDP 的比例将从 2012 年约 5%增长至 30%。中国的庞大经济体量意味着任何资本管制放松都将与全世界息息相关。如果进展顺利,将为中国带来更均衡和更持续的经济增长,并促进全球需求"再平衡";中国在全球金融市场的进一步融合,也可以增强风险分担和提供流动性。

(六) 国际油价下跌使石油出口国遭受重创

2014 年 6 月以来,国际原油价格持续走低。一方面,供应增长超预期。面对此轮油价下跌,石油输出国组织(OPEC)并未减产,石油输出国家组织公布其 2015 年 7 月份原油产量,数据显示达到近 3 年来最高水平。国际能源署发布的报告显示,2015 年 9 月份石油输出国组织的日供应量提高了 9 万桶,达到 3172 万桶,预期未来几个月将保持在每日 3150 万桶左右,原油全球供应过剩情况将持续至 2016 年年底。另一方面,需求却越发疲软。由于全球经济复苏低于预期,国际能源署在 2015 年 9 月发布的报告预计 2016 年全球石油需求的增幅将下降至每日 120 万桶,较上月预估值还减少了 15 万桶。

油价的持续性下跌对以俄罗斯为主导的重要能源输出国构成极大的冲击。据俄罗斯联邦海关局通报,2015 年上半年俄罗斯出口石油,以价值形式表示为 481 亿美元,较上年同期下降 40%;以实物形式表示为 1.21 亿吨,同比增长 9.8%。油价暴跌预示着其政府预算收入大幅减少,而其财政收支也无法保持平衡的状况。根据俄罗斯联邦储蓄银行的计算,如原油价格维持在 90 美元/桶,2015 年俄罗斯财政收入将因此减少 1.2%。此前因为俄乌冲突,欧美国家对俄罗斯进行的经济制裁已经导致资金大量外流。可以预期,一旦国际原油期货价格再度出现大幅下跌的走势,恐将会对俄罗斯经济带来极其严重的冲击,甚至会引发崩盘的危险。

(七) 多边贸易谈判停滞不前,区域贸易协定风起云涌

多哈回合谈判在农业、发展和贸易便利化三方面达成了有限协定。这些协定所带来的经济效应还不明晰,不太可能在未来两年对贸易有明显影响。国际贸易体系趋于分裂,未来的决策存在很多不确定因素。区域贸易协定持续激增,迄今生效的已有 379 个。现阶段有两大区域贸易协定正在商讨之中:美国和欧盟之间的跨大西洋贸易与投资伙伴关系协定,以及包括日本、美国在内 12 个国家之间的跨太平洋伙伴关系协定。这两大协定将覆盖全球贸易很大部分,被一部分人视为取代多哈回合的比较务实的协定。但另一些人担忧,那些不包含在区域贸易协定中的发展中国家会受到潜在影响,被边缘化或在竞争力方面受到打击。目前正在探讨的还有进一步推

进南南区域一体化的措施,比如,非洲联盟正努力加快进度实现非洲大陆在 2017 年成立自由贸易区。

（八）流入新兴经济体资本波动性加大,长期融资重要性上升

流入一些发展中国家和新兴经济体的资本数量在 2014 年明显下降。同时,新兴经济体金融市场的波动明显增加,主要反映在股市抛售和货币大幅贬值两个方面。其中部分原因是受到美联储宣布在 2013 年年末逐步削减长期资产购买量的影响,新兴经济体增长减速也对资本流入的下降起到了一定作用。美联储收缩量化宽松,就意味着美国国债的收益率将大幅上升,而带有趋利性的资金就会从新兴市场回流到发达市场,这会给新兴市场带来资本流动性收紧压力、股市暴跌、货币贬值等风险。

长期融资对于促进可持续发展至关重要。国际社会在 2015 年后发展议程的讨论中,强调社会、经济和环境三大方面的可持续发展对融资的巨大需求。为了向绿色经济转型和促进可持续发展,长期融资对筹集所需资源至关重要。然而,迄今为止,国际金融体系还无法有效配置可满足长期可持续发展需求的资源。目前在一些关键领域的投资明显不足,包括基础设施,为世界贫困人口提供的健康、教育和卫生服务,为小型和中型企业提供的金融服务,以及为发达和发展中国家应对气候变化而提供的绿色技术开发服务。

（九）初级商品价格总体平稳,多样化趋势显现

大宗商品出口经济体正面临艰难处境。过去三年里,全球大宗商品价格大幅下跌,出口大宗商品的新兴市场和发展中经济体的产出增长显著放缓。根据 IMF 世界经济展望的预测,由于大宗商品价格前景疲软,相比 2012—2014 年,大宗商品出口经济体 2015—2017 年的年增长率可能下降 1 个百分点。2014 年全球大宗商品价格受经济增长放缓、需求下降等因素的影响,相比上年继续下降。UNCTAD 数据显示,从 2015 年 2 月起至 2015 年 10 月,全球大宗商品整体价格下跌了 14%。由于石油部门投资的下降,石油价格于 2015 年年初出现回升,但随后由于 OPEC 石油供应量的增加,价格再一次下跌。非能源大宗商品价格依旧疲软,金属商品价格和农产品大宗商品价格分别下跌 13% 和 8%。彭博数据显示,追踪 22 种大宗商品价格表现的彭博商品指数跌至 82.1446 点,2015 年该指数累计下滑 21%,当前点位较历史高点已暴跌 2/3,创 1999 年来新低。与此同时,反映一揽子国际大宗商品综合价格表现的 CRB 指数也在 2015 年 11 月 24 日开盘触及 182.98 点,远低于金融危机暴跌后的低位,更是刷新 2001 年 11 月以来的 14 年新低,而且该点位距离 1986 年纽交所推出以 CRB 指数为标的期货交易以来的最低纪录 181.83 点不足 2 个点。由于主要农作物收成

比预期要好,粮食价格逐渐下降。2015 年 10 月份,美国芝加哥商品交易所大豆、玉米、小麦和豆油期货合约收盘周均价每吨分别为 326 美元、154 美元、190 美元和 625 美元,环比分别涨 1%、1%、1% 和 4%,同比分别低 5%、高 16%、高 3% 和低 14%。温和的需求、充足的供应以及高水平库存等因素使得工业金属价格持续下跌。以铜为例,伦敦金属交易所(LME)期铜价格一度刷新近六年半来新低,2009 年 5 月以来首次跌破每吨 4500 美元。2015 年以来,美元计价的铜价累计下跌 27%。此外,LME 期镍自 2015 年 1 月以来已累计下跌 46%。截至 11 月 23 日,伦敦金属交易所(LME)镍价下跌至每吨 8205 美元,为 2003 年 7 月以来最低。原油价格则因诸多地缘政治因素在过去一年有显著波动:作为大宗商品市场风向标的原油期货已经数度跌穿每桶 40 美元,创近 6 年新低,而自从 2014 年年中以来,原油期货的价格已经下跌了约 60%。

(十) 结构改革方兴未艾

危机后全球经济复苏在很多方面表现乏力。有的经济体经济继续停滞,有的经济体潜在的增长已经放缓,而不平等正在加剧。同时,外部失衡和金融稳定的威胁依然存在。为了解决这些不同的、往往相互关联的问题,结构性的政策发挥了关键作用。在欧元区,银行体系的结构性缺陷阻碍了宽松货币政策作为支持需求的手段的有效性。银行业工会的建成和银行的信誉综合评价,将有助于修复货币政策的传导机制,使刺激措施更有效。在美国,加紧基础设施投资将提高潜在增长,而税收和劳动力市场改革将有助于解决加剧的不平等。加强竞争将有助于刺激创新,提高许多经济体的资源配置效率。为此,降低贸易壁垒、减少企业的行政负担对新兴经济体是重要的,而服务自由化是发达经济体的共同任务。在发展中国家,如印度和巴西的税收简化将取消对投资的制约。在发达国家,比如法国,通过降低雇主的社会保障缴款就能提高就业率。消除妇女参与教育和劳动力市场的障碍对于提高产量和福祉具有相当大的潜力,尤其是对新兴经济体而言。全球经济依然未能实现强劲、平衡和包容性增长的事实强调了雄心勃勃的改革力度的迫切性。

三、影响 2015 年世界经济走势的因素

展望 2015 年的世界经济走势,有以下几个方面的因素值得关注。

其一,量化宽松若不能平稳退出,将会给全球经济带来风险。在未来几年内,全球经济增长和金融稳定存在很大的不确定性和风险。而这些不确定性和风险与非常规货币政策,如主要发达国家施行的量化宽松政策密切相关。如果不能平稳退出量化宽松,会导致严重后果。例如,发达国家和发展中国家的长期利率将可能大幅度上

涨,全球股市抛售,流入新兴经济体资本急剧下降,新兴经济体融资风险溢价上升。这些对国际金融市场造成的第一轮冲击,可能会迅速传递到全球发达国家和发展中国家的实体经济中去。

其二,欧元区的系统性风险已明显降低,但是金融体系和实体经济仍较为脆弱。自2012年8月欧洲央行宣布其直接货币交易计划以来,欧元区系统性风险已大幅减弱。尽管从未被部署,该计划的存在本身已经打破脆弱的银行和脆弱的政府财政状况之间的负面反馈循环。尽管如此,欧洲经济脆弱性依旧明显。银行业压力尚未减退:贷款条件仍然呈现跨区域异构特征,私营部门的整体信用继续下降。此外,欧洲通缩风险加大。自2013年10月,欧元区的通胀水平一直低于1.0%,这无疑将增加政府的实际债务负担,并可能在财政目标变得越来越难以实现的同时重新点燃欧债危机。

其三,美国在债务上限和预算问题上持续不断的政治争论带来的不确定性依旧存在。由于美国两党在2014年财政预算以及提高债务上限问题上的分歧,美国联邦政府非核心部门一度"关门"。皮尤研究中心的调查发现,共和党与民主党在意识形态上的分歧和党派之间的反感比过去20年更加严重。

其四,许多发达国家的公共财政仍然无法在长期内走可持续发展的道路。例如,日本债务占GDP的220%,近年来新债发行的一半收益用于偿还债务,2015年营业税税率的增加尚不足以平衡基本预算。一个潜在的风险是金融市场要求更高的回报率,如果当前账户在未来一短时间内变成赤字,这种风险会变得更加尖锐。

其五,区域贸易安排的影响将会逐步显现。2015年10月5日,"跨太平洋伙伴关系协定(TPP)"终于取得实质性突破,美国、日本和其他10个泛太平洋国家就"跨太平洋伙伴关系协定(TPP)"达成一致。12个参与国加起来占全球经济的比重达到了40%。"跨太平洋伙伴关系协定(TPP)"将对近18000种类别的商品降低或减免关税。这一方面会加强区域经济的交流合作沟通,另一方面也可能会塑造起框架内外的贸易壁垒。这些区域贸易投资安排能否有效遏制贸易与投资保护主义的势头,仍是个不小的问号。

其六,一些新兴经济体仍旧面临经济"硬着陆"的风险。由于面临外部需求的不确定性和各种国内的挑战,部分新兴经济体的经济仍将面临超出预期的下行风险。2015年9月14日《中国经济周报》发布的信息显示:2015年8月中国宏观经济数据全面回落,显示当前经济面临的下行压力不断加大,经济增长显现"硬着陆"迹象。其他新兴经济体,如俄罗斯和土耳其等的经济表现也特别值得关注。

除了经济风险,地缘政治紧张局势也可能会恶化。2015年以来,地缘政治风云变幻,乌克兰事件持续发酵,引发美欧日等西方国家对俄罗斯实施多轮制裁;巴以爆发新一轮冲突;"伊斯兰国"(ISIS)恐怖主义集团异军突起,引发美欧联手围剿。地缘政治动荡增大了全球经济运行的不确定性。

以上这些和其他风险因素一旦酿成事实,全球经济将会偏离基准预测的轨道。

四、2016年世界经济形势展望

2015年10月IMF预测数据显示,预测2015年和2016年的世界产出增长率分别为3.1%和3.6%。这其中,预计2016年发达经济体整体增长2.2%,美国2.8%,日本1.0%,欧盟1.6%;预计2016年新兴市场和发展中经济体整体增长4.0%,中国6.3%,印度7.5%,巴西-1.0%,俄罗斯-0.6%,南非1.3%。按市场汇率计算,2015年全球经济增长3.8%。2014年6月,世界银行预测2015年按PPP和市场汇率计算的世界经济增长率分别为4.0%和3.4%。2014年5月,联合国预测2015年按PPP和市场汇率计算的世界经济增长率分别为3.8%和3.2%,分别较2014年1月预测数据下调0.2和0.1个百分点。

鉴于目前世界经济的基本状况以及发展趋势上所呈现的种种迹象,并基于2015年世界经济整体运行的描述和分析,本章认为,2016年全球经济尽管将遭遇一些坎坷,但复苏将会加强,即按PPP计算的增长率为5.71%,按市场汇率计算的增长率为3.8%。

第二节 国别与地区分析

一、美国经济:发展前景改善,下行风险犹存

(一)发展现状

受恶劣天气及其他因素影响,2015年美国一季度GDP增速仅为0.6%,但二季度GDP增速增至3.9%。不过三季度并未能延续这种增长势态,GDP增速下降为2.1%,主要是因为企业减少补充库存以便消耗过剩的存货,并且消费者、企业和政府支出均有所下降。据2015年10月IMF预测数据,预计2015年美国经济增速为2.6%,这与2014年大体相当。2014年美国个人消费、国内私人投资、净出口和政府开支在GDP中的比重分别为68.4%、15.9%、-2.9%和18.6%。

个人消费变动对美国经济增长影响举足轻重。2015年二季度个人消费支出达122284亿美元,7月个人消费支出同比增长3.16%,较6月有所回升。随着个人可支配收入延续回升态势,预计这一趋势仍将延续。私人消费支出增长的有利因素包括住房和股票价格回升带来的财富效应;此外,持续的就业增长也为可支配收入的适度

增加作出了积极贡献。消极的方面是,消费者信心常常因财政问题上的政治斗争带来的不确定性受挫;紧缩的财政政策,包括更高的所得税和政府消费封存,都在一定程度上抑制了消费支出。

投资波动较大。2015年二季度,政府消费支出和投资总额28569亿美元,自2014年以来呈增长态势。私人投资更是增长迅猛,自2009年9月至2015年6月,美国国内私人投资总额增长58.7%。2015年二季度美国国内私人投资总额为28648亿美元,其中,住宅投资总额5221亿美元,同比增长7.8%,环比下降0.6%。财政政策的不确定性在一定程度上推迟了资本支出和项目规划上的商业决策。

美国劳动力市场仍处在缓慢复苏的道路上。2014年10月,美国非农就业人数增加了14.2万人,当月的失业率较2月减少0.4个百分点至5.1%,失业人数减少32.9万人至930万人;在过去的一年,失业率和失业人数分别下降了1.3个百分点和190万人。专业和商业服务、零售和医疗保健等行业的就业人数均有所增加。失业率部分跌幅可归因于以下几个因素:劳动力参与率持续下降、人口老龄化、高等学校扩招以及不再寻找工作的失业人员的人数增加。

物价指数进入良性循环。经季节调整的美国2015年10月份消费者物价指数(CPI)环比上升0.2个百分点,为3个月来首次上升,但总体而言,美国通胀水平依然处在极低水平。其中,食品价格环比上涨0.1个百分点,创5个月以来最小涨幅;能源价格环比上涨0.3个百分点。

国际收支状况改善。2013年美国货物和服务净出口为-4938亿美元,其中货物和服务出口22622亿美元,货物和服务进口27559亿美元。2014年全年,美国货物进出口总额为39686.3亿美元,比上年增长3.1%。其中,出口16234.4亿美元,增长2.8%;进口23451.9亿美元,增长3.4%。贸易逆差7217.4亿美元,增长4.8%。

货币政策走向常规化。2014年10月底,美联储宣布退出量化宽松,美国货币政策常规化步伐加快。联邦公开市场委员会(FOMC)将决定政策正常化的时机和速度,即提高联邦基金利率和其他短期利率至正常水平、减少美联储所持证券的具体步骤,从而促进其最大化就业和稳定价格的法定任务的履行。

财政政策接近中性。美国2015年联邦预算赤字为4390亿美元,同比下降9%,为8年来最低水平,赤字率维持在2.5%。经济复苏加快、政府削减开支、税收大幅增加成为三大有利因素。财政赤字不断下降只是美国财政状况好转的一个方面,美国财政状况好转的更重要一面是美国民主、共和两党于2013年年底达成了一项为期两年的预算协议,美国国会财政决策过程将更加趋于稳定,两党政治斗争对经济复苏的拖累将可能减少。美联储前主席伯南克表示,美国家庭财富已经从危机中恢复,美国住房市场显示出复苏迹象,美联储有必要提高对金融稳定的关注。

（二）经济展望

2015 年和 2016 年，美国国内生产总值预计增速分别为 2.6% 和 2.8%，私人消费和企业投资增速预计将超过过去两年，消费支出的不利因素将会减少，消费支出预计在 2015 年将增长 2.7%。劳动力市场和住房部门将持续改善，失业率预计将缓慢下降，预计 2016 年年底，失业率将触及近 9 年来的低点 4.7%；受低库存以及建设和土地开发贷款条件的放松，住房市场有望持续复苏。货币政策在 2015 年将继续保持高度宽松，新的联邦基金利率目标将维持在 0.25%—0.50% 的区间。但不排除美联储采取渐进加息的方法，同时美联储有望在 2016 年逐步降低其资产采购量。财政政策的限制将少于 2014 年，预计 2015—2016 年的实际财政支出保持不变。美国的外部条件预期会有所改善，但幅度不大，因为主要贸易伙伴需求将保持相对薄弱。

（三）风险分析

美国经济的主要风险来自于美国的货币政策和财政政策。货币政策方面，美联储正面临一个两难境地：过多地购买长期资产可能会导致资产泡沫，但是过快退出宽松则可能会遏制经济复苏并破坏金融市场。与财政政策相关的风险可能会更加突出，因为债务上限和预算问题上的政治分歧依然存在。

二、欧洲经济：经济衰退结束，但增长依然疲软

（一）发展现状

GDP 连续 7 个月下降之后，欧洲经济在 2013 年四季度走出衰退。据欧洲央行统计数据，欧元区 18 国在 2013 年四季度和 2014 年前两个季度的实际 GDP 分别为 2.17 万亿、2.10 万亿和 2.15 万亿欧元，同比分别增长 0.53、0.95 和 0.67 个百分点。危机以来持续的缓慢复苏使得欧盟经济产出低于其潜在水平，且国家间的差异较为明显。大国当中，2015 年英国 GDP 预计增长 2.5%，而德国和法国的增速仅有 1.5% 和 1.2%。危机国家出现好转迹象，但仍处于脆弱境地：西班牙、希腊和意大利 2015 年经济预计增速分别为 3.1%、-2.3% 和 0.8%，其中，西班牙、意大利分别较上年增长 1.7 和 1.2 个百分点；希腊则较上年下降 3.1 个百分点。

消费回升，但仍面临阻力。2014 年欧元区消费支出小幅下跌，延续前两年的下滑态势。消费下降主要受到以下因素的影响：家庭去杠杆化、普遍较差的劳动力市场、消费者信心低迷、财政紧缩计划和能源价格高企等。

投资仍然是一个薄弱点。投资支出一直是欧元区经济一大弱点，2012 年和 2013 年，欧元区大多数国家的投资支出大幅下降，2014 年有望微弱反弹。需求疲软、持续的不确定性、去杠杆化、危机国家的资金难题等是主要的约束因素，非金融企业的商

业贷款继续收缩。住房投资已经出现扭转,但仍然拖累一些国家的经济增长。

许多国家失业率保持高位。据2015年10月IMF预测数据,2015年欧元区失业率为11.0%,比上年下降0.6个百分点。区域内部差异巨大:德国的失业率处于4.7%的历史低位,而希腊和西班牙分别面临高达26.8%和21.8%的失业率,其中青年失业率更是高出这个数据一倍。

通胀减速,但引发新的担忧。据2015年10月IMF预测数据,2015年欧元区通胀水平为0.2%,较上年下降0.4个百分点,远低于欧洲中央银行设置的2%的通胀目标。欧元升值以及2014年高油价带来的基础影响都对欧元区疲软的经济施加了下行压力,从而带来通缩风险。

出口量增长仍然非常低。据欧盟统计局统计,2015年1—6月,欧盟27国(下同)货物进出口额为19623.4亿美元,比上年同期(下同)减少14.1%。其中,出口9956.9亿美元,下降12.8%;进口9666.4亿美元,减少15.4%。贸易顺差290.5亿美元,上年同期贸易逆差3.8亿美元。出口增长缓慢的主要原因是区域内需求疲软,同时区域外尤其是东亚的需求放缓;此外,欧元升值也在一定程度上抑制了出口的增长。

财政紧缩有所缓和,但政策依然致力于削减赤字。欧盟委员会发布的经济展望报告显示,2015年欧盟和欧元区财政赤字占GDP的比率分别为2.0%和1.6%,且未来两年财政赤字将持续下降。欧盟和欧元区政府债务占GDP的比率将从2014年峰值持续回落,到2017年分别降至85.8%和91.3%。

虽然如此,但欧洲财政政策进一步紧缩的压力依然存在,无论是短期还是长期。

货币政策依然偏向宽松。危机以来,货币政策一直被各种各样的非常规政策所主导,但在2013年5月和11月,当欧洲央行削减再融资利率和边际贷款利率共50个基点时,货币政策再次回到正常的轨道上来。非常规货币政策依然是应对主权债务危机和整个地区的缓慢增长最有效的措施,包括量化宽松、直接性货币交易以及"前进指导"政策。

(二) 经济展望

2015年,欧洲经济复苏步伐将有所加快。据2015年10月IMF预测数据,预计2016年欧元区经济增速为1.6%,比上年增加0.1个百分点;欧盟经济增速为1.9%,较上年增加0.4个百分点。展望未来,消费支出有望适度回暖,因为消费支出的许多不利因素将会减弱甚至好转。2014年和2015年的投资支出将随着需求逐步回升而有所增加,去杠杆化进程进入最后阶段,资金条件开始向更加有利的方向转变。随着区域和全球需求回暖和欧元预期贬值,出口有望回升。未来失业情况会有所改善,但步伐将是极其缓慢的,预计2016年欧元区失业率将下降0.5个百分点至10.5%。通胀将缓慢回升,产出缺口依然存在:工资将因疲软的劳动力市场而受挫,石油以及其他大宗商品价格保持低位,但欧元贬值将带来价格上涨压力。在预测期内,欧元区财政政策将依然致力于降低财政不平衡,债务危机国家将继续其调整计划,在某些情况下实现目标的期限将被延长。欧洲中央银行不会进一步降低政策利率,鉴于低通胀和经济增长乏力,在2015年年底之前利率将继续保持其目前水平。

(三)风险分析

经济前景面临的风险比过去几年更加均衡,但下行风险依旧。受主权债务危机影响的国家再次爆发危机的可能性尚存,这可能使该地区消费者和企业信心受挫,甚至带来主权债务市场新的动荡。脆弱的银行可能会破产,迫使更多的政府救助。欧洲央行正在实施的、预计将成为该地区主要检测指标的资产质量检验将有可能暴露多家需要资本重组的银行。积极的一面是,给定对出口和投资的刺激计划,外部需求回暖力度可能超过预期;此外,某些结构性政策的效果将早于预期显现。

三、日本经济:走出通缩,但公共债务高企

(一)发展现状

2012年年底以来,日本政府实施的一系列新的大胆的经济刺激政策带动了日本经济的增长,结束了长达十年的通货紧缩。2015年,日本实际GDP增长0.6%,较2014年增速下降0.1个百分点。据2015年10月IMF预测数据,预计2016年日本经济增长率为1.0%,较上年增加0.4个百分点。日本内阁府发表的2015年三季度GDP报告显示,扣除物价变动影响因素后,实际GDP比二季度下跌0.2%,如果换算成年率,则下跌0.8%。而2015年日本二季度GDP增长率与2014年同期相比,则萎缩了0.7%。

政府预算赤字高企,财政政策并未紧缩。作为发达国家中公共债务占GDP比例最高的国家,日本政府的公共债务继续上升。据IMF数据,2015年日本公共债务占GDP比例将达到245.9%,比上年减少0.3个百分点;2015年度日本中央和地方的基础财政赤字占GDP的比例降为3.3%左右,较2010财年的6.6%减少一半。但依然处于历史高位。然而日本近年来依旧实施刺激性的财政政策,如增加预算、提高消费税率、向经济注入流动性等。

货币政策已经改变价格动态。2013年4月,日本央行宣布定量和定性宽松的货币政策(QQME),通过每年以60万亿—70万亿日元的速度购买日本政府债券及其他金融债券,旨在使基础货币在两年内翻倍。2014年10月,日本货币政策决定委员

会决定加大货币政策宽松力度,将年度资产购买规模增至80万亿日元。日本政府期望拉低长期债权的收益率,提振消费者、企业和投资者的通胀预期,最终目标是在两年之内将年度CPI提高到2%。QQME对日本国债收益率的影响已经显而易见并很可能会持续下去,且对日元汇率产生了重要影响。

外部盈余不断萎缩。出口量尚未恢复到危机前的水平,外部需求减弱和日元升值两个因素阻碍了日本出口的增长。自日元贬值后,2014年的实际出口量将增加3.6%。进口量也在增长,但速度较慢。商品贸易继续赤字,但不再拖累2015年日本经济增长。经常账户余额保持盈余,尽管比危机前的水平低得多。

政策选择改变了消费和投资动态。2013年四个季度,日本私人消费均有不同程度的增长,有利因素是增强的消费者信心和为避免较高的消费税而带来的耐用品购买的提前。日本总务省在2015年6月份公布的数据显示,日本5月家庭消费支出较上年同期增加4.8%,高于预期值3.4%,也是自2014年3月以来的首次增长。2013年,以增补预算作为融资支持的公建项目不断增加,同时住宅投资因高额消费税而提前,这些因素推高了固定资产投资。预计2014年投资将增长1.3%。

通胀水平有所改善。自1998年以来,日本经历了连续16年的通货紧缩,1998—2013年的平均通胀水平为−1.69%。根据2015年10月IMF预测数据,2015年日本CPI预计将上涨0.7%,比上年下降2个百分点。2013年的一项调查曾揭示,QQME改变了经济主体的通胀预期;此外,日元急剧贬值也给进口商品带来价格上涨压力,更高的消费税税率对提升通胀预期也起到了一定的作用。

失业率进一步下降。根据2015年10月IMF预测数据,2015年日本失业率预计为3.5%,比上年下降0.1个百分点,延续了失业率连续五年不断下降的趋势。

(二) 经济展望

在未来两年,日本政府预计将会推出一套针对结构改革的政策,并实施提高消费税税率的计划。消费税税率将从目前8%的水平在2017年4月提高到10%。尽管结构性改革的影响尚不明朗,但提高消费税却可以抑制需求。根据2015年10月IMF预测数据,预计2016年日本经济增速将比2015年小幅上升0.4个百分点,维持在1%的水平。鉴于温和的经济增长前景,就业率的增长预计将非常缓慢。受人口老龄化的影响,劳动力可能会进一步下降。假设劳动力市场的结构没有重大变化,2014年和2015年日本就业率将分别为3.7%和3.8%。2015年日本通胀水平将达到2%,并在此后的4年内保持这一水平,基本实现日本央行此轮货币政策的最终目标。经常账户余额将缓慢上升,预计未来三年每年以0.1个百分点的速度增长。财政赤字占GDP比例将进一步下降,2015年为5.8%,到2019年为4.7%;公共债务占GDP比例在 2015 年小幅上升 0.4 个百分点至 245.5%,之后的四年内将会不断下滑,在 2019 年达到 241.3%。

(三) 风险分析

消费税税率不断提高,可能会给经济增长带来负面影响,并冲击民众对"安倍经济学"的信心、影响到结构改革措施的实施。日元贬值可能因为其他国家的政策反制,无法起到大幅刺激出口的作用。居高不下的公共债务和难以解决的财政赤字问题,将带来更为严重的债务负担。总而言之,"安倍经济学"的后续问题值得关注。为实现目标,日本央行需准确评估经济活动与价格的上行和下行风险,并作出合适的调整。

四、非洲经济:整体增长加强,各区域表现不同

(一) 发展现状

2014 年,非洲经济整体增长 3.9%,较 2013 年上升 0.4 个百分点。联合国非洲经济委员会发布了《2015 年非洲经济报告》,预计非洲经济 2015 年增长 4.5%,2016 年增长约 4.8%。2014 年和 2015 年经济增长均高于世界经济的平均增速。中期增长的有利因素包括全球经济和区域商业环境的改善,相对较高的商品价格,基建的约束缓解以及与新兴经济体不断增强的贸易和投资关系,也包括增强的国内需求以及经济治理和管理的改进。

其中,在中非共和国、利比亚和马里等西非和中非地区,石油生产中断和政治动荡使得非洲石油出口国的经济增长受到影响,预计 2015 年增速为 4.5%,2016 年为 5%。得益于投资增加和塞拉利昂等国家新矿藏的发现,矿产丰富经济体的增速从 2013 年的 3.8% 上升到 2014 年的 4.4%。非石油和非矿藏丰富经济体的增速将从 2013 年的 4.7% 微幅下降至 2014 年 4.6%,经济增长的主要驱动因素包括像埃塞俄比亚等国家服务业和农业的强劲扩张。依据《非洲经济展望报告 2015》,预计北非地区的经济增长率将从 2014 年的 1.7% 大幅增长至 2016 年的 4.4%,南非地区将从 2014 年的 2.7% 增长至 2016 年的 3.5%,西部及中部非洲略有加速,分别从 2014 年的 6% 和 5.6% 增长至 2016 年的 6.1% 和 5.8%,而东非地区将从 2014 年的 7.1% 放缓至 2016 年的 6.7%。发展过程中的不利因素包括中非共和国的政治不稳定和暴力问题,刚果和几内亚的石油产量下降,加蓬石油出口量减少等。

通胀压力减小。依据联合国非洲经济委员会颁发的《2015 年非洲经济报告》,2014 年与 2015 年非洲整体通胀水平稳定在 6.9%,预计 2016 年将降至 6.7%。其中,南部非洲的通货膨胀水平将从 2014 年的 6.2% 降至 2015 年的 6.0%;北部非洲的

通货膨胀水平将进一步从2014年的7.2%下降至2015年的7.1%。通胀改善有许多推动因素,主要包括全球需求疲软、国际粮食和燃料价格下降、大多数国家实施的更为紧缩的货币政策等。

石油进口国财政状况恶化,主要由于财政收入滞后于财政支出。2013年非洲整体财政赤字占GDP比例为5.4%,比上年上升1.0个百分点,2014年财政赤字占GDP比例为5.1%。财政支出不断增加,一些国家持续处于增加教育等公共服务上的支出、提高公共部门的工资水平、提供食品和燃料补贴等的压力之下。石油出口国和矿产丰富国家的财政状况良好。

出口萎缩,经常账户恶化。2014年,非洲出口总额占GDP比例从2013年的30.9%下降1.3个百分点至的29.6%,经常账户赤字占GDP比例从2013年的2.4%上升1.7个百分点至4.1%。出口减少主要是由全球大宗商品市场疲软所致。

失业是一个迫切的问题。无论从就业率水平,还是从工作质量,就业形势仍然是该地区的重要问题,尤其是在北非地区。高的青年失业率构成该地区的一大担忧,并将继续导致社会压力,性别歧视和收入也是一个重要问题。

(二)经济展望

西非将继续吸引石油和矿产领域的投资,这是该地区经济增长的关键因素,尤其是在布基纳法索、加纳、几内亚、利比里亚、尼日尔、尼日利亚和塞拉利昂等国家。东非的实际GDP将受益于肯尼亚消费支出的增加,坦桑尼亚天然气部门消费和投资的增长,乌干达建筑、交通、电信、金融服务、勘探活动以及石油工业建设加强,埃塞俄比亚以批发和零售业以及农业、服务业的改善。中非地区的经济增长将保持强劲,尽管政治不稳定、暴力问题、石油产量下降会使经济减速。政治动荡和石油产量下降使北非经济增长前景继续走弱,特别是在埃及、利比亚和突尼斯等国家。南非经济增长前景正在改善,主要原因有预期经济增速加快、劳动力市场动荡较少、投资增加和矿物产量上升。

(三)风险分析

尽管预期非洲经济前景在中期将出现反弹,但该地区依然存在一些显著的内部和外部下行风险以及不确定性。在外围方面,围绕欧元区和新兴经济体的全球经济放缓将通过贸易、外国直接投资、官方发展援助、旅游和汇款等途径对非洲经济产生不利影响。全球商品价格和贸易条件的变化是非洲中期经济面临的主要风险。全球石油价格下降尽管会对石油进口国的经常账户余额带来一个显著的积极影响,但同时将会进一步减少石油出口国的经常账户盈余,出口收入下降将给财政平衡带来压力。政治、民事和劳工动荡将对一些非洲国家经济构成严重威胁,尤其是通过其对投资、旅游和贸易的负面影响。这些国家的经济进展将继续对整个非洲的经济前景构成显著的下行风险。此外,由于该地区大部分经济体都是以农业为基础,与天气有关的冲击将成为经济增长的一个关键下行因素和非洲农产品价格一个主要上行风险。

五、东亚经济:增长逐步趋稳

(一) 发展现状

继 2011 年和 2012 年经济增长明显放缓之后,东亚经济在过去两年恢复稳定。作为世界上增长最快的地区,东亚经济也受到了来自发达经济体持续低迷的外部需求以及调低增速的中国经济的不利影响。2014 年亚洲平均 GDP 增速为 5.6%,预计 2015 年经济增速将下降 0.2 个百分点至 5.4%。消费需求依然是增长的主要驱动因素,投资对增长的贡献适度下降,出口预计将缓慢复苏。分国家来看,2014 年中国经济增速为 7.3%,2015 年增速将小幅下降至 6.9%,预计中国经济在未来 5 年持续适度减速,走一个更可持续的发展道路。高收入和出口导向型经济体,如韩国、新加坡、中国台湾和中国香港,在过去一年缓慢复苏;然而,复苏强度高度依赖于全球经济状况及具体的内部因素。在 2014 年经济表现强劲之后,印尼、马来西亚和泰国的经济在 2015 年明显放缓,主要因为投资和消费需求受到节制。

劳动力市场基本保持稳定。东亚国家(地区)整体失业率水平较低,尽管各经济体之间存在较大差异。在高收入经济体中,失业率的变化范围从新加坡的大约 2.0%一直到中国台湾大约 4.0%的水平。官方失业率在中国、泰国、越南和马来西亚相对较低,如中国自 2002 年以来的失业率水平一直维持在 4.1%左右;相反,就业问题对菲律宾而言却是一个重大的挑战。

物价水平保持温和。东亚地区的消费者和生产者价格指数保持温和,主要得益于全球大宗商品市场的价格下行压力。据 IMF 数据,2014 年东亚地区的平均通胀水平为 3.2%,预计 2015 年通胀水平将下降 0.7 个百分点至 2.5%。其中,中国 2015 年通胀水平为 1.5%,比上年下降 0.5 个百分点。

货币政策仍然相当宽松。鉴于低通胀和低迷的外部需求,东亚地区的货币政策仍普遍支持经济增长。在中国,货币政策保持总量维稳、定向放松的基调。2015 年上半年,中国货币环境较为宽松,货币市场利率和债券市场收益率都有所下降。《2015 年三季度中国货币政策执行报告》指出,三季度,累计开展公开市场逆回购操作投放流动性 16750 亿元,开展 SLO 操作投放流动性 3400 亿元。三季度以来至 8 月下旬,7 天期公开市场逆回购操作利率稳定在 2.50%的水平。8 月 27 日和 10 月 25 日,与存贷款基准利率两次下调相匹配,引导 7 天期逆回购操作利率分别下行至

2.35%和2.25%,较6月末下降了25个基点。

财政政策仍将支持经济增长。2015年,中国政府继续实施积极的财政政策,赤字率目标2.1%,与2014年基本持平,体现了财政政策的连续性,由2014年1.2万亿元增加到2015年的1.35万亿元,其中中央财政赤字9500亿元,中央代发地方债4000亿元。值得关注的是,在东亚一些国家,宽松的财政政策加上代价高昂的补贴计划导致了政府财政状况的恶化。

出口和进口仍不乐观。自国际金融危机以来,东亚地区的贸易和经常账户盈余不断收窄。2014年,由于欧美主要目标市场的疲软状况和该地区经济扩张减弱,东亚地区的出口和进口增长缓慢。2015年以来,东亚地区出口表现仍不容乐观,较弱于市场预期。2015年10月,中国进出口总值为3231.87亿美元,环比下降7.8%,同比下降12.1%。其中,出口1924.14亿美元,环比下降6.4%,同比下降6.9%;进口1307.74亿美元,环比下降9.8%,同比下降18.8%,出现贸易顺差616.40亿美元。

资本流动和汇率波动广泛存在。在过去一年,大多数东亚经济体经历了大量的资本流动和频繁的汇率波动,投资者对于全球流动性减少的恐惧导致了大量的资本外流和一些国家货币大幅贬值。从长期趋势看,支持过去十年人民币升值的许多因素正在减弱甚至逆转,比如中国经常账户盈余明显收窄,对资本的管制未来即将放开等;从政策的角度来看,中国国内经济下行风险加大,人民币贬值是"稳增长"的必要手段。

(二)经济展望

鉴于发达经济体复苏步伐加快,以及东亚经济体自身经济增长方式的转变,未来几年内东亚地区大多数经济体的经济将保持适度增长。2015年和2016年,该地区失业率将保持相当稳定。未来五年,东亚地区的通胀水平将会回升,到2019年达到2.8%的水平。在货币政策方面,除了内部措施,东亚经济体将更多地寻求区域性货币与金融合作,如为应对金融市场波动而延长双边互换协议等。在财政政策方面,东亚地区大多数经济体的财政状况将会略有改善。贸易增速将温和回升,但仍将远远低于危机前水平。人民币兑美元汇率将不会呈趋势性升值或贬值。考虑到中国经济增速放缓而美元强势,预计人民币将对美元小幅贬值,人民币兑美元汇率将在2015年年底达6.49。

(三)风险分析

就业方面,一个迫切的问题是,东南亚一些国家存在广泛的非正规就业,这往往会导致低工资、低生产力、缺乏福利和工作保障等。在某些情况下,持续的大量资本外流会给央行带来加息压力,而这将会抑制经济增长。收紧的流动性及更高的全球和区域利率水平可能会给东亚地区带来相当大的挑战,尤其是对韩国、马来西亚和泰国等具有高家庭债务水平的国家而言。此外,中国经济减速也可能会严重影响到整个东亚地区的经济增长。

六、拉美经济:增速回升

(一)发展现状

2015 年,拉美和加勒比地区的经济增速为-0.3%,较上年下降 1.0 个百分点,预计 2016 年该地区的经济增速将会回升 1.1 个百分点至 0.8%,这主要受益于有弹性的内部需求。区域内部经济增长并不均衡。在阿根廷和巴西等南美国家,经济增长加速;而在墨西哥及中美国家,经济增速下滑。

低失业率和更高的实际工资是促进私人消费增加的有利因素。2013 年,南美地区持续活跃的劳动力市场,伴随着低失业率和适度增加的实际工资,维持了该地区私人消费的增长。未来进一步的改善,包括失业率继续下降和加快创造就业机会,将会更加困难。

通胀水平维持稳定。自 2012 年下半年,粮食价格上涨加上一些国家宽松的货币政策,2015 年的通货膨胀大幅增加,为 11.2%,比上年上升 3.3 个百分点。尽管该地区整体消费者价格指数保持相对稳定,一些国家的通胀水平却居高不下。例如,2013 年委内瑞拉玻利瓦尔共和国出现了历史上最高的通胀率,这是货币大幅贬值和一些商品的供应限制加强的结果。

鉴于货币贬值和通胀压力,一些国家开始紧缩货币政策。2012 年,拉美一些国家修改其货币政策以促进经济活动,从而达到消除产出缺口的目标。然而,随着通胀压力增加和名义汇率下降,尤其是在 2013 年 5 月美联储宣布其将逐步退出 QE 之后,一轮紧缩的货币政策在巴西、多米尼加共和国和危地马拉等国家开始盛行。

财政改革面临考验。较低的大宗商品价格影响了财政收入,而财政改革将扩大税基。拉美地区许多国家的财政收入主要受到出口商品价格下跌的冲击,也受到降低的经济活动和旅游业下跌的影响。2012—2013 年,阿根廷、智利和秘鲁等诸多国家都实施了力图拓宽税基的财政改革,以期增加财政收入。这些改革是至关重要的,但却不是足够的。因为在增加财政收入的同时,为振兴内需,南美等国家的公共开支也趋于上升,结果是财政收支状况不但没有得到改善反而继续恶化。

出口出现转机。该地区的出口下滑在 2013 年似乎已经见底,出口将从发达经济体的复苏中获益。拉美地区整体的贸易条件保持稳定,部分原因是该地区两个主要的出口国巴西和墨西哥的贸易条件保持稳定。

经常账户略有恶化。经常账户赤字增加,主要因为贸易平衡有所恶化:在过去几年商品进口量的增加超过了其出口量的增加;此外,入境旅游市场表现疲软也恶化了服务贸易平衡;经常账户盈余在过去两年也有所下降,主要是墨西哥的汇款流入量减少带来的结果。

该地区将继续吸引外商直接投资,从而弥补大部分的经常账户赤字。2014年拉美地区经常账户赤字主要来源于国外净直接投资流入量,其次是证券投资净额。基础设施投资,包括商品部门,在未来会继续吸引外商直接投资,尤其是在巴西、智利、哥伦比亚、秘鲁和圭亚那。扎实的宏观经济基本面和不断扩大的中产阶层也会增强拉美国家对国际投资者的吸引力。

(二) 经济展望

据2015年10月IMF预测数据,拉美地区在未来五年内经济增速将逐步上升,到2020年达到2.8%的水平。为应对通货膨胀,大多数国家2015年宽松的货币政策将会在2016年逐渐逆转。在2015年和2016年,随着发达经济体的复苏,拉美地区的出口将会增加;此外,由于全球需求有望改善,该地区出口的重点商品的价格预期将会回升。

(三) 风险分析

拉美经济的运行受到诸多下行风险的影响。国际方面,欧元区和美国的经济前景的不确定性,以及较往年目标经济增速有所放缓的中国,都会在一定程度上对拉美经济产生不利影响;美国紧缩的货币政策会导致外部融资成本上升,从而加大拉美地区一些国家的财政和外部失衡。除了外部风险,支持国内经济活动的政策也面临一系列挑战。在目前发达国家资本流动波动性高企、经济前景面临巨大不确定性的背景下,拉美地区面临协调其为维护金融稳定并促进经济增长而采取的财政、货币和汇率政策的挑战。一些国家也面临着特定风险。一个典型的例子是委内瑞拉玻利瓦尔共和国面临应对由货币贬值和供给制约带来的不断飙升的通货膨胀。

七、独联体:复苏疲软,经济下滑

(一) 发展现状

独联体的经济扩张在2012年开始缓和,并在2013年进一步放缓。全球经济仍是这些国家经济增长的一大挑战,如疲软的外部需求和获得融资的困难。作为独联体中最大经济体的俄罗斯经济发展迟缓,已经通过贸易、投资和外汇占款等渠道对整个地区的经济活动产生了抑制作用。2015 年,独联体地区的整体经济增速预计为-2.7%,较上年下降3.7个百分点,延续了前四年的经济下滑态势。

投资拖累内需。在俄罗斯,经济增长减速受到投资增长疲软的影响,尽管基础设施建设依然广受支持;相比之下,由于劳动力市场表现强劲、名义工资不断增长和相当温和的通货膨胀,消费需求仍然强劲。

失业率下降。尽管经济增长减速,独联体除乌克兰以外的多数国家的失业率仍相对稳定或略有下降。尤其是在俄罗斯,由于强劲的工资增长和部分地区劳动力短缺,失业率达到了历史低点,预计 2015 年俄罗斯的失业率为 5.0%。相反,高加索等低收入国家的失业率仍不断攀升。哈萨克斯坦继续为不断增长的经济活动人口提供新的就业机会,并保持相对稳定的失业率。移民,尤其是俄罗斯移民,仍然是缓解独联体地区低收入国家劳动力市场紧张局势的一个重要机制。

通胀趋势出现分歧。2012—2013 年独联体地区的通胀水平在不断分散,中亚国家的通胀水平达到两位数而格鲁吉亚和乌克兰的通胀水平接近于零。白俄罗斯出现了 20%以上的高通胀率;俄罗斯的通胀水平保持稳定,主要得益于 WTO 削减关税和农产品产量增加;乌克兰的通胀水平保持低稳,原因是经济低迷而收成良好;货币贬值给乌兹别克斯坦造成通胀压力。

宽松的货币政策依旧。在俄罗斯,尽管经济在减速,但略高于目标的通胀水平阻止其中央银行实施进一步宽松的货币政策。由于加速的家庭消费支出和持续的经济增长,哈萨克斯坦的利率水平维持不变。乌克兰试图通过降息重振经济,但为维持汇价水平稳定而不得不放弃一个更加积极的宽松政策。在白俄罗斯,对经济增长停滞的担忧促使其实施宽松的货币政策,尽管工资快速增长、货币大幅贬值。

审慎的财政政策盛行。在俄罗斯,比预期更慢的经济增速影响到了财政收入并导致更加严格的支出控制,政府将继续坚持审慎的财政政策,尽管目前其主权债务水平并不高。

经常账户顺差进一步缩小。独联体的能源出口国家经常账户继续显示盈余;然而,俄罗斯和阿塞拜疆的盈余在不断减小。相反,低收入的能源进口国家的大量赤字有所改善,但仍然容易受到融资短缺的影响。

(二) 经济展望

据 2015 年 10 月 IMF 预测数据,预计 2016 年独联体国家整体经济增速将上升3.2 个百分点至 0.5%,从而结束该地区长达五年的经济下滑局面,尽管这一增速低于世界经济平均增长水平的一半。展望未来,能源领域扩张低迷、产能限制和投资不足等结构性问题,将阻止经济增长回复到危机前的水平。2015—2016 年,独联体国家的通胀水平将继续呈现差异化趋势,并且中亚国家的通胀水平要高于独联体国家的平均水平。紧缩的财政政策,已经拖累了俄罗斯的经济增长,预计未来俄罗斯将会进一步削减预算并实施公共部门工资冻结等措施。

(三)风险分析

外部环境改善将支持独联体国家2015年更好的经济表现,但是为提高生产率和竞争力而实施的改革相对滞后,以及投资疲软等因素将限制独联体中欧洲国家经济增长的回升;相反,由于持续的投资努力,除俄罗斯以外的能源生产国的经济增长将更加稳定。由于全球经济脆弱性依然很强,外部条件的恶化都将使该地区的经济增长遭遇挑战。尽管与全球经济的薄弱联系使该地区一些低收入国家免于全球金融动荡的危害,白俄罗斯和乌克兰的巨额赤字使其容易受到资本市场准入的任何恶化的影响。经济缺乏多样性的事实,使得该地区必须遭受由全球经济恶化带来的商品价格下跌。值得注意的是,尽管俄罗斯和其他能源生产国有一定的政策空间来抵御这些不利趋势,其他经济体几乎没有任何资源可以应对这些挑战。

第三节 国际贸易、投资和大宗产品价格

一、国际贸易形势回顾与展望

(一)2014年国际贸易形势回顾

2014年世界贸易增长缓慢(见表3-6)。考虑通胀和汇率调整之后的世界进口量和出口量的平均增速为2.5%,低于WTO的增长预期。导致贸易和产出疲软的因素有:欧盟持续的经济衰退,欧元区的高失业率,以及美联储退出量化宽松政策在时间上的不确定性。

表3-6 2005—2014年世界商品贸易和服务贸易

		出 口				进 口			
		贸易额 (10亿美元)	年增长率(%)			贸易额 (10亿美元)	年增长率(%)		
		2014年	2005— 2014年	2012年	2013年	2014年	2014年	2005— 2014年	2012年	2013年	2014年
商品 贸易	世界	18422	7	0	2	1	18569	6	0	1	1
	北美	2493	6	4	2	3	3300	4	3	0	3
	欧洲	6739	5	-4	4	1	6722	4	-6	1	2
	亚洲	6426	9	2	3	2	6325	9	4	2	0

续表

		出　口				进　口				
		贸易额 (10亿美元)	年增长率(%)			贸易额 (10亿美元)	年增长率(%)			
		2014年	2005— 2014年	2012 年	2013 年	2014 年	2014年	2005— 2014年	2012 年	2013 年	2014 年

服务 贸易	世界	4860	7	3	5	4	4740	7	4	6	5
	北美	793	7	5	5	3	593	6	4	3	3
	欧洲	2349	6	0	7	5	1988	6	-1	8	5
	亚洲	1236	10	8	3	5	1349	9	8	4	6

资料来源:WTO,*World Trade Report*,2015年3月。

2014年世界贸易呈现四个新的趋势:

第一,发展中国家在全球经济中的重要性与日俱增。在过去的十年,很多发展中国家实现了相当可观的经济增长,在减少贫困方面也取得了巨大进步。一些国家已经成为工业制成品、农产品、商业服务的主要生产国和出口国。2011年,作为全球最大新兴经济体的中国首次超过日本成为世界第二大经济体;2012年,中国成为世界第一大出口国和第三大进口国;中国对全球GDP增长的贡献率超过1/4。据统计,发展中国家整体在世界产出中所占比例已由2000年的39%上升到2012年的52%,超过了发达经济体,并继续呈现出这一上升趋势。20世纪90年代以来,发展中国家的收入水平增长趋势与发达国家的收入水平增长趋势开始逐渐趋同。贸易可以通过专业化生产、规模经济、促进创新和机构改革等途径来增加GDP,从而促进发展中国家其他社会目标的实现。在过去的几十年,发展中国家的贸易政策也更加开放,其作为一个整体降低了最惠国关税,且平均降幅超过了二十国集团。

第二,全球价值链兴起。全球生产的碎片化并不是一个新的现象,其重要性也已随着时间的推移日益增加。通信和交通的技术创新降低了协调成本,从而使各国可以专门生产特定组件或负责特定任务,而不是生产整个最终产品。具有良好商业环境和低关税的国家往往在更大程度上参与到全球价值链中。发展中国家在全球价值链中的作用不可忽视,其出口附加值的一半涉及全球价值链,在1990—2014年发展中国家间零部件贸易量占总贸易量的比例翻了两番。服务贸易也发挥了核心作用,它构成发展中国家出口量的四分之一以上。最初融入全球价值链通常会导致劳动力从农业向制造业和服务业转移,提高生产力,工业化将更容易实现。然而,参与全球价值链也会有一定的风险,比如,国家的竞争优势可能会转瞬即逝,且公司重新定位面临困难。贸易援助可以帮助解决一些问题,比如基础设施缺乏和关税壁垒等。

第三,大宗商品在全球发展战略中扮演崭新角色。2000—2011年,能源和金属矿产的实际价格指数增加了一倍,农产品价格指数也几乎翻倍。最大的价格涨幅出现在2008年金融危机之前,尽管近期价格有所下滑,但我们有理由相信高价格很可能会持续。此外,价格波动将继续成为商品市场的重要特征。2001—2011年,二十国集团的农产品出口量占世界农产品总出口量的比例由19%提高到26%,其他发展中国家的这一比例由8%提高到10%。补贴和关税等传统的市场进入壁垒将继续对发展中国家的农产品出口产生影响,但非关税措施在农产品贸易中正发挥越来越重要的作用。2000—2010年,以价值和数量衡量的自然资源贸易均显著增加。2012年,农产品、燃料和矿产品在世界贸易中所占比例为31.7%,高于2000年的21.7%和2005年的25.4%。一些资源丰富国家在自然资源价格飞涨的几年内取得了显著的增长,但是自然资源开采对社会和环境的影响仍将是一个重大的挑战。

第四,宏观经济冲击的同步性和全球化特征增强。宏观经济波动不利于发展,因为它减少了经济增长,又会对收入分配产生不利影响。在2008年金融危机来临之前,发展中国家的经济波动性已经下降。2008—2009年贸易量的急剧下降说明了发展中经济体对发达经济体周期性经济发展的依赖,反之亦然。尽管国际经济危机极其严重,但也没有爆发大规模的贸易保护主义。二十国集团使用宏观经济工具刺激经济,并承诺避免树立新的贸易壁垒,从而对危机后的协调应对作出贡献。全球价值链的传播增加了各国之间的联系,使得各国有兴趣和积极性共同阻止贸易保护主义的蔓延。提高贸易壁垒将会被证明对促进中期以及更长远期限的经济复苏是无效的。

(二) 2015年国际贸易的走势分析

2015年上半年,全球商品贸易平稳回升,一季度增速为3.5%。鉴于全球经济保持复苏势头,2015年9月,世界贸易组织(WTO)发布的年度报告预测,2015年全球货物贸易增长率将超过2013年的2.2%,达到2.8%,但仍低于过去20年5.3%的平均增速。

商品贸易小幅增长。2014年,经过季节调整的全球商品贸易出口量与上年相比增长1%;经过季节调整的全球商品贸易进口量与上年相比亦增长1%。其中出口量增速较快的是中国,达到6%;进口量增速较快的是美国,达到4%。服务贸易大幅回升。经过季节调整的2014年全球服务贸易出口量较上年增长4%,进口量较上年增长5%。全球大多数发达经济体的服务贸易进出口均保持着增长的趋势。增长最突出的是欧洲,全年的进口额和出口额增速均超过世界平均水平。

在全球经济复苏的背景下,国际贸易增长也会呈现良好发展趋势。世界贸易在2015年第三、四季度还会有一定的提升,其一是全球经济在第三、四季度将进一步提高增长率,其二是下半年大量的节假日会推动贸易的增长,其三是区域经济合作不断深化,这些都成为国际贸易扩张的良好基础。

(三)2016 年国际贸易形势预测及政策建议

2015 年 6 月,世界银行发布《全球经济展望》报告,预测 2015 年全球经济增速为 3.3%,略低于 2014 年,美国一季度的 GDP 下滑和发展中国家经济发展的滞缓是主要原因。2016 年,全球经济增速预计提高至 3.8%。2015 年 10 月,IMF 预测 2015 年全球经济增速 3.1%,较 7 月时的预测下调 0.2 个百分点,与上年基本持平。2015 年以来,发达经济的经济复苏较为明显,产出加速增长,外需不断扩大,国际贸易在此背景下也会得到进一步改善。

世贸组织预计全球贸易增长将在 2015 年和 2016 年攀升约 2.8% 和 3.9%,全球贸易增长和全球增长之间的乘数应从 2013 年的 1.0 升至 2014 年的 1.5 和 2015 年的 1.6,低于危机前约 1.9 的 20 年均值。

2015 年以来,欧美等发达国家的经济复苏明显,而新兴经济体尤其是中国的增速正在放缓,这是全球经济增速和贸易增速被下调的主要原因。需重新提振新兴经济体在全球贸易复苏中的引擎作用,不仅要刺激发达经济体的进口需求,还要进行贸易结构调整,向服务贸易转型。与此同时,应注意减少贸易保护主义,加强双边和区域经济合作,这是保持当前全球贸易持续增长的一个新亮点。

二、国际直接投资形势回顾与展望

(一)全球外商直接投资趋势

联合国贸易和发展会议(UNCTAD)公布的《2015 年世界投资报告》揭示了一个令人振奋的趋势:全球 FDI 再度呈现谨慎乐观局面。继 2012 年的滑坡之后,全球外商直接投资(FDI)再度增长,在 2013 年流入量增长至 13,059 亿美元。贸发会议预测,FDI 在 2014 年可能达到 1.6 万亿美元,到 2015 年达到 1.7 万亿美元,2016 年达到 1.8 万亿美元,发达国家的增长幅度相对较高。某些新兴市场的脆弱性以及政策前景不确定和区域不稳定的风险有可能给 FDI 的预期增长带来不利影响。

发展中经济体在 2014 年保持了领先地位,发达国家 FDI 流入下滑了 29% 至 0.50 万亿美元,占当年全球 FDI 的 41%,而发展中经济体 FDI 流入则上升至 0.68 万亿美元,占当年全球 FDI 总额的 55%,剩下的 0.048 万亿美元属于转型经济体;发展中经济体和转型经济体占据了目前 FDI 流入排名前 20 的一半。发展中经济体的 FDI 流出量也达到了创纪录的水平。发展中经济体的跨国公司正越来越多地收购分布其境内的发达国家的国外子公司。2014 年,发展中经济体对外投资达到 4860 亿美元,占全球 FDI 流出量的比例已超过 40%,而本世纪初这一数值只有 12%。

表 3-7　全球外商直接投资流入量变化情况　（单位:百万美元）

	2011 年	2012 年	2013 年	2014 年
世界	1587600.702	1283652.988	1305856.872	1354337.217
发展中经济体	357570.2614	357248.8117	380784.3699	468147.8091
转型经济体	73740.30518	53564.9139	91496.29941	63072.09901
发达经济体	1156290.136	872839.2627	833576.2027	823117.3086

资料来源:UNCTAD STAT。

流入所有主要发展中经济体的 FDI 均有所增加。非洲流入量增加了 4%,非洲内部流量的继续增加成为保持这一势头的推动力。亚洲发展中国家增长 3%,仍然是全球首选投资目的地。在中国,与历史同期比较,2014 年月度 FDI 持续高于危机以后的平均水平,体现中国对外资吸引力的回升。拉丁美洲和加勒比地区增长 6%,各地 FDI 的增长参差不齐,中美洲的增长带动了该地区整体 FDI 的增长,而南美洲则下降 6%。

发达国家的 FDI 流入量重拾增长,但仍举步维艰。发达国家 FDI 流入量有所回升,达到 4988 亿美元,而流出量则基本保持不变,为 8228 亿美元,流入量和流出量均只有 2007 年顶峰时期的一半。欧洲一向是最大的 FDI 接受地,但流入量不到 2007 年的三分之一,流出量只有当时的四分之一。美国和欧洲联盟合在一起占全球 FDI 流入量的份额从危机前的超过 50% 下降到 2013 年的 30%。

流入转型经济体的 FDI 达到创纪录的水平,但前景难以预料。2014 年转型经济体的 FDI 流入量相比上年有所下降,但仍达到 481 亿美元。从这一地区流出的 FDI 亦有所减少,达到了创纪录的 630 亿美元。区域局势不稳定等各种因素将给流入转型经济体的 FDI 的前景带来影响。

（二）投资政策趋势和主要问题

大部分的投资政策措施仍以促进投资和自由化为主攻方向。与此同时,对投资进行规管或限制的政策有所增加,到 2013 年这些政策所占比例达到 27%。有趣的现象是,一些东道国努力防止已经进入的外国投资者撤资,同时一些母国鼓励其跨国公司的海外投资回流到本国。目前的投资刺激措施大部分注重经济业绩目标,较少重视可持续发展。政府普遍利用激励措施作为吸引投资的政策手段,尽管持续不断地遭到批评,因为这些措施经济效率低下并导致公共资金的错误分配。为了解决这些问题,应该将投资刺激方案与可持续发展目标更密切地结合起来。新的国际投资规则的制定面临考验:一方面要从已有制度中脱离出去,因为国际投资在仲裁方面发生了新的变化,原有制度已不再适用;另一方面,需加紧和提升谈判的力度与规模。对超大型区域协定的谈判就是一例。这些协议一旦签署之后,就将对国际投资的体制带来全面的影响。

三、国际大宗商品市场形势回顾与展望

(一)大宗商品价格走势回顾

自 2011 年 2 月以来,国际大宗商品市场步入低迷期。2011 年 5 月至 2015 年 1 月的 45 个月中,以美元计价的大宗商品价格在 27 个月份中下降,这主要是因为全球经济增长表现不佳。如果从 2011 年 4 月的高位开始计算,至 2015 年 1 月,以美元计价的大宗商品价格指数累计下降了 45.35%(见图 3-1)。

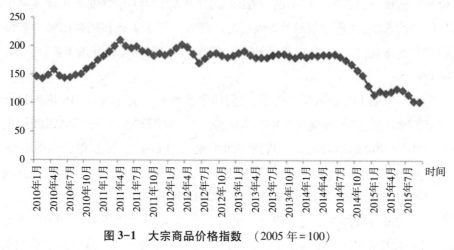

图 3-1　大宗商品价格指数 (2005 年 = 100)

资料来源:IMF。

以大宗商品分类价格指数来看(见图 3-2),带动大宗商品整体价格指数下降的,主要是食品、原油、矿与金属以及农业原料。食品价格指数在 2014 年 2 月和 3 月经历了短暂的上涨之后,进入下降的单行通道,2015 年 8 月食品价格指数为 197.2(以 2000 年为基期),同比下降 19.2%;矿物和金属价格指数自 2011 年 2 月起一直处于下行趋势中,2015 年 8 月矿物与金属价格指数为 204.0,较上年同比下降 28.9%,相对 2011 年 2 月下降 48.9%;农业原料自 2012 年 7 月至 2013 年年底的价格指数相对稳定,2015 年 8 月农业原料价格指数为 159.3,同比下降 11.9%,相对于 2011 年 2 月下降 51.0%;原油价格自 2012 年 8 月至 2014 年 6 月整体平稳,但 2014 年下半年以来开始快速下降,2015 年 8 月石油价格指数为 162,同比下降 54.23%。

常用的大宗商品价格指数均显示,近期国际大宗商品价格结束了 2014 年大幅下

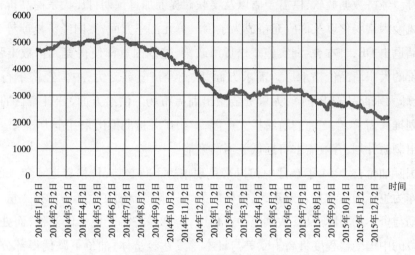

图3-2　大宗商品分类价格指数 （2000年=100）

资料来源:联合国统计数据库。

降的趋势,呈现出震荡波动的特点。CRB指数截至2015年12月11日,累计降幅达23.96%。其中,油脂、食品和家畜价格指数下降尤为明显,2014年10月与4月相比分别下降15.4%、10.8%和10.8%;此外,纺织品价格指数下降9%,工业原料价格指数下降6.8%,金属价格指数下降3.5%。2014年11月26日,标准普尔商品价格指数(GSCI)为3997.79,较上月下降4.86%,较上年下降17.22%。其中,能源指数为861.38,较上月下降7.48%,较上年下降23.51%,跌幅最大;农产品价格指数为547.71,较上月下降1.03%,较上年下降9.71%;金属价格基本稳定。2014年11月26日,道琼斯商品价格指数期货为117.49,现货为374.43。

从持仓量来看,黄金、原油等重要大宗商品的持仓量波动性较大。CFTC持仓报告显示,2014年12月8日当周黄金投机性净多头增加35722手,纽约商品期货交易所黄金持仓量总计394128万手;2015年1—10月黄金净持仓量不断减小,9月底以来黄金净持仓量的变化量由负转正,黄金净持仓量不断增加。12月8日纽约商品期货交易所白银总持仓量为162758万手,自2014年9月以来白银净持仓量不断增加。2015年12月8日,纽约商品期货交易所轻质低硫原油总持仓量为1713573万手,净持仓量自2014年1月以来趋势性下降,在经历了8、9月份的强势反弹之后,原油净持仓量在10月和11月重启下滑态势。

(二)　大宗商品走势分析及预测

通常,大宗商品价格走势由两大属性决定:一是与美元汇率负相关的金融属性,二是与经济基本面和供需紧密相关的商品属性。目前,这两大属性都不利于商品价格回升。经济数据疲软、供需矛盾以及美联储提前加息预期打压大宗商品价格,地缘政治风险因素弱化以及供应充裕成为主因。美元汇率方面,美国经济复苏势头强劲,美联储退出 QE,日本、欧洲实施宽松货币政策,这些因素都使得美元指数走强,以美元计价的大宗商品价格承压。需求方面,欧洲经济复苏乏力,中国经济下行压力加大,全球大宗商品需求下降,大量资金撤出商品市场。供给方面,昔日盲目的经济刺激计划推高需求,生产商们纷纷扩大产能,矿山矿井被勘探出来并全力开采。一旦政府退出刺激计划,有效需求将远低于当前产能。

国际油价自 2014 年 6 月中旬以来呈现单边下行趋势,价格接近 4 年来的低位。原油作为生产的基本投入要素,其价格的下跌将刺激原油在生产中的投入量,从而增加劳动与资本的边际产出;从供应冲击角度,全球经济将受益于低油价,而处于工业化阶段的中国受益程度将高于欧美与日本等发达经济体;油价下跌使得部分购买力从石油净出口国转移至净进口国;低油价以及低油价带动的其他物价的下降,将导致货币需求的降低,从而有利于利率的下行。预计油价在供需宽松、强势美元以及美俄利益博弈影响下,短期难以企稳。

大宗商品价格下降对全球经济产生了重要影响。作为大宗商品出口国的新兴经济体货币大幅贬值,资本大量外流,国际收支恶化,如澳大利亚、巴西、墨西哥、南非等;一些非洲国家的债务偿还能力受到严重打击。对大宗商品进口国而言,商品价格下跌可以减少经常账户赤字或抬高贸易顺差。对中国而言,油价下行可缓解输入性通胀压力,货币政策将拥有更大的放松空间;但商品价格持续走低增加了通货紧缩的预期和风险,尤其是欧洲。商品价格下降对不同行业的影响有所差异,商品价格下降一方面能有效缓解部分产业、部分企业的营收困境;另一方面,油价下跌有可能使新能源相关行业由于"被替代"而受到负面冲击,也会给再生资源行业的发展带来不利影响。此外,商品价格下降也会带来巨大财富转移效应。IMF 认为,油价降低 20 美元的净效应将是全球 GDP 上升 0.5%,如果由此带来经济信心的改善,这个数字可能提高到约 1.2%。与此相应程度的改变意味着 6400 亿美元财富从原油生产国转移到消费国。

2014 年世界经济增速处于五年来的最低点,导致对大宗商品的需求增长放缓,且美国退出量化宽松政策减少了全球流动性,两者同时作用使得国际货币金融市场的流动性没有大规模流入大宗商品市场,导致大宗商品综合价格指数在 2014 年出现下降。2015 年全球经济增长率将有所回升,但大宗商品价格指数难以随着需求的回升而上涨,预计商品价格在未来两年内将保持平稳或进入下行通道。NYMEX(纽约商品交易所)的数据显示,2015 年年底 WTI 原油期货价格为 37.04 美元/桶,同比下跌30%;布伦特原油期货价格为 37.28 美元/桶,同比降幅 35%。煤和天然气的价格也都会有相应程度的下跌。金属方面,铁、锡和铀的价格将小幅下滑,铝、镍、锌和铅等价格将会回升,铜则出现震荡。农产品整体价格保持稳定,但棉花的价格将会大幅下降,与 2014 年相比跌幅或达 30%。

第四章　2015年国际金融市场运行及其特征

尹力博[*]

◇◇◇◇◇◇◇◇◇◇◇◇◇◇◇◇◇◇◇◇◇◇◇◇◇◇◇◇◇◇

第一节　国际金融市场总体运行和主要特征

2015年发达经济体金融市场整体回暖,新兴市场国家经济增长继续放缓,复苏格局出现新的分化。日益复杂的政经事件与货币政策格局正在对全球金融市场波动产生新的影响。

外汇市场方面,美元处于上行趋势,美元指数大幅攀升,欧元、日元维持低位,多数新兴市场经济体延续上年的态势,货币贬值,全球外汇市场波动性持续下降;债券市场方面,全球未清偿债券余额上升,美日占债券发行总量的前两位,中国超越德国位居全球第六,欧元、美元仍是国际债券发行的主要币种;股票市场方面,发达经济体的整体复苏对于全球股市产生一定推动力,高通胀、低增长、俄土冲突及国内政治动荡风险导致新兴市场股票指数震荡下跌;货币市场方面,发达国家货币市场短期利率总体下降,宽松政策仍是主流,新兴经济体分化,地缘政治风险凸显,货币市场日益复杂的货币政策格局正在对全球金融市场产生新的影响;衍生品市场方面,利率衍生品未清偿余额与总价值下降导致场外衍生品未清偿余额与总价值总体下降,而场内衍生品未清偿余额总量与上期相当,交易所衍生品交易量小幅下降,欧洲北美仍为交易最活跃地区。在衍生品价格走势方面,美、英、德五年期国债CDS走势平稳,俄罗斯、乌克兰五年期国债CDS震荡大幅上扬,美元指数逐渐走强,原油、期铜、期铝等普遍下跌(见表4-1)。

---

[*] 尹力博:中央财经大学金融学院副教授。

2015 年全球金融市场受到了宏观经济、货币政策以及地缘政治等多方因素的影响。宏观经济方面，美国失业率不断降低、核心通胀温和，经济的复苏使得投资者重新修正了公司的盈利预期。日本经济温和复苏，消费税影响逐渐减弱。欧洲经济依然疲软，欧洲央行量化宽松效果有待检验。货币政策方面，在经济增长失衡的背景下，发达国家货币政策继续分化，美国退出量化宽松政策，欧元区继续推出降息、购买 ABS 等宽松货币政策。虽受消费税上调的负面影响，但由于日本央行继续推行激进的宽松货币政策和日本政府接连推出新的经济刺激方案，日本经济持续复苏。地缘政治方面，俄土冲突持续发酵、叙利亚纷争不断、恐怖主义情绪笼罩全球，引发投资者对经济复苏前景的担忧。

总的来说，一方面全球经济增速失衡，货币政策格局复杂化；另一方面金融动荡不容忽视。具体而言，宏观经济基本面的差异使得美国与欧日的政策从协同逐步走向分化，新兴市场经济增长格局将日趋严峻，结构性调整也将带来负面影响，另外全球地缘政治风险增大了全球经济运行的不确定性。

我们认为除美联储外，2016 年全球主要央行将保持宽松的货币政策，投资者对资本市场风险偏好仍然较强，全球股票市场整体向好。欧洲股票市场仍有较大上涨空间，但欧盟面临政治问题的尾部风险可能加大市场的波动性，并对国际资本市场产生一定的影响。美英与其他国家显露出走势分化的迹象，美英收益率可能会小幅回升，美元处于升值区间，日元、欧元将会略有贬值，外汇市场会有一定波动；美联储退出量化宽松政策，加息周期临近，美债收益率预期回升，欧洲货币政策持续宽松，欧债走牛仍有较大空间，日本债券收益率维持低位水平，而新兴市场国家债市堪忧；预期在 2016 年，受再工业化政策、能源价格下跌以及技术创新支持等影响，美国经济基本面将继续回暖，就业状况趋好，消费增长可能会受季节性因素影响回调，但总体来看美国内生经济增长动力逐渐增强，因此其 CDS 走势会相对平稳，波动也相对较小。地缘政治风险未来可能会导致部分新兴市场的股指震荡，美联储量化宽松政策退出会给新兴市场带来资本流出压力（见表 4-1）。

表 4-1　2015 年国际金融市场主要指标概览

货币市场（7 天同业拆借利率）				主权信用风险（5 年期 CDS 价格）			
国家/地区	上年年末	本年年末	变化幅度	国家/地区	上年年末	本年年末	变化幅度
美　国	0.1350	0.1755	0.0405bp	美　国	16.47	20.50	24.47%
欧元区	0.0521	−0.2536	−0.3057bp	希　腊	1281.17	1075.80	−16.03%
日　本	0.0586	0.0393	−0.0193bp	德　国	17.659	12.54	−28.99%
中　国	4.6390	2.3030	2.3360bp	西班牙	95.61	83.36	−12.81%

外汇市场				股票市场			
汇率	上年年末	本年年末	变化幅度	股票指出	上年年末	本年年末	变化幅度
美元指数	110.42	119.55	8.3%	上证综指	3234.68	3338.07	3.2%
人民币	6.19	6.35	2.6%	标普500	2058.90	2023.86	-1.7%
欧　元	1.23	1.13	-8.1%	德国DAX	9805.55	9915.85	1.1%
日　元	119.32	119.95	0.5%	日经225	17451.00	18096.90	3.7%
澳　元	0.82	0.73	-11.0%	巴西IBO	50007.00	46710.00	-6.6%
加　元	1.15	1.31	13.9%	富时100	6547.00	6338.67	-3.2%
英　镑	0.64	0.65	1.6%	印度Sensex30	27499.00	26780.00	-2.6%

注:外汇市场中的各国汇率均是采用直接标价法兑美元的汇率。

资料来源:彭博资讯,http://bloomberg.com/。

第二节　国际金融市场的结构性分析

一、货币市场

2015年,主要发达国家的货币市场以及银行信贷市场运行平稳,一方面,整体上的流动性较为宽松,短期利率水平均处于低位且没有上升迹象;另一方面,受通胀预期较低的影响,长期利率下降。而新兴市场国家金融市场形势不容乐观,整体上仍面临资本流出和货币贬值的压力。在经济增长失衡背景下,2015年三季度发达国家货币政策继续分化,美国退出量化宽松政策和美元加息的压力正在增加,欧元区继续推出降息、购买资产支持证券等宽松货币政策。在新兴市场国家,中国央行推出结构性的微刺激举措和定向宽松货币政策,韩国央行则降低利率水平;马来西亚、菲律宾、俄罗斯、南非等国提高基准利率以抑制通胀压力。

(一) 发达国家货币市场短期利率总体下降,宽松政策仍是主流

美元各期限LIBOR均在平稳上升。2015年,美国经济状况整体回暖,前三季度GDP增长好于预期,PMI指数、房地产景气、消费者信心等延续较为稳健的增长势头,美国内生增长动力逐渐加强,美元指数也在2014年二季度之后逐渐走强。2014年美联储维持0—0.25%的政策利率水平不变,但逐渐退出量化宽松政策。2013年12月美联储已决定从2014年1月起缩减每月购债规模100亿美元。2014年9月17日美联储议息会指出美国经济保持温和增长,并且认为经济增长的内生动力逐渐增

强,决定将每月资产购买规模从 250 亿美元降低到 150 亿美元。美国经济相对出色的表现和美联储退出量化宽松政策,与其他主要经济体的经济困局和对继续保持宽松货币政策的需求形成强烈对比,美元在此背景下一路走强,美元指数从 2014 年三季度的 80 上升至 98。受以上因素的影响,美元各期限 LIBOR 结束 2014 年的平稳,趋于逐渐回升(见图 4-1)。2015 年变异系数较小,说明美元 LIBOR 稳定上升,波动较小(见表 4-2)。

表 4-2　美元各期限 LIBOR

美元 LIBOR	2014 年	2015 年	变化幅度	变异系数(2015)
1 个月期	0.155027	0.184134	0.029107	0.058452
3 个月期	0.2337	0.286217	0.052518	0.089979
6 个月期	0.329397	0.438953	0.109555	0.137145
1 年期	0.560632	0.744719	0.184088	0.102209

资料来源:彭博资讯,http://bloomberg.com/。

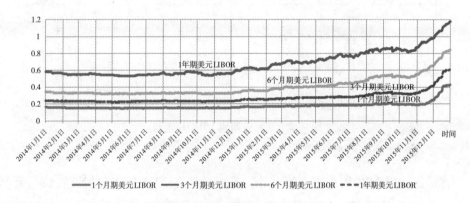

图 4-1　美元各期限 LIBOR

资料来源:彭博资讯,http://bloomberg.com/。

欧元各期限 LIBOR 持续下降,1 个月期欧元 LIBOR 从 2015 年二季度开始跌于零以下。欧元区 2015 年失业率维持在 10%—11% 的区间内,CPI 维持较低水平,其中 9 月 CPI 同比 -0.1%,为自 2015 年 3 月以来首次转负,同时环比由 0.0% 升至 0.2%,而核心 CPI 同比持平于 0.9%。为了应对通货紧缩,欧洲央行不断降低基准利率,从 2014 年年初的 0.25% 降到 0.15%,又降低到 0.05%,并且一直持续到 2015 年年末,与之对应的是欧元区实际利率一直持续在零以下。此外,欧洲央行已于 2015 年 3 月 9 日正式开始购买区域内各国国债,全面开启量化宽松货币政策。这一购买行为预计将持续至 2016 年 9 月底。由于欧元区继续推出降息、购买资产支持证券等宽松政策,受以上因素的影响,欧元各期限 LIBOR 在 2015 年持续下降

（见表4-3、图4、2）。

表4-3 欧元各期限 LIBOR

欧元 LIBOR	2014 年	2015 年	变化幅度	变异系数（2015）
1 个月期	0.11439	−0.05807	−0.17246	0.69107
3 个月期	0.179735	−0.00411	−0.18385	6.2381
6 个月期	0.270412	0.063622	−0.20679	0.401856
1 年期	0.433558	0.184622	−0.24894	0.199108

资料来源：彭博资讯，http://bloomberg.com/。

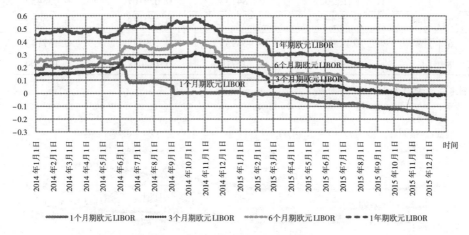

图 4-2 欧元各期限 LIBOR 走势

资料来源：彭博资讯，http://bloomberg.com/。

英镑各期限 LIBOR 总体小幅上升。英国经济在 2015 年实现持续较快的复苏，一季度 GDP 增长 0.4%。二季度增长 0.7%，标志着连续十个季度增长，经济复苏力度在发达国家中处于领先水平。其主要的推动因素包括企业服务和金融走强以及北海原油产量激增。2015 年英国经济数据总体向好，复苏步伐趋于稳固，保持较为强劲的复苏态势，在此背景下，英格兰银行在改变货币政策取向上更为坚定，市场对英格兰银行升息的预期加强。受以上因素影响，英镑各期限 LIBOR 小幅上升（见表4-4、图4-3）。

表 4-4 英镑各期限 LIBOR

英镑 LIBOR	2014 年	2015 年	变化幅度	变异系数（2015）
1 个月期	0.494297	0.506297	0.011999	0.005159
3 个月期	0.543222	0.573036	0.029814	0.016134

续表

英镑 LIBOR	2014 年	2015 年	变化幅度	变异系数(2015)
6 个月期	0.664892	0.714176	0.049285	0.040286
1 年期	0.975932	1.009638	0.033706	0.039458

资料来源:彭博资讯,http://bloomberg.com/。

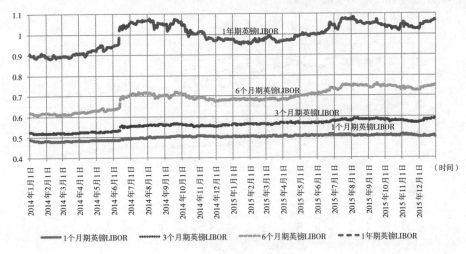

图 4-3 英镑各期限 LIBOR

资料来源:彭博资讯,http://bloomberg.com/。

日元各期限 LIBOR 略有下降(见表 4-5、图 4-4)。日本 2015 年二季度 GDP 修正后为萎缩 0.7%,为三个季度来首现萎缩;三季度环比年率为萎缩 0.8%,萎缩幅度大于市场的预估中值 0.2%。这意味着,日本重回技术性衰退。2014 年因上调消费税冲击消费者支出,日本也出现了技术性衰退的局面。为刺激经济增长和管理通胀预期,日本央行年初承诺继续以每年 60 万亿—70 万亿日元的规模扩大基础货币,国际金融市场的动荡增加了资本对日元资产的避险需求,这些都有利于日本维持较低的资金成本。而且 2014 年受消费税上调影响,为稳定消费支出,确保日本财政改革能够取得成功,日本央行继续维持现有宽松货币政策不变,日本首相安倍晋三于 11 月 21 日解散众议院,提前举行大选。同时日本财政部正加快制订刺激计划,拟推出 2 万亿日元的财政刺激政策。受以上因素影响,日元短期利率整体下降。

表 4-5 日元各期限 LIBOR

日元 LIBOR	2014 年	2015 年	变化幅度	变异系数(2015)
1 个月期	0.093641	0.062775	−0.03087	0.182632

续表

日元 LIBOR	2014 年	2015 年	变化幅度	变异系数（2015）
3 个月期	0.127988	0.095891	-0.0321	0.06916
6 个月期	0.177553	0.135676	-0.04188	0.045928
1 年期	0.327933	0.251551	-0.07638	0.038427

资料来源:彭博资讯,http://bloomberg.com/。

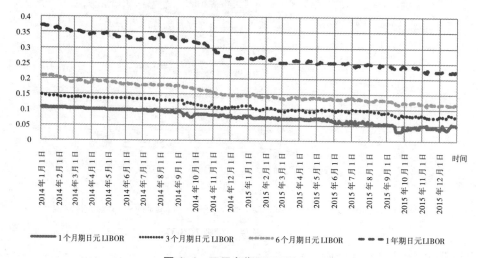

图 4-4　日元各期限 LIBOR

资料来源:彭博资讯,http://bloomberg.com/。

美国量化宽松政策的结束令全球金融市场环境更为复杂。在美联储量化宽松政策结束之际,欧洲央行和日本央行货币宽松政策却在步步升级。欧洲方面,2014 年 9 月,在分别下调三大基准利率的基础上,欧洲央行宣布启动资产支持证券(ABS)计划,10 月 30 日欧洲央行发布声明称,已经任命四家资产经理人帮助欧洲央行实施 ABS 购买计划,购买预期将从 11 月份开始。日本方面,2014 年 10 月31 日,日本央行宣布进一步扩大货币政策宽松规模,包括基础货币年扩张规模从原来 60 万亿日元至 70 万亿日元扩大至 80 万亿日元,对于日本政府债券的购买规模则从每年 50 万亿日元扩大至每年 80 万亿日元。2015 年 11 月 19 日,日本央行公布利率决议,决定维持货币政策不变,并维持货币基础年增幅 80 万亿日元的计划。美、欧、日三大央行量化宽松政策出现不同走向,将进一步影响全球金融市场环境。

从 7 天同业拆借利率同样可以看出发达经济体量化宽松政策的效果,而且欧元表现最为明显,欧元 2015 年 7 天同业拆借利率为-0.1225,比 2014 年年末的 0.0732下降将近 19.576bp(见表 4-6、图 4-5、图 4-6)。

表4-6 主要发达国家同业拆借利率和隔夜回购利率

	2014 年	2015 年	变化幅度
欧元 7 天同业拆借利率	0.0732	−0.1225	−19.576bp
美元 7 天同业拆借利率	0.1221	0.1468	2.47bp
日元 7 天同业拆借利率	0.0675	0.0391	−2.85bp
日元隔夜回购利率	0.0537	0.0328	−2.09bp
美元隔夜回购利率	0.0922	0.1250	3.28bp

资料来源：Wind 资讯。

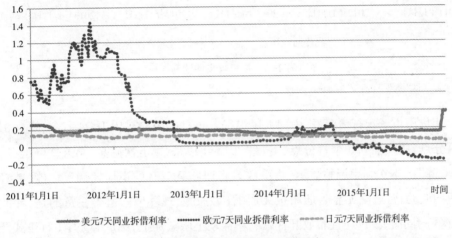

图 4-5 主要发达国家同业拆借利率

资料来源：Wind 资讯。

(二) 中国经济中高速运行的新常态下,坚持稳健的货币政策

2015 年一二季度 GDP 的增速均为 7.0%。较 2014 年四季度下降 0.4%,增速放缓。最新数据显示 2015 年三季度 GDP 增长为 6.9%,主要原因是投资的大幅下滑。2014 年中国经济中高速运行的新常态对全球经济的拉动作用趋于平稳,其中 9 月制造业 PMI 为 49.80%,较上月增长 0.1%。其中新订单、出口订单指数提高,反映市场需求情况有所好转;生产指数提高,预示工业增长趋升。进出口同比增速较平稳,但进口增速下滑,表明我国内需疲软。2015 年以来 PPI 同比连续下降,9 月份同比下降了 5.9%,表明通胀下行,甚至有通缩的风险。而 2015 年 10 月份规模以上工业增加值同比实际增长 7.7%,10 月份社会消费品零售总额增长 11.5%,1—10 月份全国固定资产投资增长 15.9%,均较前月增速下行,经济整体下行压力仍大。

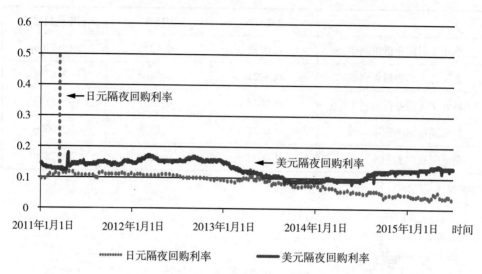

图 4-6　美日隔夜回购利率

资料来源：彭博资讯，http://bloomberg.com/。

　　从货币市场运行情况看，中国人民银行宣布，自 2015 年 10 月 24 日起，降息 0.25 个百分点，并降准 0.5 个百分点。这是 2015 年以来，第五次降息，第五次降准，第三次"双降"。本次利率调整显示，货币政策将回归其应有的逆周期调节职能，减轻经济短期波动，营造既无显著通胀也无通缩压力的宏观环境。值得注意的是，在此次"双降"的同时，央行还宣布放开存款利率浮动上限。加上 2015 年 5 月 1 日正式开始实施的存款保险制度，说明中国正在加快推进利率市场化的步伐。2014 年，中共中央政治局召开会议提出，我国进入经济发展新常态，继续实施积极的财政政策和稳健的货币政策。受以上因素影响，各期限 SHIBOR 总体下降，回购利率整体下跌（见表 4-7、表 4-8、图 4-7、图 4-8）。

表 4-7　中国各期限 SHIBOR

SHIBOR 利率	2014 年	2015 年	变化幅度	2015 年变异系数
隔夜	2.772408	2.07986	−0.69255	0.393995
七天	3.577762	3.078792	−0.49897	0.30332
14 天	4.028083	3.505688	−0.52239	0.276697
1 个月	4.577024	3.781608	−0.79542	0.266277

资料来源：彭博资讯，http://bloomberg.com/。

表4-8　中国各期限回购利率

回购利率	2014年	2015年	变化幅度
隔夜	2.7834	2.0472	−74BP
7天	3.6294	3.0237	−61BP
14天	4.0979	3.4496	−65BP

资料来源:彭博资讯,http://bloomberg.com/。

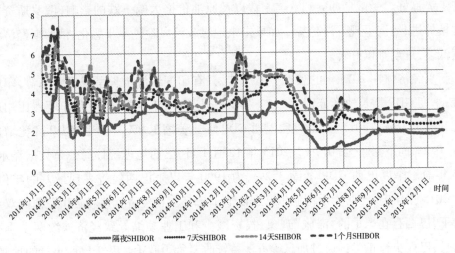

图4-7　中国各期限 SHIBOR

资料来源:彭博资讯,http://bloomberg.com/。

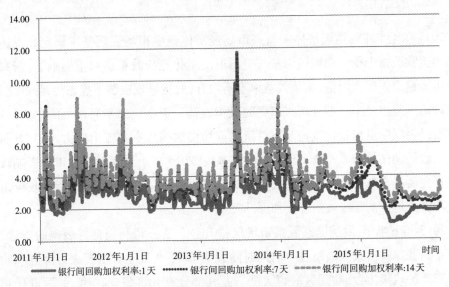

图4-8　中国各期限银行间回购加权利率

资料来源:彭博资讯,http://bloomberg.com/。

（三）新兴经济体分化,地缘政治风险凸显

2014 年在美国退出量化宽松政策、欧日量化宽松政策不断升级的背景下,国际资本总体表现为回流美国、流出欧日,新兴市场流入流出并存的波动局面。2014 年三季度,随着美国经济加快复苏,外部需求逐步好转,欧元区维持负利率并进一步降息,国际市场流动性宽松条件不变,带动了新兴经济体经济回暖。

新兴经济体内部出现分化,金砖五国经济增长疲软,第二梯队的"新钻十一国"经济走势良好。受俄乌冲突和欧美制裁以及原油价格大幅下跌的影响,俄罗斯资本大规模外逃,经济呈现下滑趋势。如果未来地缘政治风险进一步恶化,俄罗斯经济将持续低迷,近期难以好转。

新兴经济体在 2015 年的表现整体欠佳,只有印度经济增长呈现反弹态势,印度一、二季度 GDP 增长速度分别为 7.5% 和 7%,从 2014 年年初至 11 月印度卢比相对美元升值 1.16%。2015 年二季度,巴西 GDP 环比萎缩 1.9%,一季度 GDP 环比增速也由-0.2%向下修正至-0.7%。2015 年 12 月 1 日,巴西地理统计局公布数据显示,2015 年前三季度巴西 GDP 萎缩 3.2%,为 1990 年以来巴西经济表现最差的年份。截至 2015 年年中,巴西货币雷亚尔已经贬值了 25%。在经济低迷和货币贬值的双重压力下,巴西存在严重的"滞胀"现象,投资减少和工业萎缩导致经济连续两个季度负增长,巴西央行正尝试通过加息等方法持续收紧货币政策。基于巴西央行的预测,2015 年巴西经济增长预期将萎缩至 3.19%,同时通胀预期将上调至 10.38%。

二、股票市场

2015 年上半年发达经济体和新兴市场经济体金融市场表现基本稳定。发达经济体中美欧股指上扬。在国内因素与美国退出量化宽松政策的双重影响下,新兴市场货币普遍出现较大贬值,国债收益率不断攀升,股指呈现震荡下挫态势,除此之外,地缘政治风险也带来了部分新兴市场的股指震荡。资金流出新兴市场的主要原因,一方面是美联储退出量化宽松政策对新兴市场仍然构成资本流出压力,另一方面是乌克兰政局动荡打击了投资者信心。总体来说,2015 年上半年对全球市场影响较大的因素主要是全球经济复苏使得投资者对公司价值重估、发达国家的货币政策出现分化和部分地区的地缘政治冲突加深。

2015 年下半年,发达国家股票市场保持升势。受公司利润良好表现的支撑,美国股市标普 500 指数涨幅超过 4%,同时随着 2015 年 9 月 4 日欧洲央行降息和购买 ABS 资产的政策出台,欧元区股市大涨。尤其部分欧元区发达国家,如西班牙和爱尔兰等国的股市到达金融危机以来的高点。在欧洲央行负利率政策的作用下,欧元区国债收益率持续下跌,导致欧洲债券市场资本外流。不过,由于经济复苏的带动作

用,全球投资者的风险偏好增强,发达国家股票市场吸引了更多资本流入。通过表4-9可以看出全球主要国家股指变动程度较大,发达经济体中的欧洲市场和新兴市场的巴西IBO股指、印度Sensex30变异系数相对较大,股票价格波动较大。

表4-9　主要国家股指变异系数

股　　指	变　异　系　数	
	2014 年	2015 年
S&P 500	0.0413	0.0291
法国 CAC40 股指	0.0306	0.0581
德国 DAX 股指	0.0317	0.0690
英国富时 100 股指	0.0220	0.0466
巴西 IBO 股指	0.07	0.06
印度 Sensex30	0.10	0.04

资料来源:彭博资讯,http://bloomberg.com/。

(一) 发达经济体的整体复苏对于全球股市产生一定推动力

美国经济增长动力强劲,股票市场维持升势。由于对经济形势好转的预期较强,美股整体保持震荡上扬态势。期间,受寒冷天气影响,经济数据略差,就业形势也不断反复,加之美联储政策调整和乌克兰危机等各种国际、国内因素,美股曾经出现涨跌震荡,但随着政策不确定性持续下降,投资者和消费者信心上升,固定投资和就业持续增长,银行信贷标准放松,住房建造恢复增长等原因,美国主要股指延续2014年态势继续平稳上涨。

在美国经济复苏态势向好、部分上市公司业绩表现强劲以及欧债危机总体趋于缓和等因素共同作用下,美国主要股指持续上涨。截至2015年10月17日,标普500股指和纳斯达克股指分别收于2052.752点和4701.87点的历史高点,较上一年年末分别小幅下跌1%和小幅上涨3%(见图4-9)。

欧洲方面,俄乌局势再度恶化导致西方对俄制裁升级,引发投资者对经济复苏前景的担忧,欧股2014年7月呈震荡走低趋势。其中2014年7月30日,受美国加息预期和阿根廷债务违约影响,欧洲各大股市开始大幅下跌,德国DAX指数一度跌至2013年12月以来的最低水平。2014年8月8日后,欧股随美股回弹,9月4日欧洲央行意外降息,欧股再次出现小幅跳升。2014年9月末,PMI指数等经济数据不尽如人意,进一步凸显了欧元区经济复苏脆弱,欧洲股市出现轻微下滑趋势。2015年,欧洲经济三季度复苏力度有所增强。欧元区在二季度陷入停滞后重新恢复增长,主要原因是影响核心国家德国经济变化的短期因素如气候变化、地缘政治风险和季节

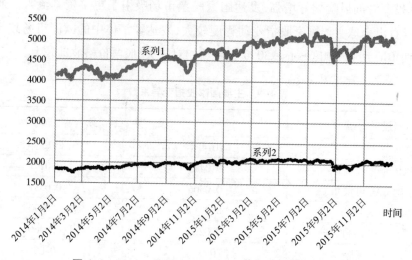

图 4-9　2014—2015 年标普 500 股指和纳斯达克股指

资料来源：彭博资讯，http://bloomberg.com/。

性因素等减弱,德国三季度重返增长,一定程度上推动欧元区复苏。西班牙、爱尔兰、葡萄牙、希腊等欧债危机国家经济继续好转,也产生了正向贡献。加上欧洲央行 2015 年 9 月 4 日推出了新一轮宽松货币政策,具体内容包括:降息、购买资产支持证券以及通过定向长期再融资操作(TLTRO)向银行提供长期廉价资金,进一步放松货币政策。受以上因素影响,截至 2015 年 10 月 17 日,德国 DAX 股指收于 9915.85 点,较上年年末增幅达 4.6%;法国 CAC40 股指收于 4660.64 点,较上年年末增幅达 10.1%;英国富时 100 股指收于 6374.82 点,较上年年末跌幅达 4.5%(见图 4-10)。

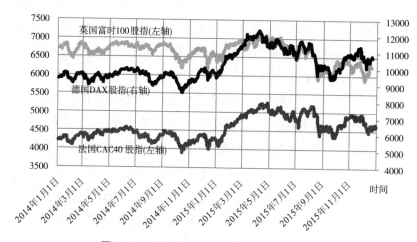

图 4-10　2014 年至 2015 年欧元区主要股指

资料来源：彭博资讯,http://bloomberg.com/。

2015年日本经济温和复苏,消费税影响逐渐减弱。此前受消费税上调的影响,日本2014年的经济存在大幅波动。尽管如此,日本经济仍然处于复苏轨道中。根据大和证券2014年9月4日公布的2014—2015年度企业盈利前景的数据,基于发展良好的海外事业和资本的降低,除金融以外200家企业的经常利润增加8.3%,在全部27个行业中,通信、汽车、综合商社和机械等16个行业盈利状况都有所上升。企业收入、薪资和资本支出出现良性循环,说明上调消费税的影响逐步减弱。

2015年日经225股指震荡上升。日本股市2015年7月走势平稳,8月25日日经指数跟随欧美股市出现下跌,9月25日日经指数跌至5月以来的最低位后跟随欧美股市出现回弹,尽管日本的经济数据并不乐观,但日本的强力宽松政策及疲软的日元仍使日本股市延续了自2013年以来的牛市并于12月1日达到历史新高。虽受消费税上调的负面影响,但在日本央行继续推行激进的宽松货币政策和日本政府接连推出新的经济刺激方案的推动下,日本经济持续复苏,截至2015年12月11日,日经225股指报收19228.91点,相比2014年年末上涨10.19%。由表4-1可以看出,日经225股指相比其他国家离散程度更高,波动更大。

(二) 高通胀、低增长以及国内政治动荡风险导致新兴市场股票指数震荡下跌

从2015年全年看,新兴市场国家股票指数在二季度分化较大,而一季度普遍上涨。其中,亚太、拉美地区的表现尤佳,涨幅分别达到4.3%、3.2%。巴西、俄罗斯股指在一季度下跌,而二季度又大幅反弹,尤其是俄罗斯的波动最大。印尼、泰国累计跌幅均在12%以上,印度CNX指数2015年全年跌幅则达到7.92%(见图4-11)。

2014年俄罗斯股市受俄乌局势影响出现下跌,但7月末后跌势有所缓和。美联储货币政策回归正常化,对新兴经济体资本市场也造成较大冲击,而金融市场波动、债台高筑等进一步加剧了投资者对其发展前景的担忧。乌克兰危机不仅使乌克兰和俄罗斯股市受到重创,而且拖累了周边的欧洲国家和关联度较大的新兴市场股市。俄罗斯RTS指数大幅下挫25%,由于通胀高起、经济下滑,巴西IBOPVESPA指数下跌幅度也达到11.8%。

从地缘政治风险角度来看,俄乌局势等地缘政治事件的影响导致一部分资金流向其他基本面较好的新兴市场国家,同时欧洲央行意外降息也进一步增强了市场流动性。俄乌冲突、伊斯兰极端势力以及部分地区爆发的小规模冲突均对2015年上半年的股票市场产生了很大的影响。乌克兰南部和东部地区紧张局势和暴力活动升级导致该地区地缘政治风险上升,美欧对俄罗斯的制裁导致俄罗斯股指大幅波动。受俄土纷争持续发酵的影响,市场逐渐被恐慌情绪所覆盖,俄罗斯RTS指数显示,自

2015 年 11 月 24 日起,指数一路向下狂泻,至 2015 年年底已下跌超过 100 多点。此外,叙利亚冲突仍在持续,导致欧洲形成百年一遇的难民潮,同时还激化了伊拉克和黎巴嫩国内的教派暴力活动,埃及、阿尔及利亚、巴林的选举也进一步加剧了国内的政治风险。叙利亚以及伊拉克反对派对政府军的节节胜利更是一度冲击国际原油市场,导致全球股票市场出现短暂波动。

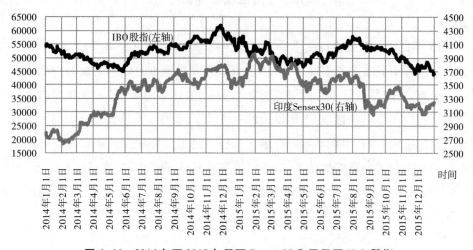

图 4-11　2014 年至 2015 年孟买 Sensex30 和圣保罗 IBO 股指

资料来源:彭博资讯,http://bloomberg.com/。

三、债券市场

(一)国际债券市场交易量和格局

1. 全球未清偿债券余额上升

根据 BIS 统计,截至 2015 年 3 月底,全球债券市场债券未清偿余额为 92.39 万亿美元,较 2013 年年末上升 1.64%。全球经济的持续低迷以及主要经济体宽松的货币政策提高了投资者对固定收益资产的偏好,为全球债市规模的进一步增长提供了条件。其中,在本国市场上发行的国内债券未清偿余额为 69.25 万亿美元,比 2013 年年末上升 1.81%;在境外市场上发行的国际债券未清偿余额为 20.87 万亿美元,比 2014 年 3 月末下降 8.71%。

2. 美日占全球债市半壁江山,中国超越德国

根据 BIS 统计,截至 2014 年 6 月末,在债券发行总量上,美国、日本、英国、法国、中国和德国分列前六位,中国占比由 2013 年年末的 4.5% 上升至 4.86%,超过德国位居第五。在国内债券市场上,美国、日本、中国、英国、法国和意大利的债券未清偿余额在全球排名前六位;在国际债券市场,前六位分别是美国、英国、荷兰、德国、法国和

西班牙。面临资本外流的压力,发展中国家为平衡国际收支增加了国际债券的发行,在国际债券市场上,发展中国家占比由 2013 年年末的 18.87% 上升为 19.8%。

3. 欧元、美元仍是国际债券发行的主要币种

根据 BIS 统计,截至 2015 年 3 月末,以欧元和美元标价的国际债券未清偿余额分别占 44.1% 和 36.8%,国际债券的发行币种以欧元和美元为主,其他占比较大的货币是英镑和日元(见图 4-12)。

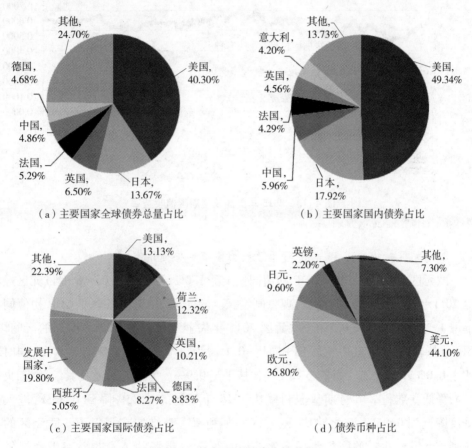

（a）主要国家全球债券总量占比　　（b）主要国家国内债券占比

（c）主要国家国际债券占比　　（d）债券币种占比

图 4-12　主要国家债券市场分析

资料来源:国际清算银行,http://www.bis.org/。

(二)国际债券市场走势

1. 美国经济复苏在即,加息预期左右美债走势

2014 年 2 月,美国两党达成延长债务上限的法案,降低了美国国债违约的风险,国际评级机构上调了美债评级,2015 年一至二季度长短期债券收益率持续上升调整。美国二季度经济呈现稳定的复苏势头,经济环比增长 3.7%,超出市场预期。2015 年 8 月美国失业率为 5.1%,为 2008 年 4 月以来最低;平均每小时收入增长

0.3%。就业市场的改善取得显著进步。实体经济对资金的需求日益上升减少了市场对避险资产的需求,导致长期国债收益率开始回升,但依然低于年初。进入2015年三季度后,长期债券收益率稳中有降。美国短期债券收益率总体上呈下降趋势,但是波动较大,反映了市场对美联储货币政策预期的变动(见图4-13)。

图4-13 2015年美国长短期国债收益率

资料来源:彭博资讯,http://bloomberg.com/。

2. 欧元区持续通缩,宽松的货币政策为债市走牛提供空间

欧元区2015年一季度GDP初值同比上涨1.0%,环比上涨0.4%,是欧元区经济自2011年债务危机以来首次出现急剧增长。欧元区2015年二季度GDP初值同比上涨1.2%,环比增长0.3%。欧元区2015年失业率维持在10%—11%的区间内,CPI维持较低水平,其中9月CPI同比-0.1%,为自本年3月以来首次转负,同时环比由0.0%升至0.2%,而核心CPI同比持平于0.9%。为了应对通货紧缩,欧洲央行不断降低基准利率,6月期基准利率从2015年年初的0.25%降到0.15%,进入三季度降低到0.05%,与之对应,欧元区实际利率一直维持在零以下。欧元区的持续通缩和欧洲央行的宽松货币政策为欧元区债券市场的债券收益率下跌提供了空间。

欧元区发达国家中的英德两国长期债券收益率波动上升,德国短期债券收益率稳中有降。在欧洲国家中德国国债长短期收益率最低,在2015年德国短期国债收益率已经跌至零以下(见图4-14)。

欧元区的欧债危机国希腊在2014年年初通过谈判获得了新一轮的贷款援助以及德国法院裁定欧洲稳定机制(ESM)的合法性增加了市场信心,希腊主权信用风险随之降低,这引来国际资金的热捧。2015年上半年希腊长短期国债收益率持续走低,进入8月后美英加息的预期直接影响到了资金的流入,主权债务风险溢价上升。

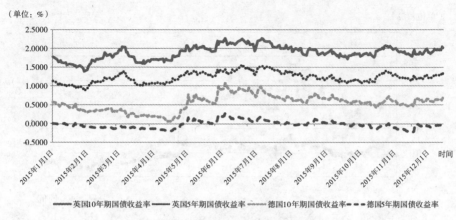

（单位：%）

图 4-14　2015 年英、德国债收益率

资料来源：彭博资讯,http://bloomberg.com/。

意大利、西班牙复苏相对乏力,导致实体经济资金需求不足,使两国债券收益率下滑幅度较大(见图 4-15,图 4-16)。

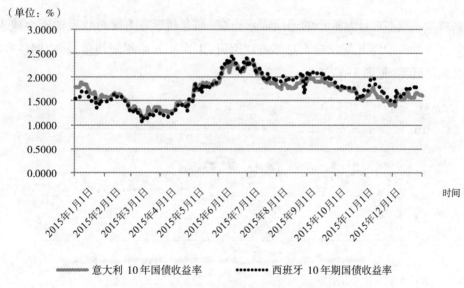

（单位：%）

图 4-15　2015 年意大利、西班牙国债收益率

资料来源：彭博资讯,http://bloomberg.com/。

3. 日本经济陷入衰退,超级量化宽松促债市走强

因资本支出疲弱,且作为亚洲经济引擎的中国经济继续降温,日本 2015 年一季度年化增长率为 2.4%,二季度经济环比萎缩 1.2%。日本连续两个季度呈环比负增长,实际已陷入技术性衰退。为刺激经济增长和(管理)通胀预期,日本央行 2015 年年初承诺继续以每年 60 万亿—70 万亿日元的规模扩大基础货币,国际金融市场的

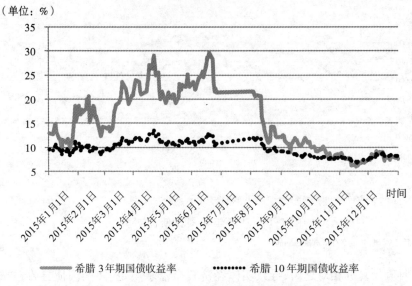

（单位：%）

图 4-16　希腊 10 年国债收益率

资料来源：彭博资讯，http://bloomberg.com/。

动荡增加了资本对日元资产的避险需求，这些都有利于日本维持较低的资金成本。2015 年上半年日本长期债券收益率波动上升，下半年开始逐渐回落，而短期债券收益持续接近零（见图 4-17）。

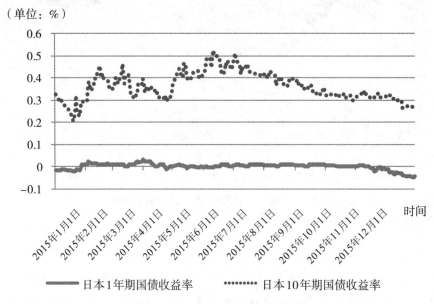

（单位：%）

图 4-17　2015 年日本国债收益率

资料来源：彭博资讯，http://bloomberg.com/。

4. 受制于经济衰退，新兴市场国家国债疲软，印度一枝独秀

俄罗斯2015年一二季度GDP同比萎缩2.2%、4.6%，截至2014年11月，俄罗斯卢布相对美元贬值23.26%。俄罗斯的消费者需求在卢布危机之后遭受冲击，其经济也出现了2009年以来的最大幅度萎缩，石油抛售潮更使俄罗斯经济雪上加霜。俄罗斯内部低迷的经济，外部面临的乌克兰危机，导致俄罗斯主权债务风险迅速上升，投资者风险情绪也大幅飙升，俄罗斯国债收益率持续走高。

2015年一二季度巴西GDP同比萎缩1.6%和2.5%，截至2014年11月，巴西雷亚尔相对美元贬值7.06%。在经济低迷和货币贬值的双重压力下，巴西2015年年初通过加息等方法持续收紧货币政策，导致一季度债券收益率不断攀升，在二季度国际宽松货币环境的影响下，巴西二三季度国债收益率有所回调，但在三季度末受美英加息预期以及巴西选举、阿根廷债务违约等国政治风险的影响，巴西从8月份开始主权债务风险的溢价上升，出现了长短期国债收益率倒挂。

新兴经济体在2015年的表现整体欠佳，只有印度经济增长呈现反弹态势。印度一二季度GDP同比增速分别为7.5%和7.0%，从2014年年初至11月印度卢比相对美元升值1.16%。印度经济的反弹反映在国债市场上，表现为其10年期国债收益率从2015年年初的7.87%降到10月的7.58%，无风险资产的偏好降低（见图4-18）。

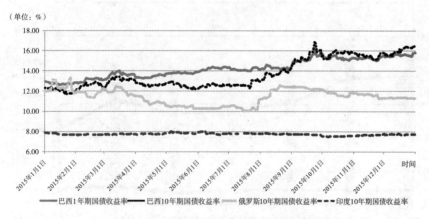

图4-18　2015年新兴市场国家债券收益率

资料来源：彭博资讯，http://bloomberg.com/。

四、衍生品市场情况

（一）总量情况

1. 利率衍生品未清偿余额与总价值下降导致场外衍生品未清偿余额与总价值总体下降（见图4-19、图4-20）

截至2014年12月，全球OTC衍生品未清偿余额（Amounts Outstanding）继续下

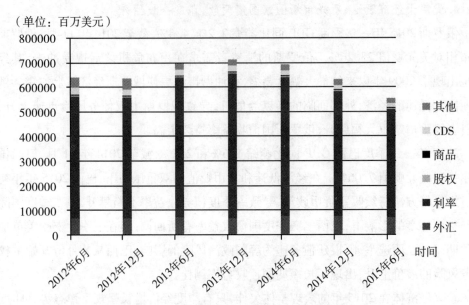

（单位：百万美元）

图 4-19　2007—2014 年全球 OTC 衍生品未清偿余额

资料来源：国际清算银行。

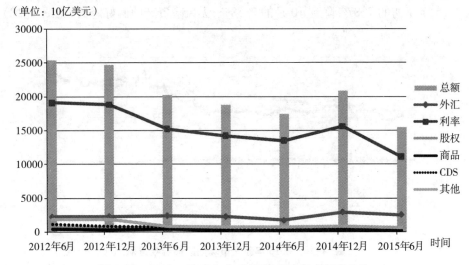

（单位：10 亿美元）

图 4-20　2008—2015 年全球 OTC 衍生品市场总价值

资料来源：国际清算银行。

降，为 6.30 万亿美元，与 2013 年 12 月的 7.11 万亿美元相比下降 11%；2014 年 6 月

其总数的下降主要是由于利率类衍生品的下降，利率类衍生品未清偿余额相对于

2013 年 12 月下降了 13.6%。结构方面，利率衍生品未清偿余额仍然占据着最主要

的地位。

截至 2014 年 12 月，全球 OTC 衍生品市场总价值（Gross Market Value）从 2011 年

12月开始呈持续下降的趋势,至2014年12月出现反弹,达到208.8亿美元,与2014年6月相比增加了19.73%,其中利率衍生品的市场总价值上升了2.15亿美元,上升规模最大。结构方面,利率衍生品仍然占据着全球OTC衍生品市场总价值最主要的部分。

2. 场内衍生品未清偿余额总量基本与上期相当

截至2015年6月,全球交易所交易期货未清偿余额280.57亿美元,与上一期相比下降4.0%,这一定程度上是因为洲际交易所(ICE)能源掉期逐步转移到交易所交易,即所谓的"期货化",大大增加了美国地区场内期货的规模。结构上来看,利率类期货占据着最重要的部分,达到了93.17%,且一直保持较高幅度的增长,但是2015年有所回落。

综合来看,基本上与上期相当,其中利率类衍生品占据着最重要的部分。

3. 交易所衍生品交易量小幅下降,欧洲北美仍为交易最活跃地区

2014年二季度,全球交易所期货交易量3531.85亿美元,与上一季度相比下降3.1%,同比下降11.54%;结构上来看,利率类期货占据着交易中最重要的部分,达到了89%。2014年三季度,全球交易所交易权交易量1175亿美元,与上一季度相比下降了4.7%,同比下降8.39%;结构上来看,利率类期权占据着最重要的部分,达到了73.93%。

综合来看,2014年二季度全球交易所衍生品交易量为4706.86亿美元,同上一季度相比下降3.5%,同比下降10.77%,最主要原因是欧洲亚洲交易量的下降。由于外汇的交易商开始尝试进入外汇场外市场,这对场内外汇产品的交易产生了较大的打击,影响场内交易量。场内交易中,利率类衍生品占据着最重要的部分,达到85.23%。在地区分布方面,2014年三季度,北美和欧洲仍然是最主要的交易发生地,分别占比58.5%和33.3%。

(二)价格走势

1. 美、英、德5年期国债CDS走势平稳,俄罗斯、乌克兰五年期国债CDS震荡大幅上扬(见图4-21、图4-22)

2014年,欧洲地区最大的不稳定因素就是乌克兰政局动荡、欧—俄相互制裁活动的升级以及欧洲整体经济前景的不明朗。而受此影响,乌克兰和俄罗斯的经济状况也十分不稳定,面临着较大的风险因素,在2014年上半年两国局势的不稳定导致两国5年期国债CDS费率大幅波动,在2014年三季度局势升级后CDS呈现明显的上扬趋势。西班牙在经历了债务危机后,2014年年初经济增长速度回升,就业情况向好,西班牙5年期国债CDS走势一直趋于下降,但在9月末由于西班牙银行业向欧洲央

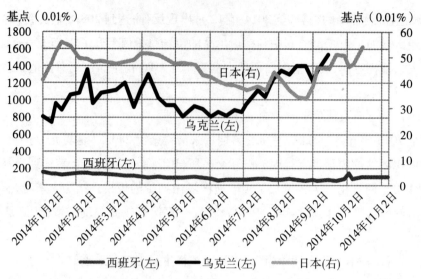

图4-21 日本、乌克兰(右轴)、西班牙(左轴)5年期国债CDS费率走势状况

资料来源:彭博资讯,http://www.bloomberg.com/。

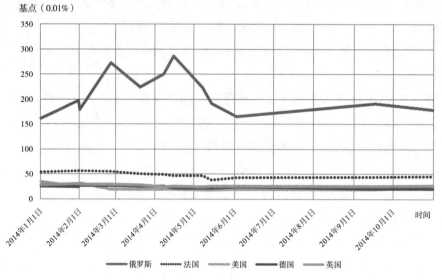

图4-22 美、英、法、德、俄5年期国债CDS费率走势情况

资料来源:彭博资讯,http://www.bloomberg.com/。

行借入的贷款规模创纪录,加重市场对西班牙财政状况的担忧,CDS费率大幅波动,随后逐渐趋于相对稳定。英国、德国2014年前三季度经济走势相对平和,其5年期国债CDS价格在小幅区间内平稳波动。法国2014年一季度经济增长1%,与上一季度相比小幅回升0.2%,但在二季度环比下降0.3%,三季度经济逐渐放缓,同时失业率逐渐恶化,经济的总体形势不容乐观,与此对应,法国5年期国债CDS也呈现出了一、二季度小幅下降后逐渐上升的趋势,波动幅度也相应增大。

美国2014年一季度由于严冬的影响导致GDP出现2.1%的负增长,但二、三季度经济增长强势反弹,内生增长动力也逐渐增强,在经济基本面的支撑下,美国5年期国债CDS走势在一季度处于高位的情况下小幅下降后趋于平稳,体现出市场对美国经济信心增强。

日本2014年经济波动幅度较大,前两个季度,由于"提前消费效应"的影响,日本私人消费的增长成为了推动日本经济增长的主要动力,但"安倍经济学"的后劲不足也使得日本经济在"提前消费效应"后逐渐放缓,二、三季度GDP季度环比折年率分别为-0.4%和-3.0%,与一季度相比出现"大逆转",同时日本维持着贸易逆差的格局,出口也依旧乏力,政府债务问题依旧没有改善,改革的有效性仍存在很大不确定性,与之相对应,日本5年期国债CDS价格在2014年年初逐渐下降,但在二季度后,经济的逐渐放缓以及风险因素的增加使得CDS价格出现大幅度的上升和波动。

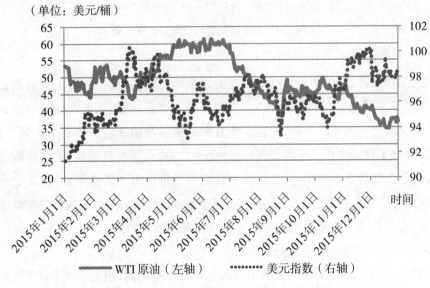

（单位：美元/桶）

图4-23　2015年美元指数与CME原油期货走势

资料来源:彭博资讯,http://bloomberg.com/。

2. 美元指数逐渐走强,原油、期铜、期铝等普遍下跌(见图4-23)

2015年,美国经济状况整体回暖,GDP、PMI指数、房地产景气、消费者信心等延续较为稳健的增长势头,美国内生增长动力逐渐加强,美元指数也在2015年二季度之后逐渐走强。对于原油期货来说,2014年年初受原油需求增加,以及乌克兰地区的政治局势影响,国际原油价格呈上涨趋势,但随后由于局势的缓和、美元的走强以及伊拉克、美国等地的石油供给增长造成原油期货在二季度以后呈现出明显的下跌趋势,原油期货价格与二季度的高点相比下跌了近30.6%。

2015年年初,上海期铜和期铝价格稳中上涨,扭转2014年下半年持续下跌的态

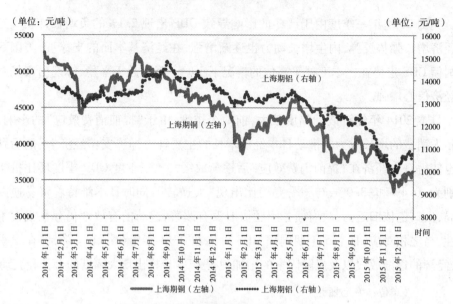

图4-24 上海铜期货与铝期货价格走势

资料来源:彭博资讯,http://bloomberg.com/。

势,但从二季度开始,受到美国经济复苏美元不断走强的影响,上海期铜和期铝价格出现持续下跌的趋势(见图4-24)。受中国经济增速放缓、基本面疲软的因素等影响,中国金属进口的需求下降,伦敦3个月铜期货以及铝期货的价格均出现下跌,铝期货的价格下跌幅度相对更大;2014年二季度之后,美国经济回暖,美元指数逐渐走强,对大宗商品价格产生压力,伦敦3个月铝期货价格出现下滑趋势,但3个月铜期货出现一轮上涨,主要是因为美国经济形势持续向好,需求的增加短期内带动了铜价的上涨,但仅持续了3个月左右价格又出现掉头向下的趋势。

3. VIX 指数的变化(见图4-25)

VIX 指数是通过 S&P500 指数期权的价格计算得出的,用来反映 S&P500 指数期权的隐含波动性,在一定程度上能够衡量对未来30天市场波动的预期,同时也能够反映市场的恐慌程度。由于前三季度美国经济的逐渐恢复,2015年的 VIX 指数前二季度保持相对正常波动,2月份的上涨以及随后5个月缓慢下降的趋势更主要是受季节性因素的影响,而在8月份指数出现了大幅的上涨,这是由于全球经济增长的放缓以及对美联储加息前景的预期增强所带来的市场波动,反映出市场情绪的剧烈波动,但 VIX 在短期高涨之后很快回复到了相对正常的水平。

五、外汇市场

2015年,全球主要货币汇率走势表现出以下特点:第一,美元指数5月开始显著大幅上升,改变了前一个季度下跌的状态;第二,与美元指数并行的现象是,欧元、日

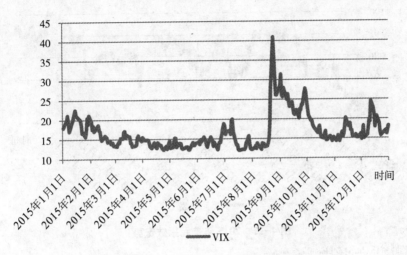

图 4-25　2015 年 VIX 指数变化情况

资料来源：彭博资讯，http://bloomberg.com/。

元均经历明显贬值，波幅超过 5%；第三，新兴经济体多数货币汇率基本稳定，以微弱幅度波动，人民币一二季度平稳波动，三季度开始快速贬值（见图 4-26）。

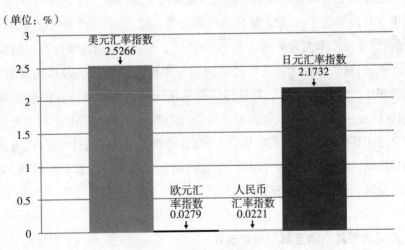

图 4-26　主要汇率指数波动情况

资料来源：彭博资讯，http://bloomberg.com/。

（一）美元指数先平稳后大幅上升

美元指数在 2015 年具体走势可以分为三个阶段，一季度表现为持续上升，二季度表现为相对回落，波动幅度增加，三季度伴随大幅上升的趋势，波动幅度相对减小（见图 4-27）。

一季度和二季度美元平稳波动相对小幅走弱。美国经济一季度表现低于预期，

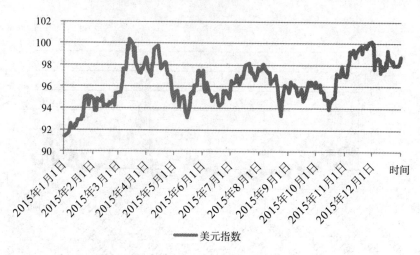

图 4-27 2015 年美元指数走势

资料来源：彭博资讯，http://bloomberg.com/。

主要是受到了恶劣天气的影响。2015 年 1 月 29 日的美联储议息会议宣布维持联邦基金利率在 0—0.25% 的纪录低位不变，并重申能够在开始实现货币政策正常化上"保持耐心"。2015 年 2 月 18 日结束的美联储议息会议决定更长时间维持接近零的利率政策。这相当于给高涨的市场热情结结实实泼了盆冷水。而 2015 年 4 月 29 日美联储重申 3 月份加息立场，较市场预期略偏鹰派。综上，市场给予的反应则是在跌跌撞撞中前行，美元汇率终究难逃上涨的"厄运"。美元升值的背后，有着两股强大的推动力。第一，对美联储退出 QE 之后的加息预期升温导致金融市场提前布局。美联储维持多年的量化宽松的根本目标是推动美国的就业和实体经济重新恢复活力，这一目标已经实现。继续大规模量化只会打击美元的货币信用，不利于美国维持美元作为全球主要结算货币的战略地位。第二，随着美国经济的持续复苏，美国的融资市场相当活跃，吸引着大批海外投资，相比欧洲和日本的经济表现更出色，美元资本回流成为全球资本市场的主流。

（二）欧元先相对小幅走弱后相对走强

根据 2015 年欧元兑美元汇率走势图，欧元兑美元汇率一季度开始大幅上升，二季度开始波动回升。

2015 年一二季度，由于美元本身的走弱，欧元相对美元汇率保持平稳且小幅上升的趋势。从 2015 年三季度开始，欧元区出口放缓，进口反弹，致净出口对增长的贡献回落。英国和美国经济持续好转，从欧元区进口的需求上升。乌克兰政局变动、欧盟和俄罗斯之间的制裁—反制裁，这些原因都对欧元贬值起到推动作用。此外，欧元贬值和外需好转带动出口加快增长。欧洲央行加大宽松力度，而美联储的货币政策

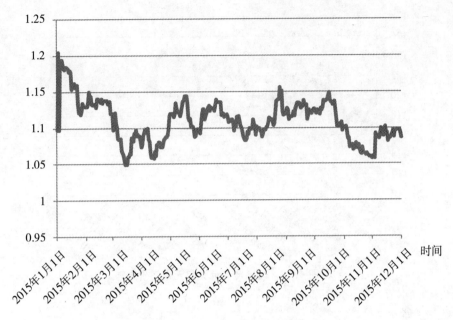

图 4-28　2015 年欧元兑美元汇率走势

资料来源:彭博资讯,http://bloomberg.com/。

则缩减宽松,这种反差将加大欧元贬值压力,改善欧元区出口,增强经济增长动力(见图4-28)。其他发达国家经济持续好转,进口需求上升。美国经济在冬季强劲增长(同比增长超过 2%)。日本经济继续反弹,加快增长。在新兴市场中,中国增长平稳;印度新政府更为注重经济发展,央行制定货币政策更为果敢,有助于经济持续温和加快;围绕乌克兰的动荡局势,俄罗斯的立场有所软化,经济环境略有改善,增长有望由负转正。这些原因解释了从 2015 年三季度以来欧元的贬值。也就是说,欧元贬值的目的在于加推 QE,提振出口,进而推动经济复苏。这本身也是一种无奈之举,因为财政政策在欧元区内难以施行。进入 2015 年,日元大幅贬值、人民币存在低估、多国政府干预外汇市场,全球经济形势不佳,各种主权货币都想自贬身价,欧元的贬值压力实在是越来越大,因而也不难理解其出现上升的趋势。

(三)日元先大幅走弱后小幅走强

根据 2015 年美元兑日元中间汇率走势图,日元相对美元,一二季度出现小幅贬值的趋势,5 月份开始大幅贬值,6—8 月维持在 1 美元兑换 124 日元的汇率高位,从三季度开始日元快速升值,汇率也回落至 120 附近波动(见图4-29)。

2015 年一季度,"安倍经济学"对经济的刺激效果仍然存在,但是,结构性改革滞后导致"安倍经济学"效果后劲不足的迹象正在显现。"安倍经济学"以日元贬值促进出口的动力逐渐削减,进入 2015 年三季度后日元升值压力显现。"安倍经济学"

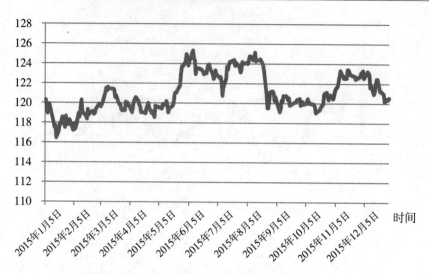

图 4-29　2014 年美元兑日元中间价走势

资料来源：彭博资讯，http：//bloomberg.com/。

以日元贬值促进出口的做法越来越受到质疑，因为日元贬值可能对出口企业有利，但会令为数众多的中小企业增加进口成本。

（四）人民币先相对平稳波动后小幅震荡调整

2015 年美元兑人民币汇率可分为两个阶段，1 月至 7 月人民币兑美元汇率相对稳定，8 月开始人民币汇率出现较大幅度贬值并于快速贬值后伴随小幅震荡（见图 4-30）。

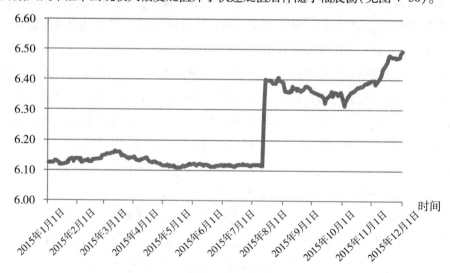

图 4-30　2015 年美元兑人民币中间价走势

资料来源：彭博资讯，http：//bloomberg.com/。

人民币在 2015 年一季度出现了小幅贬值，在此基础上，二季度人民币汇率出现升值反弹,三季度保持在 6.19 的相对稳定的水平之上。然而,从 2015 年 8 月初以来,人民币兑美元汇率开始快速上升,最高峰值出现在 8 月末的 6.41。2015 年四季度的人民币汇率呈现温和的升值趋势,伴随小幅波动。

(五)新兴市场

新兴市场在 2015 年货币表现相对平稳,4 个季度的数据相对接近,没有大幅波动(见表 4-10)。

表 4-10 2015 年新兴市场货币兑美元名义汇率

	2014 年四季度	2015 年一季度	2015 年二季度	2015 年三季度
印度尼西亚	12440	13084.0	13332.0	14657.0
马来西亚	3.5	3.7	3.7	4.4
新加坡	1.3	1.4	1.3	1.4
泰国	33.0	32.6	33.8	36.4
越南	21392.5	21535.0	21810.0	22480.0
韩国	1091	1108.8	1115.2	1181.5

资料来源:彭博资讯,http://bloomberg.com/。

第三节 中国金融市场与国际金融市场的联系

一、外资对中国金融市场的参与

(一)合格境外投资者及人民币合格境外投资者规模迅速扩大

截至 2015 年 9 月 28 日,已有 277 家 QFII 获得了累计 787.69 亿美元的投资额度,与 2014 年 10 月相比增加了 19 家机构,累计额度增幅为 147.08 亿美元,增幅为 23%。

截至 2015 年 9 月 28 日,已有中国香港、英国、新加坡、法国、韩国、德国、澳大利亚、瑞士 8 个国家和地区的 141 家 RQFII 获得了累计 4115 亿元人民币的投资额度,其中香港地区额度为 2700 亿元人民币。与 2013 年 10 月相比,RQFII 机构增加了 50 家,累计额度增加了 1171 亿元人民币,增幅为 39.8%。[1]

我国 2015 年积极引入境外投资者进入,逐渐加强境外投资者对本国金融市场的

---

[1] 资料来源:国家外汇管理局,http://www.Safe.gov.cn/。

参与度,合格境外投资者数量增加迅速,额度增长比例也很大。

(二)外资银行类、证券类、保险类机构

截至 2014 年年末,外资银行在我国 27 个省(自治区、直辖市)的 69 个城市设立了 41 家外资法人银行,97 家外国银行分行,营业性机构总数达到 1000 家。此外,47 个国家(地区)的 158 家银行还在华设立了 182 家代表处。外资银行保持着良好的资产状况、资本充足率以及拨备覆盖状况。截至 2014 年 10 月,证券公司中共有 18 家公司的境外子公司具有 RQFII 资格,基金公司中共有 266 家公司具有 QFII 资格,外资保险公司在中国设立了 177 家代理处。①

(三)外资机构积极参与货币、债券、外汇等各个市场的交易

截至 2015 年 10 月 16 日,人民币外汇即期做市商中有 11 家外资银行,人民币外汇远掉做市商中有 13 家外资银行;本币市场成员中有 9964 家机构,包括 86 家外资银行,123 家人民币合格境外投资者,32 家合格境外机构投资者,115 家境外银行,16 家境外保险机构;拆借市场会员中共有 1261 家机构,其中包括 86 家外资银行和 6 家境外银行;债券市场做市商共有 25 家机构,其中包括 3 家外资银行;在 SHIBOR 的 18 家报价行中,有 2 家外资银行;在利率互换报价机构中,有 9 家外资银行。

截至 2015 年 9 月,在同业拆借市场中,外资银行共交易 29171 笔,占比 21.2%,交易金额 80782.72 亿元,占比 9.6%;在质押式回购市场中,外资银行共交易 84096 笔,占比 6.1%,交易金额 137680 亿元,占比 3.64%;在买断式回购市场中,外资银行共交易 4255 笔,占比 1.22%,交易金额 4533.09 亿元,占比 1.36%。②

2015 年,外资机构积极参与我国货币、债券、外汇等市场,机构数量以及交易都达到了一定规模,随着开放程度的增加,未来外资机构在我国金融市场中有望进一步发展。

二、中资对国际金融市场的参与

(一)合格境内投资者(QDII)

截至 2015 年年底,我国共有 132 家合格境内机构投者(QDII),累计审批投资额度 899.93 亿美元。其中银行业、证券类、保险类、信托类金融机构分别占比 15.38%、41.73%、34.28%、8.61%(见图 4-31)。与 2014 年 10 月相比,QDII 新通过 7 笔审批,

---

① 资料来源:中国证监会、银监会、保监会,http://www.Cbrc.gov.cn/;http://www.Csrc.gov.cn/;http://www.Circ.gov.cn/。

② 资料来源:中国外汇交易中心,http://www.Chinamoney.com.cn/。

累计审批额度小幅增加 26.2 亿美元。我国机构投资者在"走出去"的进程中仍需随着开放程度的增加而不断活跃,同时监管部门的限制也需逐渐减少。[1]

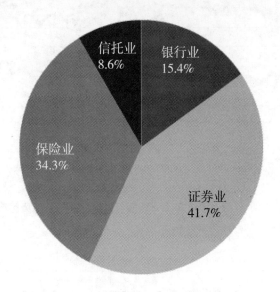

图 4-31 合格境内投资者机构分布情况

资料来源:国家外汇管理局,http://www.safe.gov.cn/。

(二)我国企业在国外筹资状况

2014 年全年,共有 125 家中资企业实现 A 股上市,融资共计 130.87 亿美元,平均融资 1.05 亿美元。另外有 96 家中资企业实现海外上市,共融资 492.59 亿美元,上市数量及融资规模较 2013 年同期分别上升 2.35 倍和 2.28 倍。主要上市地仍集中在港交所主板、纽交所、纳斯达克、伦敦 AIM 等资本市场,与 2013 年同期相比,增加了香港创业板和伦敦 AIM。具体来看,港交所依然是境内企业海外上市最活跃的场所,有 72 家中企选择在香港上市,占比 75.0%;合计融资 235.91 亿美元,占比 47.9%。15 家企业在美国资本市场上市,融资 253.68 亿美元。中国企业海外上市市场逐渐多元化,欧洲市场以法兰克福证券交易所为主,5 家中国企业融资 1.68 亿美元,另外有 2 家企业在伦敦 AIM 上市,融资 667 万美元。[2]

三、中国金融市场逐渐融入国际金融市场

(一)国内主要股指与国际主要股指保持较高相关度

我国的主要股票指数上证综指和深证成指与全球主要股指走势的相关性较强。

---

[1] 资料来源:国家外汇管理局,http://www.safe.gov.cn/。
[2] 资料来源:《2014 年中国企业上市年度研究报告》,清科研究中心,2015。

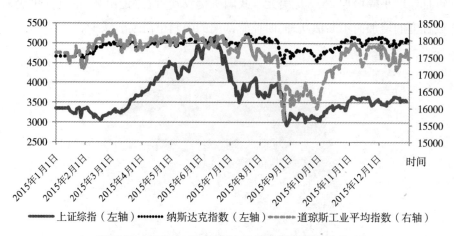

图 4-32　2015 年上证综指与美国主要指数走势状况

资料来源:雅虎财经,http://finance.yahoo .com/。

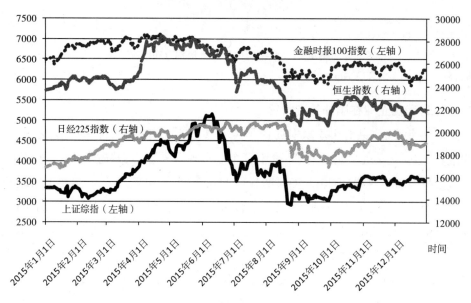

图 4-33　2015 年上证综指与全球其他主要股指走势

资料来源:雅虎财经,http://finance.yahoo .com/。

对于美国市场的主要指数,上证综指与纳斯达克指数以及道琼斯指数的相关度达到了 0.695 和 0.54,表现出很强的相关性;深证成指与纳斯达克指数以及道琼斯指数的相关度达到 0.657 和 0.593(见图 4-32)。对于全球其他主要股指,上证指数与金融时报 100 指数、日经 225 指数、香港恒生指数的相关系数分别为 0.499、0.743 和 0.83;深证成指与金融时报 100 指数、日经 225 指数、香港恒生指数的相关系数分别为 0.56、0.689 和 0.841(见图 4-33)。综合来看,我国主要股指与全球其他重要股指保持着较强的正相关性。

（二）主要期货品种相关度

1. 国内黄金期货价格与国际黄金期货价格走势高度一致

在黄金期货市场，我国上海黄金交易所的黄金期货与美国纽约黄金期货价格保持高度的相关性，从价格走势上可以看出两者之间同涨同跌的趋势，两者价格的相关系数也达到了 0.904（见图 4-34）。

（单位：元/克）　　　　　　　　　　　　　　　　　　　（单位：美元/盎斯）

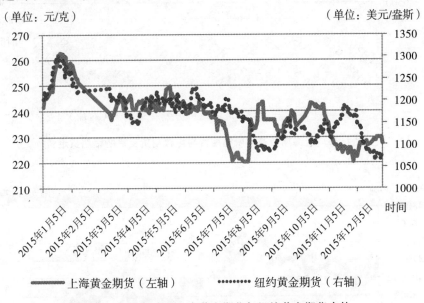

————上海黄金期货（左轴）　　••••••••纽约黄金期货（右轴）

图 4-34　2015 年我国上海黄金期货与纽约黄金期货走势

资料来源：http://bloomberg.com/。

2. 上海铜期货以及铝期货与国际市场走势

根据图 4-35 和图 4-36，2015 年，上海期货交易所铝期货与伦敦期货交易所铝期货走势大致相同，两者之间的相关系数达到了 0.883；上海期货交易所铜期货与伦敦期货交易所铜期货的走势高度吻合，两者的相关系数达到了 0.97。

可以看出，我国主要金属类期货的价格与国际主要相关市场的相关度很高，表现出国内市场和国际市场很好的联动性。

3. 大连商品交易所大豆期货与郑州商品交易所 PTA 期货与国际市场走势

2015 年，大连商品交易所的大豆期货与 CBOT 黄豆期货价格走势呈现出较为明显的反向变动趋势（见图 4-37）。郑州商品交易所的 PTA 期货[①]与纽约原油期货的

---

① PTA 是精对苯二甲酸（Pure Terephthalic Acid）的英文缩写，是重要的大宗有机原料之一，属于石油下端品，其价格的波动会受到石油价格波动的影响。

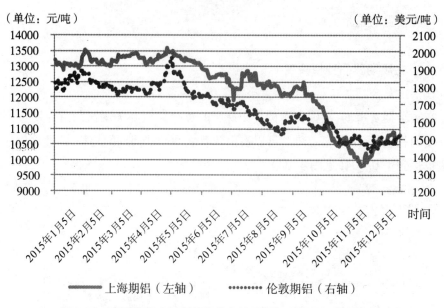

图4-35 上海期货交易所铝期货与伦敦期货交易所铝期货走势

资料来源：http://bloomberg.com/。

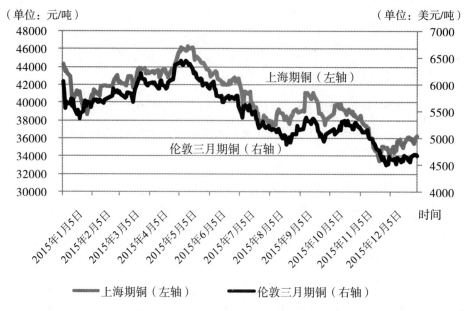

图4-36 上海期货交易所铜期货与伦敦期货交易所铝期货走势

资料来源：http://bloomberg.com/。

走势保持着较强的相关性（见图4-38）。在2014年7月及以后，由于欧佩克保持着原油的日产量，原油供给相对充足，而同时美国经济复苏使得美元指数走强，在综合作用力下，原油价格大幅下跌，而PTA作为原油的下游产品，郑州PTA期货价格也随之出现大幅下跌，两者的走势高度正相关。

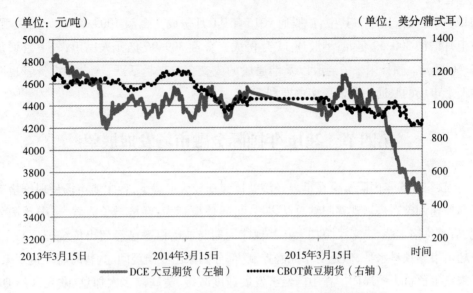

图 4-37　大连商品交易所大豆期货与 CBOT 黄豆期货走势

资料来源:http://bloomberg.com/。

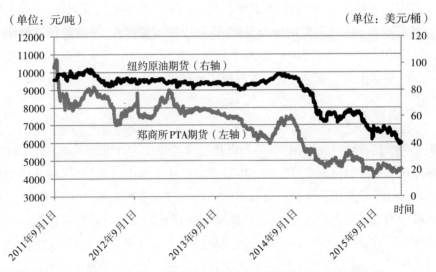

图 4-38　郑州商品交易所 PTA 期货以及美国纽约原油期货走势

资料来源:http://bloomberg.com/。

4.沪港通的开通加快我国金融市场融入国际市场

2014 年 11 月 17 日,沪港股票市场交易互联互通机制试点开通仪式在上海、香港同时举行,沪港通的开通为香港以及内地投资者互通互联奠定了基础,为境外投资者参与我国证券市场提供了便捷的渠道,对我国金融市场的国际化发展起到了重要作用。

从成交情况看,截至 2015 年 11 月 30 日,沪港通 11 月份成交金额合计为

1319.63 亿元人民币。其中,沪股通 2015 年 11 月份成交金额 1009.67 亿元人民币,较上月增加 300.59 亿元;港股通 11 月份成交金额 309.96 亿元人民币,较上月增加 83.66 亿元。预计未来沪通股以及港通股的成交会越来越活跃,境内外投资者也会从两个市场的联通中获取更多的便利。①

第四节　2016 年国际金融市场发展展望

回顾 2015 年国际金融在世界经济整体波动较大形势下,各主要市场呈现价格动荡与加速调整态势。观察归纳总结之后,可整体概括为:经济增长疲软、金融政策分化、市场价格震荡、未来风险加大。其规律周期与波动概率已经超出传统理论基点,更超出市场预料水平,但是对于风险控制,部分国家已经出现问题,暂时有危机现象,并未发生危机失控局面。在中国经济发展速度减慢、美联储多次加息、欧元区的 QE 不确定的情景下,预测 2016 年国际金融市场将主要以调整经济结构为主,为经济长期的稳定发展做铺垫。

而展望与预测 2016 年,国际金融市场将面临更大的不确定性风险,尤其是通过 2015 年年底的市场变化与舆论导向观察,认知上的偏颇存在、预期的极端性顺应明显、投机转向投资的状况转折,进而 2016 年最大的风险在于尚未透彻解读真实的状况,表面化、短期化甚至极端化的推波助澜依然严重。

一、追踪美元动态

美元引领的灵活是关键词,非美元强势反弹。2015 年上半年美元调整,2015 年下半年人民币迅速贬值一个月左右。市场风险在于汇率的自主主见,以实体经济为主的汇率选择十分必要和重要。交易类的风险关注在于美元或许与预期不一样,应对区间波动的选择至关重要,最高点与最低点的评估时段与阶段有所区别。汇率竞争的角度,欧元的风险加剧,即使欧元区成员国扩大也并不见得利好,反之使得欧元面临更大的风险,因为差异拉大,政策协调更加艰难。加之地缘政治与国家关系的复杂性必将加剧欧元风险挑战,经济基础的不牢固与脆弱性将使欧元面临瓦解的可能。2016 年的欧元有风险但也有机遇;若失去了经济基本面的有效支撑,从技术与策略的层面反转的可能加大。

二、股市调整

发达国家股市调整与修复急切,或有利于黄金反弹。2015 年之前的国际黄金价

---

① 资料来源:证监会,http://www.cbrc.gov.cn/。

格低迷徘徊,其中最重要的原因与背景在于发达国家股市的高涨,包括美国道琼斯、标准普尔指数高涨连续创新纪录,分别达到 38 次和 52 次的刷新纪录;日本股市高涨更加明显,日元贬值推动经济发展带动股市;欧元区经济不景气,但股市高涨来源于经济基础环境——实力性的经济强国,德国股市年内两度创出万点水平的上扬,德国制造业品质与出口能力很重要,英国、法国也有不错的上升表现。发达国家股市的上涨态势不仅反映发达国家的经济基础与实力,更表明资金投向的转折,即价值投资的迹象与动向明显,投机性资金撤离黄金市场,资金进入股市的可能性增强,进而引起价格变数与资金调节加大,股市高涨与黄金低迷形成反差。然而,2016 年已经连续高涨两年的发达国家股市将会进入较大的修复与休整阶段,这或许就是国际黄金价格高涨的时机与条件。市场这种可能的调整将是不可预料的风险因素之一。尤其是发展中新兴市场更青睐黄金投机,未来风险刺激性将会继续加大追捧与恐慌,甚至继续追逐新的投机选择。2016 年市场需要防范的股市风险在于:股价下调不要恐慌,经济实力存在是基础;金价上涨不要追高,黄金保值意义与投机极强,慎重选择黄金投资。

三、经济基本面风险

经济基本面利好明显但分化加大,或调整顺势而为。其中最大的风险不确定是美联储加息。最大的风险警示在于舆论偏颇的僵化理论指引与论据,美元强势反弹与利率上行有关,然而流动性过剩的时代,利率回报率高还是投资投机回报率高一目了然,这种判断误区是缺少新思维,更缺少战略视角,市场更需要透过现象看本质的分析预测:

第一个风险点提示是美联储利率提前转折与加快调整。美国经济基本面以及市场策略调节紧迫是关键,美元利率回报率别夸大,利率选择有差别,但利率战略远见不容忽略。美元霸权制高点的回归是焦点,美元利率会先行于发达国家利率上行,同时会降低其他发展中国家利率的不确定,但进一步加剧这些国家与地区的风险与困难已经显现,美元汇率霸权不可抗拒,美元利率将会随后回归霸权地位。

第二个风险点提示是石油价格不会直线回落。石油价格下跌刺激经济理论已经不适宜当代与当前。一方面是石油单纯为实体经济所需时代已经减弱,伴随金融市场流动性过剩局面的产生,石油期货套利对冲、石油技术研发创新、石油储备日益增加等新要素已经在转变石油环境与局面。全球石油从需求为主已经转变为投资甚至投机为主,石油价格影响因素更加复杂化。尤其是当前市场价格下跌推波助澜严重,后市发展未必如此,因为竞争关系的复杂性以及石油资源和石油研发的创新性已经彻底颠覆市场循规蹈矩的思维方式与思考方法,但市场并未发现真谛,依然顺水推舟,潜藏风险十分巨大。

第三个风险点提示是投资关注转向价值实体。这一点主要体现在美国经济稳健复苏与美国股市持续高涨,支撑在于实体经济的新作为以及经济基础的升级换代保驾护航。然而,在美元升值的大背景下国际资本市场振荡加剧,更多国家与地区的投资更加关注短期,更倾向于投机套利,严重忽略实体经济的投向与投入,过度偏激的金融体系、国内经济对国际市场的过度依赖,是一国经济金融的最大风险。特别是投机策略的诱导十分明显,进而错综复杂局面的生成将导致意识与认知的混乱。未来4个焦点话题或将是投机炒作的焦点。如美国垃圾债券资金流出,或将导致对美国市场与价值的错判;中国人民币贬值,或将进一步导致经济滑坡和金融脆弱;日元大规模弱化,日本经济与日元地位或重整旗鼓,竞争重点回归实体经济实力。

2016年金融市场不可轻松、草率,谨慎观望、慎重选择十分必要。趋势性的指引不是理性合理选择,动荡与波动是无法抗拒的趋势必然。问题的关键在于自己的选择与控制,国家经济实力、国际关系内生力量以及金融资产安全系数必须分清主次逻辑关系,有所选择,有所侧重,有所作为才会有出路与远景。

四、政策调整

回顾2015年,发达经济体整体回暖,新兴市场经济增长则继续放缓,复苏格局出现新的分化。日益复杂的政经事件与货币政策格局正在对全球金融市场波动产生新的影响。展望2016年,全球经济复苏态势仍将疲软,区域风险仍未消除,金融市场动荡不容忽视。其中,美国再工业化进展显著,可能带来经济结构性向好;欧元区受多重因素制约,需要进一步的宽松政策应对长期衰退的风险。在欧洲央行负利率政策的作用下,欧元区国债收益率持续下跌,导致欧洲债券市场资本外流。不过,由于经济复苏的带动作用,全球投资者的风险偏好增强,发达国家股票市场吸引了更多资本流入。

2016年,随着美联储量化宽松政策的退出,美国经济将继续复苏,并与其他主要经济体的经济困局和对继续保持宽松货币政策的需求形成强烈对比,资本可能继续从债券市场流向股票市场,从欧洲或部分新兴市场流向美国;欧元区和日本维持宽松的政策取向,特别是欧洲,或将准备实施购买更大范围债券的量化宽松举措;中国多次降息降准,利率政策的转向预示着货币政策会进一步分化。新兴市场货币政策继续分化,中国、俄罗斯等增长压力较大,可能会进一步放宽货币政策,而地缘政治风险可能继续造成俄罗斯或其他东欧经济体的资本外流。日益复杂的货币政策格局正在对全球金融市场产生新的影响,特别是外汇和资本市场波动性增加。美欧制裁导致俄罗斯国际融资成本开始上升,俄罗斯央行可能继续上调基准利率。日本央行将继续放宽政策,而且受消费税上调的影响将进一步减弱,日本经济有继续复苏的希望。

　　展望 2016 年,受宽松货币政策的支持、欧洲货币贬值的推动,欧元区经济将处于温和复苏的轨道,英国则保持较为强劲的复苏态势。在此背景下,欧洲央行有望持续推出新的宽松货币政策举措,而英格兰银行则会在改变货币政策取向上更为坚定。欧洲央行的量化宽松政策能否助力欧元区尽快走出经济颓势,仍有待市场检验。从美国、英国和日本央行的政策经验看,量化宽松政策在压低汇率和长端利率、提升市场流动性等方面有一定的成效,是增强经济复苏动力的重要因素。不过,量化宽松政策要取得成效,关键是要有结构性改革和财政政策等诸多配套措施的辅助。

　　2016 年地缘政治风险将继续加大,乌克兰和俄罗斯对峙可能长期化,西方国家与俄罗斯关系进一步紧张,其影响主要在于投资者信心,推升避险需求,影响全球资本的流向。地缘政治风险,可能继续造成俄罗斯或其他东欧经济体的资本外流。随着欧洲开始对俄罗斯实行新一轮的经济制裁,俄罗斯经济将快速下滑,乌克兰也将陷入衰退,欧洲其他新兴经济体都会在不同程度上受到冲击,受到乌克兰危机的影响,西方国家与俄罗斯的相互制裁,经济将有下行的压力。

　　对于中国来说,2016 年流动性最大的不确定性在于美联储加息点。一方面,美联储采取前瞻性指引政策,引导全球资本流动。另一方面,2016 年经济下行压力增大,通缩加剧的背景下,央行可能连续进行非线性的快速降准对冲。所以,2016 年中国货币政策的总体框架仍然将相对稳定,货币政策短期流动性会不断放松,而发达国家货币政策分化和地缘政治风险将成为影响全球金融市场的重要因素。

问 题 篇

第五章　全球储备货币体系改革和 SDR 前景

◇◇◇

中国是世界上最大的发展中国家,也是一个高度开放的经济体,同时还是持有美元资产最多的国家,未来国际货币体系特别是储备货币改革与中国的利益息息相关。如何创造一个更加稳定和公平的货币体系,是提升区域货币在货币体系中的地位,建立多元化的货币体系,形成国际货币之间的竞争,增加对美国发行美元的约束,还是构建新的储备货币,或者对特别提款权(SDR)进行技术性改造,提升其在储备货币体系中的地位,使其在全球贸易和金融体系中发挥更大的作用? 这些问题,都将影响到未来国际货币体系改革的方向和前景。

第一节　当前国际货币体系的缺陷

一、现行国际货币体系的结构性缺陷

2008 年国际金融危机暴露了现行国际货币体系的内在缺陷,这次金融危机让人们意识到世界经济和金融市场之间的联动性很强,具有系统重要性国家的经济冲击可以迅速扩展到整个全球经济。尽管主要发达经济体的财政和货币刺激政策避免了金融市场崩溃和经济大幅下滑,但是现行国际货币体系长期存在的结构性缺陷尚未解决,这包含以下五个方面:

第一,持续的全球国际收支失衡,失衡调整的效率低下。一是当前国际货币体系缺乏有效的约束机制,无论是贸易盈余国还是逆差国,可以长期积累大量的经常账户盈余或赤字而不用承担调整的压力。二是针对各国出现的内外失衡,IMF 缺乏有效

---

* 谭小芬:中央财经大学金融学院教授;高晓东:中央财经大学金融学院 2013 级硕士研究生。

的监管机制,督促各国进行政策调整。三是长期国际收支失衡产生了不稳定性。如果过多的国家采取刺激性政策,会造成全球通胀压力;如果过多的国家维持经常账户盈余,则会产生全球总需求不足。四是国际收支调整负担集中于逆差国,容易产生全球通货紧缩效应。在危机时期,当资本外逃或者融资难度增加迫使逆差国进行调整,而顺差国没有调整压力时,就会产生通缩效应。

第二,资金泛滥和资本流动加剧。一是危机前,全球信贷的快速增长刺激了全球经济的扩张,低利率导致大规模的套利活动,金融监管缺失(包括影子银行系统的盛行、抵押贷款打包风险扩散以及资产泡沫的演化),相关机构没有监测到这些风险,这在一定程度上与"全球流动性"缺乏统一的定义和衡量标准有关。二是大规模的资本流动可能会影响一国维持宏观经济和金融稳定的能力。三是单个国家或国际组织难以应对系统性的全球流动性危机。

第三,汇率的大幅波动及与基本面的背离。自1973年实施浮动汇率制度以来,主要储备货币之间的汇率出现大幅波动。由于财政政策、货币政策和汇率政策的调整与投机力量的存在,汇率经常脱离基本面。汇率的大幅波动不利于国际收支失衡的调整,尤其是对小型开放经济体,大规模、持续性的汇率变动导致经济结构扭曲和资源错配。

第四,国际储备的过度积累。一是许多新兴市场国家和发展中国家已经积累了巨额的国际储备,其动机可能是为了预防未来的不确定性,或者是抑制本币升值,巨额外汇储备意味着资金大规模从发展中国家流向发达经济体。二是一国如果在国际金融市场上很容易筹措到资金,反而会加剧金融失衡,延缓其国际收支的调整。三是储备的积累主要集中于美元等少数货币,中央银行的储备货币多元化,可能造成私人投资组合的不稳定性,需要国际合作来防范这种风险。

第五,缺乏一个统一的全球管理机构,使各国的经济政策在维护国内经济金融稳定时,不损害全球经济金融稳定。IMF在稳定全球经济和金融体系方面的效果不佳,原因有三:一是市场运行和经济体系能够自我实现均衡这一信条未必正确。二是大国的政策会对其他经济体乃至全球产生溢出效应,而现在没有一种机制进行评估和约束。三是作为国际货币体系的核心机构,IMF既不能代表新兴市场和发展中国家,也不能有效监管和影响主要成员国的经济政策。

总之,当前国际货币体系存在很多缺陷,包括持续的全球经常项目失衡、资本流动规模巨大且频繁、主要货币汇率的大幅波动、国际收支失衡缺乏自动调整机制、国际储备资产的大量累积、危机期间无法确保充足的国际流动性、美元作为储备资产缺乏好的替代品。其中最主要的缺陷有两个:一是全球储备资产需求相对美国经济总量在上升,巨大的储备资产需求与有限的储备资产供给之间存在矛盾;二是美国国内政策目标优先与国际货币稳定之间存在冲突。这两个缺陷都与美元作为单一货币充当储备货币有关。

二、美元储备货币体系的缺陷

当前以美元为主导的国际货币体系在 2008 年国际金融危机中放大了整个系统的风险,它不稳定、不公平、不能够实现全球的充分就业(UN,2009)。

第一,美元主导的国际货币体系具有不稳定性,它会导致全球经常项目失衡的扩大、汇率的不稳定以及以美元作为储备货币的信心下降。一是将主权货币作为全球储备货币难以克服"特里芬难题"。为满足全球流动性和各国外汇储备的需求,美国国际收支逆差会不断上升,而这会损害美元币值的稳定。目前主要表现为美元汇率的大幅波动、美国经常账户的恶化以及以美元计价的外汇储备资产缩水。二是储备货币发行国的货币政策目标与全球金融稳定目标存在着冲突。美国货币政策主要着眼于国内经济目标,而忽略了对全球总需求或全球流动性的影响,从而对全球金融稳定产生不利影响。三是美国国际收支持续失衡,削弱了国际投资者对于美元资产的信心。要恢复投资者对美元的信心,美国需要紧缩流动性,而这会导致美元升值和世界经济的通缩压力。如果不实行紧缩,过多的流动性又会导致美元贬值和美元资产的缩水。四是外汇储备积累减少了全球总需求。美元是全球主要的储备货币,世界其他国家都试图寻求经常项目顺差,如果美国不维持经常项目逆差,那么会出现全球总需求下降。五是在弹性汇率制度和全球私人资本流动规模巨大且日益频繁的情况下,即使一国具有宏观经济政策的独立性,也很难实现国际收支的平稳调整。其主要原因在于,只要一国能够吸引足够的外部资本流入,该国就可以避免调整经常项目逆差。当一国不能够吸引足够的资本流入来弥补经常项目失衡,或者由于对逆差国的信心下降导致资本流入发生逆转,调整则通常会以金融危机的形式发生。在危机时期,逆差国不得不减少支出,而顺差国则不用。逆差国和顺差国的调整并不相同,危机对逆差国的影响通常超过顺差国,从而导致经济增长的波动。六是浮动汇率制度与资本流入管制的放松,导致短期资本流入的大幅波动,带来了汇率的不稳定,并造成经济的剧烈波动。一些国家积累很多外汇储备,在不同储备货币资产之间进行选择,使得汇率变得不稳定。

第二,当前国际货币体系具有不平等性。在现有国际货币体系下,由于金融危机频发、资本流动的顺周期性以及 IMF 救援的苛刻条件,发展中国家出于预防性动机和自我保险不得不积累大量外汇储备来应对国际收支危机,以便更好地应对国际金融市场的剧烈动荡。这些外汇储备大都是以美元计价,意味着资源从发展中国家向美国转移。由于持有美元储备资产的回报率很低,同时还要承担美元贬值的风险,发展中国家积累的巨额外汇储备近似于以零利率向储备货币发行国转移资源,这对发展中国家是不公平的。

第三,当前国际货币体系与全球充分就业目标不相容。发展中国家积累了巨额的外汇储备,来应对资本流动加剧、贸易条件恶化、汇率过度波动和国际收支逆差的风险,降低金融危机发生的概率,这也有助于扩大应对危机的政策空间。全球外汇储备增加反映了全球储蓄增加,全球储蓄增加又将影响全球总需求,美国成为"最终的消费国"和"最终的逆差国",弥补了全球总需求不足。因此,美国贸易的逆差反映了其他国家对储备资产的需求增加。在危机时期,国际收支失衡的调整存在不对称性,资本外逃或者融资难度增加迫使逆差国增加储蓄和外汇储备来应对国际金融市场的波动,而顺差国没有调整压力,从而进一步恶化了全球总需求和通货紧缩倾向(唯一的例外是美国这样的储备货币发行国,由于美元流动性过剩,通常容易产生通货膨胀倾向)。① 在过去,这个问题由于其他国家的巨额经常账户逆差,尤其是美国的宽松货币政策和财政政策而被忽视,但是这导致了全球的不稳定性。一旦美国削减逆差,全球总需求就面临紧缩的风险(见图 5-1)。

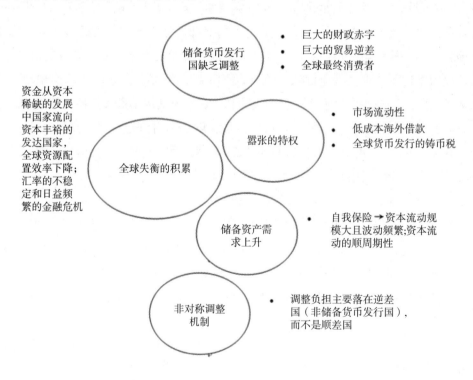

图 5-1 当今国际货币体系的缺陷

---

① 凯恩斯提出由国际清算联盟创建全球货币的建议,主要关注的焦点也是消除逆差国和顺差国调整的不对称性。这种不对称性导致全球总需求不足,并限制了实现充分就业的政策调整空间。

第四,储备货币国家所承担的成本。一是美国的贸易逆差导致了其财政赤字的增加,也就是说美国只有通过财政赤字才能应对全球总需求的减少。全球储备需求的增加导致其他国家外汇储备的积累和资本流入美国,不利于美国出口,造成美国经常项目逆差的扩大,从而对总需求产生不利影响。美国要想维持充分就业,必须维持巨额财政赤字或者宽松货币政策。二是美国政府债务的上升和美联储资产负债表的扩张,削弱了美元本位的可持续性。一些持有大量美元储备的国家,已经注意到美元资产的风险,并呼吁美国当局维持美元币值的稳定性。为此,美国货币政策制定需要考虑其全球影响,这意味着美国将丧失部分货币政策自主权。三是虽然储备货币国家能够以低利率融资,但是这种优势被储备货币需求上升引发的汇率高估(特别是危机期间)、出口和总需求下降所抵消,同时,财政赤字、宽松货币政策和经常项目逆差给全球储备货币体系带来的高度不稳定性,使得储备货币的收益下降。

第二节　国际货币体系改革的主要方案

理想的国际货币体系具备两个特征:一是汇率稳定;二是单个经济体既不会遭受由于持续外部赤字带来的通货紧缩,也不会遭受由于持续外部盈余带来的通货膨胀(Greenwald 和 Stiglitz,2010)。国际货币体系改革需要减少来自储备货币发行国(一般也是赤字国)的储备积累、提供对盈余国的纪律约束、提供比美元更稳定的世界货币或其他货币,且改革必须对每一个主权国家都公平。围绕美元充当国际储备货币的缺陷,关于国际货币体系改革的方案,大致可以分为两个层面:一是降低国际储备的需求;二是实现储备货币供给的多样化,向全球发行储备资产(如 SDR)。同时,采取其他配套政策,包括全球政策协调、加强监管、增强系统性金融安全网、资本账户有序开放和新兴市场国家的金融深化。

一、降低储备资产的需求

新兴经济体持有外汇储备的原因主要包括两个方面:一是应对外部冲击,消除汇率的大幅波动。这些外部冲击包括贸易条件的变化、经济过热时的热钱大规模流入、经济衰退时的大规模资本外逃等。目前,由预防性动机引发的国际储备需求占到了总需求的 2/3(IMF,2011)。二是一些国家为避免名义汇率升值给经济增长和物价水平带来不利影响,进行外汇市场干预,从而积累了大量外汇储备,如石油出口国和部分实施出口导向型政策的国家。

降低对储备资产的需求有以下几种方法:一是增强汇率弹性;二是加强全球审慎监管,降低资本流动对金融系统的冲击;三是成立第三方保险基金,规模至少在 1 万亿美元以上;四是发挥 IMF 的最后贷款人职能,并以区域性资产池和双边互换作为补充;五是改革 SDR 分配原则,将事后的超过85%的投票通过制改为以事先确定的进度增发 SDR,但只有在系统性危机爆发时才进行分配;六是支持私人保险市场的发展,鼓励国家购买私人部门的对冲工具。

为降低储备需求,IMF 等国际机构可以从以下几个方面着手:一是结合各国的具体情况,估计各国国际储备适度规模的区间。二是金融全球化导致发展中国家经济波动加大,IMF 应该采用多边框架,降低资本流动的波动性。在适当的情况下,可以实施资本管制。三是降低非预防性储备的积累。成员国之间达成多边框架协议,实行必要的政策调整,比如实行汇率区间而不是钉住汇率;实施惩罚机制,对积累过多储备的国家实行准备金要求,或者对持续的经常账户失衡(顺差或逆差,逆差主要针对储备货币发行国)征税(Eichengreen,2009),收益用于建立全球稳定基金,以便在危机时期提供流动性支持。

二、促进储备资产供给的多样化

从供给的层面来看,应该实现储备资产供给的多样化,这又包括多元储备货币体系和超主权储备货币两种方案。

(一) 多元储备货币体系

目前国际货币体系没有反映世界经济的变化趋势,美国经济占全球经济总量略高于20%,但是美元在全球货币体系中占据主导地位。由于国际金融体系的特征是网络外部性,只有重要的国际货币才能进入国际货币体系。短期内美元和欧元充当主要储备货币,长期内会有多种货币成为重要的国际储备货币(Eichengreen,2010)。根据 IMF 的预测,到2020年,北美、"欧元区+英国"、"金砖四国+日本"三大区域经济的 GDP 在全球中的份额分别为20%、21%、31%,这意味着届时全球将演变成大致均衡的三极。随着全球经济的多元化趋势,世界有可能朝着多元储备货币格局过渡,具体表现就是在全球贸易和金融中,美元之外的其他货币得到更多使用,并可能形成美元区、欧元区、正式或非正式的亚洲货币区。在多元储备货币体系下,企业对外贸易时需要使用多种货币进行计价和结算,其面临的汇率波动风险加大。这样,贸易联系紧密的国家往往使用其中某一种储备货币,导致多元储备货币体系可能演化为若干个储备货币区。

IMF 在多元储备货币体系中的作用包括:引导中央银行以渐进的方式调整储备货币结构,避免汇率的大幅波动;支持潜在的储备货币发行国,扩大其货币的使用范围;为降低新兴市场对于硬货币储备的需求,可以构建新兴市场资产的运用机制。多元储备货币体系的建立有两种方法:一是成立以主权债券为基础的储备库,将新兴市场国家的主权债券集中为一个资产池,通过证券化,成员国可以持有这些资产作为储备资产,IMF 对资产池的流动性提供担保,类似于当前的亚洲债券基金;二是建立回购窗口,IMF 以新兴市场高质量的资产作为抵押品,向有偿还债务能力的国家提供临时性或者具有惩罚性的贷款。

多元储备货币体系的主要优点在于,它有利于形成若干个相互竞争、相互制约的国际区域货币,摆脱对某一国货币的过度依赖,加强对储备货币发行国的纪律约束,提高经济政策的有效性;新的储备货币出现,能够为多元储备货币体系增添新的动力(IMF,2010)。在多元储备货币体系下,铸币税在多个国家之间分摊,尽管从全球来看不是最优的,但是比一个国家享受铸币税更优。在多元储备货币体系下,一国不必一味增加美元作为储备,也不用单一钉住美元。随着其贸易的多元化,它们可以采用参考一篮子主要货币、有管理的浮动汇率,它们的储备资产也可以多元化而不仅仅是美元。如果其中一个储备货币国采取不负责任的宏观经济政策,它们可以调整其储备资产结构,这样就会对每一个储备货币国形成约束。

然而,多元储备货币体系也存在一系列的缺陷。一是基于多元化、竞争性的储备货币体系依然没有解决主权货币充当储备资产的问题,并不能完全克服当前体系中的"特里芬难题"。随着时间的推移,储备货币发行国在全球经济中的份额会逐步减少,国际储备增长和清偿力的矛盾仍然难以解决。二是多元储备货币体系会给全球带来不稳定性。由于各种储备货币都存在既有深度又具流动性的金融市场,而且相互之间可以替代,中央银行一旦调整储备资产结构,汇率就会变得不稳定。如果对其中一种储备货币的信心发生动摇,就可能导致中央银行抛售这种货币,加剧该储备货币发行国的金融恐慌。同时,其他储备货币发行国的汇率急剧升值,导致汇率波动的幅度更大、持续时间更长,给国际货币体系增添了新的不稳定因素,国际贸易和投资决策带来巨大的成本。三是为避免汇率的过度波动,多元储备货币体系下主要国家应该回归固定汇率制度安排。但是,在资本自由流动的情况下,主要货币的汇率固定需要全球政策协调与合作,以及牺牲各自货币政策独立性,这在政治上是行不通的。而且,一旦对货币政策和财政政策进行约束,这些储备货币国家的问题会更严重,他们难以应对贸易逆差上升引起的总需求不足。四是降低了单一储备货币的网络外部性。在多元储备货币体系,国际贸易和国际金融交易可以使用多种货币,其成本高于单一货币体系,而且,企业采用多种货币进行计价和结算,面临的汇率风险加大。五是多元货币体系并没有解决当前货币体系的不平等性。一国将外汇储备分散为多种储备货币,不能改变发展中国家的自我保险倾向和预防性储备的积累,从而也无法解决美元本位下的全球总需求不足、通货紧缩倾向和全球经济失衡问题。相反,多元货币体系甚至更不稳定,各国会持有更多储备以避免经济波动,反而使得储备积累问题更为恶化。另外,多元储备体系下,铸币税被主要发达国家共同分享,发展中国家依然处于不平等的地位。六是储备货币国的宏观经济政策溢出效应更为突出。储备货币国在实现本国经济目标时,很可能与全球稳定产生冲突。只有一种储备货币时,全球关注的焦点也只有一个,储备货币国不可能完全忽视其政策的全球影响。然而,如果有几种储备货币,各个国家会相互推诿,反而更容易忽视其政策的溢出效应。因此,多元储备货币体系未必是对当前国际货币体系的一种改善(UN,2009)。

从长期来看,美国长期的财政赤字会影响到美元的国际地位。美国政府债务占GDP 的92%,联邦政府在最好的情况下,税收也只有 GDP 的 19%。一旦利率回到正常水平,债务利息就会占到税收的四分之一。2015 年后,美国婴儿潮出生的人开始退休,医疗和保险费用将会急剧上升。根据 CBO 估测,2035 年美国的医疗支出占GDP 的比例将会从目前的 5%左右上升到 10%,65 岁以上的人口将会从目前的 13%上升到 2035 年的 20%。到 2040 年,联邦政府支出占 GDP 的比例将上升到 40%。问题在于,美国是否会通过通货膨胀税来缩减财政缺口。国外投资者持有很大一部分美国政府债券,他们一旦意识到美国无法解决其财政问题,将会抛售美元,从而损害美元作为国际储备货币的地位。

理想的国际储备货币应该具有三个特征:一是金融市场、外汇市场具有很强的深度和流动性;二是在私人部门的交易中得到广泛使用;三是宏观经济和政局保持稳定(IMF,2010b)。从这三个特征可以判断,尽管欧元、日元和人民币对美元为主导的国际货币体系构成挑战,但是短时间内难以替代美元。从欧元来看,尽管欧元已经成长为仅次于美元的全球储备货币,占国际储备的份额超过25%,但是欧元存在以下缺陷:其一,欧元的使用范围主要集中于欧盟成员国的非欧元区国家,这些国家希望加入欧元区。其二,欧元区的债券市场,无论是在深度、广度还是流动性方面,都远不如美国。由于美国有着最具深度和流动性的金融市场,即使在危机时期,美国债券市场仍然富有弹性,而欧元区的政府债券市场则严重缺乏流动性。欧元区政府债券市场虽然规模很大,但是相互分割,没有统一的欧元债券,各国政府的信用风险差异很大,而且短期债券发行量很少,二级市场并不活跃。其三,欧元区的货币政策与各国财政政策相分离,则是欧元内在的制度性缺陷,部分欧元区国家的财政问题和国际收支问题严重,主权债务危机前景不明。欧元通常被认为是建立欧洲单一市场的重要一环,而不是与美元去竞争国际储备货币的地位。欧洲中央银行对欧元维持中立的态度,既不鼓励也不阻碍它在国际上的使用(Smaghi,2008)。

从日元来看,20 世纪 90 年代中期以来,日本政府试图完善金融市场基础设施,取消针对外国投资者进入本国金融市场的各种税收。但是,由于日本经济长期持续低迷,经济增长潜力较低,且居高不下公共债务负担、宏观经济政策操作空间有限等,都阻碍了日元成为主要的国际储备货币。日元国际化并不是日本的目标,日本当局的发展战略是进一步深化日本金融市场(Nakao,2010),提升日元的国际地位只是金融市场发展的结果。

从人民币来看,尽管目前中国已成为第二大经济体,对外贸易额和股市市值均居世界第二,已具备相当经济实力,但对照货币国际化条件,人民币成为国际储备货币的道路还很漫长。其一,中国金融市场的深度和广度不够,还远没有发展到与人民币国际化相匹配的深度。其二,人民币离岸市场的发展刚刚起步。香港离岸中心只有人民币存款、人民币债券、RFDI、RQFII等,人民币投资的金融产品还很少。在人民币完全可兑换前,完全成熟的人民币离岸市场很难到位。其三,人民币没有完全可兑换,跨境证券投资和短期贷款受到管制,同时汇率与利率没有完全市场化。目前在人民币汇率双向波动、升值预期弱化后,香港人民币存量增速下降,影响了境外市场对人民币币值稳定的信心。在岸和离岸市场两种汇率和两种利率的存在,套利和套汇资金大进大出将影响我国中央银行的货币政策独立性。其四,人民币国际地位有待提高。美国贸易本币计价,出口在95%以上,进口在85%以上,而目前人民币跨境贸易结算额占我国贸易总额不到40%。美元占全球外汇交易量的85%,人民币则不足1%。美元在国际借贷与债券中占40%以上,人民币则微乎其微。目前美元在国际储备中的占比为62%,欧元为26%,日元和英镑各4%,人民币占比近乎于零,人民币成为储备货币要走的路依然很长。

总之,尽管多元储备货币有利于全球经济体之间的相互制约,在一定程度上符合当今世界经济的多极化格局,也是国际货币体系在可预见的未来最可能演进的方向,但是,国际货币体系的重构是各国经济、政治博弈的结果,其中的利益关系错综复杂。可以预见,多元储备货币的构建之路充满坎坷。

(二) 超主权储备货币体系

一个理想的国际货币体系应该具有以下特征:一是创造一种与某个主权国家外部头寸脱钩的全球储备货币,使储备资产的积累与主权国家的经常项目逆差和宏观经济政策相分离。这样,在提供全球流动性时,既有利于维护全球宏观经济稳定,还不会导致全球流动性过剩。二是贸易盈余国和贸易逆差国之间实现更加对称的调整机制,以降低全球总需求的不足和全球经济失衡的程度。三是改善风险分担机制,降低外汇储备的积累(UN,2009)。

构建超主权储备货币体系有助于解决这些问题。超主权储备货币,可以作为多元储备货币体系的补充或者更高层次的国际货币体系。超主权货币可以是改进后的特别提款权（SDR），也可以是完全不同于 SDR 的全球货币。全球货币可以是取代国别货币的共同货币（Common Currency），也可以是与国别货币同时流通的平行货币。

从多元储备货币体系向超主权储备货币过渡，将有效提升全球货币体系的公平性和稳定性，促进全球经济增长和稳定（UN,2009）。首先，发行超主权储备货币，有助于减缓全球经济衰退趋势。尽管超主权储备货币的发行只能部分弥补全球总需求的不足，但即使小规模的发行，也有助于世界经济的复苏，并且不至于带来通胀压力。其次，发行超主权储备货币，可以减少各国对储备积累的需求，进而有助于减少全球经济失衡。通过发行超主权储备货币，美国无须维持经常项目逆差，就能够满足全球对储备货币积累的需求。当非储备货币国家遭到国际投机资本的冲击，该国可以使用超主权储备货币换取传统硬通货，买进本国货币来稳定汇率。发展中国家也无须积累巨额的外汇储备。

从国别层面来看，引入超主权储备货币体系，无论是美国，还是那些持有巨额外汇储备的国家，都愿意接受超主权储备货币。首先，对美国而言，其政策制定可以更少关注它的全球影响力和外溢效应。由于危机后各国呼吁对储备货币发行国的政策进行约束，美国也发现它为美元的储备货币地位付出了很高的成本。引入超主权储备货币，美元可以逐步摆脱外部的压力，减少国际收支逆差而不影响国际货币的供应。同时，采用超主权储备货币体系有助于提高美国国内总需求，避免对美元信心下降影响美国的对外借款能力。有研究表明，美国从铸币税中获得的"嚣张的特权"是微不足道的，不到 GDP 的 0.5%（McKinsey Global Institute,2009），因此，美国也有可能愿意接受新的国际货币体系。其次，对于持有储备的国家而言，可以更少关注美国政策对它们储备价值的影响。超主权储备货币体系可以降低全球风险，对储备货币的信心和稳定性不再取决于一国经济和政治的变化。最后，在当前的国际货币体系下，国际收支失衡、汇率的不稳定性和全球总需求不足，给全球经济带来巨大的波动。建立超主权储备货币体系，有助于解决这些问题，促进全球经济的稳定增长。

特别提款权（SDR）是 1969 年由国际货币基金组织（IMF）创设的一种储备资产和记账单位，目前的 SDR 一篮子货币组成中，只有美元、欧元、日元和英镑。SDR 货币篮子中每种货币所占的比重依据以下两个因素来确定：一是成员国的商品和劳务出口额；二是各个成员国的货币被 IMF 其他成员国所持有作为储备资产的数量。其后每五年调整一次货币篮子的组成和比例。SDR 本身并不是一种货币，其价值取决于美元、欧元、日元和英镑四种国际货币的加权平均值。当各国央行干预外汇市场和进行支付时，需要将 SDR 转换为一种自由使用的货币。SDR 的核心理念一方面是通过替代账户来维持美元的稳定，各国用美元购买 IMF 的 SDR，避免美元在市场上波动导致美元危机；另一方面，SDR 让贸易盈余国承担更多调整的责任，即将消费需求从赤字国转向盈余国,以帮助全球走出经济衰退或通货紧缩阴影。

在提供国际流动性方面,SDR 与美元本位货币体系存在四个方面的区别:一是在使用 SDR 时,首先需要转换为美元才能够使用,很不方便,而美元作为储备资产则能够直接用于干预外汇市场。因此,需要将 SDR 的持有扩展到私人部门。在现有的安排下,把 SDR 转换为美元去使用,对任何一个国家的中央银行来说都没有什么困难。二是 SDR 能够获得与美元相同的回报,但是波动却小于美元。如果套利机制使得 SDR 篮子中的每一种货币资产的预期回报相等,那么,持有 SDR 也能够获得相同的预期回报。但是,对于一个代表性的国家(贸易受美国主导的国家除外),以进口来衡量的 SDR 的波动(方差)小于美元的波动(将 SDR 看成是主要贸易货币的加权平均值)。三是国别货币充当储备货币,该国能够获得铸币税,即该国能够以低廉的价格获得资金。在 SDR 体系下,篮子货币国家都能够获得铸币税(与 IMF 份额成比例),这意味着 SDR 储备货币体系比单一储备货币体系更公平。四是只要保持国际收支逆差,美国就可以向世界其他国家提供美元作为储备。从理论上来说,美国可以维持经常项目顺差和比这一顺差更大的资本项目逆差来向全球提供流动性,但是其他国家不愿意维持巨额经常项目逆差,使得这一做法不具有现实性。然而,在 SDR 体系下,这种类型的国际收支目标不一致性能够得到减轻甚至消除。

然而,SDR 目前存在诸多缺陷和问题,如果不对其进行改进,至多是可以作为国别货币的补充,而不能替代美元成为国际储备资产。

第一,SDR 在国际交易中没有得到广泛使用,中央银行很难持有这样一种货币作为储备资产。20 世纪 70 年代末到 80 年代初期,私人市场上曾经出现过以 SDR 计价的金融工具。1981 年,以 SDR 计价的银行存款(银行间存款除外)估计为 50 亿—70 亿 SDR,以 SDR 计价的债券或票据总计 5.63 亿 SDR。1981 年,SDR 的货币篮子从 16 种货币减少到 5 种,SDR 的利率提高到潜在的市场利率水平,从而促进了私人市场上以 SDR 计价的银团贷款增加。1981—1982 年银团贷款累计达到 12 亿 SDR。然而,此后由于美元汇率走强,以及缺乏相应的做市商、清算体系和支付结算机制等基础设施,私人市场上以 SDR 计价的金融工具消失(Houguet 和 Tadesse,2009)。SDR 没有在私人市场得到广泛使用,正是 SDR 成为国际货币的主要障碍。一种货币只有在私人市场得到使用,中央银行才能在私人市场进行官方干预。中央银行很难用 SDR 去干预外汇市场,也很难用 SDR 向拥有美元、欧元和人民币债务的企业与银行提供紧急的流动性支持。因此,在目前私人市场上 SDR 没有得到广泛运用,缺乏足够的吸引力让中央银行去持有 SDR 作为储备资产。

第二,创建以 SDR 计价的私人债券市场面临很多困难。1981 年,IMF 将 SDR 货币篮子简化,试图发行以 SDR 计价的债券,但是结果没有成功。一些投资者出于投资多元化和稳定性的需要,可能偏好一篮子货币而非单一货币,不过,他们可以构建自己的篮子货币,而并非采用SDR的篮子货币。投资者自己构建的货币篮子中的货币,流动性可能比SDR要强。各国也可以构建适合它们的篮子,而不是采用国际社会通用的SDR篮子。从这一角度来说,试图创建SDR的私人市场非常困难。

第三,在缺乏全球中央银行的情况下,为让SDR发挥更大的作用,美国必须接受大量的SDR,同时无条件地提供美元。这就类似于金融危机期间美联储通过与其他央行之间的货币互换为其他国家提供流动性。区别在于,在基于SDR的国际货币体系下,美国的责任会更大,美国需要提供更大规模的货币互换。但是在目前的体系下,美联储可以不用提供巨额的、无条件的信贷额度。另一种办法是,成立准全球中央银行(在重新改造SDR后,这可以是IMF,也可以是联合国授权下的全球中央银行),负责发行SDR和提供互换。全球中央银行应该是独立的、自主的,并且持有各国的资产池,可以无条件地把各国货币自由兑换为SDR。但是,如果我们对中央银行互换和IMF有所了解,就知道它们可以是无限制或者是无条件地提供流动性,但是不能同时无限制和无条件地提供流动性。美国如果同意互换的条件,在紧急情形下可以通过互换,买入SDR来提供美元。因此,SDR在国际货币体系中发挥作用,意味着需要一个独立的中央银行,可以自主决策其融资和贷款。然而,要在全球范围内支持全球中央银行,在短期内很难实现。目前需要改革IMF以提高其合法性和独立性,使其能够最终扮演独立的全球中央银行的角色,但是这是一条漫长且充满曲折的道路。

要让SDR成为有吸引力的资产。首先,SDR债券市场必须具有深度和流动性。中央银行使用储备去平滑国际交易和干预外汇市场才不会引起市场的注意,这样,这种流动性并不会凭空产生,它需要SDR的大量发行,不仅是IMF,而且政府、银行和非金融企业,都使用SDR进行交易。其次,SDR债券如果要和美元计价的债券同样具有吸引力,必须提供类似的流动性和回报率。可以由IMF充当做市商,维护市场运行直到这一个市场具有相当的规模和流动性。IMF通过购买和出售SDR计价的债券来获得买卖价差,并且愿意以这些价差将SDR债务转换为篮子中任何一种货币。IMF支持SDR计价的市场是有成本的,成员国必须同意承担这一成本。最后,在流动性短缺时,IMF必须发行额外的SDR,成员国需要授权IMF来发行SDR。SDR想要成为真正的国际货币,IMF必须充当全球中央银行和国际最后贷款人的角色。

总之,国际货币体系需要改革,这已是全球共识,问题在于改革的方向和路径。目前大致有两种思路:一是将SDR提升为超主权货币,将国际货币基金组织(IMF)发展成世界中央银行;二是实施储备货币多元化,坚持目前的主权货币体系,美元依然是主要国际货币,但接纳人民币等更多主权货币的进入。短期内,多元储备货币体系更具现实性但是不稳定,因而需要加强政策对话和国际合作。从长期来看,应建立全球储备货币。SDR 是一个选择,但它是否能实现取决于供给和需求两方面。SDR 即使不能完全取代美元,对于克服当前国际货币体系的缺陷也是有意义的。

第三节　构建基于特别提款权(SDR)的国际货币体系

构建新的超主权货币体系,具有很多优点,但是也存在诸多挑战。超主权货币的构建需要解决以下问题:一是谁负责发行;二是以何种方式发行;三是多大数量;四是如何分配新的超主权货币;五是如何向新的储备体系平稳过渡。关于储备货币的发行,发行主体、发行方式、发行数量、发行对象、发行条件和分配规则,都是全球储备货币管理中的技术性问题。

一、SDR 充当全球储备货币的优缺点

相对于多元储备货币体系,用 SDR 来充当全球储备货币具有以下一些优点:

第一,增加全球安全资产的供给,促进储备资产分散化。由于 SDR 是一种合成货币,能够将篮子货币的汇率风险和利率风险分散化,币值更稳定。如果 SDR 成为真正的储备资产,贸易伙伴多样化的国家就会参考或钉住 SDR,进而将持有的储备资产从美元转向 SDR,有利于储备资产的多元化,减轻美元作为储备货币的压力,有利于平稳过渡到多元货币体系。

第二,减少储备积累和全球失衡。持有 SDR 能够获得外国流动性,类似于央行间的货币互换协议,SDR 发行有利于增强市场信心,满足各国对预防性储备的需求,有助于减少对美元资产的依赖,缓解全球失衡。同时,现行国际货币体系的主要缺陷是储备需求的增速超过储备供给增速,导致储备资产质量下降。扩大 SDR 的数量,可以提高储备资产管理的效率。

第三,SDR 的发行是根据各国储备需求来确定的,与任何主权国家的经常项目逆差无关,从而克服了储备货币发行国国内政策目标与全球金融稳定目标之间的冲突。只要一国的贸易赤字等于该国获得的新的储备,该国就无须担心爆发支付危机。由于持有储备的成本也很低,因此持有储备的规模会很大,这也使得危机缓冲能力更强。

第四,随着储备需求从国别货币转向 SDR,规模经济使得具有相同信用评级的国家发行的以 SDR 计价的金融资产,具有相同的利率,各发行国都能够享受到这种规模经济带来的好处。同时,各种相关资产的替代性上升,有利于增强市场纪律的约束。

第五,全球储备货币有利于国际收支的稳定和汇率的动态调整。定期分配SDR,一方面有利于降低美国长期巨额经常账户逆差,另一方面有助于降低各国通过维持汇率低估和冲销资本流入来积累外汇储备资产的压力,从而有利于全球国际收支平衡和国际货币体系的平稳发展。

第六,钉住单一货币意味着输入储备发行国的货币政策,随着SDR篮子的扩大,钉住SDR意味着货币政策将反映出全球状况,而不是单个国家的状况。这样,风险资产定价取决于全球的货币状况,而不是某一个国家的货币状况。此外,相对于现在的钉住一篮子货币,钉住SDR更具有透明度。

第七,一国出现经常项目顺差,如果该国钉住SDR篮子货币,那么,在全球调整的过程中,逆差国的货币相对篮子中的其他货币贬值,从而更有利于失衡的自动调整。同时,通过惩罚大额顺差国和过多储备国家,限制其得到SDR分配,可以让顺差国和逆差国的调整更加对称,从而更有利于克服通货紧缩倾向。

第八,SDR的发行让美国不再独享铸币税,随着SDR货币篮子的扩大,发行SDR而征收的铸币税可以被更多国家(与IMF份额成比例)分享,有利于提高国际货币体系的公平性。

第九,降低主要国家的汇率波动,更好地实现储备资产的保值。SDR篮子特征使其币值更加稳定,有助于官方和私人部门应对汇率波动。如果一国外汇储备资产全部是美元,由于资产就会缩水;而如果外汇储备资产是SDR,当美元贬值时,由于美元在SDR货币篮子中只占一部分,因此以SDR计价的资产价值更稳定。

第十,国际商品贸易以SDR计价比用美元计价更稳定。比如,如果OPEC国家的原油用美元定价,美元汇率的大幅波动会导致原油价格也出现大幅波动;如果以SDR定价,同时OPEC国家持有SDR计价的外汇储备,原油价格就会更稳定。这样,石油进口国(美国除外)面对的进口价格也会更稳定,从而有利于各国能源政策的制定。2008年石油和汽油的国际贸易额约为2.3万亿美元,占全球商品贸易的16%左右,如果这一部分的计价单位采用SDR而不是美元,将会对美元的使用产生重大影响。

不过,目前SDR只是一种账面资产,没有国家信用和金融市场的支撑,私人部门流动性很弱,而且还受到美元垄断优势、网络外部性和美国政治的阻碍,短期内建立"超主权货币"的难度很大。要让SDR充当全球储备货币,目前还存在以下一些困难:

第一,SDR在全球货币体系中的地位仍然很低。1969—2008年,各国仅创设了220亿的特别提款权(相当于350亿美元),不足2008年国际储备资产的0.5%。2009年,全球陷入经济衰退,IMF发行了价值2500亿美元的SDR,以便既能向中国和俄罗斯等新成员分配 SDR,又能缓解金融危机给各国带来的压力。即使这样,目前 SDR 存量约合 3000 亿美元(2041 亿 SDR),占世界外汇储备总额的 4.83%。SDR 的主要功能是作为 IMF 和其他一些国际机构的记账单位,使用范围局限于政府或国际组织之间的国际清算,很少进入私人市场,国际贸易中没有人使用 SDR 计价。

第二,SDR 只是一种记账货币,在国际经济交易中不能直接进行支付或投资,也不能直接用于外汇市场干预、跨境债务偿还和流动性提供,而必须要先与其他成员国交换成可自由使用的货币。相反,使用美元则相当方便,美元因网络外部性、规模收益和范围经济形成的惯性,具有明显的先发优势,使 SDR 取代美元作为国际交易货币的难度很大。

第三,美国等储备货币发行国由于不直接使用 SDR,扩大 SDR 发行对于美国来说并没有吸引力。SDR 的分配和使用,需要征得 IMF 理事会 85% 以上投票权才能通过,美国在 IMF 占有 17% 的投票权,实际享有一票否决权。如果美国担心 SDR 的广泛使用会削弱美元的地位,可能对基于 SDR 的发展持消极态度甚至抵制态度,SDR 就难以取得长足发展。

第四,SDR 缺乏具有深度和流动性的金融市场,也缺乏收益率曲线和二级市场,阻碍了 SDR 成为具有吸引力的储备资产。而投资者持有美元等成分货币,可以方便地购买美国等国家的股票和债券。发展以 SDR 计价的债券市场存在很高的成本,包括流动性溢价和套期保值成本,将在很大程度上阻碍以 SDR 计价的金融市场的发展。如果没有一个庞大、复杂的以 SDR 计价的金融市场,SDR 的价值贮藏功能将大打折扣。

第五,官方 SDR 不能够很好地替代现有外汇储备。一是中央银行不能用 SDR 直接干预外汇市场和提供流动性;二是 SDR 的收益很低,其净头寸的风险很难进行对冲;三是储备增长中有一部分不属于预防性储备,而是政策导向所致。如果各国不承诺减少外汇储备,SDR 的分配为储备分散化提供了一个渠道,反而会导致储备积累的增加。

第六,IMF 对 SDR 的分配和使用有着严格的法律和政治约束。例如,需要修订基金协定,来改变 SDR 的分配方式和 85% 的投票权要求;在危机时,官方 SDR 是有条件提供还是无条件提供。而且长期以来,如果一国动用 SDR 则表明其国际收支状况不佳,这种观念很难改变。

尽管 SDR 存在上述缺陷,不过,从供求双方来看,SDR 都有发展的动力。从供给来看,SDR 可以发展成新的储备资产,由 IMF 或者国际金融机构发行 SDR 计值的债券,为 IMF 提供一种贷款工具,有利于提升 IMF 在国际货币体系中的地位。从需求来看,由于 SDR 由主要货币的篮子构成,适合于具有全球业务的企业进行投融资。一旦形成具有流动性的以 SDR 计价的金融市场,就能够吸引那些全球性的企业用 SDR 而不是国别货币进行金融操作。另外,由于持有 SDR 的成本很低,使用 SDR 的规模会很大,其使用所产生的规模经济会使得国际贸易和金融交易更有效率。

二、基于 SDR 的全球储备货币体系构想

关于储备货币的发行,发行目标、发行主体、发行方式、发行数量、发行对象、发行条件和分配规则,都是全球储备货币管理中的技术性问题。

(一)发行主体

关于储备货币的发行,主要有两种方式:一是全球储备货币的管理权交给 IMF,由 IMF 发行全球储备货币,但是需要对 IMF 进行改革,使 IMF 成为基于 SDR 的组织,IMF 任何一笔交易都应该基于 SDR。最简单的方式就是把 SDR 的分配作为中央银行储蓄放在 IMF,SDR 的分配与中央银行在 IMF 的存款挂钩。IMF 可以像中央银行一样进行借贷而不是依据份额或安排进行借贷,使得 IMF 与各国联系更加紧密。二是设立全球储备银行,发行 SDR。

(二)发行方案

关于储备货币的发行,有两种途径:一是各国央行将本国货币与 SDR 进行货币互换(等价于各国央行间的货币互换),SDR 以一篮子货币为支撑;二是发行 SDR,然后分配给各成员国,各国中央银行承诺 SDR 可以兑换为各成员国货币。各国的 SDR 类似于在 IMF 的存款(付息),IMF 可以 SDR 进行投资(获取收益),购买成员国的政府债券或者对出现国际收支危机的国家提供贷款,其支撑是政府债券与贷款类的资产(角色类似于央行),投资的收益可以用来支付 SDR 存款的利息。在这两种方案下,SDR 的汇率是一篮子可兑换货币的加权平均值,当篮子中各货币的汇率发生相对变化时,其价格肯定比美元更为稳定。各国可以有规则地管理汇率并且不对其他国家造成负面影响。

(三)发行规模

SDR 发行可以按照两种不同的方式来进行:最好是按照逆周期的方式来发行,其次是常规发行,反映出全球对于储备的额外需要。这两种方式可以搭配操作,例如进行常规发行,但是在繁荣时期和衰退时期进行逆周期操作,使危机时期 SDR 的分配能克服通货紧缩,繁荣时期 SDR 的分配能克服通货膨胀。对于常规发行来说,每

年的发放规模应该根据世界经济增长引致的外汇储备需求增量来确定。简单的做法是,固定每年的发行量在 1500 亿—3000 亿美元,1500 亿美元反映了 1998—2002 年的储备需求,3000 亿美元反映了 2003—2007 年的储备需求。而在危机时期,应采取逆周期方式发行储备货币。也就是说,当全球增长低于潜在水平时,应该扩大储备的发放,提供流动性来支持发展中国家。目前一个最现实的方法是扩大现有 SDR 安排,使 SDR 自动发行和定期发行。扩大 SDR 的使用范围,允许 IMF 投资于多边发展银行发行的以 SDR 计价的债券资产。在金融危机期间,SDR 的发行可以采取逆周期的方式,一种方法是扩大 SDR 的发行来提供流动性,避免金融危机的恶化;另一种方法是危机期间使用 SDR 贷款提供融资,将来偿还贷款就能够自动回收 SDR。逆周期大规模发行 SDR 可以作为提供全球流动性的最佳机制,并且可以对发展中国家政府提供支持,规避通货紧缩压力。这两种方法都取消了一般资源和 SDR 账户的设计。此外,增发 SDR 不会造成通货膨胀。如果各国不把持有的 SDR 卖给可自由使用货币的发行国,大规模、定期的 SDR 分配不会造成通货膨胀,也不会对货物和服务产生额外的需求,除非这些 SDR 分配用于消费,而且政府没有采取冲销政策。即使是大规模积累性分配,只要中央银行严格按照通货膨胀目标来发行可自由使用货币,SDR 分配对全球通胀的影响是有限的。在 SDR 货币体系下,当全球需求旺盛或通胀风险上升时,有两种办法应对通胀压力:一是取消 SDR 的发行,或者中央银行通过冲销 SDR 来抑制通货膨胀;二是可以将全部或部分 SDR 存放在一个托管机构,在出现外生冲击或临时性冲击时才动用 SDR。这一机制降低了大规模发行 SDR 的通胀风险,但是削弱了 SDR 抑制预防性储备积累的功能。建议 IMF 改革投票权比例,比如制定 70% 的投票权就能够通过理事会决议,而不是现在的 85%,这样,SDR 的分配和取消更为容易。

(四)分配体系

SDR 的分配应集中于预防性储备较低的国家,或是受系统性冲击的国家。一是可以设计 SDR 分配条件,或者保持一个特定的储备积累量;二是成员国要遵守一系列的政策规则来约束其义务,不遵守规则将冻结其持有的 SDR,或不让它参与未来的 SDR 分配(Truman,2010)。这样,储备发行国的压力相对较轻,因为它们无须 SDR。首先,按公式来确定 SDR 的分配权重,公式由各国 GDP 的权重或对储备货币需求的估计来确定。更复杂的公式包括人均收入,贸易和资本流动的不稳定性,以及现存储备与估计需求的差距。由于发展中国家的贸易和资本账户波动更大,其外汇储备需求高于工业化国家。如果根据储备需求来分配储备货币,发展中国家应得到更高比例的储备。其次,由于发展中国家稳定的需要,通常持有更高比例的储备资产,所以应该有更大比例分配给发展中国家①,那些没有充足储备的国家可以从富余的国家借款。IMF 将 SDR 的发行与其份额挂钩的做法存在缺陷,这样发展中国家得到的 SDR 会比较少。IMF 的份额和 SDR 的分配应该适用于不同的规则,构建新的 SDR 分配体系,使 SDR 的分配更多地面向发展中国家。一个简单方法是将储备需求作为 SDR 分配中的基本准则,将 IMF 成员国分为发达国家与新兴市场和发展中国家,分别测算这两类国家未来五年的储备需求,然后按照储备需求给这两类国家分配 SDR;在每一类国家内部,按照 IMF 份额进行分配,这就避免了新兴市场和发展中国家向发达国家购买储备的问题。比如,未来五年全球储备需求增长 25000 亿 SDR(每年 5000 亿),其中新兴市场和发展中国家的储备需求为 20000 亿 SDR(每年 4000亿),占 80%。假设 A 国在 IMF 的份额为 500 亿,所有新兴市场和发展中国家在 IMF 的份额为 10000 亿,全球每年分配的 SDR 为 3000 亿,那么,A 国所分配到的 SDR 为 80%×3000×500/10000=120 亿。最后,储备分配应该建立激励机制和惩罚机制来阻止维持大量的盈余,盈余国家如不及时使用分配的份额来促进全球需求的增加,就应该降低或取消它们所得的份额。

(五)使用效率

增发 SDR 的同时需要进一步提高 SDR 的使用效率。虽然发展中国家只得到小部分 SDR,但是如果将工业化国家持有但未加使用的 SDR 作为存放在 IMF 的"储蓄存款",以便 IMF 用这些(闲置的)SDR 来为需要资金的国家融资,IMF 的贷款能力将会大为改善。如果发行的 SDR 超过对各国提供的 SDR 贷款,剩余资金可以用于购买 SDR 篮子成员的国债。无论是给成员国贷款,还是向成员国购买国债,IMF 都需要向 SDR 存款支付利息,吸引成员国在其储备资产中增加 SDR 的持有比例。通过这样的安排,SDR 将与 IMF 所拥有的"一般资源"结合在一起,融合为一个可供 IMF 统一支配使用的账户。② 这样,SDR 在 IMF 中的作用就可以大大增强,并且有可能最终成为主要的甚至是唯一的 IMF 的融资机制。当遭遇危机时,IMF 的贷款可以通过新发无限量的 SDR 来提供。不过,由于 IMF 贷款条件苛刻,很多发展中国家不愿意向 IMF 借款。这就需要对 IMF 进行大刀阔斧的改革,才能通过发放 SDR 来解决流动性问题和提高各国宏观经济管理的能力。

---

① 但目前情况恰好相反,2009 年 3 月,G20 认可了扩充 SDR 的决定,增加了 2500 亿美元的 SDR,并提出灵活信贷安排。但问题是 SDR 额度主要根据在 IMF 中的份额来分配,发展中国家只有 1000 亿美元的额度,低收入国家只有 200 亿美元的额度。

② IMF 账户分为"一般资源"和 SDR 账户,这使得 SDR 运用很有限。特别是,SDR 属于储备资产,可以出售给其他国家,但是不能用于 IMF 项目的融资。正因如此,那些赞成 IMF 应该是基于 SDR 的国际金融机构的观点认为,应该消除这两个账户的分离,扩大 SDR 在 IMF 的贷款中的使用。

（六）利率设定

目前 SDR 的利率是根据货币篮子的组成货币的每周货币市场利率进行加权计算的，即以美、日、英三个月期国债利率以及三个月期欧洲央行回购利率四者加权而得，没有考虑 SDR 本身的需求和供给。因此，首先应该发展 SDR 的货币市场，进而发展长期固定收益市场。每日确定利率，而不是每周确定利率，让储备管理者可以持续地掌握 SDR 的资产估值，促进套期保值操作。然而，关键是缺乏合适的日常操作工具。

（七）汇率体系

主要国家可以就汇率管理规则达成共识，比如设立目标区间，甚至可以通过设立特殊账户（类似于替代账户），动用全球储备货币干预市场，并就账户的最终损失达成共识（Ocampo 和 Stiglitz，2010）。小国可以继续选择适合自己的汇率制度。

（八）具体操作

要使中央银行愿意持有 SDR 这样一种流动性较弱的货币，有两种方法（Ocampo and Stiglitz，2010）。第一，通过协议条款创建全球储备货币，要求加入该体系的国家，其储备中须持有一定比例的全球储备货币。如果它们不持有，可以不向它们分配新的份额作为惩罚措施。第二，对全球储备货币支付利息。全球储备货币的基础是各成员国货币的一篮子国债，按照这一篮子国债来支付利息。此外，SDR 的分配需要各国提供可自由使用的货币，目前是美元、欧元、英镑和日元，这对于那些实行浮动汇率制度、没有大量官方储备而且本国货币不能自由使用的国家，可能会成为一种负担。解决办法有两种：一是将 SDR 出售给那些最需要的国家；二是扩大可自由使用货币的范畴，把一些在国际交易中得到广泛使用并在主要外汇市场进行交易的货币纳入进来。这种安排并不会影响 SDR 篮子货币的构成。

（九）如何过渡到新的全球储备货币体系

这主要有两种方式：一是建立区域储备货币体系。一些国家拿出储备，组成一个"储备货币协会"（RCA）联盟，发行共同接受的储备货币，该货币可与其他硬通货自由兑换。构建区域储备货币体系，需要在政治上采用非一致同意原则。也就是说，即使改革方案不能达成所有成员都一致同意的情况下，仍然能够得到实施。该体系对外开放，不断吸纳其他国家的加入，直至逐渐演变成一个新的全球储备货币体系。这一体系的风险是存在逆向选择。换言之，只要参与者是自愿的，软通货国家将更愿意加入,这样体系外的国际货币将成为优先通货。二是通过现有的区域协议,如基于央行货币互换的"清迈倡议"、拉美储备基金等外汇储备库,向全球储备体系过渡。这些区域协议有助于解决成员国的流动性短缺和短期的国际收支平衡困难。货币互换安排的优势在于政府可以不放弃对储备的控制,在操作上更容易被接受;外汇储备库的优势在于,危机期间,成员国可以借入储备资金,同时,可以支撑区域货币或资产的发行,吸引其他地区的中央银行持有这些资产作为储备资产。即使面对系统性危机的冲击,由于各成员国受到冲击的程度或者影响时滞不同,一些成员国可以将储备借给其他遭受更严重冲击或者更早遭受冲击的成员国,这样区域安排仍然有效。一旦某成员国出现流动性不足,贷款可以阻止危机传染到其他国家,因而降低了危机传染的可能性。一般来说,区域储备库的波动比单一国家要低;区域储备库是一种集体保险机制,比单一国家的自我保险更有保障,从而有利于区域货币体系的稳定。因此,区域协议可以成为全球储备货币体系的一部分,改革后的 IMF 应该将区域储备基金联系在一起,更好地解决区域层面的危机。

总之,一个设计良好的全球货币体系应该能够解决"特里芬难题",改变目前货币体系中全球失衡严重的现象,消除危机期间国际收支调整带来的通货紧缩倾向。通过改变 SDR 的分配方式,这一体系可以纠正发展中国家由于巨额储备需求导致的不公平,为应对未来冲击提供集体保险,帮助全球公共产品融资,如降低气候变化的成本,促进发展和贫困削减。如果以逆周期方式发行 SDR,它们会在国际货币体系中起到更为重要的稳定性作用。

三、提升 SDR 在国际货币体系中的作用

要提升 SDR 在国际货币体系中的作用,供给面主要是 IMF 需要定期、按规则发行和分配 SDR,将 SDR 的存量提高到与世界 GDP 相符的水平,逐渐降低美元储备的积累;需求面主要是鼓励 SDR 在私人部门使用以及让 SDR 在国际贸易和金融交易中发挥更大的作用。具体包括四个方面:一是作为官方部门的特殊储备资产;二是在国际商品贸易和国际金融资产交易中使用 SDR 作为计价单位;三是作为一种新的储备资产工具,由 IMF 或者其成员国发行 SDR 债券;四是扩大 SDR 货币篮子范围,进一步提升 SDR 在国际货币体系中的作用。

(一)扩大 SDR 的供给

扩大 SDR 供给的方法有两种:一是向 IMF 成员国分配新的 SDR;二是设立替代账户。

第一,增加 SDR 的发行规模,向 IMF 成员国分配新的 SDR。SDR 的分配旨在

满足长期的全球流动性需求,不应造成通货膨胀或通货紧缩。SDR 的分配规则主要有四种类型。一是以定期发行的方式,大幅增加 SDR 的数量。根据测算,如果未来几年每年分配 2000 亿美元(大约是 2000—2009 年年均预防性储备的一半)或者更多,那么,到 2020 年,SDR 在储备资产中的比例将超过 13%(Obstfeld、Taylor 和 Shambaugh,2008)。二是适度分配,每年分配 250 亿美元,或者 IMF 份额的 10%,这会减缓向 SDR 体系的转变。三是对那些积累预防性储备的成员国,小规模地、定向定期地分配 SDR,并根据份额进行调整,这一方式简单、透明,但是没有考虑到各国金融开放和发展程度的差异。四是扩大 SDR 在 IMF 贷款工具中的使用,根据信贷的偿还方式(以 SDR 还是成员国货币),确定是否增加流通中的 SDR。

美国和欧洲国家在 IMF 的投票权比例很高(欧洲约占 35%,美国占 17%),它们的投票决定了 SDR 的分配方案能否通过。然而,这样一种治理结构缺乏合理性。因此,需要成立一个新的委员会(国际货币政策委员会,IMPC),根据全球经济增长、通胀前景和金融稳定指标,测算出与可持续的、无通胀的世界经济增长率相对应的国际储备的增长率,向 IMF 定期提供有关 SDR 分配的政策建议。委员会可以由 IMF 执行董事担任主席,成员由 SDR 篮子货币发行国的央行行长组成,加上其他 G20 国家(比如中国、巴西)的四位独立专家,对 SDR 分配方案(可以不分配)和篮子货币的调整作出独立、公正的决策。IMF 可以同意或拒绝这些建议,但是不能更改。这样,SDR 分配的最终决策仍然是 IMF 理事会,但是对大国的一票否决权起到有效制约作用。IMPC 发布的建议可以作为一种信号机制。当全球流动性增长过快时,IMPC 可以逆周期方式改变 SDR 储备的增长率,建议降低 SDR 的分配。相反,当存在全球产出缺口时,SDR 的分配应该高于过去的平均水平。

第二,创立一个 IMF 所有成员国都参与的替代账户(Substitution Account)①,通过该账户,成员国将美元、欧元、日元或英镑存放在 IMF,按照当时的汇率折算,获得等值的 SDR,可以更好地实现 SDR 和外汇储备之间的转换,减少危机时逆差国面临的不对称压力和发展中国家出于自我保险而积累的巨额储备需求。设立替代账户有两种方式:一是单边替代账户(One-way Substitution),成员国可以用外汇储备置换 SDR,但是不能赎回它们的债权,即不能用 SDR 置换外汇储备资产。这会限制 SDR 市场的流动性,从而降低 SDR 对于盈余国的吸引力,除非 SDR 在私人市场得到广泛

---

① 替代账户早在 20 世纪 70 年代末就已经提出。布雷顿森林体系崩溃后,美元币值的稳定性受到质疑,各国央行希望分散化储备资产来降低汇率风险。为此,IMF 提出了 SDR 替代账户这一概念,即 IMF 成员国把其外币资产按一定的比率置换成 SDR,这些美元资产则被存放在 IMF 的账户中,IMF 用这些收集的外币资产购买美国长期国债获取利息,用以支付各国央行持有的 SDR 的利息。然而,由于美国拒绝保证替代账户中的 SDR 余额的价值稳定,以及第二次石油价格冲击后美元在外汇市场走强,替代账户最终流产。

运用。在初始阶段,IMF 可以垄断 SDR 账户,然后逐渐允许私人金融机构来提供 SDR 账户;SDR 账户资产与货币等值,储户向 IMF 出售可兑换货币,买入等值的 SDR;账户只是单边的,即只能用货币换 SDR,而不能用 SDR 换货币。二是双边替代 账户(Two-way Substitution),外币资产和 SDR 可以相互置换,所有成员国共同承担 SDR 转换为美元的风险,构建合理的风险分担机制成为该账户设立的关键。[①] 为此, 可以控制替代账户的规模,或者是以类似货币局制度的方式运行,控制赎回的规模和 时间。比如在设立初期,账户头寸不要太大[②],在赎回之前需要提前六个月提交赎回 申请。在使用过程中,逐渐总结经验并根据存款、赎回的模式进行调整,提高替代账 户的规模。如果目前的储备资产大部分都进行交换,将会导致以 SDR 计价的资产大 幅上升,有利于增强 SDR 市场的深度和流动性。一旦其他全球资产的安全性下降, SDR 将会成为一个潜在的锚,为全球货币的发行奠定基础。

凯南(Kenen 2010)认为,应当以 SDR 作为主要国际储备资产,通过设立替代账 户的方式循序渐进地推进其发展为超主权货币。由于 SDR 货币篮子的权数会随着 货币币值的变化而调整,故 SDR 是方便的储备分散工具和稳定的价值载体。20 世纪 70 年代提出的替代账户只是 SDR 持有国和 IMF 之间交易,而凯南(Kenen 2010)提 到的替代账户,以 SDR 标价的债权可以在拥有替代账户的国家之间进行交易,这样 SDR 无须在外汇市场进行操作就可以成为储备货币。

替代账户具有以下优点(Kenen,2010):对于成员国来说,SDR 替代其实是获取 更多 SDR 份额的过程,由于 SDR 是一种超主权货币,它以一篮子货币作为计价基 础,能够部分吸收双边汇率的波动,减少汇率波动对储备资产的影响。SDR 置换优 化了成员国的储备结构,实现储备资产的多样化,有利于有效地分散风险和稳定外汇 资产的购买力。特别是在现行国际货币体系的背景下,各国央行可通过这一账户将 所持美元兑换成 SDR,而无须在公开市场上出售美元来兑换,能够降低美元贬值的 风险,保证了储备价值不至于大起大落。此外,在分散风险之余,各国央行还可以获 得一笔利息收入。对 IMF 来说,有利于提升其在在国际货币体系中的地位和作用。

---

① 为降低汇率风险,替代账户可以用 SDR 计价债券去交换 SDR 篮子成员货币计价的债券(结构和 比重与 SDR 篮子货币相同)。不过,这将极大地消除成员国货币分散化的收益,而没有明显地提供全球 储备资产分散化的收益(替代账户投资于官方 SDR 或者其他机构发行的 SDR 计价的证券,这又会带来信 用风险和流动性风险)。其他的替代措施包括将部分 IMF 成员国储备集中到信托基金,这个信托基金由 独立的机构进行管理(在 IMF 内或独立于 IMF),同时建立风险分担机制。

② 比如,可以将替代账户的规模设定为未偿付 SDR 的总额(Outstanding SDR)。成员国需要提前六 个月的时间窗口来使用流动性设施(由 SDR 持有额决定),并不是所有国家都会将其储备置换为 SDR(由 份额决定),因此,当超过时间限制,剩余的流动性设施可以用于那些希望其替代账户规模超过份额的国 家。替代账户的总规模等于 SDR 的分配,相当于 SDR 储备资产数量翻番。

替代账户可以提升 SDR 作为储备资产的地位,并带来整个国际货币体系稳定性的上升。SDR 的替代并不会改变整个世界的储备水平,它只是一种替换,不会对货币总供给产生影响,更不会造成流动性过剩。对美国来说,有利于维护美元汇率稳定,有效防范美国债权人减持美元资产与美元贬值的恶性循环,帮助美国摆脱在当前国际货币体系下所受到的困扰。而且,美元资产与 SDR 的替代,并不会过多地改变国际货币体系的格局,也不会削弱美元在国际货币体系中的主导地位。对全球而言,有利于国际货币体系改革的平稳过渡。成员国通过替代账户将美元置换成 SDR,意味着这些国家以非市场机制(Off-market Mechanism)按篮子货币权重实施了储备多元化,有利于 SDR 渐进有序地取代美元在国际储备体系中的地位,降低了美元急剧贬值和长期利率上升的风险。

替代账户方案的主要问题是成本与风险的分摊机制。第一,SDR 利率是篮子中各种货币在市场上短期工具利率的加权平均值,成员国认为 SDR 的利率过低,宁愿承受美元贬值的风险也不愿意把多余的美元资产置换成 SDR。而且,用美元储备换入 SDR,实质上就是换入了一篮子货币,由对美元的风险分散为若干其他货币的风险。各国如果按照 SDR 货币篮子配置其储备资产结构,也能够起到同样的效果。第二,美国政府也不愿意向 IMF 出售长期国债,因为长期国债的利息比较高,对美国政府来说是更高的成本。第三,IMF 无法保证替代账户下的利差足以补偿潜在的汇率风险,美国不愿意接受由此产生的损失。凯南(Kenen 2010)模拟了 1995—2008 年替代账户运行在不同成本分担方式下可能给美国带来的成本,假设美国政府有义务维持替代账户的借贷平衡,并对其差额进行补偿,账户初始规模为 1 万亿美元,国债利率、SDR 利率和美元—SDR 交换比都采用当时的实际数值。在最坏的情况(SDR 的利息支付上升、美元国债的利息收入下降、美元相对于 SDR 贬值)下,为了保持替代账户的平衡,美国政府需要支付 5166 亿美元,这相当于美国当年 GDP 的 3.6%,虽然这种情况比较极端,但反映了美国政府面临的巨大支付压力,美国政府并不愿意承担这么沉重的负担,所以替代账户自问世以来并没有很好地实行下去。为了解决这个问题,凯南教授建议由 IMF 和美国政府分担这笔成本,各自承担 50%,或者向 IMF 的成员国征收一笔会费作为补偿。第四,还有一个制约因素影响了替代账户的蓬勃发展,这就是替代账户是以 SDR 为基础的,SDR 的发展程度直接决定了替代账户的使用情况。SDR 不能完成储备资产的两大任务:一是不能用来干预外汇市场,私人部门(如银行)不能持有 SDR;二是由于跨境债务通常是以一种关键货币(如美元)标价的,而 SDR 很少用来偿付跨境债务。因此,在过去四十多年里,SDR 没有获得长足的发展,它的作用局限于弥补成员国之间的国际收支逆差或偿还 IMF 的债务上,在私人部门没有流通,在国际贸易与金融交易中的作用也很有限,这种流动性上的缺陷使得它得不到 IMF 成员国的青睐。一旦 SDR 不受青睐,替代账户也就不可能迅速发展。

因此,要推动替代账户的发展,应该从两个方面着手。首先,提高 SDR 资产的吸引力。SDR 是替代账户的基础,只有当 SDR 发展成熟了,替代账户的作用才能充分发挥出来。目前需要扩大 SDR 的一篮子基础货币,建立 SDR 与其他货币之间的清算体系,推动 SDR 成为国际贸易中的支付工具,推出以 SDR 计价的金融资产。鼓励金融机构和跨国公司参与 SDR 资产流通市场,确保替代账户参与国持有的 SDR 能在官方部门与私人市场交易,满足一国国际收支和当局外汇市场干预的需要。同时,定期灵活调整 SDR 的利率,使其与市场化的收益率大致相当,促进整个 SDR 市场的发展。其次,解决替代账户的清偿力问题。有三种方案:一是只要替代账户持有的美元少于账户上的 SDR 债权美元价值时,美国同意无条件保证替代账户的清偿力。二是美国同意保证替代账户的清偿力,但是当替代账户持有的美元多于账户上的 SDR 债权美元价值时,美国能获得补偿。三是美国和 IMF 成员国每年向 IMF 交纳等于初始存入替代账户美元的1%的年费,成立基金,当替代账户上的美元少于 SDR 债权的美元价值时,基金中的美元可以用来作为补充,如果基金中的美元不够,可以再向 IMF 申请贷款,将基金持续的美元会费收入作为还款保证。第三种方案最合理。这一方案的优点在于,它提供了一个对美国等货币发行国、IMF 成员国以及 IMF 的约束机制,防止由于美国实行扩张性货币政策而导致替代账户中美元资产的收益率下降和 IMF 成员国继续过度积累美元储备,同时在一定程度上避免 IMF 作为替代账户管理人的道德风险问题。

(二) 增加对 SDR 的需求

随着 SDR 储备资产供给的增加,需要增加 SDR 的需求,扩大 SDR 在官方市场和私人市场的流通,在商品定价、国际贸易和金融交易中得到广泛使用。从贸易层面看,IMF 要让 SDR 账户对私人部门开放,由 IMF 或其他权威机构建立清算系统,让买卖双方在一个安全、透明的市场进行 SDR 的交易,更好地分散汇率风险。从金融层面看,促进以 SDR 计价的金融工具和金融市场的发展,以及以 SDR 计价的金融资产的交易。鼓励政府、企业和国际机构发行以 SDR 计价的债券,发展做市商,以富有竞争性的差价买卖以 SDR 计价的债券(见表5-1、表5-2)。

首先,发展 SDR 计价的金融工具(IMF,2011),用于官方部门之间的交易,某些情况下也可以向私人部门发行 SDR 计价的金融工具。一是 IMF 在国际统计出版物(如国际收支平衡表)中使用 SDR 作为计价单位,让各个国际机构(BIS)和中央银行(如 RBNZ)使用 SDR 作为记账单位,提高 SDR 在市场中的计价功能。使用 SDR 计价有利于降低估值效应对统计报告的影响,促进跨国比较。二是各国政府和多边机构定期发行以 SDR 计价的债券,形成以 SDR 计价的债券市场收益率曲线,从而有利于私人部门大量发行 SDR 计价的金融工具。大型金融机构和跨国公司,可以发行 SDR 计价的债券,使融资来源多元化,分散外汇风险。一旦各类期限的债务工具达到一定的市场容量,市场就能够自发地形成衍生品市场。而且,通过放松官方 SDR 的法律限制或者设立清算所,国际机构和私人银行很容易为私人 SDR 存款建立清算安排,打通私人 SDR 市场和官方 SDR 市场的渠道。随着时间的推移,SDR 可以广泛运用于贸易计价和结算,进而促进各国持有 SDR 作为储备资产。一旦 SDR 作为计价单位,其作为国际支付和储备资产的作用就会得到加强。三是 SDR 贷款。IMF 可以对其他国家提供 SDR 贷款,后者支付 SDR 利率(根据信用风险,增加一个加成额),并将 SDR 兑换成可自由使用的货币,来满足它们的国际收支需求。即使 SDR 利率在未来几年上升,SDR 的融资方式也较为便宜,而且没有展期风险。四是加强基础设施建设,建立做市商制度,发展 SDR 债务工具、回购贷款、衍生品。IMF 是充当做市商的最佳机构(Eichengreen,2009)。当市场还不成熟时,IMF 可通过较小的买卖差价,甚至对买卖差价进行补贴,促进私人市场上 SDR 资产的交易。五是 SDR 计值资产起初可以在一个影子市场中进行运作。由主权国家和机构投资者来发行 SDR 计值资产,因为它们愿意持有这些资产到期,不需要高的流动性溢价来投资新的资产,起到促进市场发展和增强流动性的作用。

其次,扩大 SDR 的使用范围,发挥 SDR 在国际贸易和金融交易中的计价功能,建立以 SDR 计价的金融工具的清算系统,进一步提升其作为储备资产的地位。一是扩大 SDR 的持有主体,允许私人部门(如商业银行)持有 SDR,这样中央银行就可以直接用 SDR 干预外汇市场。二是从石油等大宗商品开始使用 SDR 作为计价单位。由于以 SDR 计价比以篮子中的货币(如美元)更为稳定,可以部分对冲美元贬值的风险,预计以 SDR 计价的市场会发展较快。SDR 计价能够稳定出口收入的本币价值,并且能够避免汇率波动带来的商品价格波动。在国际贸易中普遍使用 SDR 计价,能够为私人或官方部门的 SDR 计价资产创造需求。三是建立以 SDR 计价的证券发行和交易的清算、结算系统,促进私人部门使用 SDR 计价的金融工具。四是通过将各成员国货币钉住 SDR,或者把 SDR 篮子作为影子参照,可以让市场参与者摆脱使用现有储备货币进行计价、结算的惯性。资产组合理论表明,各国希望大量持有它们所钉住的货币作为储备资产,因为所钉住货币以国内购买力来衡量较为稳定。如果各国将本币汇率钉住 SDR,在贸易计价中自然就会更多地使用 SDR,因而 SDR 计价的金融资产需求也会相应的上升。五是允许金融机构在央行的存款以 SDR 持有,所有国家承诺维持 SDR 在其外汇储备中的比例;把 SDR 当成主要甚至是唯一的 IMF 融资工具。

最后,修订和完善 SDR 的货币篮子构成及其规则,使其透明化、简单化和自动化,提高其变化的可预测性。一旦消除了判断上的不确定性或政治因素的影响,SDR 篮子就会像标准普尔 500 这样的市场指数一样得到广泛使用。货币篮子的构成需要反映各种货币在全球贸易和金融体系中的相对变化,同时又能保持稳定性和连贯性。SDR 定值的篮子货币范围应扩大到世界主要经济大国,也可将 GDP 作为权重考虑因素之一。人民币纳入 SDR 篮子,有助于 SDR 资产所有者拥有更多的人民币头寸,有助于提高人民币在国际货币体系中的作用,促进中国的金融深化和资本账户开放。如果 SDR 篮子反映了各国货币在国际贸易和金融中的相对重要性,同时 SDR 资产市场的流动性很强,那么就能够很好地适应国际货币体系的演变。然而,由于人民币与美元联系紧密,并受到货币当局的干预,在 SDR 篮子中加入人民币事实上提高了篮子中的美元权重,使 SDR 的价值更易受到美国政策的影响。

表 5-1　提升 SDR 作用

待解决的问题	解决主体	解 决 措 施	可能的困难
SDR 需求很小	私人部门	SDR 账户对所有成员开放;建立清算系统;深化资本市场;发行 SDR 计价的债券	提高 SDR 市场的流动性,让市场接受 SDR
	各国政府	提供 SDR 计价的金融产品,如发行 SDR 债券,形成 SDR 的资本市场	
缺乏 SDR 需求	IMF	建立单边替代账户	政府可能偏好双边替代账户的灵活性
		建立双边替代账户	谁来承担汇率风险
		定期发行 SDR,使之与世界 GDP 相适应	迅速增加 SDR 供给,可能产生重大影响

资料来源:De Anne Julius,"A Roadmap for SDR Evolution",*in Beyond the Dollar*:*Rethinking the International Monetary System*,edited by Subacchi,Paola,and Driffill,John,London,2010,A Chatham House Report。

表 5-2　促进 SDR 作用的政策选择

方　　法	可　能　的　缺　陷
促进官方 SDR 作为储备资产	
进行常规(每年)SDR 分配	潜在的错误使用(拖延调整);自愿交易体系
扩大自愿交易安排	
SDR 分配和债务可持续分析相结合	
SDR 分配建立独立顾问委员会	
成员国进行 SDR 贷款	
托管 SDR,危机时分配	

续表

方　　　　法	可　能　的　缺　陷
目标 SDR 分配	
有条件性地进行 SDR 分配或使用	
允许私人部门使用 SDR	
不强制使用官方汇率	
每日利率设定	
扩大可行操作的范围	
篮子构成的更大预测性	
简化报告要求	
新的 SDR 储备资产	
基金发行 SDR 债券,在扩大份额的范围内	数量少,非常规发行
发行超过现有需要	需要投资政策,治理问题
创立替代账户	谁来承担汇率风险
创立信托基金来承担外汇风险	
SDR 作为计价单位	
在贸易中以 SDR 计价	网络效应,SDR 不是支付方式
报告(国际收支)中用 SDR	基金中的成本
增加 SDR 账户	需要改变国家法律,对私人部门成本大
汇率制度采用钉住 SDR	SDR 不会永远是好的参照
主权国或多边发展银行发行 SDR 债券	支付流动性溢价的意愿,长期可能性
发展基础设施支持流动性,例如 SDR 回购窗口	承担成本的意愿,信贷风险,改变基金协定
通过大的储备持有者和主权财富基金支持流动性	持有者要吸收流动性溢价成本
SDR 构成	
在 SDR 中加入新的货币	分散化收益与外汇风险管理的权衡
包括不可自由兑换的货币	

第四节　人民币加入 SDR 篮子的成本收益分析

关于 SDR 的改革,目前主要是其货币篮子的币种结构和权重进行调整的改革,建立 SDR 货币篮子及权重的动态调整机制。国际社会关于 SDR 改革的讨论大部分是集中在人民币是否加入的问题上。2011 年 G20 峰会主席国法国是 SDR 改革的最有力推动者,强烈支持人民币加入特别提款权的货币篮子。IMF 支持人民币加入特别提款权的货币篮子,但是设置了重要的门槛:一是人民币必须可自由兑换,可以在国际外汇市场广泛自由交易兑换;二是资本能够自由流动,不能对国际资本的自由流动采取严格的管制;三是央行的货币政策具有真正意义上的独立性。从成本收益分析出发,人民币加入 SDR 货币篮子短期内成本和收益都是不明显的;从中长期看,收益高于成本,对中国是有利的,但是以特别提款权的广泛运用为前提。如果特别提款权不能广泛运用,人民币加入特别提款权的货币篮子难言实质性收益。

一、人民币加入 SDR 货币篮子的收益分析

人民币加入 SDR 货币篮子的实质性收益在短期内是不明显的。首先,SDR 作为国际货币的职能是极其有限的,目前 SDR 的规模大致在 3000 亿美元,不足全球外汇资产储备的 0.5%,仅为外汇市场每日交易量的 6% 左右。其次,SDR 成为超主权货币仅是国际社会特别是新兴经济体的改革诉求,SDR 难以成为替代美元的国际货币。由于 SDR 仅有记账功能,而没有计价、交易功能,而且仅限于货币当局使用,私人部门无法参与,通过 SDR 来实现人民币国际化成效将极其有限。况且,人民币加入 SDR 货币篮子仅是 SDR 计价方式和定值结果的变化,并不必然导致 SDR 功能和国际货币体系的实质性调整。人民币加入 SDR 更多的是解决 SDR 货币篮子的代表性问题,而不是 SDR 职能问题。因此,人民币加入 SDR 货币篮子的收益在短期内主要在于人民币的国际影响力和公信力。

人民币加入 SDR 货币篮子在中长期有一定的收益,但是以 SDR 广泛运用为前提。人民币加入 SDR 货币篮子潜在的实质性收益包括三个方面:一是实质性推进人民币国际化;二是通过成为 SDR 篮子货币,可以享受 SDR 超主权货币的权益,比如铸币税、储备资产地位等;三是通过 SDR 成为国际货币体系新的名义锚。实际上,这三个权益在一定程度上是人民币国际化的不同表现形式,即加入 SDR 货币篮子与人民币国际化在政策目标上是一致的。但是,这三个收益是渐进的且不确定的,取决于SDR 能否成为超主权货币。

人民币加入 SDR 货币篮子的最大收益在于促进人民币国际化。SDR 一旦成为超主权货币,将行使记账、计价、交易和储备等货币职能,人民币通过 SDR 而成为国际货币,相当于走了一条捷径,人民币在国际市场上的需求将会大量增加,人民币单独承担和行使国际货币职能的机会也会相应增加,比如人民币成为外汇交易市场上的主要交易品种。但是,这个收益也是与 SDR 能否成为国际货币直接相关,存在很大不确定性。

人民币加入 SDR 货币篮子为中国参与国际货币体系的改革提供了一种有效的机制。在美元公信力遭到严重质疑的条件下,国际货币体系改革和 SDR 作为超主权货币可能会有一定的进展,人民币加入其中,对于中国参与规则制定和促进国际货币

体系改革都是有利的。虽然 SDR 是否成为超主权货币存在很大的不确定性,但是如果人民币成为 SDR 货币篮子的组成货币,将与美元、欧元、日元和英镑等同台竞技,SDR 机制相当于为中国参与国际货币事务提供了一个新的平台。主要经济体的多边协调将是未来国际货币体系改革的一个趋势,即使 SDR 成为国际货币的进展有限,也不能忽视中国已经成为国际货币事务主要参与者的事实。这对于中国更具现实意义。

如果 SDR 成为国际货币,且其发行机制相应建立,则可能有利于中国外汇资产的多元化管理。目前 SDR 的发行尚未建立发行准备机制,即使成为国际货币仍然无法根除国际货币发行的无限制性和随意性,为此,如果 SDR 沿着超主权货币方向演进,那相应的发行准备机制将同步进行。目前,最有可能成为 SDR 发行准备机制的就是 20 世纪 70 年代提出的 IMF 替代账户机制,替代账户机制相当于用一个外汇储备资产池作为 IMF 国际货币(SDR)发行的准备,这对于最大的外汇储备国而言,中国将更加主动。

总之,人民币加入 SDR 货币篮子的最直接收益,是中国成为国际货币事务以及多边协调机制的主要参与者,对于人民币国际化、享受 SDR 储备货币收益以及外汇资产的多元化使用等利益中短期是不明显的,中长期利益则取决于 SDR 能否成为超主权货币。

二、人民币加入 SDR 货币篮子的成本分析

人民币加入 SDR 货币篮子的直接成本相当有限,主要体现在对人民币需求的变化,进而对货币政策独立性和有效性的影响上。由于 SDR 尚不能直接用于交易和支付,即使 SDR 份额大幅增加之后,SDR 的需求和使用在短期内也是极其有限,特别是向私人部门的扩展进程将非常缓慢,进而对人民币需求的实质性影响几乎可以忽略,从而对人民币币值和货币政策独立性的直接影响微乎其微。人民币加入 SDR 货币篮子不会对人民币汇率形成机制和货币政策独立性造成明显的影响,进而不会对实体经济产生明显的冲击。不过,如果 SDR 成为超主权货币并且广泛使用,特别是直接用于货币当局和私人部门的支付和交易,那 SDR 的需求量将呈现几何级数增长,届时将会对人民币汇率、利率和货币政策独立性产生显著冲击。

人民币加入 SDR 货币篮子的间接成本包括四个方面:成本之一在于利率市场化。尽管上海银行间同业拆借利率的基准性不断提高,但仍然不是完全的市场化利率,如果人民币加入 SDR 货币篮子,那中国利率市场化的进程可能要加速,这对以息差作为主要利润来源的银行业和金融稳定可能会造成一定的冲击。成本之二在于汇率市场化。我国已经建立了相对完善的汇率形成机制,但汇率机制的透明度和弹性

仍然有待提高。人民币加入 SDR 货币篮子意味着人民币汇率的变化将会直接导致 SDR 价值的变化，从而引起 SDR 权益人的利益受到影响，而 SDR 权益人都是各国的货币当局，为此，中国汇率形成机制的透明度面临更加直接而多元的压力，现有机制难以持续。不过，从中长期而言，对于提高人民币汇率弹性和汇率机制的完善是有利的。成本之三在于资本账户和金融市场的开放。即使人民币可以在不实现完全可兑换的前提下加入 SDR 货币篮子，但制度的约束将逐步显现，即人民币自由兑换的压力将日渐明显，主要压力体现在资本项目自由化和金融市场开放两个方面，这可能给中国金融稳定带来潜在威胁。美国之所以支持人民币加入 SDR 货币篮子，也是看到此举对美元霸权的影响甚微，却可能有效加速人民币的资本项目自由化和金融市场开放的进程。成本之四在于金融体系建设需要加快。在多项市场化要求下，中国金融市场、金融法律和金融体系的建设需要加速，比如在华发行 SDR 计价的债券及其他金融产品将面临制度和法律约束；如果 SDR 的交易和支付功能得以实现，并在私人部门使用，建立基于 SDR 的支付清算体系也是重要内容。

第五节　人民币加入 SDR 货币篮子的立场和前景分析

一、人民币加入 SDR 货币篮子的立场和政策

尽管到目前为止，SDR 只是一个非常具有象征性的货币篮子，其用途非常有限，但是 SDR 仍是国际货币体系一个具有象征性的安排，只有那些全球最强贸易国家的货币和被广泛使用的货币才能进入 SDR。让人民币成为 SDR 货币篮子，对于人民币国际化和中国资本账户开放都具有重要意义和影响，使人民币与中国的国际利益更加匹配，促进国际货币体系改革。而推动人民币加入 SDR 货币篮子的过程本身，有利于加速提升中国金融体系的开放程度，同时对金融市场的制度建设和政策框架也提出了更高要求，金融风险可能相应增加。如果处理得当，这对于中国经济和金融发展具有积极影响。中国需要内外统筹，战略主导，完善全球金融战略，统筹考虑人民币国际化、区域货币合作和国际货币体系改革，使得全球金融战略更好地服务金融稳定大局、服务经济建设大局和服务改革开放大局。

然而，由于 SDR 本身短期内难以成为国际货币体系的核心，目前仍然是美元主导的国际货币体系格局。而且，实证研究发现，未来储备货币的多元化程度未必会高于现有的多元化程度。例如，库珀（Cooper，2008）通过对美国、欧元区和日本三大经济体的人口增长前景进行比较后发现，美国仍然是最具增长潜力的地区。国际金融危机爆发以来，美元作为计价货币、交易货币和储藏货币的地位没有受到威胁。目前

45%的国际债券使用美元计价,而欧元只有 32%,美元在外汇交易中占 62%。使用美元作为名义锚的国家有 80 多个,而使用欧元作为名义锚的国家只有 27 个(Eichengreen,2009)。即使是欧元、美元双货币体系的出现,也至少要 10 — 15 年(Cooper,2009;Eichengreen,2009;Posen,2008)。

中国在人民币加入 SDR 货币篮子以及更高层面的国际货币体系改革中需要明确特定的利益诉求:应该保障内部金融体系的稳定与发展,保证货币政策的独立性和有效性,保障储备资产的安全性、流动性和盈利性,在此基础上积极深化中国对于国际货币事务的参与权和主动性。在国际货币体系改革方面,中方应该重点关注超主权货币的建设(及其相关的汇率稳定机制以及国际货币发行机制)、金融风险防范机制完善(及其相关的区域和全球金融风险预警防范机制以及宏观审慎框架)以及国际货币体系的治理结构(特别是 IMF、世界银行和金融稳定委员会等),而不是仅仅关注 SDR 改革等技术问题。

人民币加入 SDR 货币篮子的直接成本在短期内并不明显,但是,中长期存在利率市场化、汇率市场化、资本项目开放和金融市场开放以及制度改革等风险与成本,同时还会面临政策独立性以及国际博弈压力。利率市场化、汇率市场化以及金融体系改革和制度压力中长期对中国是有利的,但是在现有条件下,资本项目开放和金融市场开放的风险较大,将会给金融稳定和经济发展造成较为明显的负面冲击,需要重点关注和防范。中国在参与 SDR 货币篮子促改革的同时,需要从战略层面做好风险防范的预案,警惕风险,确保金融稳定和经济发展。

二、人民币加入 SDR 货币篮子的前景分析

国际货币基金组织(IMF)在 2015 年已对特别提款权(SDR)进行评估。李克强总理和中国人民银行官员多次表态,希望人民币加入 SDR 的货币篮子。IMF 执行董事会在 2015 年 5 月对人民币的加入申请进行非正式讨论,在 10 月进行正式评估。为加入 SDR 货币篮子创造良好条件、在短期内迅速提升人民币的自由使用程度,中国政策当局进行了积极准备:一是推出更多金融开放措施:加快改革外汇管理制度,增加资本项下人民币的可兑换程度;促进个人跨境投资便利化,进一步扩大 QFII 和 RQFII 的参与者范围、投资范围与额度上限;加强资本市场连接,加快实现"深港通"、放宽银行间市场准入;升级自贸区内的金融开放试验并逐步复制推广。二是货币当局将进一步减少外汇干预,扩大人民币汇率的波动区间。人民币汇率的波动可能受国际收支和资本流动更多影响,幅度加大。

SDR 是国际储备资产,是对可自由使用(Freely Usable)货币的要求权,其价值由包括美元(42%)、欧元(37%)、英镑(11%)和日元(10%)在内的一篮子货币决定。

自由使用是目前评判 SDR 篮子货币的最重要标准,根据 IMF 协议条款,它意味着"在国际交易中广泛使用"和"在外汇市场上广泛交易",但现实中对"广泛使用"和"广泛交易"并无一致的度量和理解,这也是评估结果不确定的根源。

中国已是世界第一大贸易国,人民币跨境贸易结算已占 2014 年中国贸易额的 22%,人民币在全球贸易中的使用份额进一步扩大。离岸人民币市场的发展和中国资本账户的逐步开放使得人民币在国际投融资中的使用也日益广泛,2014 年年底仅香港人民币债券市场的存量规模就已达 3805 亿元,2014 年人民币占全球货币外汇市场交易额的 2.2%,排名第九。虽然人民币的一些指标尚不如当前的 SDR 货币,也可能落后于瑞士法郎、澳元等主要货币,但是人民币国际化近年来的进展是无与伦比的,而且随着中国经济影响力和金融开放程度的提高,潜力巨大。我们认为,人民币在本轮评估中被纳入 SDR 货币篮子的可能性很大,即便此次落选,最终加入也只是时间问题。

第六章 全球流动性的变化、影响及其管理

谭小芬　高志鹏[*]

◇◇◇

　　2008 年国际金融危机后，全球流动性迅速成为热门话题。然而，国际社会对于流动性的定义、范畴、测度和管理的争论十分激烈。2011 年，全球金融体系委员会特别工作组敦促国际货币基金组织和国际清算银行建立全球流动性管理框架和指南，推动了流动性管理机制的讨论从危机应对转移到流动性的来源、监测和管理层面。这对于包括中国在内的新兴经济体和发展中国家带来了重大的影响。

　　本章在回顾流动性定义的基础上，分析了全球流动性的内涵和指标，同时介绍了国际货币基金组织和国际清算银行对全球流动性的定义和度量，在此基础上讨论了全球流动性背后的影响因素、传导机制和评估框架，然后探讨全球流动性失衡和流动性管理的内在机制及监测方法，最后提出全球流动性管理的国际框架及应对全球流动性冲击的政策措施。

第一节　全球流动性的内涵和特征

一、流动性的内涵

　　流动性（Liquidity）的定义存在争议，没有一个受到广泛认可的定义。有的流动性概念是指金融机构或经济主体（如家庭和企业）融资的难易程度，或是指某类资产在市场上变现的难易程度，或是指金融市场上交易和风险承担的活跃程度。《新帕尔格雷夫经济学大词典》指出，"流动性是一种高度复杂的现象，其具体形式深受金融机构及其实际活动变化的影响，这些变化在近几十年里异常之快"。IMF（2013a，

---

　　[*] 谭小芬：中央财经大学金融学院教授；高志鹏：中央财经大学金融学院 2013 级硕士研究生。

2014)认为,流动性包括三个层面的意义:一是金融市场融资功能正常有效发挥,二是金融交易的平稳有效进行,三是金融产品价格是在正常交易下体现市场出清的有效价格。

流动性一般包括微观层面和宏观层面两个层次。从微观层面看,流动性主要是微观主体持有现金或者通过出售资产、抵押融资来获取现金的能力。市场流动性(Market Liquidity)是指金融参与主体在不明显影响金融资产价格的条件下能够顺利出售其资产。实际上是一种金融资产转化为另一种金融资产的难易程度。资金流动性(Funding Liquidity)是指金融参与主体在短期内能够获得当前及未来所需要的足够现金流。资金流动性实际上是金融市场资金的充裕程度。市场流动性是资金流动性的决定因素之一,主要取决于市场活动,可以用买卖差价和价格弹性等测度。

从宏观层面看,流动性概念包括各类层次的货币总量,整个经济的信贷和融资的可获得性,以及从国际金融市场融资的能力和持有的全球流动性资产(如官方外汇储备和外币流动性)。在实践中,宏观层面的流动性包括狭义的流动性和广义的流动性。狭义的流动性通常被理解为与货币政策中介目标相关的所谓货币流动性,如中央银行的基础货币 M0、狭义货币 M1 和广义货币供应量 M2 以及银行体系的超额准备金等。广义上讲,"流动性"更准确的解释应该是货币和金融资产的流动特性。随着现代金融体系和金融创新的发展,除了货币之外,还存在种类繁多、规模巨大、具有可交易、可流动特征的各类金融资产。广义的流动性包括高能货币(Power Money)、广义货币(Broad Money)、证券产品(Securities)以及衍生产品(Derivatives)。

二、全球流动性的内涵及特征

尽管全球流动性近年来受到广泛关注,但是至今没有一个公认的定义。一般来说,全球流动性是指国际金融体系的融资宽松程度,主要针对银行和资本市场向实体提供金融资产融资的能力。更宽泛的流动性,则涵盖企业获得投资资金的能力和中介机构参与证券化、获取资金用于发放贷款、打包成证券、为多种保函提供融资等的能力。全球流动性水平会影响到对冲基金和其他交易部门的融资状况。

全球流动性并不是所有国家流动性的简单加总,这主要是只有以少数国家货币代表的流动性才真正能在国际上流动。因此,全球流动性是可用来对国际交易活动进行支付的货币和贷款,主要是针对储备货币,通常涉及 G4 国家(地区)的货币(美元、欧元、日元、英镑,有时也包括瑞士法郎)。因此,全球流动性首先是四大储备货币国(地区)的基础货币及其派生的以存款为基础的广义货币。2014 年年底,美元、欧元、日元、英镑的广义货币供应量 M2 按照 GDP 权重加总后约为 10.7 万亿美元。其次是传统货币供应量之外的非传统负债。随着金融创新的发展,在广义货币之外又不断出现新的流动性形式,表现为市场形成的以资产抵押为基础的融资,如回购市场融资(Repo Markets)、资产抵押证券(ABS)、资产抵押商业票据(ABCP)以及杠杆贷款(Leveraged Loan)等。据 IMF 和英格兰银行的估计,2009 年全球回购融资规模约为 9.2 万亿美元,向家庭部门提供的证券化贷款约 7 万亿美元。

目前关于全球流动性的划分,主要有四个维度。一是将全球流动性分为核心流动性和非核心流动性;二是将全球流动性分为公共部门的流动性(官方流动性)和私营部门的流动性(私人流动性);三是将全球流动性分为国际流动性与国内流动性;四是从安全资产和风险资产的角度讨论全球流动性。本章主要分析前两个维度。

(一) 核心流动性和非核心流动性

IMF(2014)将全球流动性定义为影响国际金融中心资金供给和全球融资宽松程度的因素,在这一定义下,全球流动性属于资金流动性,它不同于资产市场流动性。全球流动性主要用于分析国际金融市场上进行融资的借贷约束程度,也显示了储备货币发行国(地区)的金融状况如何通过资本流动传导到其他开放经济体。全球流动性主要受到 G4 国家(地区)金融市场状况的影响,然后通过跨国金融中介和国际金融市场活动传导到全球,并与国别因素相结合,影响到各国金融状况。全球流动性由公共部门和私人部门共同决定,其驱动因素可以分为价格因素(如主要国家的政策利率、国际货币市场和基准债券市场利率)、非价格因素(如投资者的风险偏好、投资者的特征和构成、金融创新、杠杆率)以及主要金融市场上的贷款者和投资者面临的约束(如信贷限额、保证金要求等监管政策)。

在上述定义框架下,IMF 针对资本市场比较发达国家的情况,将流动性度量指标从传统的货币供应量扩大到以资产抵押为基础的融资,涵盖的范围包括在有关国家资金流量表中的整个金融部门,只是扣除了保险公司和养老基金的长期负债和金融机构之间的负债。在此基础上将基于存款的传统融资工具定义为核心流动性(Core Liquidity),接近于传统的货币供应量 M2 或 M3,而将证券化工具和抵押担保为基础的融资定义为非核心流动性(Non-core Liquidity),非核心流动性关注到影子银行体系。核心流动性会直接影响到银行和其他金融机构提供的跨境信贷和外币信贷,非核心流动性反映了微观主体的风险承担意愿和投资者的风险偏好。全球流动性是美元、欧元、日元、英镑四大货币的核心流动性与非核心流动性之和(按照市场汇率统一换算为美元)。

核心流动性和非核心流动性的区别主要有两个方面:第一,非核心流动性无论从数量上还是波动性上都超过了核心流动性。核心流动性与非核心流动性的比率从

2004 年年初的接近 90% 下降到 2007 年下半年次贷危机爆发前的不到 75%,危机后开始回升,目前徘徊在 85% 左右。第二,非核心流动性的国际影响高于核心流动性的影响,原因可能在于资金是通过非核心流动性渠道进入风险资产。随着金融创新的迅速发展,全球流动性中最主要组成部分是非核心流动性,其顺周期性也最强。全球金融危机造成非核心流动性的急剧萎缩,风险厌恶情绪的上升和基于抵押担保融资枯竭使得影子银行体系急剧收缩。在这种背景下,非常规货币政策通过扩张核心流动性(美联储向银行、证券公司和货币市场基金提供流动性,将回购操作扩大到商业票据和资产担保证券,欧洲通过证券市场计划(SMP)直接购买资产),抵消了影子银行体系收缩的负面影响,使得核心流动性和非核心流动性之和保持相对平稳,避免全球信贷崩溃,降低了长期利率,刺激经济增长和恢复金融市场运行。尽管美国和欧元区的核心流动性持续扩张,但是没有迹象显示目前出现全球流动性的过剩。从资产端看,金融危机导致 2008—2009 年跨境信贷的崩溃,2010 年以来跨境信贷仍然增长缓慢(见图 6-1);从负债端看,非核心流动性占 GDP 的比例继续萎缩,至今没有反弹迹象。

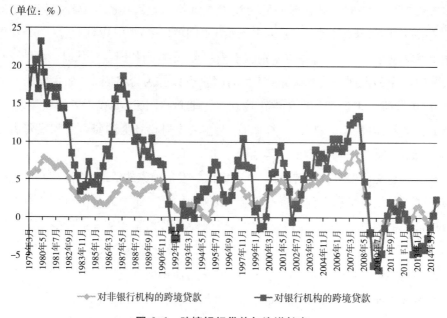

图 6-1　跨境银行贷款年均增长率

资料来源:Bloomberg;BIS locational banking statistics by residence.

核心与非核心流动性的概念明确区分了传统货币供应量与新流动性形式,有利于人们重视金融创新背景下流动性管理所涉及的各方面问题。但由于其核心流动性概念没有包括中央银行的基础货币,只涉及商业银行的派生流动性,因而有意无意地模糊了主要中央银行及其货币政策选择在流动性创造过程中发挥的关键角色,淡化了美国等主要储备货币国(地区)的中央银行对于全球流动性失衡和全球流动性管理应当承担的责任。

(二) 官方流动性和私人流动性

国际清算银行(BIS)将全球流动性定义为在国际金融市场进行融资的宽松程度,并划分为官方流动性和私人流动性两个组成部分。官方流动性是可以由货币当局无条件用于支付的资金,也叫外生流动性。官方流动性有国际也有本土自己的流动性。本币流动性是由本国中央银行提供的基础货币,外币流动性则主要来自外国央行,主要形式是各国官方外汇储备、黄金、与国外央行的货币互换、IMF 的储备头寸和特别提款权(SDR)。官方流动性比例相对较小,在金融危机爆发前,美国和英国的官方流动性占 GDP 的比例只有 5%。金融危机爆发后,主要发达国家和地区(美国、英国、欧元区和日本)为抵消私人流动性的下降,大幅扩张货币政策和央行资产负债表,中央银行基础货币翻了三倍多。私人流动性是指银行之间、银行与非银行金融机构之间以及跨国金融机构之间以市场为基础的融资活动。由于金融机构为通过做市、银行间市场拆借等活动提供流动性,而金融机构的融资能力又取决于其他私人部门提供流动性的意愿,使得私人流动性具有内生性,也称为内生流动性。

私人流动性包含了非银行金融机构,也涵盖了以抵押为基础的负债融资活动。需要指出的是,私人流动性不应仅仅理解为国内流动性,私人流动性主要是通过银行或非银行金融机构跨境融资渠道来提供,跨境融资既可以采用直接贷款的形式,也可以通过做市向证券市场提供流动性,或者是通过回购市场和银行间借贷向其他金融机构提供资金流动性。从全球来看,全球私人流动性与国际资本流动(包括跨境银行贷款和跨境投资组合)总量的变化密切相关。国际资本流动总量决定了金融机构资产负债表规模,从而影响到资产负债表错配和系统性风险。全球流动性在国际收支平衡表上会有所反映。官方流动性和私人流动性都可以直接或间接地在国际收支中表现出来。

官方流动性并不是所有国家货币当局释放的基础货币之和,因为只有储备货币发行国(地区)释放的流动性才能进行国际传导。储备货币发行国(地区)的国内流动性主要通过两个渠道进行国际传导:一是通过出入境人员携带现金;二是一部分国内流动性从居民存款账户向非居民存款账户转移。非居民金融机构向储备货币国(地区)境外客户的融资会在非居民金融机构圈内产生派生存款和贷款融资,形成境外流动性创造过程。主要储备货币发行国(地区)如美国的货币供应量统计不包括非居民存款,更不包括欧洲美元存款。这样对于储备货币来说,存在着境内和境外两个货币供应量和货币乘数。一般来说,离岸市场通常不受任何国家法令的严格限制,可以免税且不缴或少缴法定准备金,流动性极强,因此储备货币的境外货币乘数通常显著大于境内货币乘数。因此,当储备货币国(地区)因境内货币乘数降低而靠增加基础货币来维持正常货币供应时,并不会导致国内的通货膨胀,但却会导致国外的通胀压力。

私人流动性具有以下两个特征:首先,私人流动性具有国际溢出效应。金融机构的跨国业务不仅使国内流动性外溢到国际市场,也使国内流动性日益受到国际市场的影响。其次,受各国增长率差异、货币政策差异、金融机构杠杆比率和私人部门风险偏好的影响,私人流动性具有很强的周期性。在经济景气时,经济波动幅度低,私人部门风险偏好和杠杆率上升,私人流动性高涨,导致金融机构的期限错配和货币错配程度上升,风险溢价下降,实体经济的信贷增长加速,资产价格上涨。更高的资产价格反过来又会随着上升周期促进私人流动性。如果市场预期央行会在长时间保持低利率,上述动态变化会更加明显。当经济周期发生逆转后,去杠杆化恶化了经济下行。在经济不确定性程度上升时,风险偏好下降,从而资金流动性减少,迫使市场参与者出售风险资产来增加流动性。这种大幅抛售资产的行为,会导致资产价格的普遍下跌,进而进一步提高投资者资金流动性的风险,投资者会要求追加保证金。在极端的情形下,关于银行倒闭的不确定传闻会导致私人融资市场的流动性枯竭,从而对金融体系和实体经济带来严重的冲击。

全球流动性是官方流动性和私人流动性以及两者相互影响的结果,其变化受到中央银行的货币政策、宏观审慎政策和提供融资的条件的影响。在资本跨境流动和金融市场国际化的背景下,各国金融一体化程度加深和金融创新迅速发展,全球流动性越来越多地受到私人流动性的影响,尤其是跨境资金流动和影子银行体系的影响。在正常时期尤其是经济繁荣时期,私人流动性的作用超过了官方流动性,这时全球流动性供给主要取决于跨国金融机构。但是,私人流动性具有高度的顺周期性,内生于经济金融形势。这意味着,在金融恐慌时容易出现流动性枯竭。当金融市场面临压力时,全球流动性的供给主要取决于私人部门能够获取的官方流动性。全球流动性的顺周期性表现在私人流动性和金融机构的全球风险偏好。实际上,全球风险偏好是影响全球货币乘数(总体流动性与官方流动性之比)的主要变量之一。只有中央银行能够创造官方流动性(IMF 只能动用官方流动性并在不同国家之间重新分配),全球流动性上升时没有必要注入新的官方流动性。全球流动性由私人部门和官方部门的相互作用,决定了全球经济融资的难易程度,进而影响到金融体系脆弱性的积累,包括资产价格膨胀、杠杆率、期限错配、融资错配等等。

国际清算银行没有给出私人流动性的精确数量定义,认为私人流动性与货币流动性或融资形势密切相关,可以通过货币总量、信贷总量、融资成本等指标来衡量。

其中,全球私人部门信贷反映了金融中介在全球市场的活动,可以使用未偿还贷款作为全球流动性的主要衡量指标。未偿还贷款包括国内和国际两个部分,国际信贷主要是对非居民的跨境贷款和对本国居民的外币贷款。全球流动性评估主要关注国际信贷部分,国际信贷的变化会影响到各国的国内信贷,使得 G4(美国、欧元区、日本和英国)国内信贷增长与世界其他国家信贷增长呈现高度的相关性。考虑到国际信贷的大部分由银行提供,因而国际清算银行主要关注跨境银行信贷,同时运用补充性的价格指标和数量指标来描述全球流动性,如主要金融市场的金融状况、影响不同市场头寸的主要因素如风险偏好。

国际清算银行将官方与私人流动性加以区分,有利于凸显中央银行的责任和作用,但将各国(地区)外汇储备也纳入官方流动性,则将储备发行国(地区)央行在负债方的货币创造能力与储备积累国(地区)央行的流动性外汇资产混为一谈,有混淆主次和颠倒因果的嫌疑。另外,国际清算银行同时以负债方为基础的货币供应量和资产方的贷款来衡量流动性,虽然便于实践中对流动性的监测,但在方法上有不一致的问题。

比较 IMF 和 BIS 对全球流动性的定义,我们看到双方都把流动性的概念扩展到传统的以银行存款为基础的货币供应量之外,涵盖了整个金融部门的大部分负债融资。同时,双方也都将流动性的范围限制在金融部门,而没有涉及政府部门和企业的高流动性负债。

第二节 全球流动性评估的框架和指标

一、全球流动性评估框架

建立全球流动性评估框架,有利于识别不可持续的信贷繁荣、特定市场或全球市场上过度的风险承担。然而,如何测度全球流动性,尚未达成共识。大部分定义都强调"融资宽松程度",而融资宽松程度受到宏观经济环境、货币政策取向、金融监管、影响市场参与者行为的因素如金融创新和风险偏好的影响。全球流动性并非只有一个指标,各类指标包含的信息也会随时间变化,面对不同情况或政策时,必须分别使用不同指标进行灵活评估。究竟选取哪些指标评估流动性取决于我们所要研究的问题。为了选取恰当的评估指标,我们需要考虑两个问题:一是货币流动性与金融稳定;二是价格指标与数量指标。

第一,基于货币流动性与金融稳定的考虑。(1)如果分析的焦点是关注传统政策,如货币政策溢出效应的风险及其对总需求的影响,那么通常采用货币状况(或者货币流动性)指标的加总。这方面的指标包括基于价格的指标(如短期利率,或者短期利率相对自然利率或均衡利率的偏差)或基于数量的指标(基础货币,或者是更广泛定义的货币总量或信贷总量指标,具体选择取决于关注的是官方流动性还是私人流动性)。从货币政策角度分析全球流动性。要在分析货币政策的传导效果和全球总需求的基础上,收集不同国家的数据,最终形成全球的实际短期利率、全球的基础货币(或广义的货币指标)和全球信贷总量,来看全球流动性。在分析金融不均衡和不均衡引起的脆弱性时,要将全球范围信贷供给量与各种风险指标组合在一起进行评估,才更有意义。(2)如果分析的焦点是关注金融稳定,如资产价格膨胀或者金融脆弱性的累积,采用国际层面或全球层面的金融脆弱性测度指标组合(包括描述风险承担的指标,或者市场流动性和资金流动性以及一些金融总量指标)可能会更恰当。具体而言,应该使用全球信贷而不是全球货币加总,有如下几个理由:第一,私人部门的信贷能够更好的描述"融资宽松"程度,而融资宽松程度与全球流动性关系更为密切,全球信贷和资产价格膨胀一起,可以作为良好的预警指标。第二,信贷总量更好地考虑到了金融体系的流动性创造,信贷总量变化在很大程度上来自市场参与者的杠杆操作。第三,从货币政策的视角看,跨境头寸总量(特别是跨境银行间信贷)往往容易被忽略,但是当讨论全球流动性状况如何进行国际传导和影响国内金融稳定时,这一概念非常重要。全球信贷指标能够更好地描述上述相互关联。

第二,衡量全球流动性不仅要考察价格指标,同时还需要以数量指标作为补充。价格指标主要是反映利率和利率以外的其他成本的资金价格,反映利率的价格指标用于度量资金流动性,主要包括政策利率、银行间市场利率、资金批发利率、长期资本市场收益率等;反映其他成本的价格指标则包括度量可提供抵押品的紧张程度和市场流动性(如买卖价差、不同市场利差)的指标。而全球流动性的数量指标,最主要的是看资产负债表中流动性最强、安全性最高的短期资产,进而关注跨境银行信贷和外币信贷,辅助性指标包括资产负债表的负债端。跨境资金流动通常比国内资金流动更易波动,并进一步放大信贷增长或紧缩进程,快速增长的跨境信贷通常与国内信贷过度发展接踵发生。

全球流动性评估的框架应该具有以下三个特征:一是评估全球流动性(尤其是私人部门流动性)应当综合价格指标与数量指标。价格指标反映了市场参与者愿意提供流动性的条件,数量指标则反映了上述条件转化为风险的可能性,二者相结合有助于推断金融稳定状况。二是评估全球流动性应该从考察全球信贷综合指标入手。广义的全球指标反映了由私人部门创造的流动性的总规模,有助于我们判断全球流动性所处的周期。三是评估全球流动性应当重视分析全球信贷结构。考察跨境直接信贷有助于了解全球流动性如何导致经济周期波动在不同经济体之间传导及金融不稳定。

二、全球流动性指标

全球流动性包括反映货币流动性、资金流动性、市场流动性和风险态度的一系列指标,各类指标又可以从不同侧面衡量全球流动性。具体而言:(1)用存款利率与隔夜指数掉期利率之差可以衡量核心流动性的松紧程度。金融状况指数可以综合考虑资产价格、实际有效汇率以及传统货币政策指标来衡量全社会流动性的松紧。(2)有些指标可以反映资金流动性,即融资的难易程度。如3个月期美元LIBOR利率与隔夜指数掉期利率(OIS)之间的利差,主要反映的是全球银行体系的信贷压力,息差扩大被视为银行间拆借的意愿下滑;外汇掉期隐含的美元利率与LIBOR的差额,即FX Swap Basis,数值越大表明美元融资难度越大;债券息差(Bond Spread)与信用违约调期息差(CDS Spread)差额;此外还有市场上对融资条件的定性调查等。(3)有些指标可以反映市场流动性,即资产变现的难易程度。数量指标如某类全球性资产的交易量。价格指标如某类全球性资产买卖双方的出价差(Bid-Ask Spread),以及面向基金经理所做的市场流动性调查。(4)还有指标可反映市场上风险承担和定价水平。如预期股票波动率指数(VIX Index),综合考虑投资组合收益与风险的夏普比率(Sharpe Ratio);利差—汇率风险比例(Carry-to-Risk Ratio),即两种货币的利差与未来汇率变动风险的比值;另外还有资产价格及其隐含的溢价以及市盈率等。

此外,还可从以下方面评价全球流动性:一是从国际收支平衡表的角度,考虑国际资本流动流动总量。2007—2009年期间,各国的注意力主要集中在经常项目失衡(净资本流动)方面,尤其是美国的赤字和亚洲及产油国的盈余。二是关注银行和非银行金融机构的全球合并资产负债表,以便了解金融体系面临的敞口和压力。在全球经济一体化的今天,一国的金融状况会严重影响另一国的银行体系。现行统计方法(如收支表或现金流统计分析)是依据居住地原则,而没有将上述联系考虑在其中。三是从交易货币、主体金融机构、资金流入国和地区考察全球流动性的来源和应用。四是定量分析综合其他辅助性指标(见表6-1)。

表6-1　全球流动性的补充性指标

	数　量　指　标	价　格　指　标
货币流动性	基础货币和广义的货币总量;外汇储备	政策利率和货币市场利率;货币状况指数

续表

	数 量 指 标	价 格 指 标
资金流动性	银行流动性比率;期限错配指标;商业票据市场金额	LIBOR-OIS 息差;外汇互换基点;信用违约互换基点;融资状况的定性调查
市场流动性	全球性资产的交易量	所选全球资产的买卖差价;面向基金经理所做的定性调查
风险承担和评估	银行杠杆比率	VIX 指数和其他风险偏好指标;夏普比率和利差—汇率风险比例(Carry-to-Risk Ratio);金融资产价格和价差(Spreads);房地产价格;价格/收入比;市盈率

第三节　全球流动性的主要来源、驱动因素和传导机制

一、全球流动性的产生及根源

首先,货币政策当局的货币释放是流动性产生的基础条件,是流动性产生的根源。不管是市场流动性还是资金流动性,其基础条件就是中央银行的货币投放。如果没有央行的货币投放,银行等金融机构就无法进行信贷扩张,货币乘数效应的放大作用就无法实现,就没有其他规模更为巨大的可流动性的金融资产。如果要衡量全球流动性的合理程度,全球主要货币当局的货币供应量是一个基础性条件。然而,并不是所有国家货币当局释放的基础货币都属于全球流动性范畴,只有储备货币发行国释放的流动性才能进行国际传导。

其次,信贷扩张是流动性产生的重大途径。货币政策当局的货币供给只是流动性创造的一个基础条件,流动性扩张的主要途径就是信贷机构的货币创造,从 M0 到 M1 到 M2 实际上就是一个流动性创造的过程,这个过程最主要的载体就是信贷机构。如果信贷机构更为活跃,金融创新更加激进,那流动性创造的作用就更加明显。

再者,金融创新是流动性急速膨胀的最主要推动力。20 世纪 90 年代以来,资产证券化等金融创新的广泛发展使得很多不能分割交易的实体资产成为可分割、频繁交易的金融资产,极大地提高了可流动金融资产的规模。

二、全球流动性的驱动因素

影响全球流动性的主要因素包括宏观经济因素、各国政府政策因素、微观审慎政策和风险偏好,最终由各个因素多重叠加产生作用。BIS 提出,全球流动性主要受到三类因素的共同驱动:首先是宏观经济因素,包括经济增长、货币政策取向、汇率制度

选择、资本账户政策以及这些因素对国际收支的影响程度;其次是其他公共部门政策,包括金融监管;再次是金融因素,如金融市场参与者和金融中介的行为(金融创新和风险偏好)。其中宏观经济因素和金融因素以复杂的方式发生变化和相互影响,这些驱动因素的差异和传导机制的不同,使得全球流动性带来的影响也大不同。IMF 认为,全球流动性的驱动因素包括:(1)主要投资者对风险的态度,包括对特定事件的风险喜好和厌恶程度,可以用 VIX 衡量;(2)全球金融部门的规模和结构,通常用杠杆率、影子银行体系规模和资产负债表状况来刻画;(3)剔除风险后的利率总水平;(4)G4 的货币政策和类似于 M2 等货币总量指标;(5)资金流入国和资金流出国的宏观审慎政策和金融监管政策;(6)金融创新;(7)投资者结构的特征和构成:银行、实际货币投资者、对冲基金、国内居民和外国居民。

第一,经济增长率、货币政策取向、汇率制度、资本账户开放程度等宏观经济因素通过影响实际融资成本、期望收益率、市场参与者对经济风险的感受来影响全球流动性。(1)货币政策取向在决定国内短期利率的同时,通过市场参与者预期影响市场预期无风险收益率曲线,进而引起各种长短期利率的调整。利率水平的调整会影响私人部门信贷的增长率、经济总体融资总水平和流动性状况。宽松的货币条件或长期的低利率,会诱发金融市场寻求高回报行为,如套利交易或者跨币种投资策略,这些寻求高回报的行为在促进私人部门流动性改善的同时,可能会伴随过度乐观和风险偏好上升,导致金融资产的定价错误及信贷条件的过于宽松。(2)不同的汇率制度会影响流动性的国际传导。一方面,在允许资本自由流动的情况下,实行钉住汇率制的国家将丧失货币政策独立性。实行钉住汇率可能被国际金融市场看成是一种隐含担保,如果私人部门对外币借贷的汇率风险管理没有进行对冲,该国放弃钉住汇率制将酿成系统风险。另一方面,虽然浮动汇率制有助于减弱发达国家货币政策对本国的溢出效应,减少由货币错配或宏观经济波动引起的资本流动,但该制度并不能使一国经济完全免受他国宏观经济运行状况的影响。当然,无论一国采取钉住汇率制还是浮动汇率制,资本流入都会影响该国的国内信贷和资产价格,进而加剧金融周期。资金流入国的跨境信贷对国内流动性创造的影响和传导,取决于汇率的灵活程度和资金流入国的金融结构等因素。

第二,央行提供的流动性便利及金融监管部门的监管政策对流动性产生重要影响。(1)由央行提供的包括抵押政策在内的流动性措施对流动性的可获得性和流动性分配具有重要影响。在最近的金融危机中,非常规的流动性措施的引入有效缓解了由国际资本市场流动性匮乏导致的融资困难;央行抵押政策的放宽抑制了私人部门流动性的不断恶化。(2)为寻求高额回报,银行及非银行金融机构越来越多地通过跨境业务在国际市场上筹集资金并加以运用。这种跨境流动性受跨境金融市场准入、金融工具和金融基础设施(如跨境支付结算体系)等众多因素的制约。同时,对银行与非银行金融机构监管要求的差异及二者商业模式的差异还导致非银行金融机构对全球流动性的影响更大。

第三,金融一体化、金融创新、风险偏好等影响金融市场参与者和金融中介行为等金融因素也影响着流动性状况。(1)金融一体化促进了跨境资金流动和金融产品发展,全球性银行和全球性投资基金等国际市场参与者的数量不断增加、活跃程度不断提高,各国国内流动性不断向他国溢出促进了全球流动性的改善。由于流动性具有内生性,流动性的改善又会吸引新的市场参与者进入。(2)金融创新推动新的金融工具发展,有助于提高市场流动或资金流动性。证券化、抵押融资、金融衍生产品等金融创新通过独特的交易安排,改善了标的资产的流动性,进而提高了市场流动性。首先,资产证券化把欠流动性但有未来现金流的资产经过重组形成资产池,并以此为基础发行证券,这样就将流动性差的金融资产转换为流动性好的资产,全球性金融机构跨境投资于证券化产品,改善了全球流动性。其次,由于商业银行通过回购协议融通到的资金可以不提缴存款准备金,有利于降低借款成本,同时,回购协议是一种容易确定和控制期限的短期借款,因此成为许多金融机构最主要的短期融资来源。回购协议市场的国际化程度较高,全球性金融机构可以对回购协议中收到的金融资产进行再抵押融资,提高了全球流动性。再者,标准化的衍生产品交易成本低,市场活跃,推动国内市场和国际市场的交易头寸增加和套期保期,增加了流动性。(3)市场参与者提供流动性的意愿取决于他们的风险偏好及对当前风险的评估,市场参与者的风险偏好的突然改变会加剧流动性过剩或流动性短缺,使全球流动性的波动更加剧烈。比如,套利交易在流动性的国际传导中起着重要作用,它不仅取决于货币政策和各国的利率差异,更受到风险偏好的影响。风险偏好的上升往往伴随跨境金融机构资产负债表的扩张、杠杆率的上升以及对短期批发融资的依赖程度上升,一旦出现未预料到的货币政策变化或者是未预料到的投资者情绪变化时,市场参与者的风险偏好急剧下降,利差交易迅速逆转,全球流动性枯竭。

三、全球流动性通过两种机制相互作用传导

在全球流动性的动态传导机制中,风险偏好与流动性的相互作用及官方流动性与私人部门流动性的相互作用扮演着主要角色。

其一,投资者的风险偏好与流动性之间会自我加强的相互影响和作用。一方面,流动性会对投资者的风险态度产生显著影响。在流动性充裕的条件下,投资者会提高他们的杠杆率并愿意承受更多的风险,进而提高资产价格和抵押品价值,流动性得到改善。另一方面,风险偏好也会对流动性产生显著影响。在金融危机等

极端情况下,投资者几乎不愿意承受任何风险,资金流动性匮乏迫使投资者大规模抛售资产,通过追加保证金等渠道提高投资者资金流动性风险,私人流动性遭到破坏并对经济金融体系产生负面影响。数据显示,国际清算银行报告国的跨境银行信贷指标(可以衡量私人流动性)与 VIX(风险偏好的简单测度)等风险偏好指标或其他风险承担能力指标之间存在紧密联系。由于风险偏好受到流动性状况的影响,而流动性取决于投资者承担风险的能力和态度,这种双向影响关系使得全球流动性的变化具有两个特征:一是跨境银行贷款增长呈现周期性波动,金融危机前跨境银行信贷增长高于全球信贷增长,危机爆发后跨境银行信贷急剧下降,私人流动性水平显著下滑。二是跨境信贷增长通常伴随着风险偏好上升和风险溢价下降,而跨境信贷的萎缩通常伴随着风险偏好的下降,造成风险和流动性之间的恶性循环。

其二,官方流动性与私人流动性联系紧密。一是在危机阶段,私人流动性枯竭,由官方提供的资金成为银行资金的主要来源,这时全球流动性主要依赖官方流动性。当银行融资需求是以外币计价时,官方流动性扩张受到约束,限制了国内银行获取资金的能力。二是私人部门对能否获得官方流动性的预期也会影响风险承担。如果私人部门预期到央行将提供官方流动性,他们仍将愿意承受一定的风险。三是作为提供官方流动性的主体,中央银行的抵押品政策会影响私人市场的证券化融资条件和状况,进而影响私人流动性。四是全球官方流动性和私人流动性之间通过外汇储备再投资渠道相互促进。主要储备货币发行国(地区)的宽松货币政策和金融政策会引起资金流出至他国,形成他国的外汇储备积累。这些储备通过再投资的方式回流到储备货币发行国(地区),又引起该国(地区)金融状况的进一步宽松,导致更多的资本外流和储备积累。这种正反馈机制对初始的货币发行进行放大和扩张,进而对全球流动性产生影响。

其三,金融机构在全球流动性传导中起核心作用。金融机构(尤其是全球性活跃银行)在全球范围内扩张资产负债表的过程就是全球流动性传导的过程。在这一过程中,一些结构性因素和周期性因素会影响全球流动性的传导效果,如一国的经济周期特征、金融发展程度及融入全球金融体系的程度、金融监管环境、全球性银行和非银行金融机构的"资产负债能力"以及它们加杠杆和期限转换的能力,这些因素的差异会造成各国金融体系对相同的流动性冲击作出不同的反应,也就是说,在不同的国家或同一个国家在不同的时点,全球流动性扩张的货币乘数是不同的。此外,处于去杠杆化过程的国家不会对全球流动性上升作出显著反应,而处于加杠杆进程的国家则会对全球流动性上升作出显著反应。

四、全球流动性的国际传导路径

全球流动性通过何种渠道影响国内金融状况,发达经济体的金融状况又通过何种渠道影响全球投资者的风险承担、资本流动来进行国际传导和放大金融冲击? 这是全球流动性管理中的重要话题。一般来说,流动性的国际传导主要是通过全球经营的金融机构活动和国际资本市场交易(在本国股票市场和债券市场的投资),主要表现在跨境银行、证券投资、资产价格的协同变化等方面(见图 6-2)。这种资金流动也允许本国的金融中介和企业进行批发(或非核心)外部融资、国际债券发行、国际股票发行。具体来说,涉及以下四个方面:

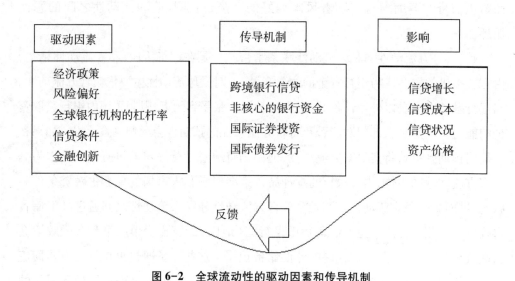

图 6-2　全球流动性的驱动因素和传导机制

第一,GDP 增长引致的信贷需求,通过国家间的贸易和直接投资而变得相互关联。

第二,资金流动。当国外资金成本低于国内资金成本时,将会刺激国内市场的直接跨境贷款和以外币计价的贷款,从而导致融资状况的有效跨境传递。同时融资渠道也与资产经理们的动机有关。具有同一标准的基金经理们通常会购买同种类型的资产,并使用类似的波动指标来调整资产组合风险。他们会过度投资于那些暂时被认为低风险的资产,并在市场波动导致风险指标上升时倾销这些资产。

第三,资产价格变化。同类型风险的价格在不同市场上一般同向运动,因此在对全球不同资产类型定价时会出现全球风险溢价。市场参与者通过对冲业务调整其敞口头寸,进而影响价格。

第四,货币政策。由于各国央行不希望引入过度的资本流动,即使在那些货币政策独立和汇率浮动的国家,央行也通常不允许本国基准利率过度偏离其他国家。但货币政策对于私人部门流动性的影响并不是一对一的。私人流动性的产生依赖于市场参与者将货币政策利率转变为实际融资成本的程度,这涉及如风险偏好、审慎机制和宏观经济等多种因素。

第四节　全球流动性驱动因素的经验检验

一、G4 货币政策对全球流动性的影响程度

尽管各国可以根据国内目标自主制定货币政策,但是流动性不会局限于一国范围内,一个国家经济规模越大,系统重要性越强,尤其是储备货币国(地区),其货币政策溢出效应也就越大。国际社会一直强调 G4(美国、英国、日本和欧元区)的货币政策取向会影响到跨境信贷供给。全球流动性是由国际收支持续逆差的储备货币发行国(地区)提供的,类似美国这样的国家提供了全球流动性。G4 的金融体系提供了全球信贷的很大一部分,G4 对世界其他国家的跨境银行贷款比世界其他国家对 G4 的跨境银行贷款额高出 20%(IMF,2014),而且这没有考虑到 G4 作为国际金融中心的作用。因此,G4 的货币政策和信贷宽松程度会影响全球的融资形势和流动性状况。随着金融创新的发展,危机前全球金融中介融资成本接近于政策利率,宽松的货币政策和陡峭的收益率曲线推动了杠杆率的上升。随着资产负债表的扩张,资金流入金融市场,股本价值上升,刺激放贷者进一步放松信贷标准(如次贷)。风险下降、金融中介资产负债表扩张和资产价格上涨三者相互循环,互相促进。低利率和金融部门行为的共同作用,使得资本流动高涨和金融脆弱性上升,随后导致了金融危机。危机后,美国和欧洲的银行与资本市场的跨境去杠杆化对全球产生了冲击,于是 G4 推出大规模宽松货币政策缓冲私人流动性的消失,这一政策也对全球流动性产生了影响。

IMF 的一篇工作论文研究了哪些国家(地区)在主导全球流动性的变化,比较了美国、英国和欧元区对于全球流动性和东亚跨境贷款的影响(Cerutti、Claessens 和 Ratnovski,2014)。他们用 VIX 表示不确定性和风险规避,用银行杠杆率代表国内信贷状况;杠杆率越高,表明信贷状况越积极;另外还有国内信贷增长和泰德利差(TED Spread),货币政策(短期利率、期限溢价和货币量的变化)。结果发现:

第一,通过选取包括发达经济和新兴市场的 40 个国家的金融状况指标,发现所有国家的数量指标(对非金融私人部门的信贷,分别国内来源和非居民部分)、价格指标(隔夜拆借利率、货币市场利率、商业贷款利率、10 年期债券利率、抵押贷款利

率)与 G4 的指标高度相关,表明全球金融状况主要受 G4 金融状况的影响。全球信贷和资产价格的协同波动呈上升趋势,尤其是发达经济体的信贷周期呈现出很高的协同性,并且随时间的推移呈上升趋势。这种协同性受主要发达经济体货币政策取向、金融创新、金融监管变化、金融中介和资产管理者的风险偏好变化的影响。

第二,基于美国数据的检验表明,VIX 上升 65%,会导致跨境银行贷款降低 6%,实体经济部门萎缩 3.5%;美国自营商银行的杠杆上升 50%带来信贷状况的改善,会导致跨境银行贷款和实体经济部门分别扩张 5.5%和 4.5%;期限溢价从 25 分位数上升到 75 分位数,会导致跨境银行贷款和实体经济部门分别萎缩 1.7%和 0.2%。此外,全球流动性还受到国外借贷相对价格的影响,尽管这些影响相对较小。资金流入国和美国的利差从 25 分位数上升到 75 分位数,会导致跨境银行贷款上升 0.2%—0.3%。如果近似将不确定性和银行状况看成私人部门变化,货币政策和利率差反映政府政策变化,那么,全球流动性的主要影响因素是私人部门的风险偏好、不确定性和银行业的杠杆率,美国利率虽然也起作用,但是其作用更小一些。不过,这没有考虑到美国利率下降会降低风险和不确定性(Rey,2013)。

第三,英国和欧元区的银行杠杆率、泰德利差(Ted Spread)对于亚洲国家的跨境信贷的影响在统计上和经济上都显著高于美国,但是美国的货币政策对亚洲国家跨境信贷的影响更为显著,而英国和欧元区的期限溢价、利率和货币增长对亚洲国家跨境信贷影响不显著。这表明,美国主要是通过其货币政策影响全球流动性变化,而英国和欧元区则主要是通过银行状况影响全球流动性。

二、影响跨境资金流动的全球因素分析

首先,影响跨境银行信贷的全球因素。跨境银行信贷在危机前经历快速增长,而在危机后出现急剧反转。国际清算银行国际银行统计数据显示,少数发达经济体在国际银行贷款和借款中占据主导地位,不同资金流入国(包括发达经济体和新兴经济体)的跨境银行信贷水平及增长率虽然存在很大差异,但是在长期呈现出共同的变化趋势。IMF(2014)运用国际清算银行自 20 世纪 90 年代中期以来的数据,探讨了影响跨境银行信贷的全球因素和国别因素,结果发现,VIX、全球银行杠杆率、美国收益率曲线斜率、发达经济体 M2 增长率,对于跨境银行信贷具有较高的解释力。市场波动性越大,期限溢价越高,跨境资金流动下降;跨国银行的杠杆率越高,发达经济体货币增长越快,跨境资金流动越高。而且,各国跨境资金流动既取决于全球因素,也依赖于各国自身因素。

其次,影响国际证券投资的全球因素。发达国家流动性状况传导到全球的另一个渠道是国际股票和债券发行。近年来,资产管理公司在全球的重要性显著上升,尤其是在债券市场更为明显。2008 年以来,新兴市场中共同基金管理的债券资产翻了五倍,发达国家翻了三倍。IMF(2014)采用新兴市场基金研究公司 EPFR 的全球共同基金资金流向数据,研究了美国、欧洲和日本的流动性状况对新兴市场和发达经济体国际证券投资的影响,尽管 EPFR 的数据主要描述资本流动的零售部分,但是考虑这部分资金流动的波动性更大,可以作为全球流动性通过国际证券投资渠道进行传导的代理变量。他们将 G4 的流动性变量分为五类:期限溢价、波动性、数量、信贷、货币政策,然后分析了这些变量在多大程度上能够解释国际证券投资,同时将全球流动性分为两个阶段:第一阶段为 2003 年至 2008 年 8 月;第二阶段为 2008 年 9 月以后。结果发现,全球流动性和债券投资的相关性高于全球流动性与股权投资的相关性。VIX 和 TED 利差是证券投资最重要的驱动因素;货币政策状况,尤其是欧元区和日本的货币政策,也与证券投资高度相关;信贷状况对债券投资有影响。

再次,跨境银行信贷和跨境证券投资共同的驱动因素。表 6-2 显示了跨境资金流动影响因素的检验结果。跨境银行信贷和跨境证券投资同时受到某些全球因素的驱动,VIX 和 TED 利差与跨境银行信贷和跨境证券投资都具有很高的协同性,而货币总量指标会影响跨境银行信贷,但是未必会影响跨境债券和股权投资;政策利率、期限利率、交易商的杠杆率对于跨境资金流动的影响在统计上是显著的,它们对跨境银行信贷的影响与对跨境债券投资的影响方向是相反的,说明影响渠道不同或者是两种类型的跨境资金流动存在替代效应。全球驱动因素对跨境资金流动的影响还取决于各个资金流入国的具体特征和宏观经济环境。比如,政策利率较高通常会抑制贷款,但是高利率通常表明经济繁荣,国内信贷和跨境贷款活跃。相反,发达经济体的经济低迷和金融危机可能会导致政策利率下降,从而抑制跨境资金流动,但是,低利率也会伴随跨境债券投资流入上升。G4 国家的收益率曲线变得陡峭(风险溢价上升)与跨境银行信贷下降相关,但是与更高的跨境债券投资相关。

总之,全球流动性的驱动因素可以归纳为价格因素,如主要国家的政策利率、国际货币市场和基准债券市场利率、非价格因素如投资者的风险偏好、金融创新、杠杆率,以及主要金融市场上的贷款者和投资者面临的约束,如信贷限额、保证金要求等监管指标。流动性的全球传导机制,取决于跨境金融机构的套利操作进和全球市场结构。

表6-2 跨境资金流动的驱动因素

驱动因素		跨境银行信贷		跨境债券投资		跨境股权投资	
		流向银行	流向非银行	流向发达经济体	流向新兴市场经济体	流向发达经济体	流向新兴市场经济体
风险偏好	VIX	(−)***	(−)***	(−)***	(−)***	(−)***	(−)***
	TED利差	(−)*	n.s.	(−)***	(−)***	(−)***	(−)***
资产负债表状况	交易商杠杆率	(+)***	(+)***	(−)***	(−)***	(+)***	(+)*
	美国信贷状况	(?)	(?)	(+)***	(+)***	(+)***	(+)***
利率	收益率曲线	(−)***	(−)***	(+)***	(+)***	(?)	(?)
货币政策	政策利率	(+)***	(+)***	(−)***	(−)***	(?)	(?)
	M2	(+)***	(+)**	n.s.	n.s.	n.s.	n.s.

注:(+)、(−)分别表示系数为正、负,***、**、*分别表示1%、5%、10%的显著性水平,n.s.表示不显著,(?)表示结果不确定。

资料来源:IMF Policy Paper,"Global Liquidity-Issues for Surveillance",March 11,2014。

第五节　全球流动性的变化及其风险

一、全球流动性的变化趋势和特征

随着全球经济金融环境的变化和央行货币政策操作的调整,无论是价格指标还是数量指标,全球流动性都呈现出周期性的变化(见图6-3)。进入21世纪,全球范围的流动性泛滥。BIS数据显示,2000—2007年跨境银行信贷增长迅速,危机前年均增长20%,带来严重的货币错配。由于国际贷款货币主要是美元、欧元、日元、英镑和瑞士法郎,以美元为例,根据国际清算银行对全球美元贷款的汇总分析显示,在美国以外的美元贷款增速常常显著高于对美国国内(美国居民)的贷款增速。2000年至2007年,对美国家庭和非金融公司贷款年均增速为9%,总量到危机前夜达23万亿美元,相当于美国GDP的166%。而同期对美国以外的贷款增长更快,在2007年高峰时年增速达30%以上,为5.8万亿美元,占全球除美国以外所有国家GDP的15%。此外,国际清算银行根据德国、英国、荷兰和瑞士几家国际大银行的资产负债表汇总信息看到,2007年期限较长的对非银行客户的美元贷款表现为净资产且大幅增长,而期限较短的银行间美元借款和以本币兑换得到的美元短期融资表现为净负债,也显著增长。这表明危机前欧洲大量从美国银行借入美元短期资金用于向公司部门发放较长期贷款。危机前跨境银行间信贷的迅速增长,导致全球流动性和金融脆弱性上升,最终触发了 2008 年始于次贷市场的国际金融危机。

国际金融危机爆发后,金融机构流动性需求急剧增加,跨境银行贷款额下降,从而降低了资金流动性,导致大量资产抛售,进一步降低了私人流动性,对投资者信心和金融市场带来了严重的打击,私人部门风险偏好下降,全球流动性过剩迅速逆转为流动性不足。在这一背景下,美联储等主要发达经济体的央行将利率削减至零利率水平,然后通过大规模购买资产、长期再融资操作和前瞻性指导实施非常规货币政策,向金融市场大量投放流动性,此后全球流动性缓慢上升。2009 年 9 月,美国的M2 为 8 万亿美元,经过三轮量化宽松货币政策,到 2014 年 12 月,美国的 M2 增长至11.5 万亿美元,同时联邦基准利率接近于零,刺激了不同经济主体的风险偏好。跨境资金为寻求高额回报,开始投资流动性较低的金融资产。海外资金流入新兴经济体,投资者扩大了对新兴市场国家的证券投资。特别是在 2009 年春季以后,由于发达国家与新兴市场国家之间增长率差距加大,使得市场对发达国家低利率的长期预期进一步加强,导致关注发达国家与新兴市场国家间利率差的套利交易增加,资金向

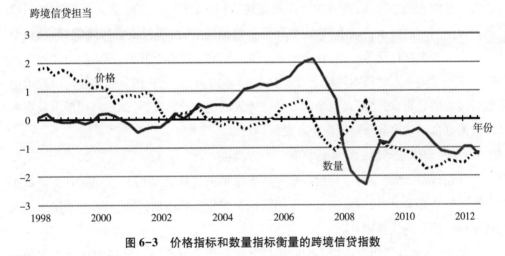

图 6-3　价格指标和数量指标衡量的跨境信贷指数

资料来源:IMF Policy Paper,"Global Liquidity-Issues for Surveilance",March 11,2014。

新兴市场国家的转移。根据 BIS 的统计数据,2014 年跨境银行贷款和国际债券发行量均在上升。到 2014 年 9 月底,美国境外对非银行机构的美元信贷(非居民美元信贷)总计 9.2 万亿美元,相对上年上升 9.2%,相对 2009 年年底上升 50% 多,相对上一个季度增长 4.5%,为持续增长的第二个季度。其中,债券发行 4.2 万亿,银行贷款4.9 万亿。由于发达国家的低利率政策仍在持续,长期债券发行额继续上升。跨境银行贷款尤其是亚洲地区的跨境银行贷款快速增加,不过中国银行业的美元贷款从2014 年二季度相对有所下降。在美国、欧元区和拉美地区,跨境银行贷款从萎缩开始转为正增长。美国境外对非银行机构的美元贷款增长速度自 2011 年以来首次快

于美国境外非金融企业发行的美元债券增长速度。2014 年 9 月底,欧元区境外对非银行机构的欧元计价贷款上升 4.6%,至 1.3 万亿美元,这是在连续四个季度下降后出现回升的第二个季度,欧元区非居民发行的欧元计价债券也增长迅速。大部分地区的跨境银行贷款增长落后于国内信贷增长,对美国非银行机构的跨境贷款上升 2.4%,低于国内信贷增长 8.8%;拉美国家跨境银行信贷增长 2.6%,而国内信贷增长 12.7%。唯一例外的是亚太地区,对非银行机构的跨境银行贷款增长为 21.4%,而国内信贷增长 9.2%。亚洲地区的信贷/GDP 无论是其绝对水平还是相对长期趋势,其增长速度很快且处于高位。中国银行业获得的跨境银行贷款近年来快速上升,2014 年跨境信贷增长 36.7%,而国内信贷增长 14.9%。欧元区的跨境资金流动增长较为缓慢,2014 年 9 月底按年率增长 1%,为 2008 年四季度以来首次正增长,表明欧元区正在逐步走出主权债务危机的阴影。①

考察全球流动性的整体走势,还要看资金在不同国家或地区之间的流动特征。自 2000 年以来,国际资金主要在新兴市场国家、资源型国家与发达国家之间流动,前者为经常收支顺差国,后者多为经常收支逆差国。2007 年之前,流入新兴市场国家和资源型国家的资金持续上升,雷曼兄弟公司倒闭后,由于投资者风险偏好减退、金融机构开始去杠杆化等原因,资金流入减少,但 2009 年春季开始,流入亚洲和拉美地区等新兴市场国家的资本再度上升。自 2013 年 6 月以来,美国量化宽松货币政策退出时间表的公布,加之新兴市场国家经济转入低速增长阶段,导致前一周期由投资者风险偏好推动的国际资金流向正在发生逆转。

目前,全球流动性的主要特征有三个方面:

首先,新兴经济体的信贷量以超过历史水平的速度迅猛增长。危机后新兴市场的美元借贷显著上升,多数国家私人部门债务在危机后均呈快速增长,一些国家还出现了资产价格的快速攀升。

其次,非常规货币政策带来期限溢价下降和资金寻求高额回报使得新兴市场的国际债券发行量急剧上升,全球流动性的传导机制从跨境银行贷款转向债券投资。在本轮危机发生前(2003—2007 年),全球经济体中各类信贷均呈快速增长,其中国际银行信贷增加尤为显著,金融危机后发达经济体的银行业经历了快速去杠杆化的过程,到目前还没有恢复到危机前的平均水平。国际流动性的传导渠道转向资本市场,国际债券发行量激增,危机前美国境外非金融部门发行的美元债券增长率低于对非银行部门的跨境贷款,而危机后出现了反转。危机前国际债券发行方主要是发达

---

① 然而,总量数据掩盖了各个国家的差异,法国和意大利的跨境资金流动分别增长 9% 和 4%,而西班牙和德国的跨境信贷则分别萎缩 6% 和 4%。

经济体,危机后发达经济体的国际债券发行量下降,而新兴市场则上升。尽管美国、德国、西班牙、瑞士仍然是国际离岸债券市场上最大的供需方,但是 2010—2013 年,离岸债券发行额增长最快的是中国,然后是巴西、西班牙和俄罗斯。这种从银行贷款到债券融资的转变,有助于融资的多样化。但一旦发达国家退出量化宽松政策,风险也随之产生。

最后,非常规货币政策开始回归常态化。2012—2014 年,除新兴市场外,全球金融状况还是相对比较宽松,各国央行的资产购买计划使得私人投资更加渴望长期持有时,长期政府债券收益率和短期收益率出现倒挂。目前美国和德国的期限溢价逐步回升至零值以上,但仍低于历史水平,随着美国、英国等发达经济体的基准利率逐步回归正常水平,央行将收缩资产负债规模,届时将会终结资金向新兴市场国家的流入,给这些国家的金融稳定带来冲击。

总之,21 世纪以来的全球流动性周期变化可以概括为,危机前流动性增加,危机中流动性枯竭,资金流入美国和德国等安全资产避风港,危机后资金流入新兴市场国家,国际债券投资和国际股权投资增长相对较为强劲,跨境信贷在回升,但是仍然受到抑制。美联储、英格兰银行的货币政策正常化将促使全球流动性进入一个新周期。

二、全球流动性对宏观经济和金融稳定的影响

全球流动性对于资金流入国的金融市场和宏观经济影响日益显著。全球流动性受金融机构承担风险的能力或意愿的影响很大,宽松的金融形势通常伴随流动性高涨、信贷增长加速、风险溢价下降、资产价格上涨。资产价格的上涨反过来又会导致信贷约束放松,进而提高风险承担能力。金融一体化程度的加深和金融创新的发展,往往会扩大金融部门在全球的经营范围,导致全球流动性的扩张。由于全球流动性的内生性和顺周期性,过度乐观将带来全球流动性的扩张,形成严重的货币错配和期限错配,进而影响资本流入国的信贷水平、金融资产价格、房地产价格和实际汇率,增加金融体系的脆弱性。一旦全球流动性出现逆转,金融失衡风险将会暴露,资产泡沫破裂,金融部门去杠杆化将会导致全球流动性缩减,严重时对银行和其他金融机构倒闭的担心会导致全球流动性迅速消失。全球流动性的波动使得新兴市场的资本流入更不稳定,反过来加大了政策制定者评估和区别资本流入持久性部分和暂时性部分的难度,限制了他们实现国内政策目标的有效性。

全球流动性与跨境资金流动的变化密切相关,跨境资金流动总量决定了金融机构资产负债表规模,从而影响到资产负债表错配和系统性风险。跨境资金流动的周期性变化特点,会放大国内金融状况的周期性波动。历史经验表明,对跨境资金流动的依赖程度越高,全球流动性的顺周期性越明显,对经济的破坏程度也越大。

观察过去 20 年的全球资本流动演变轨迹,可以看出流动性周期对全球金融稳定产生的冲击。1997 年,亚洲新兴市场国家通过高利率吸引寻求高回报的外国资本,使得整个发展中国家一半的资金流入。大量的资金流入助长资产价格的急剧飙升,经济增长迅速。然而,资本流入高涨削弱了这些国家提高透明度和改善公司治理的动力,金融机构和企业的杠杆率高企,资产价格上升到不可持续的水平。随着国际投资者预期的变化,风险偏好下降和流动性枯竭的自我强化开始显现,资产泡沫破裂。危机爆发后,流动性短缺改变了金融市场中投资者的风险态度,提高了对全球安全资产的需求。由于美元在全球储备货币和国际资本市场占据主导地位,美元资产成为最安全的资金避风港,资金从新兴市场国家急剧流出到发达经济体,最终导致东亚新兴市场经济体的货币贬值和银行业危机。面对流动性短缺,东亚等经济体被迫积累预防性的外汇储备,这对资本流动模式和金融市场也产生了广泛的影响。2008 年国际金融危机前,美国宽松货币政策推动跨境资金流动频繁,全球经济失衡的流动性过剩日益严重,新兴市场国家和石油出口国积累了大量外汇储备,以应对全球冲击。这些外汇储备通过再投资的方式流入美国等发达经济体,进而导致全球的长期利率下降,风险偏好上升,最终酿成国际金融危机。危机前跨境银行信贷增长迅速,危机爆发后跨境银行信贷大幅下降,对资产市场和新兴市场产生了巨大的影响。

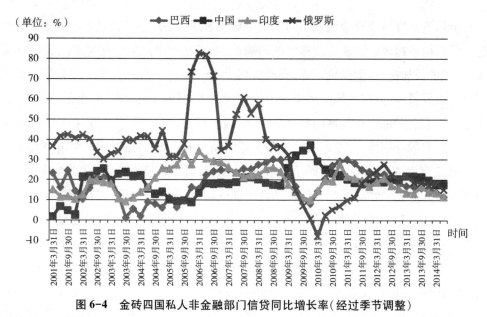

图 6-4　金砖四国私人非金融部门信贷同比增长率(经过季节调整)

资料来源:BIS。

国际金融危机的爆发使得主要发达经济体的中央银行实施非常规货币政策扩张资产负债表,通过各种方式注入大量流动性,避免了金融市场崩溃,恢复投资者的风

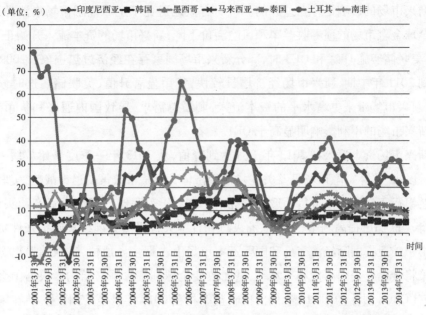

图 6-5　部分新兴市场国家私人非金融部门信贷同比增长率（经过季节调整）

资料来源：BIS。

险偏好，刺激了需求，降低了经济下行风险，但是这些政策由于只关注国内经济稳定而忽略了对新兴市场经济体的外溢效应遭受广泛诟病。其负面溢出效应包括给新兴市场带来了巨大的资本流入和汇率升值压力，推高资产价格和信贷增长，进而影响金融稳定，对那些已经面临通胀压力的新兴市场经济体造成经济过热和通胀风险。从2010 年中期开始，国际投资者在宽松的流动性环境下寻求高额回报率，新兴市场企业在国际债券市场上的外币借贷不断上升，大量资金涌入新兴市场经济体，对汇率、国内货币和流动性状况，以及整个宏观经济和金融稳定都会产生影响。2010 年到2012 年，新兴市场经济体开始面临逐渐增长的国际资本流入，导致各国外汇储备增加和流动性上升，推动新兴市场国家私人非金融部门信贷快速增长（见图 6-4、图6-5），印度、俄罗斯、巴西、泰国和印尼等国家的通胀率居高不下，多数新兴经济体的股市再现了危机前的暴涨行情（中国是少数的例外），印尼、菲律宾、泰国、马来西亚和巴西的股票价格甚至超过了危机前的历史高点。同时，大量的国际资本净流入推动货币升值。

三、美联储退出 QE 的潜在风险

金融危机后发达国家实施的量化宽松货币政策为资本市场提供了大量廉价资金，且这些资金多流入新兴市场国家，推动新兴市场经济过热和资产市场繁荣，同时也掩盖了一些结构性问题。雷曼兄弟倒闭后，美国实施了三轮量化宽松货币政策，它

们对新兴市场的影响是存在差异的。QE1 有效地避免了全球金融市场崩溃的风险,刺激全球金融市场的债券收益率和风险溢价下降,新兴市场的资本流入开始正常化。然而,美联储实施 QE2 和 QE3 时,部分新兴市场国家存在经济过热迹象。2009 年三季度到 2011 年中期,新兴市场经济增长较快,货币显著升值,美联储在这时候推出 QE 给新兴市场带来更高水平的资本流入,刺激总需求,导致国内通胀和货币升值,其对新兴市场的不利影响明显高于 QE1。

新兴市场资本流入在 2013 年 1 月达到峰值,从 2013 年一季度开始放缓。2013 年 4 月以来,国际金融市场日益关注发达经济体宽松货币政策的退出战略,美联储和英格兰银行正在逐步接近货币政策正常化,2014 年美联储已经结束资产购买计划,2015 年美联储已提高利率,不过欧洲央行和日本央行仍然会继续实施扩张性货币政策。由于美元在国际经济交易和国际资本市场上占据主导地位,美联储退出宽松货币政策将会抬升美国国债利率水平,进而改变全球利率水平与结构。根据国会预算办公室(CBO)预计,美国 10 年期国债收益率将在 2019 年升至 5% 以上,并在未来五年中一直高于 5%,未来全球将不可避免地承受利率上升所带来的冲击。由于美国国债市场是全球最大也是最活跃的债券市场,各类投资者,包括共同基金、银行、保险公司、养老基金、外国政府及个人投资者等都配置美国国债。而美国国债一向被视为全球无风险债券,其收益率为无风险利率,因此成为全球金融市场的资产价格风向标和定价基础。美国退出量化宽松所带来的政策转向,会给全球流动性带来深刻的转变。

历史经验表明,美联储加息通常会给新兴市场带来波动,包括资本流出、实际汇率贬值、股价下跌和借贷成本上升。弗兰舍尔(Fratzscher,2012)采用事件分析法,发现 QE 的声明对股权资金和债券资金流入新兴市场国家的影响显著。如果美联储采取渐进式的方法退出 QE,可能只会给国际金融市场带来短暂波动,但也不能完全排除持续大幅度的金融波动。即使美联储采取渐进方式退出宽松货币政策,也不是所有国家都能避免金融波动,那些拥有较高经常账户逆差的国家,而且这种逆差主要是通过债务融资来实现,国内财政状况又较为脆弱,当资本流入时大幅扩张信贷,对廉价的国际资金依赖度太高,那么,当美联储开始退出 QE 时,充裕的廉价国际资金难以获得,将会面临资本流入减少甚至逆转的情况,这就容易带来汇率贬值、资产价格下跌和经济下滑,严重的甚至会造成金融危机。

美国十年期国债存量的 2/3 被私人部门持有,它们对美联储减持资产十分敏感。2013 年 5 月和 6 月,美联储首次提到 2013 年下半年可能削减每月资产购买计划,12 月美联储宣布从 2014 年 1 月开始每月削减 100 亿美元券购买规模。这些事件导致美国政府债券收益率上升,新兴市场资本流出、汇率贬值、资产价格下跌和国内长期利率上升。尽管 2013 年 5—6 月新兴市场资本流动总体平稳,但是巴西、印度、印度尼西亚、南非和土耳其等金融和宏观经济较为脆弱的经济体受到的影响非常显著(见表 6-3)。2013 年 9 月美联储宣布不缩减资产购买规模的决定使得新兴市场有所好转,但是在 12 月美联储宣布缩减 QE 后,部分经济体面临风险资产价格下跌。根据世界银行的研究,2009—2013 年发展中国家私人资本流入的影响因素中,美国短期利率的贡献占 3.8%,美国量化宽松货币政策的效应占 12.8%,美国收益率曲线的贡献占到 20.1%,风险偏好变化(VIX)的贡献占到 25.7%。在基准情形下,QE 退出大致减少 10% 的新兴市场资本流入,导致 2016 年发展中国家 GDP 下降 0.6%。

美联储退出 QE 对于不同类型的新兴市场国家影响会有差异,那些拥有良好宏观基本面和更优良制度的新兴市场所受的影响更小一些,而那些经常逆差较高、通胀率较高、国际储备较低的国家,受到的冲击会更大。其中,土耳其、南非、越南和印尼属于国内通胀水平较高的新兴市场经济体;泰国、印尼、马来西亚、越南属于利用外资过多、经常账户赤字等内外失衡明显的新兴市场经济体。2014 年 10 月欧洲经济政策研究中心(CEPR)发布的《日内瓦报告》认为,相对比较脆弱的新兴市场有巴西、智利、阿根廷、土耳其、印度、印尼、俄罗斯和南非八个国家(Fragile Eight),其特点是均表现出资本账户逆差,净国际投资头寸为负。

表 6-3 2013 年 5—6 月主要新兴市场国家宏观经济指标的变化

国　家	汇率贬值幅度(%)	股指变化率(%)	外汇储备变化率(%)	债券收益率基点变动	CDS 基点变动
巴西	12.52	-8.92	-1.69	55.87	64.06
俄罗斯	4.63	0.42	-3.32	24.95	35.95
印度	9.98	4.04	-4.77	n.a.	n.a.
印度尼西亚	3.58	-10.01	-13.61	64.75	64.06
中国	-0.85	-6.49	0.38	23.54	51.78
南非	8.96	3.07	-5.42	57.68	48.17
土耳其	7.61	-12.16	-8.20	40.85	66.97

资料来源:根据彭博咨询数据计算得到。

在量化宽松政策期间,实际汇率升值幅度最大、经常账户逆差最大的国家,在 QE 退出时货币贬值最明显,储备损失及股价下跌的幅度也更大(Eichengreen 和 Gupta,2013)。拉埃(Rai)和苏查内克(Suchanek)(2014)发现,新兴市场对美联储关于每月资产购买速度的声明和决策反应强烈。2013 年 5 月 22 日到 6 月 19 日,新兴市场的汇率、股市、债市波动都大于 6 月份之后的一段时期。他们的实证结果也表明,那些经济增长较为低迷、经常账户逆差、外债水平较高、外汇储备较低、生产率增长较为缓慢的经济体,出现了更大幅度的汇率贬值和股市下跌,且资本流动对 QE 退出声明的反应也更敏感。

美联储启动加息进程后,美元进一步升值,全球资金流向可能逆转,从新兴市场流出的压力加大,而且资金将从欧洲和新兴市场流向美国,部分基本面好、改革前景明朗的新兴市场反而可能与美国一道,成为全球资金追寻的目的地。

第六节　全球流动性的失衡、监测及管理

一、全球流动性的失衡

全球流动性的分布失衡表现在五个方面:一是流动性在不同经济体之间的分布不均衡。美欧主要发达经济体的流动性规模远远大于发展中国家,这主要得益于发达经济体的经济活动和金融交易活动的密集。发展中国家由于金融广度和深度仍然不足,金融创新相对简单,为此广义上的流动性的规模相对有限。二是流动性过度集中于虚拟经济部门,证券产品和金融衍生品合计占全球流动性的 90%,大约为 GDP 的 10 倍。三是期限错配。金融体系的资产负债表上的资产多是长期的,负债多是短期的。当经济和市场形势发生变化时,短期负债偿还压力较大,但长期资产变现的流动性不好,就产生了明显的期限错配问题。四是货币错配。在流动性创造的过程中,不同货币之间的融资往往是非常容易的,比如欧洲银行业通过美国债券市场获得美元资产,但欧洲银行业的负债大部分是欧元。当美元资产大幅贬值,欧洲银行业就面临资产的贬值和负债的"升值"的双重压力。五是流动性变化的非对称性,包括不同信贷者对相同货币的信贷政策的反应是不一样的,离岸市场流动性的弹性高于在岸市场,以及金融风险的不同阶段的流动性弹性不一样,景气时期流动性加速上升,而危机时期流动性迅速消失。

全球流动性扩张及其失衡刺激了经济扩张,造成全球商品价格和资产价格的上升。当危机来临时,金融市场的流动性迅速枯竭,全球净资本流入占 GDP 的比例迅速下降,使得全球金融机构陷入困境。这种流动性的大起大落,对全球经济与金融体系的稳定以及各国宏观金融稳定都产生了重要的影响。全球流动性受主要央行的货币政策、汇率安排、金融创新和风险偏好的影响,主要经济体的流动性创造和信贷扩张通过资本流动和汇率渠道传导到其他经济体。一国流动性从本国来看可能是合理的,但是可能导致全球流动性的过剩或不足。因此,需要加强全球流动性的监测和管理,主要经济体的央行和制定宏观审慎政策的机构需要协调配合,确保全球流动性与

可持续增长相一致。

二、全球流动性的监测评估

流动性管理的首要任务就是流动性合理程度的监测和管理。这里涉及两个问题，即流动性的不足和过剩。对于流动性不足，国际社会具有较为广泛的共识，即要提高全球在金融危机时刻的流动性救助，有短期拆借利率、TED利差等指标。但是，对于流动性过剩，国际社会分歧较大，针对流动性的治理需要分清流动性过剩的根源，但是不同经济体对流动性过剩的根源存在根本性的分歧，同时监测主体也存在实质性分歧。关于流动性过剩的管理仍然没有较为合理且被广泛接受的管理框架和指标。

目前IMF和BIS为全球流动性监测机制的发展作出了重要努力，提出了全球流动性的系列评价指标。但是，对这些指标进行监测时，会遇到三个问题：一是无法确定全球流动性的最优水平，来促进可持续的全球增长和金融稳定；二是只有部分国家提供资金流量表，缺乏数据；三是金融市场瞬息万变，使得全球流动性指标的内涵不断发生变化。不同的金融机构和投资者对流动性驱动因素的反应是有差异的，而且这种反应程度会随着经济、金融周期和市场结构的变化而变化，私人流动性和官方流动性之间相互循环，如果依赖某些指标来监测全球流动性，很容易出现偏颇。

尽管如此，全球流动性的监测仍可从多个环节入手：一是中央银行的基础货币；二是广义货币；三是IMF或国际清算银行定义的全球流动性总量（限于金融部门）；四是IMF统计手册定义的流动性总量（涉及金融、公司和政府部门）；五是跨境流动性。前四个指标可以通过收集国别数据加以汇总，但汇总需要解决统计口径、汇率和权重的选择等问题。对跨境流动性的监测是难点所在，但国际清算银行已经有一些初步的进展，定期每个季度发布关于全球流动性的指标。在实际操作中，不仅需要监测这些指标的变化，更需要观察影响全球流动性的系列驱动因素，包括VIX和TED利差、政策利率、收益率曲线、主要融资国的资产负债表规模等，分析全球流动性如何从发达经济体，通过金融中介资产负债表、跨境资本流动等形式进行传导，并结合各国具体情况和信贷数据对这些指标进行比较。

三、全球流动性的管理机制

全球流动性管理机制主要包括流动性的监测评估、协调管理、激励惩罚机制等。G20和IMF等尚未对全球流动性的管理机制制定明确的框架并作出具体的安排。由IMF前总裁康德苏领导的研究小组发布的《康德苏报告》提出了"全球流动性管理"的具体倡议，它所强调的就是基于协调合作机制的全球流动性管理框架，这一框架包括三个层面：一是在 IMF 建立针对所有成员国的更为严格有效的评估和监督体系；二是通过全球流动管理框架的合作，来协调各国财政、货币和金融政策，建立起流动性的宏观审慎及合作框架；三是建立相应流动性管理的激励和惩罚机制。激励机制包括：获得 IMF 贷款支持（包括"灵活信贷"和"预防信贷"）和出售特别提款权资格；惩罚机制包括：公开通报成员国的错误政策、罚款、冻结该国在 IMF 的部分投票权或通过世贸组织实施贸易制裁。

与监测评估机制相关的就是流动性管理参考指南，出于全球流动性的宏观管理，出台流动性管理指南具有一定的必然性，但是由于流动性过剩等根源的分歧，管理指南需要更多地考虑不同经济体的诉求。IMF 认为流动性风险是本次金融危机的核心风险之一，建议采用三种方法衡量金融体系的流动性风险，用于构建相关的宏观审慎工具。一是基于市场的系统流动性风险指数，可用以反映压力时期出现的利差扩大情况。二是经系统性风险调整的流动性模型，将金融资产负债表和市场数据结合在一起，用具有前瞻性并以风险为基础的方式测量金融机构的流动性风险。三是宏观压力测试模型，通过确定一组机构在多大程度上接近资不抵债从而无法为自身融资的境况，来测量不利的宏观经济或金融环境对该组机构流动性风险的影响。但是，IMF 流动性风险监测指标主要针对的是金融机构，对于全球宏观流动性风险的管理尚未出台相应的管理指南。

考虑到官方流动性的国际传导及其溢出效应，IMF 需要从国别和全球层面进行协调管理。首先，从全球来看，需要在 IMF 现有的多边监测框架中加强流动性状况的分析。比如，在《世界经济展望》报告中，在全球经济预测之外，加入全球流动性周期的分析；在《全球金融稳定报告》中，加强对流动性状况的监测。其次，将流动性监测融入到双边监测框架中。IMF 的《溢出效应》报告专门研究系统性的政策冲击和全球经济之间的互动，评估全球金融状况隐含的风险，形成全球风险评估矩阵，有利于直接推进双边监测讨论。而且，IMF 还需要进一步评估全球流动性状况对各国的影响。再者，IMF 需要进行更多的研究和务实的工作，推进对于全球流动性驱动因素及其影响的分析，并完善相应的监管框架。比如，识别全球资金供给驱动因素中的价格因素和非价格因素，探讨它们的一般均衡性质和国别反应；进一步分析 G4 国家的官方流动性与私人流动性创造及其与影子银行体系的关系；进一步评估各种监测指标的有效性；在 IMF 的双边和多边监测框架中采用简单、可获得的指标对全球金融状况进行更具系统性的定期监测。

近年来流动性管理机制的讨论更加注重技术问题，重点是全球流动性管理指标的设计，希望出台相关的流动性管理的技术指南，而对本质和总量问题采取善意忽视的态度。美国则认为需要首先强化流动性监测体系的建立，率先建立流动性监测的指标。实际上,流动性管理机制更本质的问题是流动性的创造及放大过程的管理,流动性创造的基础是 G4(美国、英国、欧元区、日本)所关注的货币供给,流动性放大是信贷扩张及金融创新的过程,也是货币政策当局和金融监管当局的重要领域,是宏观审慎管理框架的重要内容。货币供给的适宜性和金融发展的审慎性对于流动性管理而言更为本质,而流动性监测及流动性管理技术指南更多是技术问题。

四、全球流动性的政策应对

全球流动性管理的主要任务是有效应对流动性的短缺或过剩。流动性过剩是私人流动性增加和扩张性政策环境下金融不均衡风险逐步累积的过程;流动性短缺一般是危机使货币或流动性的派生和传导机制突然失效,私人流动性面临枯竭,这时需要由储备货币国提供官方流动性。因此,应对全球流动性冲击,宜从减轻私人流动性冲击和有效提供官方流动性以应对全球流动性的突然紧缺两方面入手:针对流动性过剩,一般是由各种审慎监管政策和金融改革来控制金融机构流动性的过度增加,减轻对信贷和资产价格的冲击;针对流动性短缺,一般运用外汇储备应对流动性危机或各国央行的货币互换以及其他调节流动性国际分布的工具、IMF 进行的制度安排,支援地域性流动性,避免全球流动性的突然紧缺并防止金融体系和经济增长遭到破坏。

全球流动性过剩是全球流动性管理的难点,目前欧美的流行观点是发达经济体的官方流动性在全球金融体系的作用很小,全球流动性主要取决于民间金融部门的风险偏好、杠杆率、经济的不确定性和全球经济增长,但问题是,欧美的利率水平及其变化可以影响到全球流动性的驱动因素,IMF 和 BIS 均未能信服地识别 G4(美国、英国、日本、欧元区)货币政策对全球流动性的影响。从各国的实践和做法来看,主要有四道防线来进行全球流动性过剩的管理:

一是约束储备货币发行国的货币发行行为,或者要求储备货币发行国的政策行为不仅应注重国内经济金融稳定,还需要关注本国货币政策的外溢效应。

二是采取微观审慎措施来监管过度杠杆化、过多承担风险和创造信用。通过对商业银行提出更严格的资本要求、引入流动资金覆盖率(LCR)和净稳定资金比率(NSFR)监督流动性风险,加强资本充足率监管与流动性监管,抑制金融机构的冒险行为,提高金融机构的健全性和稳定性,降低金融体系的顺周期性,减轻私人流动性的波动。同时,现有的金融监管规则难以约束影子银行等为规避监管而不断出现的金融创新,有必要加强影子银行体系的监测和监管,推进场外衍生品市场改革,以避免全球流动性周期放大带来的不利影响。

三是鉴于微观审慎政策难以避免金融机构交易转移,降低监管效果,因此必须针对全球流动性特征进行整体的制度设计,制定宏观审慎政策,降低系统重要性机构的风险和资产价格的波动,减少金融体系的顺周期性,抑制全球流动性冲击在各金融机构间的传导。

四是通过汇率调整、国内货币政策紧缩或冲销操作和资本管制等国内政策,减弱全球流动性和通胀压力向本国的传导,对冲全球流动性的泛滥。一般来说,富有弹性的汇率制度、更为严格的资本监管要求和资本管制政策,都有利于降低跨境银行信贷的顺周期性和全球流动性的冲击(IMF,2014)。如果全球流动性从 25 分位数上升到 75 分位数:在固定汇率制度下,借款国跨境银行贷款上升 16%;在浮动汇率制度下,仅上升 6%;对 GDP 的影响分别为 7%和 5%。如果借款国实施更为严格的资本管制政策,跨境银行借贷会降低 14.5%,反之只会降低 6%;对实体经济的影响分别为 8%和 5%。如果借款国家实施更为严格的银行监管政策,会导致跨境银行借贷降低 10%,反之则只会降低 4%。

为应对全球流动性的短缺,各国也主要建立四道防线来提供官方流动性:第一道防线是积累官方外汇储备。这可以帮助非储备货币国向国内企业和金融机构提供外币流动性,稳定金融市场参与者的信心,影响市场情绪和风险溢价,防止国内金融体系动荡,为国内经济的调整提供足够的缓冲时间。但近年来外汇储备数额一直呈上升趋势,从而带来各种风险的上升、操作上的挑战和对冲成本的增加。一国需要根据本国具体情况加以权衡取舍。

第二道防线是中央银行之间的货币合作,包括央行间的货币互换协议和回购交易以及一国央行向非本国金融机构提供的跨境担保安排。央行间货币互换的优点是灵活有效,但在很大程度上取决于双边关系,难以机制化和多边化。

第三道防线是区域货币合作。欧洲稳定基金在欧洲主权债务危机中发挥了重要作用。亚洲"清迈倡议"下的多边储备库虽尚未启动但有发展潜力。

第四道防线是 IMF 的融资便利和特别提款权。现有 IMF 的预防性设施运行较为良好,但是仍然需要保持当前的贷款条件。SDR 是国际货币基金组织创设的一种储备资产和记账单位。成员国发生国际收支逆差时,可用它向 IMF 指定的成员国换取可自由兑换货币,还可像黄金一样充当国际储备。然而,2008 年国际金融危机后分配 2500 亿美元以后并没有动用多少,而且分配机制不合理,还取决于篮子货币发行央行的支持,应通过改进分配机制、扩大其流通和使用来弥补现有不足。此外,IMF 还可以在现有流动性支持措施的基础上,利用新兴市场国家的超额外汇储备,来应对全球流动性冲击。目前新兴市场经济体大约持有 2.1 万亿美元的美国政府债券和 6.5 万亿美元的外汇储备,其外汇储备水平远远超过预防性动机所需要的。IMF可以借入这些超额储备,动用它们支持那些流动性短缺的国家(如欧洲债务危机中的希腊、爱尔兰等国家),来稳定国际货币体系。

　　无论是应对全球流动性过剩还是流动性短缺,各国都需要加强结构性改革,改善各国的经济基本面。全球流动性周期与国内经济基本面的脆弱性相互结合,给各国金融市场带来波动甚至危机。比如,亚洲金融危机暴露了银行体系监管和公司治理的脆弱性,2008年的国际金融危机暴露了金融监管滞后于金融创新,尤其是对影子银行体系的监管不足和对宏观审慎监管的关注不够;欧洲主权债务危机的根源在于财政纪律约束不够以及各成员国生产率的差异带来的国际收支失衡,使得资本流入欧元区的外围国家而后又骤然停止。很显然,各国的政策反应应该主要集中于国内的结构性改革,提高生产率和潜在增长水平。财政政策应确保中期可持续性,为促进结构化改革的增长提供腾挪的空间。

　　总之,全球流动性的变化给各国的金融市场和宏观经济带来了严峻的挑战。应对全球流动性的政策反应要求采用一致的框架来处理全球流动性周期的所有阶段,包括流动性过剩和流动性短缺阶段。这一框架依赖于宏微观审慎政策和加强金融监管、国内政策调整和结构性改革,以及危机时采取国际合作来提供流动性等多道防线。尽管应对全球流动性冲击的政策可以稳定金融市场参与者的信心,但是必须将这种好处与可能存在的道德风险、货币政策独立性受损以及流动性带来的金融风险等弊端相权衡。后危机时期,各国政府正逐步增强对于全球流动性和金融周期的理解,通过执行微观和宏观审慎政策来管理风险,减少金融领域的周期性影响,为中长期的可持续稳健发展创造条件。

第七章　国际资本流动管理：
新趋势及新框架

苟　琴[*]

◇──◇──◇──◇──◇──◇──◇──◇──◇──◇──◇──◇──◇──◇──◇──◇──◇──◇──◇──◇

第一节　近年来国际资本流动的新趋势：特征和原因

一、国际资本流动新趋势：规模大、波动频繁

2008 年国际金融危机前，国际资本流动规模总体趋势与全球资本账户自由化的历史趋势相一致（见图 7-1）。20 世纪 80 年代到 90 年代，随着发达经济体资本账户自由化浪潮的推进，全球资本流动规模有所上升；进入 90 年代之后，发展中国家相继放松对资本账户的管制，进一步推动全球资本流动规模扩张。直到 2008 年金融危机之前，发达经济体的资本流动规模显著上升，新兴市场经济体也呈现出稳步增长的态势。整个阶段，资本账户自由化程度更高的发达经济体，国际资本流动规模一直高于新兴经济体，并不断拉大与新兴市场经济体间的差距。

伴随金融危机爆发，2008 年新兴市场经济体和发达经济体的资本流动规模均出现了明显下降。危机后，国际资本流动动荡加剧，新兴市场经济体的国际资本流动规模迅猛上升，首次大幅缩小与发达经济体间的差距。随后新兴市场经济体和发达经济体国际资本流动规模经历大幅扩张和收缩的波动阶段。危机后国际资本流动呈现出规模大、往返频率高、方向交替快等主要特征。纵观历史上多次金融危机，国际资本流动冲击都是金融危机形成及传播的重要因素，诸如 20 世纪 80 年代拉美国家货币危机、90 年代初欧洲货币体系危机、1997 年亚洲金融危机等。面对大规模的资本流动，

＊　苟琴：中央财经大学金融学院讲师。

各经济体特别是新兴市场经济体的经济和金融稳定面临着极大的挑战。对于国际资本流动管理的紧迫性和重要性，国际社会已逐渐形成新的共识。

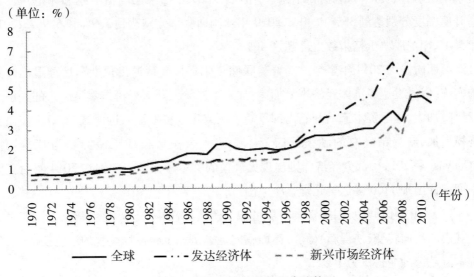

图 7-1　国际资本流动的历史趋势

注：国际资本流动规模采用各国对外资产和对外负债存量之和占 GDP 的比值反映。
资料来源：Lane 和 Milesi-Ferretti（2007）及其更新。

　　具体来看，2008 年国际金融危机爆发前后，国际资本流动波动加剧，其流动趋势可大致划分为四个阶段。第一阶段为危机发生前，由于全球流动性充裕，2005—2007 年期间私人资本快速涌入新兴市场经济体，新兴市场总资本流入占其 GDP 的比重在 2007 年达到历史高点，超过 8%（Collyns 等，2014）。大规模国际流动性的注入致使不少经济体面临经济金融过热局势。

　　第二阶段为危机发生后，2008 年到 2009 年期间。这一时期，发达经济体受到国际金融危机冲击，金融体系陷入困境，实体经济遭受重创，金融去杠杆过程加速，阻断了资本扩张机制和流动性补充源泉，导致全球流动性快速枯竭。大量国际资本从新兴市场急剧抽逃，资本流入规模一度降到危机前一半的水平，引发新兴市场经济体外汇储备大量流失（Collyns 等，2014）。

　　第三阶段为 2009 年至 2013 年。为了挽救陷入危机的金融市场和提振复苏乏力的实体经济，主要发达经济体（美国、日本和英国）相继推出多轮货币宽松政策，通过维持低利率水平、实施非常规量化宽松政策向金融市场注入巨额低成本流动性，全球流动性快速扩张。资本逐利的本质吸引新增流动性从恢复缓慢的发达经济体再次涌入复苏势头强劲的新兴市场经济体。这一期间，亚洲、拉丁美洲等经济体净资本流入规模已超过金融危机之前的平均水平，其中中国、巴西、印度、印度尼西亚等国资本流入规模远远超过金融危机前水平,秘鲁、南非和土耳其等国资本流入规模则接近危机前最高水平。大规模资本流入为这些经济体注入资本的同时,也导致其面临高通胀、汇率币值飙升、资产价格高涨的困境。例如,2009 年以来巴西雷亚尔和印尼卢比最高升值幅度分别达到35%和40%,2010 年两国通胀率分别达到 5.9%和 6.96%;2010 年泰国、印尼股票价格指数上涨超过40%。

第四阶段为 2014 年至今。随着美联储量化宽松政策退出预期和后续退出政策的实施,以及发达经济体经济恢复加速,加之上一阶段新兴经济体集聚起来的经济运行风险加大,国际资本流动开始出现反转。新兴市场资本流入迅速减少,资本流出大规模增加,新兴市场总的私人部门资本净流入余额从长期顺差转变为基本均衡(Collyns 等,2014),部分经济体则出现大规模的资本净流出。中国在 2014 年后三个季度累计出现 1100 多亿美元资本净流出。

过去 10 年时间中,国际资本市场可谓云谲波诡,国际资本豕突狼奔,上演着多次大规模的流向转变,使得新兴经济体面临宏观经济和金融市场紊乱的艰巨挑战,国际资本流动管理变得极为重要。

从资本流动构成来看,证券类投资资本流动及转变是推动近年来国际资本流动趋势的主要力量,从而加大了跨境资本流动的波动性。发达经济体资本流入一直以证券业务投资和其他投资为主,资本流出以证券业务投资、其他投资和直接投资为主,这一资本流动结构在危机前后变化不大(见图 7-2 和图 7-3)。然而,对于新兴市场经济体,资本流动的结构在危机前后发生了较大的变化(见图 7-4 和图 7-5)。从资本流动的构成来看,无论是流入还是流出,直接投资一直占据总流动的一半左右。危机之后,由于新兴市场经济体为防止短期资本大规模流入流出,对短期资本流动进行了限制,直接投资的比重进一步上涨,证券业务投资和国际借贷等其他投资比重较小,但与危机前相比,证券投资流出比重大幅上升,而国际借贷等其他投资比重大幅降低。从各类流动资本的属性来看,证券投资资本的波动性明显大于直接投资和国际借贷资本。危机后新兴市场经济体证券投资资本比重的上升加大了跨境资本流动的波动性。

二、国际资本流动新趋势:原因及挑战

近年来国际资本流动日益加剧,这与全球经济形势以及发达经济体的经济政策调整密切相关。危机爆发后,全球经济走势分化,受到危机重创的发达经济体经济一度陷入停滞甚至出现经济衰退,复苏乏力;而新兴市场经济体所受冲击较小,经济恢复较快。分化的经济走势,一时之间引导国际资本大量涌入吸收能力更强的新兴市场经济体。

（单位：%）

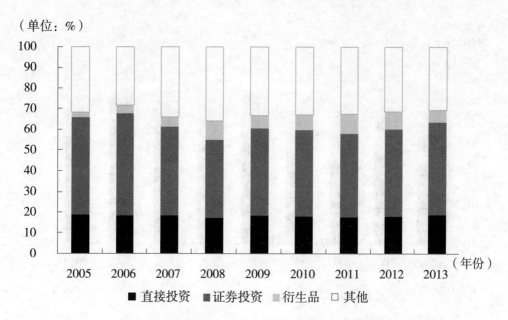

图 7-2 发达国家资本流入及构成（占 GDP 的比重）

资料来源:Lane 和 Milesi-Ferretti(2007)及其更新。

（单位：%）

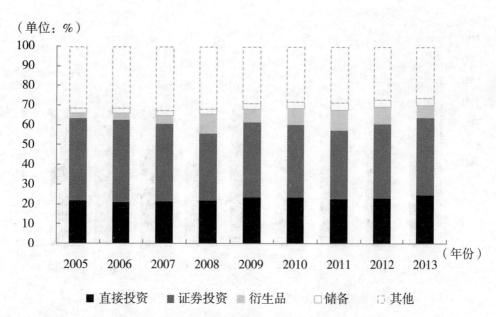

图 7-3 发达国家资本流出及构成（占 GDP 比重）

资料来源:Lane 和 Milesi-Ferretti(2007)及其更新。

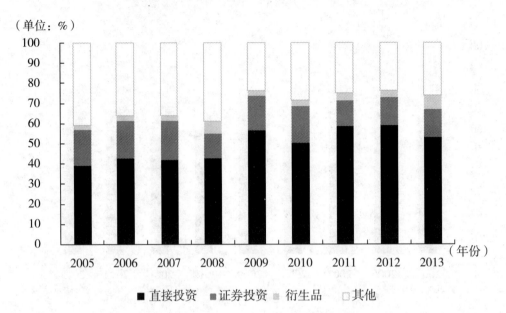

图7-4 新兴经济体资本流入:规模及结构

资料来源:Lane 和 Milesi-Ferretti(2007)及其更新。

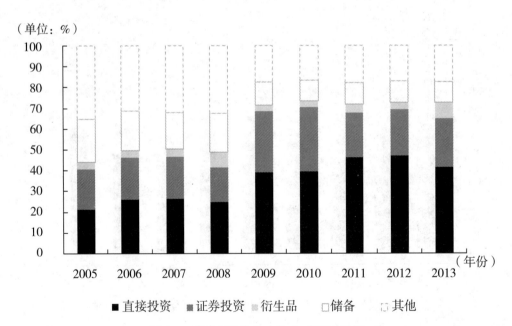

图7-5 新兴经济体资本流出:规模及结构

资料来源:Lane 和 Milesi-Ferretti(2007)及其更新。

这促成了危机后第一波大幅流入新兴市场经济体的资本流动。

与此同时,发达经济体(美国、日本和欧元区)为重振复苏乏力的实体经济,挽救陷入危机的金融业,保持政府债务可持续性,实施金融压抑政策,降低政策利率,并相继推出大规模量化宽松政策。这一时期,美国、英国、欧元区实际利率为负,日本实际利率接近于零。发达经济体的宽松政策推波助澜,将巨额低成本资本注入国际资本市场,引发流动性泛滥,新兴市场经济体再次成为国际资本的最终目的地。资本流入引发国内资产价格高涨以及通胀压力加大,新兴市场经济体货币政策独立性受到掣肘,不得不将应对危机冲击的宽松货币政策调整为紧缩性的政策,这进一步拉大新兴市场经济体与发达经济体的实际利差,逐利资本从宽松国家涌入新兴市场经济体。随着发达经济体宽松政策的退出预期加强并最终实施,以及发达经济体经济恢复速度提升,流入新兴市场经济体的资本开始重返发达经济体。可以说,发达经济体经济政策的调整以及调整的不确定性在很大程度上加剧了全球流动性波动,极大地威胁着新兴市场经济体宏观经济和金融稳定。

对于新兴市场经济体而言,国际资本流动加剧带来极大的政策挑战。虽然资本流入有助于降低国内资金成本、弥补国内资本不足,但是资本流入过度则可能对新兴市场经济体宏观经济管理带来诸多挑战。国际资本大规模流入导致宏观经济层面的汇率上行、债券收益率下行、通货膨胀高企,金融层面资产价格上涨、市场频繁波动,进而增大宏观经济风险和加剧金融不稳定,给新兴市场经济体宏观经济政策带来不小压力。特别是,当国内或国际环境发生转变,资本流入"骤停"甚至出现逆转大幅流出时,新兴市场经济体将面临货币贬值、资产泡沫破裂的威胁,进而遭遇金融危机或者经济危机。各国决策者对资本流入的风险表现出相当的忧虑。如何应对和管理国际资本流动,成为新兴经济体紧迫而重要的政策议题。

第二节　国际资本流动管理:政策新实践

面对全球资本流动格局的动荡,国际资本流动管理的紧迫性和重要性已成为新的共识。资本管制和资本项目自由化重新成为各国政府、国际组织、经济学界十分关注的政策问题。政策实践方面,新兴市场经济体为应对大幅流入的国际资本,保证货币政策独立性,维持宏观经济和金融体系稳定,除了运用货币政策、财政政策和汇率政策这类传统开放经济政策协调工具外,还频繁采取资本账户管制和宏观审慎政策等措施管理国际资本流动。这些政策实践得到了广泛认可(IMF,2011a,2011b,2012a;Qureshi 等,2011)。表7-1概括整理了部分新兴市场经济体为应对资本流入和流出而采取的资本流动管理措施。这些管制措施既包括资本管制措施,也包括宏观审慎政策。

表 7-1　危机后部分经济体资本流动管理措施

经济体	年份	管 理 措 施	类 型
资本流入管制			
印度	2007	对居民外币借款实行数量控制,并禁止将外币借款兑换成卢比	数量型
巴西	2009	国外资本对股票和固定收益市场投资征收 2% 的交易税	价格型
巴西	2010	国外资本将固定收益市场交易税率提高到 6%	价格型
巴西	2011	对短期境外贷款征收 6% 的金融交易税	价格型
秘鲁	2010	非居民购买中央银行票据交易费率从 10 个基点提高到 400 个基点	价格型
泰国	2010	非居民新购国债所获得利息收入和资本利得税扣缴 15% 的税	价格型
韩国	2010	限制本地商业银行所持有的外汇衍生产品规模不得超过银行资本金的 50%,外国银行分行不得超过其资本金的 2.5 倍	数量型 宏观审慎
韩国	2010	恢复外国在韩投资的利息税,并对银行所持外债征税	价格型
印度尼西亚	2011	中央银行债券在最低 6 个月持有期后方可交易,银行对外短期借款占资本金比重不超过 30%	数量型 宏观审慎
韩国	2011	恢复扣缴国外居民从财政和货币稳定债券投资所获得的利息收入和转让收益税	价格型
巴西	2012	对五年期以内的境外贷款征收 6% 金融交易税	价格型
印度	2012	印度央行要求印度出口商把 50% 的外汇收入兑换为印度卢比,以遏制卢比的贬值趋势	数量型
巴西	2014	对境外贷款征收 6% 的金融交易税的期限缩短至半年	价格型
资本流出管制			
冰岛	2008	停止资本项下境内货币可兑换	数量型
乌克兰	2008	非居民将乌克兰本币兑换外币需等候 5 天	数量型

资料来源:IMF(2012a)、Gochoco-Bautista 和 Rhee(2013)及笔者整理。

资本管制政策和审慎政策的区别在于,资本管制政策指对本国居民与外国居民区别对待以影响资本流动的措施(IMF,2012a),是在国内所有参与主体(借款者和储蓄者)与国外所有参与主体之间的资本交易行为实施管制,从而将国内市场与国际市场分隔开,而宏观审慎政策是在国内借款者与国内外所有储蓄者之间的资本交易行为施加管制(见图 7-6)。宏观审慎政策增加借款者的借款成本,而对贷款者无影响;与之相反,资本管制政策通过设置国内市场和国际市场间的交易障碍,同时提高国内借款者和贷款者的利率成本。换言之,资本管制政策实质上是对国内和国外交易主体实施了截然不同的政策,具有歧视性质;但宏观审慎政策并不是针对交易主体的国别身份而制定,不具有歧视性质。在 IMF 新框架中,为确保各国行为保持多边一致,具有歧视性质的资本管制政策应作为最后的政策措施。

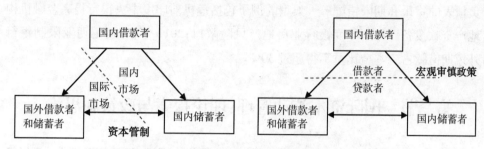

图 7-6　资本管制政策与宏观审慎政策的区别

资料来源:Ostry(2010)、Korinek & Sandri(2014)以及笔者整理。

2008 年国际金融危机以来,国际资本管制一改此前的放松趋势,全球各国整体加强了对资本流动的管制程度。大部分新兴市场经济体通过收紧或引入资本管制来抑制资本流入浪潮,部分原来一直保持严格管制的国家放慢了资本账户自由化的步伐,原来资本账户已相当开放的国家重新引入资本管制措施,特别是针对资本流入方面。资本管制可以划分为市场性管制与行政性管制两类,也分别被称为价格型和数量型管制措施。价格型措施通过直接或间接的税收管制措施,或者对本国与外国账户要求不同水平的银行准备金,或者对银行的外汇头寸实行严格的无息储备金要求等,不一而足,以此增加跨境资本交易成本,管理国际资本流动规模和结构,是短期内管理国际资本流动和应对国际资本冲击的主要手段。其中典型的例子如:2009 年 10月,巴西开始针对外国资本投资本国股票和债券征收 2%的交易税,并在 2010 年将固定收益投资的税率提高到 6%,以阻止投资过热,缓和雷亚尔升值走势;2011 年,巴西进一步对投资期限低于 5 年的境外贷款征收 6%的金融交易税,对货币衍生交易征收1%的税率。随着雷亚尔币值降低,该国逐渐放松或者取消了这些管制措施。

数量型管制措施直接对跨境资本交易资格、交易规模、货币汇兑等实行直接数量管制。典型的例子包括:2007 年 8 月,印度对居民外币借款实行数量控制,并禁止将外币(借款)兑换成卢比;2012 年 5 月,印度央行要求所有印度出口商必须把 50%的外汇收入兑换为印度卢比,以遏制卢比的贬值趋势。2010 年 6 月,韩国决定对外汇衍生产品头寸的积累进行管制,限制本地商业银行所持有的外汇衍生产品规模不得超过银行资本金的 50%,外国银行分行则不得超过其资本金的 2.5 倍。

一些国家也采用国内宏观审慎政策工具应对资本流动冲击(刘仁伍,2010)。这类政策主要是基于价格和数量措施,通过逆周期的宏观审慎政策,加强金融体系监管,限制信贷过度扩张,确保贷款质量,保障金融机构稳健性,以降低国内金融体系脆弱性,并引导国内外投资者预期,间接控制资本冲击风险(邓敏和蓝发钦,2012)。其主要措施包括提高银行业贷款损失拨备、提高银行资本充足率要求、限制金融机构资产负债表的货币和期限错配等。典型的例子包括危机前印度中央银行提高金融机构房地产贷款拨备以控制印度银行业房地产风险敞口;2011年,印度尼西亚限制银行对外短期借款占资本金比重不得超过30%。

第三节 国际资本流动管理:理论探索与政策新思维

在金融危机之后的几年当中,发达经济体货币政策宽松,经济增长乏力,新兴经济体相对而言有着更高的增长率与利率,跨境资本大规模涌入新兴经济体,后者为应对风险采取一系列资本管制措施,一定程度地缓解了汇率升值与资产价格高企的压力。资本流动模式与部分国家资本管制的成功经验进一步推动了国际组织、各国政府对资本流动管理态度的转变,也引发了广泛深入的理论探讨。

一、国际资本流动管理:传统理论

近数十年来,资本管制一直是国际经济学界极富争议的话题之一,支持方与反对方在理论上与实践上都各有支撑。反对资本管制的理由主要落脚于资本账户自由化可能带来潜在收益,而资本管制往往成本很高。资本自由流动潜在收益包括以下方面:一是资本的跨境自由流动可以改善资源配置,加速金融深化,促进制度建设并完善治理结构,从而推动全球经济特别是发展中国家的经济增长(Quinn 和 Toyoda,2008);二是资本的跨境自由流动宣示了相应国家执行负责任的经济政策的决心,否则,资本将会外流,从而使失职政府受到惩罚(Bartolini 和 Drazen,1997);三是资本的自由流动可以使国内居民得以分散风险。而资本管制往往成本很高,对资本流动的管制将导致市场价格扭曲、宏观经济失衡和腐败(余永定和张明,2012)。资本管制往往可能无效,因为国际投资者很容易规避管制。而且,实施资本管制的国家在承担管制成本的同时,丧失了资本自由化的潜在收益,同时还难以达到管制的效果和目的。因此,资本管制既是无效率的,往往也是无效的。

而支持资本管制者则重点考虑在信息不完全条件下资本自由流动所带来的市场扭曲、过度投机、道德风险等不良后果。国际资本流动放大了金融市场和经济的不稳定性,国际资本自由游走于各国资本市场之间给宏观经济调控造成了较大困难。某些形式的国际资本流动,如短期债务、套利套汇交易和相关的衍生交易等,通常会导致金融和经济不稳定。甚至长期资本流动也可能是高度顺周期的,因而也会导致金融和经济的不稳定。在资产价格高企、大规模投机资本流动频繁的时期,恰当的资本管制可以阻止大量短期资本流入和流出对经济的冲击,稳定资产价格和金融秩序。

全球资本账户管制的演变趋势与当时的历史背景基本吻合。20世纪70年代早期,布雷顿森林体系瓦解,全球各国普遍实行浮动汇率制,相比之前较强的行政管制,这一时期的资本管制放松,资本流动更为自由,但伴随而来的币值波动也引发了当时人们的关注,詹姆斯·托宾就在1972年提出了对外汇交易征税的托宾税概念,为用市场性措施管理国际资本流动奠定了基石。但进入20世纪90年代后,全球经济一片繁荣,各国纷纷强调金融市场对经济增长与发展的促进作用,并鼓励资本流入以改善金融发展。直至21世纪初期,新兴经济体货币升值,发达国家货币政策转向宽松,各国对待资本流动的态度收紧,资本管制有所加强。

二、国际资本流动管理的新框架

国际金融危机爆发以来,面对国际资本无序大规模流动,加强国际资本流动管理重新成为共识,建立全球性的国际资本流动管理规则成为国际社会呼吁和探讨的焦点。国际货币基金组织(IMF)、二十国集团(G20)、亚洲开发银行(ADB)等国际组织重新审视资本管制的必要性和重要性,致力于构建国际资本流动管理新框架。关于资本管制与资本项目自由化的理念和观点正在发生令人瞩目的变化,在应对国际资本流动的政策选择、实现多边协调方面取得一定进展。

(一) IMF 关于资本账户管制态度的转变

与商品和服务的全球贸易活动形成鲜明对比的是,国际资本流动并没有全球统一的"游戏规则"。维持全球货币体系稳定是国际货币基金组织的使命。1997年亚洲金融危机之前,IMF一直都明确主张资本自由流动,协定的第四条款写道:"国际货币体系的实质目的是提供一个框架以促进各国商品、服务和资本自由交易。"

此后受金融危机冲击,IMF意识到资本自由流动在带来各种益处的同时也伴随着一定的风险,承认了各国在推动资本项目自由化之前应该在金融稳定方面满足某些条件,同时允许成员国实施短期的管制措施。尽管如此,基金组织并没有对管理资本流动提出任何具体的原则和政策框架,直至2010年之前,IMF对于国际资本流动管理的态度都是模棱两可的,在不同的情境下有着不同的措辞。

2010年,IMF发布了《国际货币基金组织在跨境资本流动中的作用》(IMF,2010)一文,对其自身的角色进行了反思,认识到建立一个统一管理框架的紧迫性与必要性,并提到:"许多基金组织成员国在双边和区域性协议的推动下进行了资本项目自由化,但这些协议没有考虑宏观经济与金融稳定,这对于国际货币体系的稳定是不利的。"同年,IMF发布《资本流入:管制的作用》一文,探讨资本管制在国际资本流动管理中的角色（Ostry 等,2010）,并指出:只有在满足特定的条件下,包括经济达到潜在产能、汇率没被低估、外汇储备充足、资本流动是不持续的和短暂的,资本管制才应被纳入管理资本流入的政策工具组合中。

2011 年,国际货币与金融委员会呼吁"进一步寻求利用综合、灵活、平衡的方法管理资本流动",同年 IMF 发布了《近期资本流入管理经验:整体议题与可能的指导框架》(IMF,2011a)与《影响资本流动政策的多边因素》(IMF,2011b)两篇文章,首次提出,"在适宜的条件之下,允许一国利用资本管制政策限制非正常资本的流动",逐步肯定了部分新兴国家实施资本管制的成功经验,提出资本流动管理的初步框架,进一步肯定了奥斯特里等（2010）对于资本账户管制角色的认定。奥斯特里等（2011）进一步对 IMF 允许资本管制的理由进行了详细的国别比较和探讨。

2012 年,《资本流动的自由化与管理:基金组织机构观点》与《资本流动自由化与管理资本流出》两份报告总结了此前几年间的研究与分析成果(IMF,2012a,2012b),对过去 IMF 片面推动资本自由流动的观点进行了实质性的调整,指出了资本自由流动的风险,并呼吁各国根据具体国情注意资本项目开放的时机与次序。

（二）IMF 新框架的核心要素

对于资本流动管理,国际货币基金组织实际上是在国际社会已有的各种观点中寻找共识。国际货币基金组织于 2011 年提出了管理国际资本流入的大致政策框架,并于 2012 年对其观点进行了总结。此框架区分了宏观经济应对政策与资本流动管理政策,前者包括汇率干预、外汇管理和其他货币与财政政策,后者则包括一系列旨在影响资本流动的价格型、数量型资本管制政策和宏观审慎政策,作用于宏观经济并产生多边效应。

概括而言,IMF 关于资本流动管理新框架的核心要素包括如下几点（IMF,2012a）。

第一,资本自由流动的利益与风险同在。IMF 充分肯定了跨境资本流动对于提高效率、促进金融部门发展、扩大生产性投资和平滑消费的作用,但同时也意识到随之而来的资产价格与金融稳定方面的风险,并且这一风险会因各国金融和制度基础设施的差异而有所不同。

第二,资本流动自由化具有"门槛效应",资本项目开放要注意时机和顺序。IMF的研究表明,当一国的金融和制度发展到一定程度时,资本自由流动将更为有益,风险也更小。因此,各国要根据自身的具体情况,把握好推进资本账户开放的时机与顺序。不能以偏概全地认为资本账户自由化对各国来说都是正确的,要根据经济发展的具体阶段作出全面而深入的推进计划,并适时进行调整。

第三,呼吁跨国政策协调,宏观经济政策先行。应对资本在全球范围内的迅速流动,需要流入国与流出国之间的政策协调,需要宏观经济政策与金融监管制度之间的配合。资本流动管理措施在特定情况下也有作用,但不能替代宏观经济调控。

第四,IMF 为成员国提供指导与建议,同时进行双边与多边监管,但依然保留成员国的权利与责任。

具体而言,对于大规模资本涌入与流出的管理措施有所不同。面对大规模资本流入的情况,管理所采取的政策次序如下:

首先,应考虑宏观经济与金融稳定政策:当经济没有过热或资产价格没有膨胀时,可降低利率;当一国货币相对于基本面而言没有被高估时,可干预汇率使其升值;外汇储备不足时,可通过干预外汇市场以积累外汇储备。

其次,当宏观政策调整空间有限或不能在短期内起作用时,为应对资本涌入对金融体系稳定性的冲击,可采取资本流动管理措施。但是,资本流动管理措施不能替代宏观经济政策在外部调整、国内宏观稳定和国际货币体系有效运行上的作用,前者的有效性也仍然有待检验。当实施资本流动管理措施时,还要注意措施的透明性、短期性与非歧视性。奥斯特里等(2010)将此类应对措施总结如图 7-7 所示。

对于大规模资本流出,良好的经济和金融监管机制是安全管理的前提,其应对政策主要在于宏观经济、结构与金融政策。只有在危机时期或危机迫近时期,才应该临时性地采取资本流动管理措施,例如限制居民在境外的投资与资金转移,对外国人在本国以外币形式进行的投资进行购买或撤回,对本币资产交易和存款提取设限。同时,跨境政策协调可以缓和负面的政策溢出效应,对于减轻资本流出导致的多边风险至关重要。

当需要采取资本流动管理措施时,应当首先考虑没有区别本国与外国居民的特定管制措施,只有当其他措施都于事无补时才能实施限制外国居民的歧视性管制措施。当然,资本管理措施的设计和实施都依赖于各国的具体情况,不能一概而论,并且同时要对管制可能造成的扭曲有清醒的认识。

这是一个一般性的框架,资本项目完全或部分开放的国家都可以对已开放的部分实施此框架。但 IMF 肩负着促进系统性稳定和提升国际货币体系效率的使命,在实施这一政策框架时,IMF 需要确保各国行为保持多边一致,因而对本国与外国居民区别对待的资本流动管理方法应置于框架的最后。

(三) 其他国际组织关于国际资本流动管理的观点

早在 2009 年和 2010 年跨境资本流动管理就已成为二十国集团峰会的讨论议题之一。2011 年 10 月,G20 发布《G20 应对国际资本流动的结论:基于国际经验》一

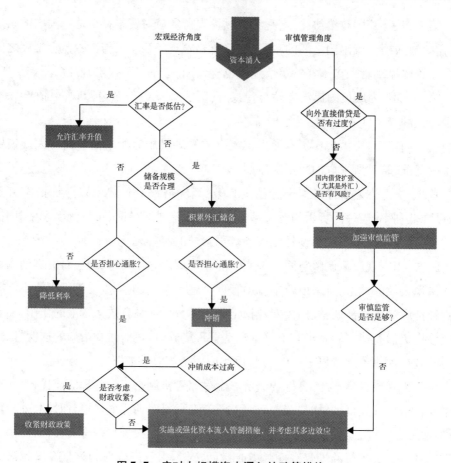

图 7-7　应对大规模资本涌入的政策措施

资料来源：Ostry 等（2010）。

文,总结了 G20 关于国际资本流动管理的一致结论,并对各国监管资本流动提出倡议。第一,资本流动管理的政策工具。一些情况下难以明确区分不同的政策工具,资本管制与宏观审慎政策往往是交叉的;应对大规模以及波动性强的资本流动时,资本流动管理工具应作为最适宏观经济政策的补充工具,而非替代性工具;各国应根据特定国情制定资本管理政策,没有一刀切的普适政策;应采取逆周期的资本流动管理。第二,资本流动管理的政策定位。资本流动管理不应作为国内经济改革的替代手段,特别是应加强汇率市场化形成机制,不能通过资本管制限制汇率升值。第三,资本流动管理的多边协调。应认识资本流动管理政策的溢出效应,加强多边监督;储备货币国应承担维持宏观经济强健和可持续的责任,降低对全球流动性的影响;G20 的长期目标是通过加强合作,管理资本流动风险,确保资本自由流动经济收益。随后在 2011 年 11 月戛纳峰会上,二十国集团领导人承诺加强监管国际资本流动。

亚洲开发银行在 2008 年危机爆发后便组织东盟与中日韩（10+3）等国家智库组

建核心研究团队,通过国别研究、理论探索、文献回顾等探讨国际资本流动管理的措施。2013 年,其发布的工作报告基于 IMF 国际资本流动管理新框架提出更具操作性的资本管制指导方针(Gochoco-Bautista 和 Rhee,2013),指出一国资本管制政策实施的前提条件可以设置为不存在持续的经常账户顺差,以此来避免各国通过资本管制操作汇率,这一标准更具操作性。对于此观点,G20 以及 IMF 保持高度一致,而 IMF 设定的前提条件涵盖更广,可操作性较弱。

三、国际资本流动管理:理论新探索

近年来关于国际资本流动管理的理论研究主要探讨资本账户管制措施和宏观审慎政策对于维持宏观经济稳定、金融稳定以及福利的影响,以此讨论这些政策的必要性及其实际有效性。

(一) 国际资本流动管理的必要性

根据蒙代尔三元悖论,当一国采用浮动汇率制度时,可以同时实现资本自由流动和确保货币政策独立性,无须对资本流动实施任何管制。近期的理论文献对此提出质疑,并指出,开放经济状态下并不存在三元悖论,而仅存在二元悖论。这些研究认为,即使汇率完全浮动,也难以确保货币政策的独立性,有必要对资本流动进行管理(Rey,2013;Farhi 和 Werning,2012,2014)。因此,对资本流动的管理是一国进行宏观调控的常规政策工具,而非 IMF 在新框架中提出的资本账户管制仅仅作为各项政策的最后补充。

科里内克(2010),发现,通过对国际资本流入征收庇古税,可以降低危机期间金融体系对于风险的放大机制,提高社会福利。利用印度尼西亚历史数据做模拟,最优的庇古税为对 FDI 征收零税率,对外汇债务征收 1.54% 的税率。科里内克和山德里(2014)进一步研究资本管制措施的合意性,证实宏观审慎政策通过控制信贷降低金融杠杆,资本账户管制通过引导预防性的投融资行为,加固净资产,降低危机期间资产价格波动。但随着经济发达程度提高,由于发达经济体汇率出现紧缩性贬值的可能性较低,其对资本账户管制的需求降低,而为避免资产价格波动仍需实施宏观审慎政策。朱(2014)证实资本流入交易税显著地改善就业、避免危机并改进社会福利,尤其是对于货币区经济体以及实施固定汇率的新兴经济体。萨尔则证实,与单独使用货币政策相比,配合使用宏观审慎管理会降低本币和外币贷款的增速,控制信贷增长,减缓资产价格上涨,降低经济波动。

基于这些研究,无论是资本管制还是宏观审慎政策,对于国际资本流动的管理都有助于维持货币政策独立性,提高金融稳定性,预防危机的冲击。因此,国际资本流

动管理对于维持宏观经济和金融稳定是必要的。

（二）国际资本流动管理的有效性

国际资本流动的管理是否有效，成为理论界讨论的另一个焦点。比较一致的结论是，通过宏观审慎政策和资本管制政策管理国际资本流动，能够有效调整资本流入结构，减少短期资本流入，降低金融脆弱性。资本流动管理措施实施效果的评估进一步论证了这些措施的实际意义。

库雷希等（2011）研究了新兴市场经济体宏观审慎政策和资本管制的效果，发现这些政策可以减少短期资本和债务资本流入，有利于经济复苏。比尼吉等（2010）基于跨国数据研究资本流入和流出管制对于资本流动的影响，发现其对资本流动规模和流动结构均有显著影响。马古德等（2011）同样发现资本管制改变资本流动结构的证据。不过，早期的国别研究证据更加支持资本管制对于资本流入结构的影响效果（De Gregorio 等，2000；Cardenas 和 Barrera，1997）。

马古德等（Magud 等，2011）通过 Meta 方法萃取综合 34 篇实证研究结论，发现资本管制有助于维持货币政策独立性，降低汇率升值压力。福布斯等（Forbes 等，2013）通过研究本次金融危机后各国国际资本流动管理政策的效果，发现这些政策特别是宏观审慎政策，显著地降低了银行杠杆、通胀预期、银行信贷增长以及证券类债务资产规模，从而降低金融体系脆弱性；但对汇率稳定、资本流动、利差、通胀水平、股票指数以及其他波动性指标没有显著影响。克莱森斯等（Claessens 等，2013）研究2000—2010 年期间宏观审慎政策对于各国银行资产负债表的影响，发现对于借款者以及金融机构的宏观审慎政策有效地降低了资产扩张，而逆周期缓冲几乎无效。阿尔法罗等（Alfaro 等，2015）考察巴西资本管制政策对于企业投资行为的影响，发现资本管制推高资本成本并压制投资。

（三）资本账户管理多边效应与全球监管合作

在经济和金融一体化不断深入的今天，各国的宏观经济形势及经济政策的变化，特别是发达经济体，将深刻地影响全球资本流动格局，为各国国际资本流动带来极大的不确定性。同时，资本流动管理本身还会引发跨境溢出效应。因此，应对国际资本流动，除了加强国别管理，还应该加强国际间的政策合作与协调。目前关于全球监管合作的呼声一直很高，但实质进展较为滞后。

IMF 在其一系列报告中均强调了加强多边协作的重要性，呼吁跨国政策协调，提出对成员国进行双边与多边监管，但其政策协调仅局限于政策安排的次序上，明确提出实施资本管制的前提条件，而具体的监管规则并未落实。

构建多边政策协调框架时，不仅要关注提高资本管制的效率，也要考虑资本管制带来的溢出效应。正如乔大尼等（Giordani 等，2014）通过理论模型和实证检验所发现的，各国针对资本流入的管制措施将产生资本转向效应，使资本流入邻国或者经济特征相似的经济体。

目前限制使用资本管制的国际努力，主要是为了防止通过资本账户管制操纵汇率，保持贸易竞争力。资本管制所产生的贸易影响，凸显了资本流动与贸易流动的内在联系，这一联系应被纳入完善国际资本流动管理规则以及贸易规则的考量中（Jeanne 等，2012）。而事实上，对于商品的国际贸易与金融的国际交易的国际管制却是极为不对称的。针对商品贸易的国际规则致力于构建自由贸易体系，如国际贸易组织和关税及贸易总协定（General Agreement on Tariffs and Trade，简称 GATT）；而对资本流动的管理，除了针对直接投资的服务贸易总协定（General Agreement on Trade in Services，简称 GATS）以及少数多边协定外，更多地依靠各国自由裁量。资本流动管理的国际规则的缺乏，与各界没有形成对于资本管制的原则判断直接相关。珍妮等（Jeanne 等，2012）认为，资本流动管理的国际规则应该鼓励福利改进的资本管制，而限制福利损害的资本管制；当前 IMF 推行的国际规则应该是朝着资本自由化的方向努力，使国际商品贸易和资本交易的国际规则更为对称，同时各成员国还应保留一定实施资本管制的自由裁量权。

第四节　未来展望

金融危机以来，全球经济走势分化以及主要发达经济体经济政策导致全球流动性格局动荡，国际资本流动波动加剧。面对危机后大规模的资本流入，新兴经济体采用了价格型和数量型相结合的资本管制措施以及宏观审慎措施，维持经济和金融市场稳定。一贯推行资本项目自由化的国际货币基金组织肯定了这些政策，并初步构建了国际资本管理新框架。这一框架充分肯定了宏观审慎管理和资本管制在应对国际资本流入及逆转中的作用。同时，国际社会关于国际资本流动管理的新共识和新理念已经形成，在理论探索方面也取得了一定进展。

不过，当前关于国际资本流动管理的新框架还有待进一步完善。首先，对于国际资本流入的管理重视程度远高于资本流出的管理。危机后新兴经济体面临资本涌入挑战，进而引发各国及国际组织对于管理资本流入的实践及讨论。然而，这些资本流入的源泉，即作为资本流出国的发达经济体，并没有被纳入新框架进行监管。事实上，对于主要经济体资本流出的管理更能有效降低全球流动格局的不确定性。新的国际资本监管规则应该督促发达经济体改变"以邻为壑"的金融和经济政策。因此，加强资本流出管理,同时加强各国政策协调,减少一国宏观经济政策对其他国家的影响,也应被纳入国际规则制定范围中。

其次,IMF 提出的国际资本管理规则重点强调实施资本管制的前提条件以及和其他政策的次序关系。只有当满足诸多前提条件,并且只有当宏观政策和宏观审慎政策均无效时,资本管制才能作为最后的防御措施被采用。这样的安排不仅加大了规则的操作难度,而且现实中往往存在需要资本管制作为常规政策手段的情景,例如,一国需要限制外资银行进入以保护本国脆弱的银行体系(Jeanne 等,2012)。事实上,IMF 自己也承认,并没有具有普适性的国际资本管理规则。在监管框架下,给予各成员国一定的政策调整自由裁量权,才更加符合各国的实际利益。

最后,如何实现全球监管与合作,其中相应的激励及惩罚机制,新框架也没有提出可行的安排。在进一步的讨论中,还应积极推动建立全球性的金融安全网络,有效促进全球政策协调与合作。此外,是否由 IMF 作为国际规则制定和执行者其合理性和可行性仍需讨论。

国际资本流动管理的新动向对我国管理国际资本流动以及进一步的资本账户开放进程安排都具有重要的借鉴意义。

我国长期以来施行较为严格的资本管制,对维护我国金融和经济稳定起到极为重要的作用。在国际金融危机的持续影响下,全球流动性格局动荡,冲击着新兴市场经济体宏观经济和金融的稳定。危机以来,我国跨境资本流动趋势已经突破长期顺差的态势,转变为双向波动的态势,2014 年二季度至 2015 年二季度连续五个季度出现资本净流出。面对风云变幻的国际资本市场,当前加速资本账户开放无疑会使我国国内经济和金融市场充分暴露在外部风险中。在进一步的进程安排中,我国仍应坚持审慎、渐进、有序地推进资本项目开放。在这一过程中,应首先完善人民币汇率市场化形成机制、加快人民币利率市场化改革,加强国内金融市场建设,在完全开放资本账户前,做好应对国际资本冲击的准备。

对于国际资本流动的管理,我国应该在政策工具上综合运用宏观经济政策、资本管制政策和宏观审慎政策,通过政策配合应对日益动荡的跨境资本流动。同时,还应积极参与国际政策合作与协调,优化国际资本管理规则,推动国际货币体系改革,并在区域性政策协调与合作中,逐步推进区域经济金融稳定机制建设。

第八章 国际金融监管改革新进展[①]

方　意[*]

纵观历史,许多重大的金融危机都引致了监管的大力改革,1929 年大萧条后美国先后出台了《1933 年银行法》和《1933 年证券法》,逐步建立起利率管制、分业经营等严格的金融监管体制,1986 年美国储贷银行危机后通过《金融机构重建法》,20 世纪 90 年代北欧出现银行危机,芬兰、瑞典、挪威纷纷组建中央清算银行、建立起存款保险制度。历史的经验告诉我们,危机总是能唤起人们对新的风险防范和监管理念的觉醒,金融创新与金融监管总在不停更替演变,2008 年由美国次级贷款市场引发的国际金融危机亦是如此,这次危机不仅体现了经济体系内部矛盾的尖锐化,更是对现有金融监管不足敲响的警钟。

时隔八年,国际金融监管组织协同各国政府对金融危机中暴露的监管方面的主要问题进行了大刀阔斧的改革。政治层面上,二十国集团(G20)取代了八国集团(G8)成为应对金融危机和国际治理改革的最重要平台,对全球金融监管改革的实施情况作出评议并提出新的目标。监管组织层面上,金融稳定理事会(FSB)取代了金融稳定论坛(FSF)成为全球金融监管的主要机构。按照 G20 设立的全球金融监管改革的目标与要求,FSB 着力构建全球金融监管新框架,各个辖区成员国按照框架要求进行金融体系的一系列改革,并主动接受 FSB 的监督管理,共同防范全球性金融危机再次爆发。

基于此背景,本章主要借鉴 G20、FSB、国际货币基金组织以及巴塞尔银行监督委员会(BCBS)等国际监管组织的相关资料对国际金融危机后的国际监管改革创新及其实施情况加以总结(见图 8-1)。本章主体部分包含四块内容:第一部分介绍了国际金融危机后 G20 提出的关于金融监管改革的新目标要求;第二部分着力从每年

---

① 感谢中央财经大学金融学院 2014 级学术硕士刘含章、张祎在文献收集、梳理以及报告撰写及修改中作出的重要贡献,感谢中央财经大学金融学院 2015 级学术硕士郑子文在修改过程中提出的有益意见。

* 方意:中央财经大学金融学院讲师。

的监管改革中总结出国际金融监管理念的变化趋势;第三部分整理了危机以来金融监管改革的主要成就和各个国家在重点监管领域的进展情况;第四部分阐述了改革对于中国的影响和启示。本章结尾部分对相关内容进行简要总结。

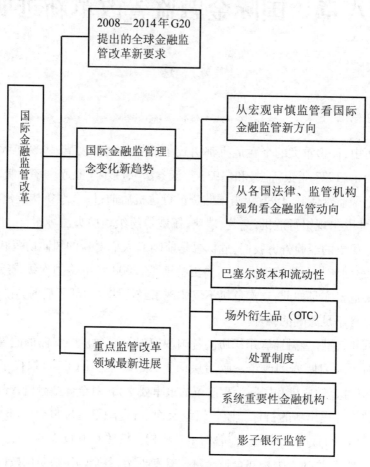

图 8-1 国际金融监管分析框架图

第一节 后金融危机时代全球金融监管改革新要求

金融危机爆发后,G20 取代 G8 成为全球经济金融协调的最高组织。因此,后金融危机时代的全球金融监管改革主要由 G20 主导。① 为此,我们系统地梳理了后危

---

① G20 成立于 1999 年 9 月,由八国集团、11 个重要新兴工业国家以及欧盟组成。G20 的前身是财政部长和央行行长会议,相关国家就国际经济、货币政策等国际问题举行非正式对话,从而保障国际金融和货币体系的稳定,金融危机的爆发使其上升为领导人峰会,即 G20 峰会,对全球金融监管改革的实施情况作出评议并提出新的目标,在一定程度上反映了全球金融监管的大方向。

机时代(2008—2014年)G20会议对全球金融监管改革的要求。

从G20七年来议题的变化趋势来看(见表8-1),各议题逐年细化,各国逐步达成一致共识,基本建立了全球金融监管的初步框架,体现了全球积极应对金融危机、加强金融监管的良好状态。因此,从趋势上看,全球金融监管及面对新的金融问题时的全球主要国家的在协调的高度及全面性上越来越高效。

表8-1 2008—2014年G20提出的全球金融监管改革新要求

时　间	地　点	内　容
2008年11月15日	华盛顿峰会	首次提出金融秩序改革,强调在国际金融一体化的形势下加强全球监管机构的国际合作。 增强金融市场透明度和各金融主体责任,尤其是复杂金融产品的透明度,确保公司财务的公开,从而提高对风险的识别。 加强市场合作,促进信息共享。改革国际金融机构,增强新兴市场国家的话语权
2009年4月2日	伦敦峰会	创立新的金融监管构——金融稳定委员会(FSB),与国际货币基金组织协作对全球金融风险预警并提出解决措施。建立强有力的、全球一致的金融监管框架,主要包括:改造金融监管架构,加强对宏观审慎风险的识别;扩大金融监管范围,将系统重要性金融机构、金融市场和金融工具纳入审慎监管范围;改进金融机构的薪酬制度;提高金融体系资本质量和数量,阻止过度杠杆,提取缓冲资金;呼吁会计准则改革
2009年9月24日	匹兹堡峰会	建立高质量的监管资本,缓解顺经济周期效应。2010年年底完成资本和流动性监管改革,主要经济体2011年年底前开始实施"新资本协议"(巴塞尔II),并从2012年年底开始实施新的资本和流动性监管标准。 实施FSB《薪酬稳健原则的执行标准》,提升金融体系稳定性。 改进场外衍生品市场,2012年年底前所有标准化的场外衍生品合约通过中央交易对手清算。 提出降低系统重要性金融机构(SIFIs)道德风险
2010年6月26日	多伦多峰会	中国银行业监督委员会(2010)总结,此次G20首次明确了国际金融监管的四大支柱:一是强大的监管制度,确保银行体系依靠自身力量能够应对大规模冲击,强化对冲基金、外部评级机构和场外衍生品监管;二是有效的监督,强化监管当局的目标、能力和资源,以及尽早识别风险并采取干预措施的监管权力;三是风险处置和解决系统重要性机构问题的政策框架,包括有效的风险处置、强化的审慎监管工具和监管权力等;四是透明的国际评估和同侪审议,各成员国必须接受国际货币基金组织和世界银行的金融部门评估规划(FSAP)与金融稳定理事会的同侪审议(Peer Review),推进金融监管国际新标准的实施
2010年11月11日	首尔峰会	通过了巴塞尔银行监管(巴塞尔III)和有关资本流动性及系统重要性金融机构(SIFI)的国际标准和原则。 首次提出加强影子银行体系的监管

续表

时　间	地　点	内　容
2011 年 11 月 2 日	戛纳峰会	改革金融体系,提高市场诚信。 公布全球系统重要金融机构初步名单(G-SIFIs),G-SIFIs 将接受更严格的监管,并被纳入一个新的国际决议体系,2016 年开始执行更高的资本充足率要求。 设立对影子银行的管理监督机构。 改革 FSB,赋予其法人资格并加大其金融自治能力
2012 年 6 月 18 日	洛斯卡沃斯峰会	强调 FSB 提出的实行重点领域改革的重要性:包括巴塞尔资本和流动性框架、全球系统性重要金融机构框架协议(G-SIFIs)、处置制度、场外衍生工具的改革、影子银行和薪酬改革制度。承诺在这些重要领域实现全面改革。 提出对全球系统重要性保险公司、非银行金融机构的识别和相应政策措施,2013 年年底完成对国际保险集团的共同监管框架,减少对信用评级的依赖,增加评级机构之间的竞争以提高透明度,2013 年 3 月发布全球法律实体标识(雷)体系,帮助当局和市场参与者识别和管理市场风险
2013 年 9 月 5 日	圣彼得堡峰会	要求巴塞尔银行监管委员会完善监管性资本比率的可比性,建立国际协调一致的杠杆率和净稳定融资比率(NSFR)。采取必要措施消除影响跨境处置的障碍。评估全球系统重要性金融机构在倒闭时吸收损失的能力。 首次公布全球系统重要性保险机构的名单,名单中的机构将开始执行制定处置计划和加强集团监管的规定,要求国际保险监督委员会在 2014 年 G20 峰会前制定最低资本要求。 推动建设透明、可持续运行的金融市场,促进金融市场的稳定性和弹性,敦促国际会计准则理事会和美国财务会计准则理事会在 2013 年年底前建立一套统一的高质量会计准则
2014 年 11 月 15 日	布里斯班峰会	金融危机以来,全球金融监管框架已初步建立,目前金融监管的主要挑战是在警惕和防范新的风险生成的前提下,完成政策框架和监管改革措施的剩余要求,进一步加强金融监管当局的执行力。FSB 在报告现有改革的基础上,还应确定下一阶段重点改革的领域

　　另一方面,我们也应该看到国际金融监管改革可能存在以下隐患或有待解决的问题:

　　首先,金融监管改革总是落后于金融创新和新的金融风险生成。由前述可知,每次金融监管改革均从前次金融危机爆发的经验和教训凝练总结而成,而事实上每次金融危机的爆发都有各自的特征,原因在于金融创新和金融风险的与时俱进。因此,如何保证此次更新版本的金融监管理念和措施更有效地促进金融监管的效率是值得深思的问题。关于这一点,巴塞尔 II 协议的推出即是一个很好的例证。众所周知,巴塞尔 II 的重点之一在于将监管指标与风险敏感性相结合,但是巴塞尔 II 还未完全实施,新的金融危机的爆发便中断了巴塞尔 II 的实施,并对巴塞尔 II 的风险敏感性而带来的顺周期性问题进行了严厉的批判。

　　其次,如何解决"共患难而不能共繁荣"的问题。金融危机的爆发使得全球各个国家均遭受了巨大的损失,也促使了各个国家利益诉求的一致。因此,金融危机使得各个国家能够"勠力同心",并进而使得全球金融监管改革及全球协调机制取得重大进展。随着全球经济的复苏,各国经济走势和面临的问题出现了差异性,如何保证在金融危机期间签订的改革措施能按照前定的计划顺利开展是一个值得商榷的问题。

最后,如何解决全球金融协调的问题。当前,世界仍不太平,竞争与合作的权衡问题将长期存在。从欧债危机的应对中也可以看出,当各国自身利益与全球整体利益相悖时,危机应对和金融改革便出现了较大的分歧,全球整体的经济利益趋向于服从区域和国家利益。另一方面,全球货币金融体系仍然以美国等主要发达国家为主导,而事实上以中国为首的新兴市场国家的迅猛崛起必将对当前的国际金融秩序形成挑战。在面临这些冲突和竞争时,如何还能保证高效的协调性也是一个值得商榷的问题。因此,在现有改革框架基础上,还应进一步加强对各国监管协调实施情况的监督,G20 的监管改革目标也有必要从短期应急策略逐步转向为长期加强合作和促进经济稳定的方向发展。

第二节　国际金融监管理念变化新趋势

从 2008 年到 2014 年,历届 G20 峰会都为国际金融监管的未来努力方向提出了新的希冀和挑战。在此次金融改革的浪潮中,宏观审慎监管理念,作为国际金融监管的一项重要原则,逐渐被各监管主体所重视,各国对于金融监管机构的调整和各项金融监管规则的落地实施,均从不同的角度体现了国际金融监管理念变化的新趋势。

一、从宏观审慎监管看国际金融监管方向

人们总是在危机中汲取经验教训。随着全球金融危机浪潮逐渐平静,国际组织、各国政府及其监管当局在经济秩序的重建、金融体系的稳定、金融监管方式的选择方面,都进行了不断地探索和实践,积累了比较丰富的监管经验。宏观审慎政策框架,作为国际金融监管的一项重要原则,也逐渐被各监管主体所重视。宏观审慎政策主要是指运用审慎工具限制金融体系系统性风险,从而使重要的金融服务受到最小的干扰,避免给实体经济带来严重的后果。因此,宏观审慎政策从工具角度讲与传统微观审慎政策无本质区别,但是其使用的角度有本质区别,即站在金融体系角度以一种"宏观"视角实施。宏观审慎政策是对传统微观审慎监管政策的补充,同时也与其他维护金融体系稳定公共政策相互作用、相辅相成(Lim 等,2011)。

2008 年金融危机后,各监管主体都将宏观审慎监管作为监管重心或监管原则侧重倾斜,国际金融监管组织诸如巴塞尔委员会、金融稳定理事会等也都积极引导各国

监管当局构建宏观审慎监管框架,目前已取得不少成果,主要包括:建立逆周期资本缓冲机制、建立系统重要性金融机构的监管框架、提高金融衍生产品的交易透明度、强化情景分析和压力测试等(Galati 和 Moessne,2011)。从国际金融监管组织对宏观审慎监管框架的构建中我们可以看到国际金融监管理念的变迁。

(一) 监管定位:强调系统重要性金融机构监管

国际大型金融机构的系统性风险积聚如何监管与控制,一直以来都是国际金融监管的一个重要难题。基于个体盈利性考虑,国际大型金融机构的这种风险特征不仅存在着道德风险,也在一定程度上放纵了其风险暴露程度。一旦这些金融机构倒闭,其风险暴露与传染溢出将对整个国际金融系统和各国实体经济产生难以估量的后果(BCBS,2012)。

针对此问题,金融稳定理事会(FSB)制定了全球系统重要性金融机构的监管框架,主要内容可总结为:一是提出系统重要性金融机构的评估指标,即规模大小、替代程度以及关联程度;二是加强对系统重要性金融机构的资本监管力度,并添加附加资本等监管要求;三是对系统重要性金融机构提出危机处置措施设计要求(胡再勇,2014)。同时,巴塞尔资本协议 III(以下简称"巴塞尔 III")提出了全球系统重要性银行的评估方法和附加的资本要求,对系统重要性银行的处置制度提出了明确框架(BCBS,2013)。总之,宏观审慎监管的主要目的在于限制系统性金融风险的积累。与以往的统一标准监管不同,目前国际金融监管更加侧重于系统重要性金融机构的监管,以防止系统重要性金融机构的风险传染和扩大,限制系统性风险的过多暴露和不断积累。

(二) 监管范围:加强影子银行及场外衍生品等的监管

2008 年金融危机后,国际金融监管的逐次改革不断地覆盖以往的监管盲区,国际金融监管组织目前关注的监管重点在于影子银行、场外衍生品市场等领域,通过加强各子系统的监管从而建立宏观审慎监管框架。对于影子银行以及场外衍生品等领域的潜在风险暴露,目前国际金融监管组织及各国监管当局都不断扩充监管内涵及其标准要求,并提出了相关监管规则或进行了良好实践(Turner,2011)。

影子银行方面,近年来影子银行的快速发展使得监管当局逐渐意识到其风险特征及其潜在后果。与各国商业银行等传统金融机构相比,游离于现有监管框架之外的影子银行累积了大量的金融风险。2010 年 G20 首尔峰会首次提出加强影子银行体系的监管,并赋予金融稳定理事会(FSB)、国际清算银行(BIS)等国际标准指定机构规则制定的权利。场外衍生品市场方面,尽管场外衍生品市场对金融市场的完善和发展起到了一定的积极作用,但是危机前场外衍生品市场的过度发展与监管缺失给国际金融环境造成了巨大的威胁。近三年间,金融稳定理事会(FSB)针对2009年G20峰会提出的健全场外衍生品市场的措施,从完善交易报告制度、引入中央对手方清算、推进交易所或电子平台清算等方面对场外衍生品市场监管提出改进建议。此外,巴塞尔Ⅲ也加强了对场外市场中衍生产品交易的监管,对所有的衍生工具(包括信用衍生产品)都采用新的方法计算其风险暴露程度,并纳入资本监管框架。总之,危机后的国际金融监管对金融创新的监管日益增强,无论是从监管内容上抑或是从监管机构设置上,都显示出国际金融监管范围在不断扩大。

(三) 监管理念:更加注重逆周期监管,抵御顺周期性

信贷周期与实体经济之间的顺周期性简单来讲就是,在经济上行时金融机构从自身风险管理和利益角度出发,放松贷款标准扩大信贷规模,这种信贷的膨胀使得社会投资氛围高涨、资产泡沫形成,造成虚假繁荣;而在经济下行时银行等机构紧缩信贷规模,又加剧了经济下滑的趋势。与此同时,巴塞尔Ⅱ中对风险更加敏感的内部评级法的提出、公允价值等会计准则的广泛运用则加剧了这种顺周期性特质。原因在于,巴塞尔Ⅱ中的主要监管指标均依赖于当时的经济金融周期,且当周期处于高涨时,监管指标变得更加放松,而当周期处于低谷时,监管指标却变得严厉。

为解决顺周期性问题,国际金融监管更加注重逆周期监管的理念。在对宏观审慎工具的设计中,也尤其注重金融周期的校准。目前,国际金融监管组织已提出多种工具明确用于解决顺周期性问题:一是巴塞尔Ⅲ所提出的建立资本流出缓冲、逆周期资本缓冲机制和杠杆率;二是对非核心短期负债的征税;三是证券化资金市场(如回购市场)抵押物的保证金或折扣的逆周期变化(Lim等,2011)。秉承逆周期监管理念,缓解顺周期性的负面影响,促使金融体系在经济扩张时期集聚的风险在经济衰退时平稳释放,使宏观经济运行更加稳定,是危机后国际金融监管体制变革的应有之义。

(四) 监管协调:更加注重国际监管合作

作为宏观审慎政策制度框架的另一个基本要素——促进政策协调以维护金融稳定的机制,国际监管协调在保证宏观审慎政策落实和保障金融稳定方面都占据不可小觑的地位,因此也引起了国际社会的广泛关注。国际金融监管的协调不仅体现在各国监管标准的相对统一中,更体现在数据共享和交换方面。

2008年金融危机的爆发使得全球的监管者对于跨境风险传播的速度和力量都有了全新的认识,而由此引发的巨大损失也给监管者敲响了警钟,加强跨境监管合作的必要性不言而喻。华盛顿G20峰会作出了全球金融体系的重要改革决定,此后G20号召全球金融稳定理事会(FSB)共同拟定全面的监管改革框架。在G20峰会

上,各国元首就新资本协议的实施达成共识,并积极推动国际金融监管体系改革。此外,关于系统重要性银行的监管与监测、资产证券化监管审查等工作也处处体现出国际监管合作的趋势,这一协调合作不仅有利于数据共享,更有利于加强国际金融监管在各国实施的协调性和有效性。

二、从各国法律、监管机构视角看金融监管新动向

金融危机使得各国金融部门和实体经济都遭受了严重打击,促使各国对经济、监管中存在的各项问题进行深刻反思和改革。改革主要涉及宏观和微观两个层面,包括监管理念、监管机构和权力分配等诸多方面。各个国家都对原本的监管格局进行了修葺和完善,加强了系统性风险的防范和监管,促进了国际金融监管一体化进程。下面我们主要从美国、英国、欧盟等世界主要国家或地区的金融监管改革框架演变趋势来着重探讨国际金融监管新动向。

(一) 美国的金融监管改革框架

自金融危机爆发以来,美国先后通过了《现代金融监管构架改革蓝图》(2008 年 3 月)、《金融监管改革框架》(2009 年 3 月)、《金融监管改革——新基础:重建金融监管》(2009 年 6 月,简称"白皮书")和《多德—弗兰克法案》(2010 年)等多项法案,从完善机构设置、全面金融监管、加强宏观审慎监管等方面,不断推进美国金融监管改革进程。

2010 年 7 月 21 日,《多德—弗兰克法案》由美国总统奥巴马正式签署生效,标志着美国金融监管改革取得实质性进展。该法案从宏观审慎的视角,着重强调解决系统性风险,其主要内容有:第一,成立金融服务监管委员会(Financial Services Oversight Council,简称 FSOC),负责监测和处理威胁国家金融稳定的系统性风险;第二,在美国联邦储备委员会下设立新的消费者金融保护局,对提供信用卡、抵押贷款和其他贷款等消费者金融产品及服务的金融机构实施监管;第三,设立新的破产清算机制,由联邦存款保险公司负责,责令大型金融机构提前作出自己的风险拨备,以防止金融机构倒闭再度拖累纳税人救助;第四,美联储被赋予更大的监管职责,但其自身也将受到更严格的监督。美国国会下属政府问责局将对美联储向银行发放的紧急贷款、低息贷款以及为执行利率政策进行的公开市场交易等行为进行审计和监督;第五,美联储将对企业高管薪酬进行监督,确保高管薪酬制度不会导致对风险的过度追求。

随着金融监管法案的逐步推进,美国逐渐形成了更加完善的金融监管框架,在原有微观审慎监管的基础上,加强了宏观审慎监管的探索,尽可能地削弱了系统性风险。危机后的美国金融监管框架如图 8-2 所示。

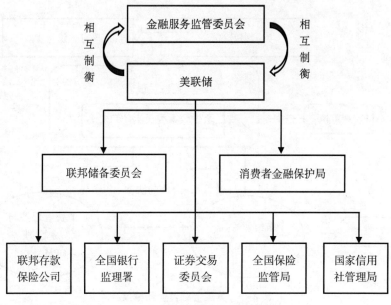

图 8-2　美国金融监管新框架

(二) 英国的金融监管改革框架

英国的金融监管框架主要基于 2000 年颁布的《金融市场与服务法案》(Financial Market and Service Act),该法案初步形成了金融服务管理局(Financial Services Authority,简称 FSA)、财政部、英格兰银行三方监管框架。但是,该框架虽然对宏观审慎监管有所涉及,但是并未提供详细的监管工具对系统性风险积累进行监控。

2009 年 2 月,英国议会通过了《2009 年银行法》,该法案的出台主要是为了加强银行业的监管,维护银行业的稳定。该法案要求成立一个金融监管单位,即金融稳定委员会(Financial Stability Committee,简称 FSC),隶属于英格兰银行,主要负责识别系统性风险,制定并实施金融稳定政策。2009 年 7 月 8 日,英国财政大臣达林公布了《改革金融市场》白皮书,白皮书分析了全球金融市场现状、现有应对危机的措施以及导致危机爆发的根源等等,并在此基础上提出了一系列改革方案,建议设立金融稳定理事会(Council of Financial Stability,简称 CFS),主要负责监管协调。2010 年英国财政部发布了《金融监管的新方法——判断、焦点及稳定性》,进一步调整了金融改革框架,建立了较为完善的危机应对机制。

在英国的金融监管改革中,微观审慎监管与宏观审慎监管的机构设置经过多次调整和协调,最终英格兰银行被赋予了审慎监管职责,并下设金融政策委员会(Financial Policy Committee,简称 FPC),专司宏观审慎监管。英国金融监管新框架如图 8-3 所示。[①]

---

① 图 8-3 在黄志强(2012)的基础上绘制而成。

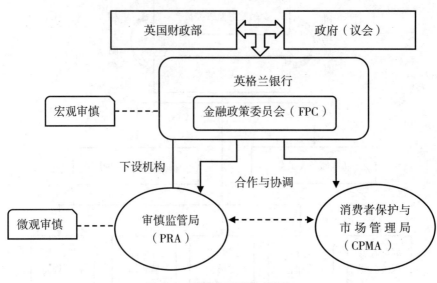

图 8-3　英国金融监管新框架

（三）欧盟的金融监管改革框架

2010 年 9 月欧盟通过了《泛欧金融监管改革法案》，该法案从宏观和微观两个角度对欧盟的监管机构进行了大刀阔斧的改革，改革框架如图 8-4 所示。

从宏观来看，为了增强系统性风险管理，欧盟新设了欧洲系统性风险委员会（European Systemic Risk Board，简称 ESRB），对系统性风险进行宏观审慎监管和风险预警，ESRB 主席由欧洲中央银行（European Central Bank，简称 ECB）行长担任。从这里可以看出欧洲央行权力的扩大和欧盟监管权力的集中化。从微观来看，新设了三个监管局，分别是欧洲银行管理局（European Banking Authority，简称 EBA）、欧洲证券和市场管理局（European Securities and Markets Authority，简称 ESMA）以及欧洲保险和职业养老金管理局（European Insurance and Occupational Pensions Authority，简称 EIOPA），三个监管局作为监管规则执行的监督者，可以向各国监管当局下达指令，在指令得不到遵守的情况下，三大监管局可以跳过成员国监管机构，直接要求相关金融机构予以纠正。此外，三大监管局有权对特定的金融实体进行调查、监管甚至禁止某项金融活动（尹继志，2013）。

2011 年，欧洲峰会通过了欧洲稳定机制（European Stability Mechanism，简称 ESM）。该机制旨在为欧元区国家提供一个永久性的危机救助机制（Crisis Resolution Mechanism）。欧洲稳定机制的任务在于为正在经历严重融资难题或受到严重融资威胁的成员提供财政援助以保障欧元区整体和其成员国的金融稳定。欧洲金融稳定机制主要通过向机构投资者发行债务融资工具，其提供的金融援助主要包含以下几种类型：一是对困境金融机构提供贷款以满足其融资需求；二是为金融机构的重组提供贷款和直接注资（Direct Equity Injections）；三是为金融机构提供预防性（Precautionary）金融援助信贷额度（Credit Line）；四是在成员国的国债一级市场和二级市场上购买债券。

2012 年，为了进一步加强欧盟内部的联系，欧盟委员会作出决议，拟在欧洲央行、欧洲银行管理局和各国监管当局现有架构的基础上建立欧洲银行联盟（Banking Union，简称 BU）。欧洲银行联盟旨在对欧盟 28 个成员国的所有金融参与者构建一个单一规则（Single Rulebook，简称 SR），以进一步提高审慎监管要求、加强存款者保护和强化倒闭银行的管理规则。[1] 银行联盟有两大支柱：单一监管机制（Single Supervisory Mechanism，简称 SSM）和单一清算机制（Single Resolution Mechanism，简称 SRM）。

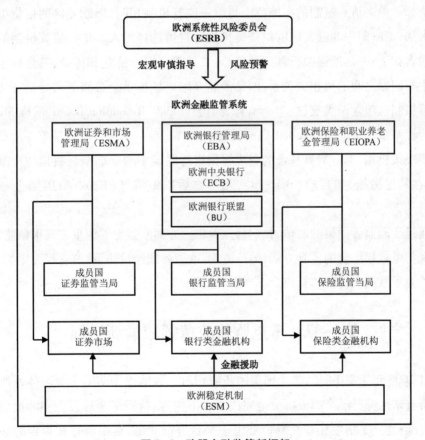

图 8-4　欧盟金融监管新框架

单一监管机制是银行联盟的关键支柱，其主要目的在于为欧元区的信贷类机构

---

① 单一规则是指为欧盟所有金融机构（包含大约 8300 家银行）制定的一系列法律规则，此法律规则旨在规定银行的资本金要求、保护存款者利益、规范银行倒闭的防范和管理手段。

（包含大约 6000 家银行）构建一个统一的审慎监管当局,对于欧盟中非欧元区的信贷类机构其可以自由选择是否加入此机制。单一监管机制的主要任务有:一是基于审慎要求监管信贷机构;二是预警金融体系的薄弱点(Detect Weaknesses);三是对金融体系的薄弱点采取强有力的措施以阻止其威胁整个金融体系的稳定。在单一监管机制下,欧洲中央银行是整个欧元区的审慎监管当局,并直接监管欧元区最大的商业银行,各成员国家的监管当局对其他的银行进行监管。欧洲央行和各成员国家的监管当局通力合作形成一个统一的监管体系以检查银行是否遵循单一规则(SR)。需要指出的是,2013 年 10 月 15 日,欧盟财长会议正式通过欧元区的单一监管机制。

单一清算机制的目标在于确保倒闭银行以对纳税人和实体经济最小的成本实施有序清算。单一清算机制的实施范围与单一监管机制相同,即欧元区的信贷类机构必须参加,而欧盟中非欧元区的信贷类机构可自由选择加入。单一清算机制的具体目标包含如下:一是增强银行部门的信心;二是阻止银行挤兑和传染;三是最小化银行和主权国家之间的负相关关系;四是消除金融市场提供金融服务的分割态势。单一清算机制也包含两大支柱:单一清算委员会(Single Resolution Board,简称 SRB)和单一清算基金(Single Resolution Fund,简称 SRF)。单一清算委员会是单一清算机制的主要决策机构,单一清算基金的资金根据银行联盟中的全部金融机构的贡献来征收,并在其他措施,如自救(Bail-in),用尽之后以做清算(Resolve)倒闭金融机构之用。

通过欧洲监管框架的改革,我们可以看出一方面欧盟更加注重宏观审慎监管,采用宏观与微观相结合的监管方式;另一方面,欧盟各国经过协调,监管权力更加集中,尤其扩大了欧洲央行的监管权力。

第三节　重点监管改革领域最新进展

自 2008 年至 2014 年,二十国集团步调相对一致地逐步落实了金融体系改革措施。所有辖区都已经全部或部分地完成了以下内容:执行了全球性资本和流动性监管新标准;建立了衍生品在交易所或电子平台进行交易、集中清算和报告的必要框架;识别了全球系统重要性银行和保险机构,同意对其实施更高的审慎监管标准以降低金融风险;在不导致纳税人损失的前提下有序地处置大型复杂金融机构;应对影子银行体系对金融稳定带来的潜在系统性风险。以下就这些重点领域的改革新进展进行逐一分析,框架如图 8-5 所示。

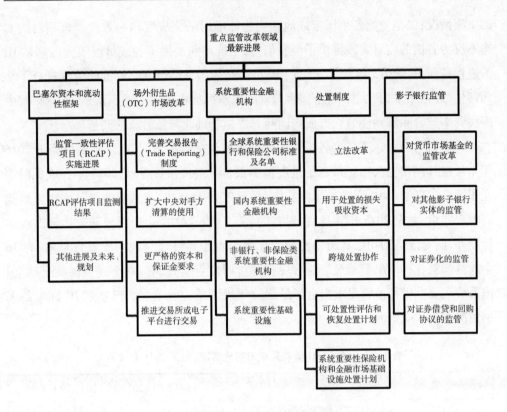

图 8-5　重点监管改革领域进展框架图

一、巴塞尔资本与流动性监管框架

（一）基于监管一致性评估项目的巴塞尔 III 实施进展①

《巴塞尔资本协议 III》（以下简称"巴塞尔 III"）的一致性实施将为银行业提供相对公平的竞争环境，同时也为国际金融监管提供了可比性指标。但是，各个国家或地区不同的法律制度、会计制度、银行机构设置和经济条件等因素往往会造成监管规则的不协调。巴塞尔委员会强调，要承认巴塞尔 III 的一致性实施是一个长期的过程，不可能一蹴而就，现阶段要将金融监管的重心放在各国的监管实践中，只有巴塞尔标准被广泛采纳、执行，国际金融监管的一致性才能最终得以体现。

为此，巴塞尔委员会于 2012 年开始执行监管一致性评估项目（Regulatory Consistency Assessment Programme，简称 RCAP），该项目包括两个独立但互补的部分：一是监测各个国家或地区采纳巴塞尔 III 标准的情况，特别是资本要求和流动性监管方面

---

① 本部分主要借鉴 BCBS（2014b）。Basel Committee on Banking Supervision（BCBS），"Seventh Progress Report on Adoption of the Basel Regulatory Framework"，http://www.bis.org/publ/bcbs290.pdf，2014。

的实施情况;二是监测各个国家或地区实施标准时的完成度和一致性。该项目的实施不仅为各国的监管实践提供了经验借鉴,也推动和加强了各成员国实施巴塞尔 III 的进程和质量。2013 年 9 月,巴塞尔委员会对中国采纳巴塞尔标准的情况进行了全面评估,评估结果为"大体符合",标志着巴塞尔标准在中国的顺利落地,也意味着中国在资本监管和流动性监管方面向国际先进监管理念与监管方法趋近。

针对目前巴塞尔委员会各成员国采纳巴塞尔标准的情况,巴塞尔委员会于 2015 年 4 月在其网站上公布了最新的进度监测报告。进度报告显示,2015 年各成员国都在积极推进巴塞尔 III 标准的国内实施:截至 2013 年年末,各成员国已基本实施最低资本金要求;截至 2015 年 4 月,在现有的 27 个成员国中,除个别规则未达到巴塞尔标准外,所有成员国均已就流动性覆盖比率出台了最终监管规则或监管草案,有 16 个成员国就杠杆率出台了最终监管规则并付诸监管实践,有 20 个成员国就全球/国内系统重要性银行监管要求出台了最终监管规则或监管草案。巴塞尔 III 标准的采纳情况如表 8-2 所示。

表 8-2 巴塞尔 III 标准采纳与实施情况(截至 2015 年 4 月)　　(单位:个)

		2012.10	2013.10	2014.10	2015.4
基于风险的资本金要求	最终规则已实施	0	12	27	27
	最终规则公布(未实施)	7	14	—	—
	起草草案	18	1	—	—
流动性覆盖比率(LCR)	最终规则已实施	—	1	3	10
	最终规则公布(未实施)	—	10	16	10
	起草草案	—	4	7	7
杠杆率(披露标准)	最终规则已实施	—	—	7	16
	最终规则公布(未实施)	—	—	2	2
	起草草案	—	—	7	2
全球/国内系统重要性银行标准	最终规则已实施	—	1	4	13
	最终规则公布(未实施)	—	10	8	4
	起草草案	—	0	6	3

资料来源:巴塞尔银行监管委员会,关于采纳巴塞尔监管标准的第八次进度报告,2015 年 4 月,详情请见:www.bis.org/publ/d318f.pdf。

值得注意的是,在巴塞尔 III 的实施进程中,非成员国的金融监管改革同样积极,并为国际金融监管的各国实践提供了丰富的经验。金融稳定机构(Financial Stability Institute,简称 FSI)①于 2014 年公布的进展报告显示,在接受其调查的 109 个国家中,

———————

① 金融稳定研究所由国际清算银行和巴塞尔银行监管委员会于 1999 年建立,其目标在于帮助全世界金融部门监管者提高和增强其金融体系。

有94个已经实施了巴塞尔Ⅱ或者仍在积极推进,89个已经实施了巴塞尔Ⅲ监管框架或者正在积极推进。

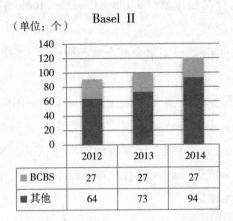

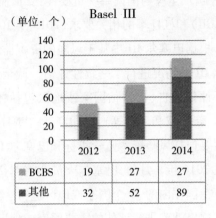

	Basel II				Basel III		
	2012	2013	2014		2012	2013	2014
BCBS	27	27	27	BCBS	19	27	27
其他	64	73	94	其他	32	52	89

图8-6 巴塞尔Ⅱ、巴塞尔Ⅲ的实施情况①

为了保持巴塞尔标准实施的一致性、交流分享监管实践的国际经验,巴塞尔委员会也吸纳了智利、马来西亚、阿联酋等国代表作为会议观察员。这些国家同所有的成员国一样,对已出台的巴塞尔资本协议积极采纳,并根据本国的发展现状落地实施巴塞尔标准,积极履行进度披露责任。此外,在第18届银行监管国际研讨会(International Conference of Banking Supervisors)上,巴塞尔委员会接纳了欧洲中央银行的单一监管机制以及印度尼西亚的金融服务授权机制等优秀实践结果。

除了监测各个国家或地区对于巴塞尔标准的实施情况,巴塞尔委员会还对国际活跃银行及其所在地的最低资本率和流动性覆盖比率等指标进行监测。根据BCBS(2014a)所公布的数据显示,大部分国际活跃银行都已经完全引入了巴塞尔Ⅲ的资本监管框架,而且已经满足资本最低要求。2013年,大型国际活跃银行的平均普通股本一级资本率已达到10%以上,资本缺口已经从2012年的4000亿美元减少到150亿美元。对于巴塞尔Ⅲ所要求的杠杆率和流动性覆盖比率,国际活跃银行的加权平均杠杆率是4.4%,加权平均流动性覆盖比率为119%,均高于最低监管要求。

(二)RCAP监测结果与各国实施进展

2012年起,巴塞尔委员会实施监管一致性评估项目(RCAP)以监测全球政策实

---

① 资料来源于巴塞尔委员会(BCBS)、金融稳定机构(FSI);数据统计包括欧盟中的非巴塞尔委员会成员国;实施巴塞尔Ⅲ标准中至少一项的国家被认定为处于实施进程中。

施进度及效果,该项目在引入监管、评估一致性和分析监管结果三方面进行评估。作为此项目的一部分,委员会会阶段性地监测基于风险的资本要求实施进度(2011年10月起)、全球与国内系统重要性银行、流动性覆盖比率(Liquidity Coverage Ratio,简称 LCR)和杠杆率的相关要求(2013年10月起)。

根据巴塞尔 III 中基于风险的资本监管的实施,巴塞尔委员会对各成员国实施巴塞尔 III 的情况进行了一致性评估。截至 2015年4月,委员会已经对19个成员国发布了评估报告(已评估国家或地区包括:欧盟、美国、澳大利亚、巴西、加拿大、中国、日本、新加坡和瑞士等),对印度、沙特阿拉伯、南非的评估工作仍在进行中。评估内容主要包括风险资本监管指标和巴塞尔 III 的流动性覆盖比率指标的实施状况。预计在 2016年9月前,巴塞尔委员会将对27个成员国以及所有全球系统重要性银行的所在国在内的19个国家或地区进行一致性评估。

这里就已进行评估的主要国家或地区对于巴塞尔 III 标准的实施情况,从基于风险的资本要求、全球/国内系统重要性银行监管要求、流动性覆盖比率以及杠杆率的采纳与实施四个主要方面进行梳理,如表8-3所示。

表8-3　全球主要国家对巴塞尔 III 标准的实施情况

国家/地区	巴塞尔 III 的实施			
	基于风险的资本金要求	全球系统重要性银行/国内系统重要性银行(G-SIB/D-SIB)监管要求	流动性覆盖比率(LCR)	杠 杆 率
	4	2	4,1	4
美国	巴塞尔 III 最终监管规则已于2013年7月获准通过,并于2014年1月1日正式实施	2014年12月,美联储发布了全球系统重要性银行实施框架草案,并于2015年4月前公开征求意见	(4)流动性覆盖率(LCR)最终监管规则于2015年1月1日正式生效(1)LCR 披露方面:美国监管当局正在对 LCR 披露要求起草草案,并于2015年间公开征求意见	在2013年7月公布的巴塞尔 III 最终规则中已将杠杆率指标纳入,该规则于2014年1月1日正式生效。2014年4月,美国针对 G-SIBs 专门确定了补充杠杆率要求,该要求比巴塞尔 III 所规定的最低监管要求更加严格。2014年9月,美国监管当局公布了针对国际活跃银行的杠杆率监管框架。基于巴塞尔 III 的杠杆率报告自2015年1月1日开始披露,并要求于2018年1月1日达到最低杠杆率要求

续表

国家/地区	巴塞尔 III 的实施			
	基于风险的资本金要求	全球系统重要性银行/国内系统重要性银行(G-SIB/D-SIB)监管要求	流动性覆盖比率(LCR)	杠杆率
	4	3,4	3,1	4
欧盟	巴塞尔 III 最终监管规则已于 2013 年 7 月获准通过,并于 2014 年 1 月 1 日正式实施。详细的技术标准支持将由欧洲银行业管理局(EBA)①实时提供。同时,欧盟金融业资本要求指令(CRD)②提出了相关的资本缓冲要求	(3)欧盟 2013 年第 36 号指令 131 条规定,欧盟将于 2016 年 1 月 1 日前实施强制性 G-SIBs 缓冲与选择性 D-SIBs 缓冲机制,各技术指标已于 2014 年 10 月公布并于 2015 年 1 月 1 日正式实施 (4)关于 G-SIBs 的披露要求目前已开始实施,各国 G-SIBs 和 D-SIBs 的披露有所不同,具体请参见各成员国监管当局披露标准	(3)LCR 提案已于 2014 年 10 月被采纳,并于 2015 年 1 月对外公布。LCR 于 2015 年 10 月 1 日正式实施 (1)欧洲银行业管理局(EBA)正在制定 LCR 披露指导原则,预计将于 2016 年 4 月正式公布	杠杆率提案已于 2014 年 10 月被采纳,并于 2015 年 1 月对外公布。强制性杠杆率披露要求已于 2015 年 1 月 1 日起适用(欧盟 2013 年第 575 号指令 451 和 521 条)
英国	(欧盟:4) (英国:4) (遵从欧盟进程)采纳资本留存缓冲和逆周期资本缓冲机制要求(资本要求指令 CRD IV):2014 年 4 月已发布最终实施规则(详情请见英国审慎监管局 PS3/14)	(欧盟 3,4)(英国:4,2) (遵从欧盟进程)采纳欧盟所要求的 G-SIB/D-SIB 要求进展(资本要求指令 CRD IV): (4)G-SIB 框架按照 EBA 技术标准实施,同时针对 G-SIB 的披露要求已经实施 (2)2015 年,英国 D-SIB(O-SII)③框架遵从 EBA 的指导意见进行制定(详情请见英国审慎监管局 CP5/13)	(同欧盟:3,1) (遵从欧盟进程)	(同欧盟:4,1) (遵从欧盟进程)

---

① 欧洲银行业管理局(European Banking Authority,简称 EBA)。

② 欧盟金融业资本要求指令(Capital Requirements Directive,简称 CRD)要求各成员国监管当局建立资本留存缓冲(Capital Conservation Buffer)和逆周期资本缓冲(Countercyclical Capital Buffer)机制,各国缓冲机制正在逐步制定实施中。

③ 其他系统重要性机构(Other Systemically Important Institutions,简称 O-SII)。

续表

国家/地区	巴塞尔 III 的实施			
	基于风险的资本金要求	全球系统重要性银行/国内系统重要性银行（G-SIB/D-SIB）监管要求	流动性覆盖比率（LCR）	杠杆率
	4	4,1	4,2	4
中国	已根据巴塞尔 III 资本监管要求采纳和实施新资本监管要求	(4)自 2010 年起，对 D-SIB 适用的 1%附加资本要求。该规则已经在中国五大银行实施。2014 年 1 月，中国银行业监督管理委员会（CBRC）发布了《全球系统重要性银行评估标准披露原则》，并于 2014 年 2 月正式实施 (1)目前中国银监会正在制定具体的 D-SIB 监管框架	(4)巴塞尔 III 所要求的商业银行流动性风险管理规则已应用于国内，流动性覆盖比率同巴塞尔 III 要求一致，并且采用了相同的缓冲期设置（具体规则已于 2014 年 2 月 19 日发布于中国银监会网站，并于 2014 年 3 月 1 日正式实施）	基于巴塞尔 III 框架，中国已于 2012 年 1 月全面实施国内银行杠杆率要求。后续修订规则已于 2015 年 1 月公布并正式实施
	4	4	4	4
中国香港	最低资本要求和相关披露要求已分别于 2013 年 1 月 1 日和 2013 年 6 月 30 日实施。资本缓冲最终规则也于 2015 年 1 月 1 日正式实施	G-SIB/D-SIB 最终规则已于 2015 年 1 月 1 日正式实施	LCR 最终规则已于 2015 年 1 月 1 日正式实施。LCR 相关披露要求已于 2015 年 3 月 31 日正式运行	杠杆率披露规则于 2014 年开始拟定。杠杆率相关披露要求于 2015 年 3 月 31 日正式运行

注：(1)资料来源于巴塞尔银行监管委员会(BCBS)：《巴塞尔监管框架实施的第八次进度报告》(2015 年 4 月)。
　　(2)表中数字表示实施进度：数字"1"代表未起草规则，数字"2"代表已开始起草规则，数字"3"代表最终规则发布但未实施，数字"4"代表最终规则已实施。

（三）其他进展及未来规划

2014 年，巴塞尔委员会已基本完成了后危机时代改革议程，包括全球系统重要性银行和国内系统重要性银行的资本框架、流动性覆盖比率（Liquidity Coverage Ratio，简称 LCR）和净稳定资金比率（Net Stable Funding Ratio，简称 NSFR）的最终标准、杠杆率的提出与完善等部分。国际金融监管框架的构建是进一步完善国际金融监管秩序的重要一环，巴塞尔 III 的一致性实施将为国际金融监管提供指引和借鉴。

但是 BCBS 认为，过去几年的改革工作更多强调了监管标准本身的审慎性，未能对监管实践提出与时俱进的建议。未来一段时间,巴塞尔委员会拟在公司治理、贷款管理、拨备计提、监督检查、问题银行处理等方面制定或修订监管指引,提高各成员国监管当局监管实施的有效性。具体来说①:

第一,持续更新全球系统重要性银行名单。巴塞尔委员会将与金融稳定理事会保持紧密合作,持续更新全球系统重要性银行名单,经评估认定的全球系统性重要银行,附加普通一级资本充足率需达到1%—2.5%。该附加资本金要求将在2016年年初引入,并于2019年年初全面实施。

第二,净稳定融资比例最终细节发布。2014年10月31日,央行行长和监管当局负责人(The Group of Governors and Heads of Supervision,简称GHOS)联席会议确定了净稳定融资比例的最终标准。净稳定融资比例是巴塞尔Ⅲ流动性监管标准的重要组成成分,它要求银行在表内业务和表外业务上维持稳定的长期资金来源,以应对银行长期资金短缺所造成的流动性紧缩压力。该标准将于2018年1月正式生效,委员会目前已经制定了详细的NSFR披露标准并于2015年6月正式对外公布。

第三,修正公司治理指引。巴塞尔委员会修正2010年发布的《增强公司治理原则》,并发布修正草案进一步推进公司治理指引。

第四,最终确定资产证券化监管标准。此前与国际证券业协会合作进行的资产证券化审查工作取得令人瞩目的进展,并根据审查结果改进相关监管标准,以简化证券化资产结构,促进金融行业健康发展。巴塞尔委员会也对巴塞尔框架下的资产证券化监管标准修正案进行了全面审查,监管标准修订结果已于2014年12月正式公布。

第五,提升资本监管要求,加强银行资本监管的一致性。2014年11月12日,巴塞尔委员会发布的G20报告中,对风险加权资产计算中存在的问题给出解释。同时,巴塞尔委员会正在对第一支柱下三大风险的计量要求进行大范围修订,以提升标准法和高级计量方法下资本计量的可比性和一致性。在披露方面,委员会还决定改进巴塞尔框架第三支柱中与风险权重相关的披露要求。整项工作预计将于2015年年末完成。

第六,持续实施监管一致性评估项目。对于巴塞尔标准在各国的实施效果,巴塞尔委员会将继续对巴塞尔标准实施的一致性和监测结果进行跟进,预计2016年前将完成对于各国实施最低资本要求情况的第一轮评估。此外,委员会还将于2015年启动对流动性风险监管指标以及全球系统重要性银行(或国内系统重要性银行)的评估项目。

---

① 本部分主要借鉴BCBS(2014c)。

二、场外(OTC)衍生品市场改革①

2009 年 9 月,G20 匹兹堡峰会提出健全场外衍生品市场的三个重要措施:要求最晚于 2012 年年底,标准化衍生品合约必须通过中央交易对手进行清算;场外衍生品合约需向交易信息库报告;非集中清算的合约应提高其最低资本金要求。2011 年 4 月 15 日至 2015 年 7 月 24 日 FSB 共发布 9 份成员国场外衍生品市场改革执行情况报告,具体改革措施的落实进展情况包括以下四个方面:

(一) 完善交易报告(**Trade Reporting**)制度

交易报告制度的重点在于建立交易信息库(Trade Repositories)。交易信息库是用于对衍生品交易行为进行记录的中央登记系统。为了全面掌握场外衍生品的交易风险状况,金融稳定委员会要求各国以立法形式上报 OTC 衍生品交易数据,并且各国均拥有对全部数据的使用权,但应确保各机构的数据安全和隐私。截至 2015 年 7 月,已有 12 个金融稳定委员会成员辖区正式授权使用共 20 个交易信息库,此外也有部分辖区正在着手完成交易报告制度要求。

(二) 扩大中央对手方清算的使用

由于中央交易对手清算具有效率高、减少信用风险敞口、降低风险的传染性等优点,在 2008 年经济危机中,中央对手方表现出应对危机的明显优势。

建立和完善中央对手清算应该注意几个方面的内容:第一,参与者进行清算的便利性,只有当市场透明度较高时,参与者才能迅速达成交易,从而保证市场的流动性;第二,中央对手方交易的跨境监管有待于各国政府进行协调;第三,中央对手方清算的安排无疑会加大中央对手所面临的信用风险,因此建立健全保证其在金融危机期间保持其核心功能的恢复和处置措施,对于防止系统性金融危机十分必要。

目前中国与韩国已经强制要求利率互换产品采用中央对手方交易,而印度也在 2014 年完成了外汇远期的中央对手方交易。不同国家和地区在执行清算改革方面仍然存在一些问题,表现为:首先,仅某些当局将特定种类的 OTC 衍生品纳入中央清算强制管理,例如:金融稳定委员会有 14 个辖区可以进行利率衍生品的中央对手方清算,但只有 4 个国家(中国、日本、韩国、美国)对其进行强制执行。其次,由

---

① 本部分主要借鉴 FSB(2014a)。Financial Stability Board(FSB),"OTC Derivatives Market Reforms Eighth Progress Report on Implementation",November,2014a。

于中央对手方的清算需要得到不同辖区的授权,那么跨境交易就会受到阻碍。为此,G20 要求:第一,所有标准化的衍生品合约都应通过中央对手方(CCP)实现集中清算。第二,对非集中清算的衍生品合约设立保证金要求,这样也可以反过来推动集中清算。截至 2014 年 9 月底,全球 56% 的交易都可以通过中央对手方进行清算。

(三)更严格的资本和保证金要求

场外衍生品市场由于缺乏中央交易对手的风险规避机制,巴塞尔Ⅲ对其提出更严格的资本监管要求。巴塞尔Ⅲ中有关中央清算与非中央清算衍生品敞口的银行资本处理的标准大部分都已完成。截至 2014 年 4 月,15 个金融稳定委员会成员监管辖区已按标准落实了相关要求。2013 年 9 月完成场外衍生品保证金的巴塞尔银行监督委员会—国际证监会组织(英文简称 BCBS-IOSCO)框架,预计 2015 年付诸实施(见表8-4)。

表 8-4 初始保证金标准

资 产 类 别	初始保证金要求(占名义风险暴露的百分比,%)
久期为 0—2 年的信用衍生品	2
久期为 2—5 年的信用衍生品	5
久期为 5 年以上的信用衍生品	10
商品类衍生品	15
权益类衍生品	15
外汇类衍生品	6
久期为 0—2 年的利率衍生品	1
久期为 2—5 年的利率衍生品	2
久期为 5 年以上的利率衍生品	4
其他	15

(四)推进交易所或电子平台进行交易

这项改革不仅为日益增长的场外衍生品使用提供了有效的交易系统支持,而且在标准化平台上提高了交易的透明度,防止交易混乱。通过电子交易平台、交易报告制度以及有关当局对交易前后信息的披露,衍生品交易的透明度将进一步增强。

表 8-5 提供了金融稳定委员会部分成员辖区截至 2014 年 4 月在 OTC 衍生品监管改革各个方面的进程表:

表 8-5　各国(地区)场外衍生品市场改革进展摘要

	试用法律进展情况					监管实施情况				
	TR 制度	中央清算	资本	保证金	电子交易平台	TR 制度	中央清算	资本	保证金	电子交易平台
美国	A	A	A	A	A	PE	PE	PE	P	PE
欧盟	A	A	A	A	A	E	P	E	C	C
日本	A	A	N/A	C	A	E	E	E	C	C
中国			N/A		A	E	E	E		E
南非	A	A	A	A	A	C		PE		
阿根廷	A	A	N/A	A	A	PA		E		A
澳大利亚	A	A	A	N/A	A	PE	C	E		
巴西	A	A	A			E		E		
加拿大	A	A	N/A	N/A	A	PE	P	E		
中国香港	A	A	A	N/A	A	PE				
印度	A	A	N/A	N/A	A	E	PE	E	PE	PA
印度尼西亚	A	PA		N/A	A	PE				PE
韩国	A	A	A			E	PE	E		
墨西哥	N/A	N/A	N/A	N/A	N/A	E	P	PA		P
俄罗斯	A	PA	N/A			PE	C	E		
沙特阿拉伯	N/A	N/A	A	N/A	N/A	E		E	PE	
新加坡	A	A	A	N/A	C	PE	C	E		
瑞典	PA	P	A	P	P	PE		E		
土耳其	A	A	N/A	N/A				C		

备注:表中各字母的含义如下,空白:无进展,N/A:在辖区内没有立法申请(不需要立法改变或监管法规),C—Consultation:官方文件在公众审议进程中,P—Proposed:提出草案,PA—Partially Adopted:部分通过,A—Adopted:完全通过,PE—Partially Effective:部分有效,E—Effective:有效。

三、系统重要性金融机构[①]

所谓"系统重要性金融机构"(SIFI),金融稳定委员会将其定义为:具有一定规模、重要性和全球关联度的金融机构,它们在倒闭时会引起金融体系严重的混乱,并且给很多国家造成负面的经济后果。基于对 2008 年国际金融危机的反思,对 SIFI 的监管成为国际金融监管改革的焦点。由于对 SIFI 进行监管的框架中存在很多旨在控制 SIFI 的系统性风险的要素,因此系统重要性金融机构的监管也可以看作是一种宏观审慎工具。

2010 年首尔峰会采纳了金融稳定委员会提出的应对"大而不倒"(Too-Big-

---

① 本部分主要借鉴 FSB(2013)。Financial Stability Board(FSB),"Progress and Next Steps Towards Ending 'Too-Big-To-Fail'(TBTF)Report of the Financial Stability Board to the G-20",September 2013。

To-Fail,简称 TBTF)的道德风险的初步框架,其中包括五项基本要求:系统重要性金融机构的评估、超额的损失吸收能力、加强监管强度、更有效率的监管机制以及更完善的金融市场基础设施。目前,针对这个框架已经取得了实质性的进展。2011 年 G20 戛纳峰会发布《针对系统重要性金融机构的政策措施》作为新的国际监管标准,包括:第一,所有国内处置制度均应具有职责、手段和权力,在不导致纳税人损失的情况下使得主管机构能够有序处置破产金融机构;第二,要求 G-SIFIs 进行可处置性评估并制订复原和处置计划,要求母国和东道国主管机构针对各个具体的 G-SIFIs 签订跨境合作协议,以便更好地应对危机并明确其在危机中如何合作;第三,要求被认定为 G-SIFIs 的银行额外持有相当于风险加权资产 1% 至 3.5% 不等的核心一级资本;第四,更广泛、更有效的监管措施。

(一) 全球系统重要性银行和保险公司标准及名单

2011 年 11 月,巴塞尔委员会公布了全球系统重要性银行(G-SIBs)的识别方法,巴曙松、金玲玲等(2014)将这种方法归为五大类 12 个指标,分别为:规模(20%)、跨境活动(跨境债权 10%,跨境债务 10%)、相关联性(金融体系内的资产 6.67%,金融体系内的负债 6.67%,银行发行证券余额 6.67%)、可替代性(托管资产 6.67%,支付活动 6.67%,在债券和股权市场上的承销交易 6.67%)、复杂性(场外衍生品的名义金额 6.67%,第三层次资产 6.67%,交易债券和可供出售的债券 6.67%)。基于这种方法,FSB 在 2011 年 11 月确定了首批系统重要性银行名单,并且每年 11 月更新一次。最近的一个名单更新于 2014 年 11 月,确定了 33 家系统重要性银行(G-SIBs),这些金融机构将被要求更高的损失吸收能力、更严格的监管和处置制度。从 2009 年以来,G-SIBs 已经增加了 500 亿美元的股本,相当于接近 3% 的风险加权资产(BCBS,2013)。

2014 年 11 月 6 日,金融稳定委员会公布了全球系统重要性银行更新名单。根据最新报告,目前全球系统重要性银行一共有 33 家,各银行的基本信息及基于风险的附加资本要求如表 8-6 所示。

表 8-6　系统重要性银行分组及附加资本要求

分组(每组对应的更高损失吸收率要求)	2014 年系统重要性银行
第五组(3.5%)	
第四组(2.5%)	英国汇丰银行 摩根大通银行
第三组(2.0%)	巴克莱银行 法国巴黎银行 花旗银行 德意志银行

分组（每组对应的更高损失吸收率要求）	2014 年系统重要性银行
第二组（1.5%）	美国银行 瑞士信贷银行 高盛集团 三菱日联金融集团 摩根士丹利 苏格兰皇家银行
第一组（1.0%）	中国农业银行 中国银行 纽约梅隆银行 西班牙对外银行 法国人民—储蓄银行集团 法国农业信贷银行 中国工商银行 荷兰国际集团 瑞穗金融集团 北欧联合银行 西班牙桑坦德银行 法国兴业银行 渣打银行 美国道富银行 三井住友金融集团 瑞士联合银行集团 联合信贷集团 富国银行

资料来源：FSB（2014b），截至 2014 年 11 月 6 日更新名单报告。

值得注意的是，系统重要性银行分组的第五组目前还没有内容，意味着如果有银行的系统重要性达到了第五组的要求，则会被提高到这一组，然后相应地产生空白的第六组，起到对银行自身的一个警示作用。

同时，金融稳定委员会还公布了 9 家系统重要性保险机构，分别为：德国安联集团、美国国际集团、忠利集团、英杰华保险、法国安盛保险、美国大都会集团、中国平安集团、美国保德信金融集团、英国保诚集团。

（二）国内系统重要性金融机构

"大而不倒"问题不仅存在于全球层面，也存在于国家层面。2010 年的 SIFI 框架将系统重要性金融机构延伸到了国家层面。巴塞尔委员会在 2012 年公布了与 G-SIFI 兼容的国内系统重要性金融机构（D-SIBs）原则，允许各国根据国内金融机构的结构特征 D-SIBs 作出谨慎安排。目前，中国银监会正在积极研究我国系统重要性银行名单。

（三）非银行、非保险类系统重要性金融机构

FSB 也在考虑如何将 SIFI 框架延伸到全球系统重要的非银行、非保险类金融机构，这份名单将包括证券经纪商、融资公司、资产管理公司和包括对冲基金在内的投资基金。

（四）系统重要性基础设施

随着国内和国际金融市场的发展，金融基础设施将扮演越来越重要的角色。强健的金融基础设施将会减少金融企业之间的相互关联性，从而使得一个金融机构违约时金融市场更富有弹性。中央对手方清算（Central Counterparty Clearing，简称 CCP）的广泛使用将会使市场功能更少地暴露于某一个企业的资产负债表，所有中央对手方清算市场参与者都会有严格的准入和保证金要求，这样参与的集中度就会被限制。因此，设立系统重要性的中央对手方清算所迫在眉睫，对 CCP 的处置制度进行相关立法也很有必要，全面的恢复处置计划有助于使其保持恢复的弹性，并且防止 CCP 陷于"大而不倒"的境遇。

四　处置机制[①]

处置机制是 2008 年金融危机后解决大型金融机构（或系统重要金融机构）"大而不倒"问题提出的一个新概念。由于大型金融机构破产对金融体系和实体经济可能产生预期之外的不良影响，因而必须非常谨慎地对待大型金融机构的破产处置。有效的处置机制目标是通过制定一个完整可行的恢复处置安排，使得一旦出现系统重要性金融机构倒闭的情景，可以按预先的计划安排进行有序处置，使得经济体系的重要功能得以保持，母国和东道国在相互协调、信息共享下处置成本和债权人损失最小化，从而减少经济系统受到的冲击。处置机制包括可处置性评估（Resolvability Assessment Process，简称 RAP）及恢复和处置计划（Recovery and Resolution Planning，简称 RRP）。为落实有效处置框架，FSB 于 2011 年 10 月公布了《金融机构有效处置机制的关键要素》[②]（简称《关键要素》，Key Attributes），进一步明确对恢复处置安排的各项要求。

---

① 本部分主要借鉴 FSB(2014c)。Financial Stability Board(FSB)，"Report to the G20 on Progress in Reform of Resolution Regimes and Resolution Planning for G - SIFIs"，http://www.financialstabilityboard. org/wp-content/uploads/Resolution-Progress-Report-to-G20.pdf，2014。

② 《金融机构有效处置机制的关键要素》，英文全称为"Key Attributes of Effective Resolution Regimes for Financial Institutions"，http://www.financialstabilityboard.org/wpcontent/uploads/r_141015.pdf。

（一）立法改革

《关键要素》规定了一个有效的金融机构处置框架所必需的核心要素，提供了处置机制方面的国际标准，在银行部门的处置方面，金融稳定委员会的一些辖区已经将处置制度的一些要素转入对银行的制度要求立法层面。日本在 2013 年 6 月修订的存款保险法案进行了一系列立法改革：在金融机构破产或可能无力偿债时，或者已经暂停付款或可能暂停支付时，在与金融危机应对委员会（Financial Crisis Response Council）协商后，确定该金融机构对金融系统存在潜在的严重风险时，必须采取具体措施对其进行处置；日本存款保险公司将系统重要性的资产和负债转让给一个临时性过桥机构（Bridge Institution），从而降低或转换债务、资本工具的比例。英国出台了《金融服务法案 2013》，并且于 2014 年获得批准，引入了"自救"（Bail-in）处置措施，在这项处置方案出台之前政府在 2014 年 3 月至 5 月就已经以一些保障措施拟定了草案。即使如此，可以完全按照《关键要素》执行处置机制的辖区只有极少部分，大部分辖区仍然与《关键要素》在一些重点领域的改革要求有所不同，这些重点领域包括：自救、对"提前终止权"的暂时中止以及境外处置机制的安排。2014 年 10 月 15 日，金融稳定委员会发布了包括金融基础设施、保险、处置中消费者保护的文件《非银行金融机构有效处置机制关键特征实施的指导意见》，作为《关键要素》的补充，旨在规范非银行部门的资产处置。2014 年 10 月 25 日国际存款保险委员会（International Association of Deposit Insurers，简称 IADA）出台了《国际存款保险系统有效性的核心原则》和《一致性评估方法》的修改版本。

（二）用于处置的损失吸收资本

损失吸收资本（Total Loss-Absorbing Capacity，简称 TLAC）是金融机构在危机中重要的自救处置措施。2010 年 8 月，巴塞尔银行监管委员会（BCBS）发布了《确保在银行无法存续时监管资本损失吸收率的建议咨询意见稿》，指出应当是所有监管资本工具能够在银行不能存续时吸收损失，并为此建议可以利用资本工具合同条款，使监管当局有权在银行不能存续时要求问题银行将相关债务转化为普通股。2011 年 1 月 13 日，经过广泛磋商，正式公布了损失吸收能力的最低要求。2013 年 G20 圣彼得堡峰会要求 FSB 提出 G-SIFIs 在倒闭时损失吸收资本充足性的建议。2014 年 11 月 10 日，FSB 发表向公众征询 G-SIFIs 在倒闭时损失吸收资本的意见。目前，用于处置的损失吸收资本还尚未确定，金融稳定委员会将协同巴塞尔银行监管委员会（BCBS）和国际清算银行（BIS）对该数值进行一份宏观和微观的量化影响研究。原则上规定全球系统重要性金融机构（G-SIB）的损失吸收资本率不低于 FSB 对第一组 G-SIB 要求的最低资本金率，在这种情况下，就可以既有效吸收损失，又能使 G-SIB

实施资产重组的处置方案。

（三）跨境处置协作

金融稳定委员会提出要解决跨境处置协作中存在的障碍,赋予处置当局法定职责,鼓励其采取措施与东道国当局合作以达成处置方案。在跨境处置过程中着力解决以下问题:第一,跨境处置行动的认定。[①] 只有当外国处置当局拥有对东道国资产或法定合同拥有处置权力时,集团范围内的处置实施才不会受到阻碍。第二,场外衍生品(OTC)合约"提前终止权"的暂时性中止。金融稳定委员会和国际清算银行一致支持国际互换和衍生工具协会(International Swaps and Derivatives Association,简称ISDA)主协议关于场外衍生品合约提前终止和终止净额的条款,也就是说,跨境处置的双方都采纳ISDA主协议,那么处置中"提前终止权"的暂时性中止就会得到极大的支持。金融稳定委员会辖区承诺在2015年以前以一致性的方式推动这一条款在系统重要性金融机构的实施。第三,跨境处置中的信息共享。2014年10月FSB发布了《关键要素》的补充文件《跨境处置中的信息共享》[②]作为辖区或当局实施信息共享的标准以及危机管理工作组(CMGs)开发跨境合作协议(Cross - border Cooperation Agreements,简称COAGs)的指引。根据该文件,处置当局应当遵循隐私保护和敏感数据保护的原则与外国当局共享信息,这种共享也包括金融集团整体或子公司或分支机构的恢复和处置计划(RRP)的共享。若母国与东道国缺乏有效的国际合作和信息共享,则有必要保留各国自行采取行动的权利以实现国内稳定。目前,仍有一些辖区的金融机构没有纳入危机管理工作组(CMGs)的监管,应当对东道国这些机构加强合作和信息共享工作。

（四）全球系统重要性银行（G-SIB）恢复处置计划和可处置性评估

恢复和处置计划(RRP)[③],由金融机构按相关要求制定,并在与监管机构互动中完成的计划。恢复和处置计划主要适用于如下金融机构:虽然处于困境但仍然具备

---

① 外国处置机制得到认定意味着国内处置机制完全承认外国的处置制度,与外国监管当局采取一致的行动,从而外国处置当局能快速控制其在本国的资产,这项措施实施的前提是处置当局不对本国和外国债权人进行区分(FSB,2014d)。

② 《跨境处置中的信息共享》,英文全称为"Information Sharing for Resolution Purposes",是《关键要素》的补充,http://www.financialstabilityboard.org/publications/r_130812b.pdf.

③ 恢复和处置计划在有些国家被称为"生前遗嘱"(Living Will),是金融机构在经营状况良好的时候应各国法律或监管当局的强制性要求就如何应对未来的资金短缺或流动性紧缩作出的说明和安排。设立"生前遗嘱"的设想在实务界最早由英国金融服务局于2009年提出,英国《2010年金融服务法案》(Financial Services Acts 2010)、美国《多德—弗兰克法案》都引入了相关规定(刘真,2012)。

清偿能力,在经过降低风险、保全和改善资本、剥离某些业务、债务重组、提高融资能力等行动后,自身实力得以恢复。制定恢复处置计划是全球系统重要性金融机构管理的最重要、核心的内容,也是最新、最难的部分,《关键要素》中规定,恢复和处置计划应当将计划的启动条件、考虑策略、行动选择、存在的障碍和实施程序等可能存在的问题作出具体的计划安排。金融稳定委员会对每家全球系统重要性银行的恢复计划已于 2012 年 12 月底完成,处置计划已于 2013 年 6 月完成,并且每家系统重要性银行已于 2013 年分别设立跨境危机管理工作组(CMGs),由其审查恢复和处置计划(RRP)。而大部分的母国处置当局也已经报告了他们与跨境危机管理工作组商议的处置策略,分为单一处置权力(Single Point of Entry,简称 SPE)和多元处置权力(Multiple Point of Entry,简称 MPE),这种划分取决于处置权力掌握在单一还是多元的处置当局手中。

在"大而不倒"(TBTF)报告中,FSB 决定对全球系统重要性金融机构(G-SIFI)进行可处置性评估,可处置性评估(RAP)是危机管理工作组(CMGs)对系统重要性金融机构的处置性进行评估。金融机构的可处置性意味着当它陷入危机时其功能是可以被替代的,既不会对其他金融机构产生外溢影响,处置过程也不会导致纳税人损失。进行可处置性评估的目标在于促进每一个 G-SIFI 充分和一致的处置性的报告,而且通过这个过程还可以帮助解决处置过程中反复出现的问题。对于全部的 G-SIFI 第一份可处置性评估要求于 2015 年年中完成,目前已经有 10 家全球系统重要性银行(G-SIBs)的母国处置当局向 FSB 报告了可处置性评估,这些报告体现了处置计划的进步,但另一方面处置当局也确定了影响处置可行性和可信性障碍。这些障碍主要体现在三个方面,第一是法律框架和处置框架层面的因素;第二是被处置公司财务、法律和操作结构方面的因素;第三是跨境处置协作方面的因素。FSB 将重点在这些方面为处置当局提供指引,从而进一步完善处置计划的可行性和可信性。

(五) 系统重要性保险机构(G-SII)和金融市场基础设施(FMIs)处置计划

2013 年金融稳定委员会与国际保险监管委员会(International Association of Insurance Supervisors,简称 IAIS)识别了首批系统重要性保险机构,并制定了一系列政策措施对其进行监管,在恢复处置计划框架下有如下要求:建立每个系统重要性保险机构的危机管理工作组,各个危机管理工作组由被处置机构的母国和东道国及其他相关当局组成,目前这些危机管理工作组已经开始对系统重要性保险机构的"战略风险管理计划"(Strategic Risk Management Plan,简称 SRMP)和"流动性风险管理计划"(Liquidity Risk Management Plan,简称 LRMP)进行分析并且说明二者之间的紧密联系。目前第一次恢复报告已经出台,因此处置当局开始将关注重点放在处置策略和处置计划上来。系统重要性保险机构(G-SIIs)进行恢复和处置计划的一个重要组成部分是对企业的关键经济职能和关键共享服务的战略分析。这种分析应该协助解决战略和计划的发展,使他们识别系统重要保险机构的经济功能,以便于危机时监管机构采取恰当措施使经济保持持续性而不影响其经济功能。FSB已经协同国际保险监管委员会(IASA)草拟了协助处置当局和危机管理工作组(CMGs)评估G-SIIs为金融市场和实体经济提供的关键功能的指引。

强健的金融市场基础设施(Financial Market Infrastructures,简称FMI)是金融市场应对大型市场参与者倒闭冲击而仍然维持稳定的必要保障。对于系统重要性金融市场设施(Systemic Important FMI)而言,其恢复和处置计划(RRP)的重点在于确保全球金融体系更依赖于市场结构而不受"大而不倒"(TBTF)金融机构影响。

表8-7进一步给出了处置机制改革时间表:

表8-7　处置机制改革计划时间表

I.促进《关键要素》实施的立法和机构改革		
措　施	职　责	完成时间
监管实施当局采用标准模式对各金融部门的处置制度进行报告	FSB	2015年年中
对陷入困境时可能具有系统重要性的金融基础设施、保险公司等进行包含处置计划的报告	FSB成员	2015年年末
确定货币基金组织和世界银行用于评估的"关键要素评估方法"	FSB、IMF、World Bank	2015年年末
包括恢复和处置计划要求的银行处置能力的专题同侪评议①	FSB成员	2015年年末
II.用于处置的损失吸收资本充足性		
措　施	职　责	完成时间
进行包括量化影响研究(Quantitative Impact Study,简称QIS)、微观和宏观经济、市场调查、损失与资产重组的历史审核在内的影响评估	FSB、BCBS、BIS	2015年下半年
完成系统重要性金融机构在处置方面的损失吸收资本(TLAC)术语表和资产重组的原则	FSB	2015年年末
《巴塞尔III》监管体系下披露要求的进一步明确	FSB、BCBS	2015—2016
III.跨境协作		

---

① 同侪评议分为专题同侪评议(Thematic Peer Reviews)和国别同侪评议(Country Peer Reviews)两种。专题同侪评议重点评估FSB有关金融标准和政策再起成员国家(或地区)的实施情况,特别应注意跨境实施的一致性与有效性,以及是否达到预期目标(刘真,2012)。

续表

措　施	职　责	完成时间
全球系统重要性银行(G-SIBs)与大型场外衍生品(OTC)交易商坚持 ISDA 协议	G-SIBs	2014 年 11 月
所有的全球系统重要性银行(G-SIBs)坚持 ISDA 协议	G-SIBs	2015 年年末
采取监督措施或其他行动监督 ISDA 协议或类似合同条款的实施,这些类似合同条款通常是由有跨境金融交易行为相关机构制定的	FSB 成员	2015 年年末
跨境处置指引认定的最终敲定,包括法定认定机制和认定的合同条款的要素	FSB	2015 年年末
敲定与不代表跨境危机管理工作组(CMGs)的东道国的合作和信息共享的指引	FSB	2015 年年末

Ⅳ.G-SIB 处置计划和可处置性

措　施	职　责	完成时间
总结每个系统重要性金融机构可处置性评估(RAP)	G-SIB、CMGs	2015 年中旬
拟定支持处置操作持续性的方法指引	FSB	2015 年年末

Ⅴ.系统重要性保险机构和金融市场基础设施的处置计划

措　施	职　责	完成时间
为保险部门在经济中的关键经济职能和关键共享服务的确定拟定指引	FSB、IAIS	2015 年年中
为全球系统重要性保险机构(G-SII)处置战略和计划的现状以及可能遇到的挑战作出报告	G-SII CMGs	2015 年年末
为全球系统重要性保险机构(G-SII)的有效处置战略的发展拟定指引	FSB、IAIS	2015 年年末
保险机构的可处置性评估(RAP)结果的报告	G-SII CMGs	2016 年年末
对系统金融市场基础设施(FMIs)以及其处置战略和计划进行报告	FSB 成员	2015 年年末

五、影子银行监管①

FSB 于 2011 年提出,广义的"影子银行"是指游离于传统银行体系之外的信用中介组合和信用中介业务,其期限及流动性转换、有缺陷的信用风险转移和杠杆化特征增加了系统性金融风险或监管套利风险。而从狭义看,将影子银行定义为在正规银

---

① 本部分主要借鉴方意:《中国宏观审慎监管框架研究》,南开大学博士学位论文,2013 年。

行体系之外运行的,包括实体和业务活动在内的信用中介体,具体指引起系统性风险和监管套利的非银行信用中介机构。

FSB 利用 20 个主权国家(地区)的资金流量数据以及欧洲中央银行(ECB)提供的欧元区数据给出了 2013 年以前的影子银行的"宏观图像",从影子银行系统占总金融中介资产比重来看,受金融危机影响,其比重在危机期间有所下降,但危机之后比重稳定在 25% 左右,和商业银行总资产相比,其他金融机构(OFI)的资产接近于它的一半。而从各个国家(地区)非银行金融中介占全部 20 个国家(地区)和欧元区非银行金融中介的比重来看,美国的占比遥遥领先,但是其份额有所下降,由 2005 年的41% 下降到 2013 年的 33%,而其间中国的影子银行占比却从 1% 上升到 4%,比例显著提高。

国际组织对影子银行体系的监管,着眼构建影子银行体系监管框架并适宜地制定具体监管措施,进而发挥影子银行体系监管"导向性"作用。2010 年 G20 首尔峰会首次提出加强影子银行体系监管,并赋予 FSB 和其他国际标准制定机构具体实施的权利。2011 年国际清算银行(BIS)提出,影子银行体系在全球范围内进行套利,有必要进行国际层面上的监管合作。BIS 相继提出加强商业银行核心资本充足率的《巴塞尔协议》以及对全球系统重要性银行的监管框架。2011 年 FSB 在 G20 的要求下,推出了影子银行体系的国际监管框架,基本思路是:基于系统性风险和监管套利判断标准对影子银行体系进行监管。具体路径包括宽泛监测、找到主要的影子银行机构及其活动数据、了解各国影子银行体系的运行机制,以及从商业银行表外业务、影子银行体系自身的活动入手进行监管。

FSB 提出影子银行监管步骤:首先,当局应将影子银行体系包含的范围尽量地扩大化,即应该将所有的非银行信贷中介包括进来,以保证数据的收集和监管覆盖影子银行风险的所有领域;其次,为了政策讨论,当局应重点关注上述非银行信用中介具有以下特点的部分:一是导致系统性风险的增加(期限转换、流动性转换、不完备的信用风险转换、杠杆率);二是破坏金融监管的监管套利。

FSB 于 2011 年提出了关于降低影子银行体系系统性风险的五个领域,包括:降低常规银行体系和影子银行体系的风险溢出效应;降低货币市场基金对挤兑的脆弱性;评估和降低其他影子银行实体(除货币市场基金)的系统性风险;评估和激励证券化以阻止金融系统创造过高的杠杆率;降低证券融资,如回购协议、证券借贷的风险和顺周期性。基于这一风险管理框架,FSB 的监管实施情况如下:

(一) 监管银行和影子银行实体的相互作用(间接监管)

2012 年 FSB 突出关于这个领域的监管建议有以下四条:一是出于审慎目的的并

表法则(Consolidation Rules for Prudential Purposes)。即 BCBS 应识别出哪些非银行实体由银行发起,并进一步确认是否为了会计目的和风险目的将非银行实体纳入到银行资产负债表内,确认各个国家的监管合并规则的不同之处。将银行发起的影子银行实体(如 ABCP 管道等)并入到银行的资产负债表内非常重要,因为这样计算出来的风险资本、流动性缓冲以及杠杆率会考虑到影子银行对银行的风险外溢性。二是限制规模和银行对影子银行实体敞口规模。限制银行对单个影子银行实体的敞口,不仅有助于降低银行和影子银行体系的关联性,而且还将降低那些融资严重依赖于银行的单个影子银行实体的规模和杠杆,降低单个影子银行实体的风险外溢性。三是银行对影子银行实体敞口的风险资本金要求。确保资本要求和承担的风险相适应是实行有效风险资本监管框架的前提条件。虽然所有国家(地区)实施了巴塞尔资本监管框架以及 BCBS 在 2009 年 7 月加强了巴塞尔 II 证券化的监管框架,但在巴塞尔 II 证券化框架之外的影子银行实体的资本金要求仍然要低于其风险。因此,应对银行对影子银行实体敞口的风险提高资本金要求。四是处理名誉风险和隐形支持(Treatment of Reputational Risk and Implicit Support)。监管当局对银行关于影子银行实体的隐形支持施行更严厉的监管措施将增强上述的并表法则,而且也能降低银行和影子银行实体的关联性。当前大多数国家(地区)利用巴塞尔 II 框架下的第一支柱和第二支柱应对银行的"隐形支持"。这种应对措施在 2009 年 7 月被加强了,实体范围扩大至所有的影子银行实体。银行现在被要求识别并测度来源于声誉风险的敞口,例如对证券化的隐形支持,对货币市场基金和对冲基金的支持。

(二) 对货币市场基金的监管改革

货币市场基金是影子银行体系的一个非常大的组成部分:它们为常规银行体系提供短期非存款资金,也为影子银行信贷中介提供融资。在这次危机中,货币市场基金因持有 ABS 和其他金融工具导致大量损失时,其固定的净资产价值(Net Asset Value,简称为 NAV)将低于预期承诺的面值(即"跌破美元",Break the Buck),进而使得投资者对货币市场基金进行大面积的赎回,最终导致货币市场基金的崩溃。鉴于货币市场基金严重的投资者挤兑风险,FSB 要求 IOSCO 在 2011 年 10 月份对货币市场基金的监管提出新的政策建议。IOSCO 在 2012 年 4 月份对货币市场基金的系统重要性和它们的脆弱性以及对挤兑的敏感性提供了初步分析(IOSCO,2012)。在这基础之上,IOSCO 给出了加强货币市场基金弹性和处理系统脆弱性的政策选择,包括:将货币市场基金的稳定 NAV 制度转变为浮动(或变动)NAV 制度;加强货币市场基金估值和定价的框架;加强货币市场基金的流动性风险管理;降低对货币市场基金评级的依赖。

（三） 对其他影子银行实体的监管

根据监测过程，其他影子银行实体，例如结构性投资工具（Structured Investment Vehicle，简称 SIVs）、金融公司、抵押贷款保险公司和信用对冲基金都可能产生系统性风险或为监管套利提供机会。虽然所有国家（地区）都对以上实体有一定的监管，但是监管的程度等细节却存在巨大的差异。

（四） 对证券化的监管

对于证券化的监管，FSB 于 2011 年给出了两条建议，即证券化的提供者应自身保留部分风险及证券化产品应该透明和标准。此次危机暴露了证券化的诸多问题，包括过度依赖评级、投资者也缺少尽职调查（Due Diligence）（部分原因可能在于产品的复杂性）和风险的错误定价。证券化将降低证券化供给商对承销信贷的严谨动机，而银行则利用证券化进行监管套利，破坏巴塞尔资本监管框架的有效性。危机之后，国家和国际层面上关于证券化监管的程度有显著的提高，但是 FSB 仍然觉得对之前的监管应该重新审视，并建议证券化发起者自身应该保留部分基础资产的风险，以鼓励它们行动更为审慎，另外还应加强证券化产品的透明和标准化。

（五） 对证券借贷和回购协议的监管

证券借贷和回购协议市场在价格发现和为二级市场提供流动性方面起着非常重要的作用，在金融中介做市、促进各类投资的实施、风险管理以及担保管理策略中也起着中心的作用。回购市场还是许多国家（地区）执行货币政策的工具。然而另一方面，它也起着期限、流动性、信用转换功能，并提高杠杆率，这些都可能导致挤兑风险。FSB 在 2012 年提出，对证券借贷和回购协议的监管主要有以下几个方面：第一，引入最低折扣标准。回购和证券融资交易的最低折扣标准可以限制杠杆率的过度累积和降低（通过风险资产融资的）金融体系的顺周期性，尤其对于那些在审慎监管的金融机构更是如此。第二，现金抵押再投资，证券出借者的现金抵押再投资的最低监管标准应关注来自于现金抵押再投资的风险，尤其是流动性风险。第三，针对客户资产再抵押风险的监管。第四，加强抵押估值和管理监管当局应对所有市场参与者的抵押估值和管理采用最小的监管标准。

第四节　国际金融监管改革对中国的影响和启示

金融危机爆发后，全球经济秩序重建，金融体系、框架不断修整，各国金融的发展互相影响渗透，以《巴塞尔资本协议 III》为代表的监管规则的陆续出台，这些都对中国的金融监管和金融发展带来了深远的影响。严格的实施国际金融监管新标准对于维护我国金融稳定性和提升国际金融监管话语权有重要作用，而另一方面由于中国特殊的市场环境和基础条件也应考虑到监管实施的可能性，所以在监管实施层面上应该具有一定灵活性。

第一，本次国际金融监管改革一个重要趋势是由微观审慎监管转向宏观审慎监管，从而更好地防御系统性风险。而中国的金融体系也应当充分吸取金融危机的教训，加强对于大型复杂金融机构的监管，逐步建立起对系统重要性机构的监管体系。根据 2014 年 FSB 全球系统重要性金融机构的评估结果，我们可以看到中国农业银行、中国工商银行、中国银行被列入全球系统重要性银行的第一组，在既有的资本要求基础上，增加 1% 资本损失吸收额，提取逆周期缓冲资本，在银行资产流动性和大额风险暴露方面也提出了更加严格的要求；同时中国平安集团被列入系统重要性保险机构，承担国内外对资本、信息披露等方面的双重监管要求。从中国自身的角度来讲，中国的这三家银行和一家保险公司的市场化程度不及"榜上"其他国际金融机构。其赢利模式依然较为传统（主要依赖存贷差等），其他种类的业务仍然有待发展，新的资本充足率的要求无疑会使中国的商业银行、保险业机构的国际竞争力面临暂时的冲击。另一方面，我国监管当局长期使用较为传统的监管指标，如存贷比、流动性比率、核心负债依存度等，现行的监管工具总体上对于国内的商业银行经营模式是有效的。但这并不意味着我们应该"故步自封"，可以借鉴国际金融监管改革中提出的新的监管指标并结合中国金融机构自身的特色加以创新，同时在金融机构不断创新和发展的进程中，应该进一步加强工具箱建设。

第二，本次改革吸取了危机的经验，极力强调了系统重要性金融机构在金融体系和金融监管层面的重要地位，这也决定了系统重要性金融机构（SIFIs）处置制度的重要性。改革开放以来，我国的金融机构经历了四大国有银行资产清理、证券市场整顿、保险机构处置等一系列问题金融机构处置的探索，在处置的过程中积累了一定的经验，同时也付出了沉重的代价。20 世纪 90 年代，我国金融市场尚不开放，四大国有银行无论在规模还是实力上都在市场占有主导地位，因此，一旦发生倒闭危机，将会使整个金融市场受到严重波及，在当时可以说具有系统重要性，面对这种"大而不能倒"的窘境，从 1998 年开始，政府就对出现严重危机的四大行展开了救助，救助的方式主要是通过政府强制干预，即通过国有注资、成立四大资产管理公司接收国有银行不良资产、剥离坏账等非市场化方式，可谓付出了极大的代价。然而，通过对当今金融监管国际化的处置模式进行分析和借鉴，我国这种完全依赖政府感觉的处置模式是不经济和不可持续的。首先，我国的处置权缺乏国际金融监管中拟定的法律指引，从而导致国有权力膨胀。其次，缺乏法定的处置机构，通过上一节中的国际处置进展我们可以看到,在全球系统重要金融机构进行处置时建立了危机管理工作组进行专门的处置工作,而我国基本上是由政府来主导负责,缺乏必要的分工。最后,处置的过程缺少事前的计划和制度约束,我国国有银行进行处置过程中,所用资金基本属于"公共资金",而且政府处于随时待命进行救助的状态,国有银行几乎没有市场化的"自救"能力。因此,建议对系统重要性金融机构进行可处置性评估,并且建立事前的恢复和处置计划,用规范化的制度来约束处置行为,做到未雨绸缪,而非竭泽而渔。

第三,本次金融监管改革在影子银行监管方面提出了新的监管要求,但是,由于市场环境的差异,中国影子银行体系的特点和成因与美欧有显著不同,在监管方面也不能一概而论。国外的影子银行体系更多使用市场化的金融工具,以资产证券化为核心,通过证券化形成一条信用链条,链条中涉及的金融主体较多。而中国的影子银行则被定义为"在政府批准并进行监管的金融活动之外,游离于现行制度法规边缘的金融行为"。其范围主要包括:农村资金互助组织、民间借贷、地下钱庄和互联网金融等。我国影子银行并不是像资产证券化产品一样为了规避风险、提高流动性,而是由于市场化程度较低和经济制度的不完善"倒逼"出来的。在商业银行依然处于垄断或主导地位的环境中,政府干预十分明显,市场化的融资途径遇到较大阻碍,资金的供求也因此产生了不平衡,难以满足的资金需求催生了各类创新型的融资渠道,这样才使得 P2P、众筹等形形色色的互联网金融产品在我国得到井喷式的发展。我国与国际上的影子银行体系另一个显著不同的特色体现在运行方式上,美国的资产证券化产品形成的过程比传统的商业银行复杂许多,也更加专业化,而中国的影子银行并没有形成一个信用链条,各类影子银行之间不存在直接关联,都是较为独立的与信贷有关的机构,因此,相比于国外的影子银行的系统性风险更小。总的来说,我国影子银行体系的存在更多是为了监管套利,而非风险规避,由于我国影子银行体系的特殊性,在制定监管方案时也应该综合考虑这些特点来制定监管体系。

我国目前是在传统的微观审慎监管下采取分业监管的模式,然而影子银行的运行早已跨越了市场的界限,使得中国目前的监管模式不利于影子银行的监管。因此,有必要针对现行的影子银行监管模式进行完善。一方面,应该加强交叉业务部门金融活动的监测和监管的执行,虽然早在 2003 年中国银监会、中国证监会和中国保监会(简称"三会")就召开了三方监管联合会议,并起草了《金融机构分工合作备忘录》,但是该会议缺乏相应的法规支撑,而且在执行上往往陷入部门的利益争端,为了防止监管过程中这样的窘境发生,应建立相应的监管协调部门,在这些交叉业务的监管上起到协调的作用,避免重复监管或监管失位。另一方面,还应该将宏观审慎监管的边界扩展到影子银行体系,这就要求监管部门对影子银行的规模、风险有比较完善的衡量体系,中国虽然对影子银行的规模也设置了一些检测手段,例如:中国人民银行引入"社会融资规模"这一指标,将传统银行以外的社会融资渠道纳入检测体系,但是这样的监测还过于笼统,只能采取模糊的估计或推断,很难监测到影子银行的准确规模和风险状况。最后,对于准金融机构的立法不能只停留在部门规章的层次,中央和地方政府要针对准金融机构监管的重大问题建立完善的法律规范,并赋予各监管机构一定的监管和处罚权力,提高执法效率。

第四,本轮监管改革中 G20、FSB 以及巴塞尔银行监管委员会等监管机构都纷纷提到了各国不同监管部门之间应该建立协调机制,从而明确监管的责任主体,加强监管效率,上文的监管进程中也提到美国已经提出建立 FSB 的实体性监管协调机构。我国目前处于分业经营、分业监管的金融格局,不可避免地存在监管失位和重复监管的问题,为了维护金融体系的运行效率,应该与国际金融监管加强协调的趋势保持一致,建立起分工与合作的协调机制。对于监管协调方面的探索早在 2004 年就已经开始,2004 年证监会、银监会、保监会联合公布了《在金融监管方面的分工合作备忘录》,此后在反洗钱、非法集资等具体领域也都展开过部际联席会议,但是十余年来这种协调机制在中国的监管协调上并没有起到显著的效果,在召开几次会议后,也逐渐陷入停滞的状态。2013 年 8 月,央行牵头建立金融监管协调部际联席会议,成员单位在三会的基础上加入了外汇局,必要时可邀请国家发改委、财政部等有关部门参加。新版的联席会议主要肩负流向职责和任务:货币政策与金融监管政策之间的协调;金融监管政策、法律法规之间的协调;维护金融稳定和防范化解区域性系统性金融风险的协调;交叉性金融产品、跨市场金融创新的协调;金融信息共享和金融业综合统计体系的协调,以及国务院交办的其他事项。在国务院的办法中提到这次新版的联席会议要通过季度会议形式,开展联席会议的日常工作,以央行为召集人,并且指定了三会和外管局作为成员单位,上升到了制度层面,这一点较以往的联席会议更加正式。

第九章　G20 与全球金融治理

洪小芝[*]

◇◇

二十国集团,又称 G20,它是一个国际经济合作论坛,于 1999 年 12 月 16 日在德国柏林成立,属于布雷顿森林体系框架内非正式对话的一种机制。G20 的成员包括:美国、日本、德国、法国、英国、意大利、加拿大、俄罗斯、作为一个实体的欧盟、澳大利亚、中国、南非、阿根廷、巴西、印度、印度尼西亚、墨西哥、沙特阿拉伯、韩国和土耳其。

第一节　G20 的由来及特点

一、G20 的由来

G20 是从 G7、G8 演化而来的。20 世纪 70 年代布雷顿森林体系解体、石油危机的爆发以及 OECD 国家的经济衰退等事件促使了 G7 的产生。1998 年俄罗斯加入,形成 G8 峰会。但 G7 仍然是核心,很多会议只在 G7 之间召开。1997 年东南亚金融危机爆发以后,新兴市场国家对参与全球金融治理的诉求越来越强烈,在这样的背景下,G20 产生了。1999 年 6 月,G7 财长向 G8 峰会建议成立一个由各国财长和央行行长组成的 G20 论坛。同年 9 月 25 日正式成立由 19 个国家及欧盟组成的 G20 财长论坛,作为布雷顿森林体系内开展非正式对话的新机制。

G20 机制在形成之初主要关注国际金融问题,旨在促进发达国家与新兴市场国家就国际经济货币政策、金融体系和防范金融危机等重要问题开展建设性、开放性的磋商(曹广伟,2011)。G20 在成立以后很长一段时间内,其发挥的作用并不突出。2008 年国际金融危机爆发后,G20 的机制优势凸显出来,先后召开了华盛顿、伦敦、匹兹堡和多伦多等峰会,G20 迅速崛起,逐步演变为全球宏观政策协调的主要平台。但进入后危机时代,G20 的作用仿佛再次弱化了。

---

[*] 洪小芝:北京复华资产管理公司研究主管。

二、G20 的特点

G20 由 G7、G8 发展而来,其机制也与 G7、G8 相同,是一种非正式对话机制。每次峰会讨论的议题可根据当时的经济形势而定,时刻关注国际经济形势的变动,所以具有很好的灵活性。传统的 IMF 等国际机构则不具有该特点。G20 峰会本身具有非正式性和灵活性,参与国领导人之间可以充分自由交换意见,因此容易达成一致的意见。G20 达成的协议不具有法律性质,不过核心协调平台最主要的功能是"达成共识",也并不要求该平台对"共识"强制执行。

G7 同样也具有非正式性的特点,但与 G7 相比,G20 吸收了新兴市场国家,更能反映世界经济格局的变化,其代表性、平等性和灵活性都大大提高。它的一个重要优势是代表性,20 个具有系统重要性的经济体成员使它代表了全球 GDP 的 85%,国际贸易的 80%,人口的 2/3。自成立以来,G20 在国际金融体系改革、扩大全球治理范围、降低交易成本方面起着重要作用(黄梅波,2011)。

此外,G20 在建立时没有具有法律约束力的"基本文件"作为法律基础。G20 峰会达成的协议也不具有法律约束力。与"国际公约"和"议定书"不同,G20 峰会达成的协议一般都以"公报"、"宣言"、"声明"、"行动计划"等称呼,只是反映成员之间的政治共识,对成员只发挥着方向引导的作用。这些文件的生效不需要在联合国秘书处登记和公布,也不需要经过各自国内立法机构批准。

第二节　G20 在全球金融治理中的作用

一、G20 登上全球金融治理的舞台

第二次世界大战结束以后是全球金融治理的开始,世界经济的复苏客观上要求世界各国的协调与合作。第二次世界大战结束到 20 世纪 70 年代初期是布雷顿森林体系时期,IMF 是当时全球金融治理的核心机构。20 世纪 70 年代后,随着布雷顿森林体系的解体,全球金融治理格局也发生重大变化。IMF 在布雷顿森林体系解体后仍然是全球金融治理的核心机构,除此之外,G7 成立并开始在全球金融治理中发挥更为核心的作用。整体来讲,到 1998 年东南亚金融危机发生以前,全球金融治理框架基本围绕着 G7 和 IMF 为中心,并包括一些其他的国际金融机构如世界银行、国际清算组织和 OECD 等。在这个阶段,相关重要的国际协调决策权集中于这 7 个核心国。

20 世纪 90 年代冷战结束,信息技术飞速发展,经济全球化逐渐深入,开始出现

很多新兴市场国家,打破了 G7 垄断全球经济的局面,但全球金融治理结构并没有随之改革,仍然是 G7 主导全球金融方面的治理决策,忽略了新兴市场国家的诉求,决策参考的数据也没有包括新兴市场国家,这就导致了治理与实际相脱离。随着矛盾的积累和不平衡的加剧,1997 年爆发了东南亚金融危机。

1997—1998 年的东南亚金融危机促进了全球金融治理的改革,改革的努力主要集中在两个方面:成立了一个技术性的委员会和一个新的国际层面的组织 G20。G20 将一些新兴市场国家包括了进来,改变了原来的全球金融治理的决策机制,核心国家扩展到 20 个。虽然 G7 成员国仍处于全球金融治理中的核心地位,但全球金融治理决策的制定已不再仅仅是之前几个国际金融机构之间的决策,而是变成了国际间各政府间、国际各机构组织间的决策。新面貌的全球金融治理结构仍有很多局限性,G20 虽然将一些新兴市场国家包括了进来,但并没有赋予相应的权利,更多层面只是参与而已,因此全球金融治理结构并没有从根本上发生变化。

发展滞后的全球金融治理主体结构并没有妨碍全球化的飞速发展,2001 年中国加入 WTO,世界经济格局发生变化,以中国为代表的新兴市场国家继续发展壮大,全球的贸易量、资本流动、金融市场交易量加速膨胀,世界经济发展越来越不平衡,终于在 2008 年爆发了国际金融危机。此次金融危机爆发之后,美、英深感西方无法挽救这次危机,需要中国等非西方国家参加,于是 G20 的地位和作用得到强化。G20 从部长级会议正式提升为首脑级会议,从 2008 年 11 月到 2012 年 6 月,G20 先后召开了七次峰会,成为国际经济金融协调的核心平台。G20 的重要性凸显后,有不少评论家把它评价为自联合国和布雷顿森林体系(即国际金融机构)诞生以来最重要的国际治理创新。

二、2008 年金融危机后 G20 的突出表现及评析

G20 峰会是在国际金融危机蔓延和深化的严峻形势下应运而生的。2008 年国际金融危机发生以后,全球经济面临着自 1929—1933 年大萧条以来最严重的衰退局面。市场需求急速下降,经济衰退趋于恶化,金融系统性风险激增。当时 IMF 预测 2009 年世界经济将萎缩 0.5%—1%,为第二次世界大战以来最大降幅。这样的动荡的世界经济形势需要就关键的经济与金融问题展开更具有包容性的对话协商。在这种形势下,G20 的财长会议迅速升级为首脑峰会,增强了其政治基础与结构。与之前的 G7、G8 相比,G20 扩大了对话的范围,将主要的新兴市场国家包括了进来。最重要的是,G20 会议的迅速升级使各国采取快速、有效、统一的行动,从而遏制了危机的进一步扩散。G20 会议升级为首脑峰会后,在合作刺激经济增长、改革国际金融秩序、加强金融监管和抵制贸易保护主义方面都发挥了积极的作用。

G20 的突出作用具体表现在以下几个方面：

第一，G20 升级为首脑峰会并机制化。2008 年 G20 由财长会议升级为首脑峰会，召开了第一届华盛顿首脑峰会。2009 年匹兹堡峰会正式同意将二十国集团峰会作为讨论全球经济议题的主要平台，在 G20 峰会中，新兴市场国家与发达国家的地位是平等的。

第二，各国达成联手刺激经济和扭转国际经济失衡的共识。通过 G20 的历次峰会我们可以看到，在 2008 年危机发生以后，G20 的主要任务是应对不断恶化的国际金融危机，努力恢复全球经济增长，在这方面 G20 确实起到了积极的作用。

第三，G20 推动了传统国际金融机构的改革。2009 年匹兹堡峰会承诺将增加新兴市场和发展中国家在国际货币基金组织和世界银行的份额，同意将国际货币基金组织和世界银行两大机构的份额向发展中国家分别转移 5% 和 3%。在 2010 年 11 月二十国集团首尔峰会上，领导人正式同意将国际货币基金组织的资金总额增加到 7550 亿美元左右，并向发展中国家转移 6% 的投票权，同时将欧洲发达工业国在国际货币基金组织执行董事会的两个席位让给发展中国家。

第四，推动了全球金融监管的改革。2009 年伦敦峰会提出成立金融稳定委员会（FSB），加强对所有重要的金融机构、金融工具和金融市场的监管。将对冲基金纳入监管。2010 年 11 月首尔峰会批准了巴塞尔委员会资本和流动性改革方案，要求各成员国从 2013 年 1 月 1 日开始实施，并于 2019 年 1 月 1 日全面达到新的监管标准。2011 年 11 月戛纳峰会同意采取综合措施，以确保今后不再出现"太大而不能倒"的金融机构。

第五，G20 的代表性和议题范围不断扩大。2010 年多伦多峰会上，除了 G20 领导人外，还邀请了埃塞俄比亚、马拉维、荷兰、西班牙和越南代表参加会议，联合国、IMF、世界银行、金融稳定委员会、世界贸易组织、国际劳工组织、经济合作与发展组织等国际组织负责人也应邀与会。自本次峰会起，欧盟的一个席位则分别由欧盟理事会主席和欧盟委员会主席两个代表共同与会。2010 年首尔峰会尝试性地纳入发展、金融安全网等议题，标志着峰会议程的重要拓展。

大部分的学者都肯定了 G20 成立以来尤其是 2008 年以来取得的成就，认为其在稳定金融市场、协调金融监管改革和刺激全球经济方面发挥了非常有效的作用。G20 成功避免了全球经济的严重损害和衰退，有效地推动了金融体系重构工作以减轻危机的影响，维持了全球资本的流动，将之前涉及国家主权的问题摆到"桌面"使人们更清楚地认识到国家政策对别国及全球的"溢出效应"（Heinbecker，2011）。但，在全球金融治理体系很多其他的重要方面，如经常账户不平衡和贸易、财政赤字方面，G20 发挥的作用不明显（Heinbecker，2011）。不可忽视的是，G20 的一个最重要贡献是,可能会为当前重要的双边关系(中美)提供一个有利的协调环境。为了确保全球稳定,两个超级大国只能依赖一个多边的环境,缓和它们的竞争,允许妥协而不失面子(Dyer,2010)。

G20 之所以取得了很多的成绩,这主要由于 G20 制度有其内在的一些优点,这些优点主要有:

第一,与 G7/G8 相比,有很强的代表性。G20 由 G8(美国、日本、德国、法国、英国、意大利、加拿大、俄罗斯)和 11 个重要新兴工业国家(中国、阿根廷、澳大利亚、巴西、印度、印度尼西亚、墨西哥、沙特阿拉伯、南非、韩国和土耳其)以及欧盟组成。G20 的 GDP 总量约占世界的 85%,人口约为 40 亿人。G20 优于 G8 的重要一点就在于将中国和印度这样的新兴市场大国吸纳了进来,并给予其相应的话语权,这适应了世界经济格局的现实变化。

另外,G20 与传统的国际机构建立了良好的合作关系,这在很大程度上也提高了 G20 的代表性。G20 从成立之初就将 IMF 和世界银行纳入其核心成员,2008 年升级为首脑峰会以后,联合国(UN)也参与进来。

有学者把 G20 称作"小多边"。陈雨露(2013)认为,G20 完全不小,用"小多边"来概括之,不符合实质,所以应该把这类多边主义称作核心多边主义(corelateralism)。从有效性和国际政治的现实角度看,类似的这种核心多边主义或者是相对多边主义是十分必要的,这主要牵涉的是效率与公平问题。在当前金融全球化不断演进的历史阶段,面对突出的全球性金融问题,公平应放在首位,重视新兴市场国家的利益,重视小国和穷国的边缘化,强调世界的均衡发展。但一味地强调公平,坚持绝对的多边主义,盲目地扩大核心参与者的数量和严格的强调公平、平等将会严重地损害效率,使许多问题议而不决。因此,在追求公平的前提之下,要讲究效率,此时的多边主义更多的是强调多边主义的原则,而不是绝对的多边主义。现实中的多边主义也往往不是绝对意义上的多边主义,而是相对的多边主义。相对的强调公平,将重要的国际力量涵盖其中,在一定形式上表现出对各种利益的广泛代表与一视同仁,并不会损害其权威性和合法性,现有的 IMF 与 WTO 都是基于这样的原则运行的。当前来讲,G20 是合法性和有效性解决得最好的机构。

第二,有很高的决策效率。G20 有 20 个成员,这 G20 个成员中又可以很容易地分成发达经济体和新兴经济体两个部分,数量也是平衡的。发达经济体成员内部较容易达成一致,新兴经济体内部也存在很多相近的利益和诉求,所以较容易形成"小集体",两个"小集体"之间再通过协商去达成共识也就相对容易些。如果成员国的数量太多,则会使 G20 难以达成共识。G20 较好地体现了代表性和有效性之间的平衡,它是一个有效而小规模的集团与更具代表性的大集团之间的最好选择(崔志楠,2011)。

第三，灵活性高。G20 是非正式性的国际对话平台。G20 的非正式性使其在全球治理中更具灵活性，更能适应国际环境的迅速变化。2008 年危机后，G20 迅速从部长级会议升级到首脑峰会，并召开了一系列峰会，这正是其灵活性高的体现。

三、后危机时代 G20 的表现及评析

尽管 G20 在 2008 年以后的表现受到了大多数的肯定，但是当全球经济进入到后危机时代，各国之间的共识度下降，分歧加大，G20 的表现开始不尽如人意（见表9-1）。

首先，G20 并没有很好地实践其在危机爆发之初所作出的承诺，其取得的成功十分有限。G20 在 2008 年所做的改革承诺，尽管之后在其他峰会和其他论坛中也一再被重复，然而，承诺只有部分被实践了，且只带来全球金融治理结构的有限改变（Bradlow，2012）。

其次，后面几次峰会只是提出一些倡议，没有实质成果，对全球金融治理体系改革的推进也几乎陷入停滞。后危机时代，危机管理不再那么重要，推动"经济增长"和"全球治理"成为了 G20 的主要任务，G20 演变成了"全球永久指导小组"。虽然议题范围也进一步扩大，包括"全球不平衡、气候变化、贸易和发展"等，但 G20 却并未在哪个领域取得实质进展。

再次，到目前为止，G20 并没有摆脱 G7 的影响。虽然 G20 是名义上的"国际经济合作平台"，但实际的控制权仍掌握在 G7 中。尽管 G7 明白它们再也不能依靠自己来管理全球体系，但 G7 仍未丧失对全球金融与经济治理议程的控制权，它们所关注的议题主导了 G20 的议程，没有它们的同意，这些议题也很难作出决定。在实践中，控制权也仍在 G7 成员中。如，2012 年 IMF 新的总裁仍是欧洲人，副总裁仍是美国人。当有国家寻求救助时，它们首先想到的也是 G7。如：当 2011 年日本寻求国际协调行动以应对日元的快速升值时，首先求助的是 G7，而不是 G20 成员，甚至也不是"清迈协议"的合作伙伴。类似地，欧元区国家因主权债务和银行危机而寻求帮助时，首先"转向"的也是 G7，而不是 G20 成员。

在这样的背景下，对 G20 的批评声也越来越大。其实从一开始，G20 的公信力就受到质疑，早在 2011 年苏巴基和皮克福德（Subacchi 和 Pickford）就担心 G20 峰会变成只是各国表达自己观点和思路的交流平台（Subacchi 和 Pickford，2011）。总的来看，对 G20 的质疑主要集中在合法性问题、决策效率和执行效率等方面。

第一，对 G20 的质疑声最多的就是其合法性问题。一些学者肯定了原有治理机制合法性的增加，但 G20 的代表性和合法性仍远远不足。G20 如果作为全球经济的"指导委员会"，其成员范围应该体现全球范围，而不是仅仅 20 个成员国。"成员国

既包括发达国家,也包括发展中国家,比 G7、G8 有很大的进步,尽管其还并没有替代 G7、G8。但,G20 作为全球治理的首要主体是不可持续的,最重要的原因就是它是自我选择的、狭窄的'寡头垄断',173 个联合国成员被永久排除在外或最低限度被包括,它不符合普遍接受的代表性标准,应被一个更具有坚实宪法基础的新主体所替代"(Vestergaard 和 Wade,2011)。合法性问题是人们讨论的一个焦点,对其外部合法性的质疑增加是 G20 可持续发展必须妥善处理的问题。过去三年 G20 已经成为国际合作框架中重要而有效的部分。但当政策范围扩大并且涉及长期发展问题后,它的有限会员的问题越来越突出,缺乏代表性和合法性,已经影响其处理国际重大问题的能力(Subacchi 和 Pikfor,2011)。

第二,决策效率和执行效率低。进入后危机时代,G20 成员国的利益变得不一致,缺乏共同目标,分歧开始增加,这样难以就一些重大议题达成共识,决策效率低。例如,美国不赞成货币政策的国际义务,中国不赞成汇率与再平衡,印度不赞成多哈回合,等等。G20 是一个非正式的对话平台,不是正式的国际机构或组织。它没有常设秘书处,也不具备法人资格。G20 峰会形成的决定在成员国的落实缺乏机制性保障,即使某些成员国不落实已达成的决定,G20 也没有任何有约束力的方法迫使其遵守承诺。

第三,发达国家主导 G20 的局面没有改变。G20 的出现反映了世界格局的变化,即发达国家实力下降,新兴大国实力上升。有观点认为 G20 的形成是因为美国希望更多国家分担国际责任,但相应的权益给予得并不多。G20 的话语权更多的仍掌握在发达国家手中。尽管发达国家也承认,在全球化的时代离开发展中国家,很多问题都难以解决,但从 G20 峰会的议题设置和峰会公报来看,发达国家仍然主导着 G20 的主题和走向。例如,峰会的议题大部分是由发达国家决定的。

第四,G20 机制化面临问题。发达国家在此次危机中地位虽然削弱,但并没有发生根本性改变,所以代表发达国家利益的 G7 没有"消亡"。G7 和 G20 在并存的情况下,G7 仍占主导地区,对 G20 起领导作用。另外,新兴经济体虽然都属于发展中国家或地区,但其内部仍有很多不一致的地方,也很难真正地"联合"在一起与发达国家"抗衡",这也将大大削弱 G20 机制化的推动力。

表 9-1　历届 G20 峰会情况

时间、地点、背景	主　要　成　果
2008.11 美国华盛顿 金融危机爆发、大规模救市行动后,全球联合推动金融体系改革	G20 由部长级会议升级为首脑峰会,提升了发展中国家的地位。 　　分析了危机产生的根源,说明各国采取并将采取的行动,陈述改革金融市场的原则,承诺各国将继续致力于开放的全球经济

时间、地点、背景	主　要　成　果
2009.4 英国伦敦 　　全球性的危机需要全球共同解决。发展中国家呼吁改革国际货币体系	与会领导人就 IMF 增资和加强金融监管等全球携手应对金融危机议题达成多项共识，提升了 IMF 和 FSB 的地位。 　　1.1 万亿美元的扶持计划。将国际货币基金组织（IMF）的可用资金提高两倍，至 7500 亿美元；支持 2500 亿美元的最新特别提款权（SDR）配额；支持多边发展银行（MDB）至少 1000 亿美元的额外贷款；确保为贸易融资提供 2500 亿美元的支持；为最贫穷国家提供优惠融资。 　　会议决定新建一个金融稳定委员会取代金融稳定论坛，并与国际货币基金组织一道对全球宏观经济和金融市场上的风险实施监测。 　　此外，在打击避税天堂、反对贸易保护主义、限制银行家薪酬、刺激经济方案等方面达成共识
2009.9 美国匹兹堡 　　全球经济复苏，不同国家宏观经济政策出现分歧	宣布 G20 成为“国际经济合作的主要平台”，G20 峰会将机制化。承诺将增加新兴市场和发展中国家在国际货币基金组织和世界银行的份额，同意将国际货币基金组织和世界银行两大机构的份额向发展中国家分别转移 5% 和 3%。 　　各国领导人承诺继续实施经济刺激计划，确保经济增长和就业增加，直到经济复苏得到巩固。各国领导人还在国际金融机构改革、金融监管改革、气候变化、能源合作等方面达成共识。一致同意反对贸易保护主义
2010.6 加拿大多伦多 　　世界经济复苏缓慢，全球经济受到了欧洲债务危机的新冲击	G20 机制化后第一次峰会，新兴经济体的话语权有所上升。 　　G20 多伦多峰会的分歧明显大于共识。成果：发达国家承诺将继续坚持财政刺激，但充分重视发达国家的债务问题。同意执行“新巴塞尔资本协议框架”。IMF 改革无实质进展，呼吁加快落实匹兹堡峰会承诺，在首尔峰会前完成 IMF 份额改革。峰会在促进国际贸易和投资方面取得了重要进展
2010.11 韩国首尔 　　世界增长不平衡日益加剧，美国实施第二轮量化宽松政策	峰会第一次在非 G8 成员国举行。本次峰会并未取得实质成果。 　　最受关注的汇率问题没有取得突破性进展。 　　肯定了 IMF 已做的份额和治理结构改革（庆州会议达成的协议：IMF 将在 2012 年之前，向包括新兴市场国家在内代表性不足的国家转移 6% 以上份额；同时，拥有 8 个席位的欧洲国家将让出其中 2 个席位） 　　此外，首尔峰会尝试性地纳入发展、金融安全网等议题，标志着峰会议程的重要拓展
2011.11 法国戛纳 　　世界经济复苏不明朗，欧债危机愈演愈烈	各国一致表示，将在今后一段时间共同研究向国际货币基金组织（IMF）增资的途径，已委派各国财长在下次 G20 财长会议前确定具体的增资方式，比如通过双边途径向 IMF 注资、通过 SDR 的发行和分配扩大 IMF 资源以及由各国自愿向 IMF 特别设立的管理账户注资。 　　本次峰会在国际货币体系改革方面取得了实质进展，G20 当日下午发布的联合公报明确了特别提款权（SDR）改革时间表。G20 要求最晚在 2015 年对 SDR 的一篮子货币构成进行重新评估，让更多符合标准的新币种进入。 　　各国已同意采取综合措施，以确保今后不再出现“太大而不能倒”的金融机构。加强对影子银行的监管，并加大对高频交易和黑池交易风险的关注

续表

时间、地点、背景	主 要 成 果
2012.6.18 墨西哥洛斯卡沃斯	加强宏观经济政策协调,强化国家金融监管体系,改革国际货币体系;贸易、发展和流动性过剩问题;能源安全、气候变化、粮食安全和大宗商品价格波动等问题 　　中国宣布支持并决定参与国际货币基金组织增资,数额为 430 亿美元
2013.9 俄罗斯圣彼得堡 美国要退出 QE	宏观经济政策协调、国际金融监管改革、国际货币体系改革问题;贸易、发展、能源安全和气候变化问题;打击逃税和避税、反洗钱国际合作等问题
2014.11.15 澳大利亚布里斯 乌克兰危机;美国经济复苏、QE 退出	峰会主题是经济增长、就业与抗风险,具体议题包括世界经济形势、国际贸易、能源、提高经济抗风险能力等

第三节　G20 在未来全球金融治理中面临的挑战及对策

一、G20 发展面临的挑战

从 G20 近几年的表现看,似乎印证了之前有学者的判断:本次危机过后,发达国家为了维护自己的主导地位,会逐渐弱化 G20 的作用,G20 最终发展为一个国际经济金融方面的高峰论坛。G20 不再对其他国际经济金融机构具有指导作用,其他国际经济金融机构按照自己的职能发挥作用。M.杰里亚金(2011)认为,二十国集团因创建目的的差异和内在的矛盾关系,无法解决当前世界金融体系的问题,该组织演变为国际争论中心的可能性甚至大于成为全球治理的模式,它需要被使用但不应被寄予厚望。

布莱特劳(Bradlow,2012)分析了这种局面产生的原因:第一,世界的权力平衡仍未彻底扭转,不能迫使全球金融治理结构发生巨大变化。全球权力的转移职能强迫 G7 让出一些"决策桌"边的座位给新生力量,但还不能强迫它们放弃决策桌上所讨论议程的控制权或者就它们所关心问题而形成决定的控制权。第二,新生的力量与非 G20 成员发展中国家之间的联盟没有得到充分的组织,难以阻止 G7 将它们的意愿强加到改革中。这些国家目前缺少快速达成和履行关于全球金融治理的协议的机制,它们往往在没有协调方案的情况下进入 G20 的讨论,在讨论中也往往只是站在各自的立场,带有紧张情绪。

那么,会不会一直这样下去就无起色了呢? 答案是不会的,G20 仍会再次登上历史舞台。

理由一:G20是当前最合适的国际协调平台

全球化是一种必然趋势,在金融全球化不断向纵深发展的背景之下,全球金融治理应以多边主义思想为原则,反映所有重要国家的利益,然而,每个国家的利益取向是不同的,尽管在全球事务上存在共同利益,但个人主义的存在仍会使各国难以达成共识和采取一致行动。因此,国际协调变得非常重要。这就需要有一个适合的协调平台和建立一个有效的协调方式。充当新型全球金融治理模式下的核心协调平台,需要满足以下几个条件:要有灵活性,能根据国际经济形势的变动来调整议题;各国领导人能充分交换意见,以方便达成共识;反映多边主义的治理原则,新兴经济体能真正参与进来。

当前比较适合担当此国际协调平台的是G20,理由如下:G20是一种非正式对话机制,每次峰会讨论的议题可根据当时的经济形势而定,时刻关注国际经济形势的变化,所以具有很好的灵活性。传统的IMF等国际机构则不具有该特点。G20峰会本身具有非正式性和灵活性,参与国领导人之间可以充分自由交换意见,因此容易达成一致的意见。G20达成的协议不具有法律性质,核心协调平台最主要的功能是"达成共识",也并不要求该平台对"共识"强制执行。G7同样也具有非正式性的特点,但与G7相比,G20吸收了新兴经济体国家,更能反映世界经济格局的变化,其代表性、平等性和灵活性都大大提高。此外,G20与G7还相对进行了分工,G20更多集中于金融与经济领域,G7主要集中于其他领域,如发展和社会问题领域等。因此,全球金融治理中应以G20为核心的协调平台。

理由二:G20发挥作用是一种必然趋势

危机过后,发达国家的不配合很有可能使G20沦为普通的"国际论坛",如果是这样,全球治理体系较危机以前并没有发生本质变化。但现在大家一致取得的共识是:全球化时代,没有新兴市场和发展中国家对治理的参与是行不通的。这样做不会解决以往的问题,反而会加剧矛盾,引起下一次危机的更快爆发。每次危机的爆发都会将全球治理结构改革提上日程,而改革必然要求G20这样的平台再次发挥作用。

G20还有很长的路走,目前来看它在一些关键的问题上仍缺乏共识:危机发生的原因和治疗方案;将各经济体联系到一起的全球相互依存的本质究竟是什么;多大程度上的国际政策协调是必需的。仍有许多国家在忽视全球影响而采取单边行动,G20引领历史舞台将是漫长而困难的。

二、G20改革的具体建议

新型的全球金融治理坚持以多边主义思想为原则,反映所有重要国家的利益,因此,国际协调变得非常重要。当前,在几个相关国际金融组织中,相对适合充当国际协调核心平台的是 G20,改革 G20,使其成为全球金融事务协调的核心平台,是建立新型全球金融治理模式的要求。

(一) G20 应逐步确立其主导地位

G20 要想确立起在全球金融治理中的主导地位,首先需要解决好与 G7/G8 的关系。G20 和 G7 之间可能的三种关系:一是竞争关系,G7 逐渐被 G20 取代;二是共存关系,G7 与 G20 进行工作分工;三是合作关系,G7 作为 G20 中的一个"核心组"。

在全球金融治理中,起主导作用的应是 G20,而不是 G7。大多数学者也基本一致同意 G20 应主导全球经济与金融问题。在经济和金融领域,G20 与 G7 不应该是共存或者合作的关系。如果是共存或者合作的关系,G20 容易受 G7 的影响,G20 将被发达国家主导,新兴成员国的地位和权利难以得到保证。发达国家是现有体系的既得利益集团,发达国家主导 G20 将使改革的推进难以进行。

长期来看,G20 若想发展成为全球金融治理的核心协调平台,需要逐渐改变现在这种局面,逐步掌握全球金融治理的主导权。首先,权力的重新组合过程仍未完成。从动态的角度看,G7 只有在迫不得已时才会交出它们的"特权",因此,改革能否取得实质进展,取决于新生力量能否形成战术联盟以迫使 G7 接受必要的改革。其次,从 G20 本身来讲,G20 不应扩大议题范围,应主要集中在经济领域尤其是金融领域。议题的不断扩大会分散 G20 的精力,不利于其建立威望。此外,G20 应进行相应的机制化建设,从制度上保证新生力量的地位和权利,提高合法性、政策制定效率和承诺执行效率。

(二) G20 应继续保持非正式性的形式

G20 应继续保持非正式性,这样有利于提高 G20 机制的有效性。一方面,G20 的非正式性可以满足国内国际方面政治统筹的需要。G20 的非正式性有助于各大国协调彼此政策,有利于各成员国领导人对不同行政部门在国际合作中的位置进行统筹安排,实现"跨部门协调"的优势(朱杰进,2011);另一方面,G20 的非正式性使得其在全球治理中更具灵活性,更能适应国际环境的迅速变化。在国际环境变化较快、不确定性程度较高时,国家经常会选择非正式机制,因为这样有利于国家修改甚至退出已达成的国际协议,保持机制的灵活性。G20 并不追求通过谈判达成法律协议,它只是达成一些反映大家共识的政治性协议,这样它在环境和形势发生变化时能够迅速作出调整,不断推出新的共识性协议。

需要强调的是,G20 继续保持非正式性并不意味着不改变,本书支持 G20 机制化建设。G20 应该努力推进机制化建设,尤其在秘书处建设、决策程序和决策执行方面在一定程度上提高其"正式性",不断强化 G20 的地位和作用。G20 一定程度上的"正式性"的逐步提高有利于提高新兴市场经济体在 G20 中的权利,这符合全球金融治理结构改革的趋势,最终也会有效推动全球金融治理结构的改革。

(三) 应逐步提高新兴国家在 G20 中的地位

新兴力量作为全球舞台上不可或缺的一员而出现,它们的地位在未来全球治理框架中,有必要被发达国家所认可。为有效地解决主要问题,相关所有成员参与讨论是必不可少的。G20 想要发展,需要进一步扩大新兴国家的利益,提高机构本身的效率(Heinbecker,2011)。

需要注意的是,对新兴市场国家而言,地位的上升同时也意味着必须准备好承担全球的责任。通过加入 G20,新兴市场国家已经在自愿的基础上接受了新"特权"和相应的义务责任,作为全球领导人,这包括接受了在提供全球公共产品方面的公平责任分担(Fues,2010)。目前,新兴市场国家在接受"特权"和承担责任方面都显得很"谨慎"。这可能由于它们刚开始参与全球金融治理,多数国家跟随本能行事,采取的多是一种响应模式。同时,新兴市场国家对 G20 还不是非常信任。从目前来看,可以推断出,它们对国际组织不信任,不愿意提供充分的政治和金融支持,尽管口头说联合国等组织是不可或缺的全球组织(Fues,2010)。

不过,随着新兴市场国家对参与全球金融治理进程越来越熟悉,局面应会有所改观。随着新兴市场国家对建立和扩大与发展中伙伴国家联盟变得越来越熟悉,它们会很快变得更加自信,在议程设置与会议结果方面争取更多的自身利益,发展中国家存在的统一目标必将延伸到 G20 的本来理想任务。但同时 G20 领导人应实质推动全球金融治理的改革,逐步赢得大家的信任,尤其是新兴市场国家的信任。G20 领导人应该明智地去实现一些承诺,告诉人们他们在做什么,他们不应该为了让人看起来负责而做一些华而不实的事情。此外,G20 的合作伙伴关系,不仅仅意味着在制定决策和采取行动前有必要倾听别国意见,而且应发展共同评估和进行合作的关系。为了 G20 的繁荣和实现其潜力,成员国,不论是发达国家还是新兴国家,必须协调自身利益与共同利益。要合作,不要专制。要多边主义,不要单边主义。要有效率,而不是仅仅快速。要合法性,不要私利的。不过,这些说起来容易,做起来难,尤其在各国缺乏共同的动力时。

(四) 适当推动 G20 的机制化建设

1. 秘书处建设方面

秘书处建设方面争论激烈的是要不要设立"常设秘书处"。很多学者都主张建立常设秘书处机构,以提高 G20 机制的有效性,满足峰会筹备和峰会成果落实的要求。在 G20 机制化建设中,首要的就是建立常设秘书处或类似的组织(Linn,2006;Carin,2010)。设立常设办事机构的目的是为会议的组织提供支持,也有助于 G20 摆脱 G7 的影响。也有的学者认为如果 G20 继续保持"非正式性"特性,则不宜设立常设秘书处。原因在于非正式性的特点具有较好的灵活性(朱杰进,2011)。

要不要设"常设秘书处"实际上关系到 G20 未来的地位要不要巩固和提升的问题。设了"常设秘书处",G20 机制的运作趋于"正式化",这将有利于提升 G20 在全球金融治理中的地位。G20 地位的提升将会损害 G7、G8 的地位,也会大大削弱发达国家在治理结构中的主导地位,这是发达国家尤其是美国不愿意看到的。本书认可 G20 应继续保持非正式性的形式,但在当前的全球金融治理结构中,G20 是唯一的新兴市场经济体与发达国家地位平等的组织,从长远发展来看,发展中国家应努力推动 G20 建立与"常设秘书处"类似的组织,并争取将秘书处设在新兴市场经济体内。这有利于全球金融治理结构的改革,有利于世界经济的可持续发展。

2. 成员资格和数量问题

1999 年 G7 财长会议在讨论建立 G20 机制时对于成员资格达成共识:G20 的成员国必须是世界经济中具有"系统重要性"的国家,并能够对全球经济和金融稳定作出重要贡献。因此,G20 的成员构成应反映世界经济格局的新变化,尤其是新兴市场经济体崛起的事实,同时要考虑各地区之间代表性的平衡。

现在,一些学者认为 G20 只包含了 20 个成员国,不足以代表全球 192 个主权国家,有的学者还指出会员的选择机制存在问题。现在的成员是在没有明确选择标准的基础上选定的,没有机制可以让随着时间的推移其经济实力发生变化的国家"进入"和"退出",没有普遍代表性的机制,所有国家被纳入一个代表结构(Vestergaard 和 Wade,2011)。

争论的核心在于如何处理"代表性"和"效率"之间的矛盾关系。"代表性"和"效率"对于 G20 来讲都很重要,但它们存在"此长彼消"的矛盾关系,难以共存。对"代表性"和"效率"进行取舍的关键要看,对于当前全球金融治理机构改革和 G20 改革来讲,"代表性"和"效率"哪一个更重要? 本书认为全球金融治理改革还处于初级阶段或者仅仅是萌芽状态,此时"效率"更重要,不应过多关注"代表性"问题。1999 年在讨论建立 G20 机制时关于成员资格各国曾达成共识:G20 的成员国必须是世界经济中具有"系统重要性"的国家。加入 G20 需满足"系统重要性的国家"这一标准。在短期内盲目吸收"非系统重要性"国家为成员国会伤害 G20 作为一个关键多边经济论坛的效率性,会使很多共识难以达成。满足非成员国加入的要求会让 G20 拥有一个"笨重的身体"(Heinbecker,2011)。综上所述,本书认为短期内 G20 应维持当前的成员数量,不要盲目扩大范围。

从长期发展来看,G20 的成员资格设置应保持一种灵活的机制。"G20 的成员构成必须反映世界经济格局的新变化",在当前是,在将来也应如此。当随着时间推移出现新的"系统性重要"国家时,G20 应该有自动"识别"的机制并将其吸纳为成员国。这样才能一直保持 G20 良好的"代表性"和"效率性"。

3.议题设置问题方面

一些学者认为在保持目前的议题讨论范围之外,应增加一些新的议题设置。有的学者观点较为激进,认为应该把 G20 的议题范围从金融领域逐步拓展到所有重大的国际经济及相关问题上。本书认为 G20 的议题仍应围绕经济和金融领域,尤其是金融领域。一直以来,G20 的主要成就就在于发动了全球金融系统的改革。即使只在全球金融治理的范畴,G20 也并没有取得有目共睹的成功,作为全球金融治理的核心国际协调平台,G20 还有许多事情要做,还有很长的路要走。在 G20 还未发展成熟,就将 G20 议题扩大,会分散 G20 的精力,影响其效率。

不过,本书赞同一些学者提出的 G20 议题应保持"开放性"的思想。议题应保持开放性,而不是限制得太死,这样,G20 峰会就可以讨论当时最为重要的问题(Heinbecker,2011)。本书支持议题保持"开放性"。20 个成员国各自关注的议题有所不同,主席国轮换的时候议题就会发生变更。当主席国轮换到新兴市场经济体时,可以设置新兴市场经济体感兴趣的议题,不必遵循以前发达国家做主席国时的议题设置。这有利于新兴市场经济体在 G20 这个平台上更好的表达诉求,有利于提升它们的话语权,改变原有的世界经济格局。议题虽然保持"开放性",但仍应限定在经济和金融领域,且每次峰会讨论的议题不应太多,应是当时较为核心的议题。另外,可以从议题的重要性方面给予一些限定,比如须是关乎全球稳定和可持续发展的"大"问题,只与少数国家相关的"小"问题则不应列入 G20 议题。本书反对将 G20 的议题范围扩大到政治、安全领域,G20 的议题仍应限制在"全球经济治理"范围内,重点应在"全球金融治理"上。

4.议事规则和决策程序方面

国际组织的议事规则一般分为投票制和协商制两类,G20 现在的决策机制采取协商一致模式。有学者认为从非正式性出发,G20 应坚持目前的协商一致模式。也有学者反对协商一致的决策机制,认为 G20 应建立某种投票机制。协商一致机制的难点在于协调难度较大,决策效率相对较低。

G20 作为全球金融治理的核心国际协调平台,主要任务是协调各国之间的利益,就全球重大金融问题达成共识和采取协调的宏观政策。其本质属性是"非正式对话机制",这种非正式性应配以"协商"模式。协商一致的模式的重点在于协商,当成员国的目标不一致的时候,协商将会变得艰难,共识难以达成,G20 的发展将出现停滞或沦为"普通论坛"。从当前的实践来看,协商的结果往往更多地体现了 G7 成员国的利益,较少地体现了新兴经济体的利益。前文也有所阐述,G20 是当前全球性组织中唯一承认发达国家和新兴经济体地位平等的组织,要真正做到这一点需要时间。在未来的全球金融治理发展中,新兴国家需要不断适应这一过程,并逐渐学会和 G7 讨价还价,争取自己的利益。在 G20 中,依靠建立投票机制来从制度上保障新兴市场经济体的权利是不现实的。在 G7 主导的局面下,有利于新兴市场经济体的投票机制是很难建立起来的。

5. 决议执行问题

当前,G20 的决议更多地通过其他正式国际组织来执行峰会上达成的协议,而非通过建立常设秘书处来监督协议执行。G20 达成的国际协议都不是国际法律文件,成员国对这些协议的遵守出于自愿。如何确保成员国遵守并执行这些"非约束性"协议,对于 G20 的发展来说是至关重要的问题。有两种解决方法:一种是建立一个全新的、从属于 G20 的框架,例如建立常设秘书处。这样 G20 就可以通过常设秘书处来监督成员国落实 G20 峰会上达成的协议。另一种是充分利用现有全球经济治理中的机制和框架,由现有的国际金融机构参与落实 G20 的承诺和协议。

G20 本身的机制化还未成熟,各方面的制度还没有建立起来,在这种情况下短期内建立一个全新的 G20 框架来监督决策的执行是不太可能的。所以目前只能依靠现有的国际组织和机构来执行 G20 的决策。

6. G20 机制化建设要保持灵活性和适应性

G20 的机制化需要建立方方面面的制度和原则,以加强 G20 的地位和推动其发展。但是,G20 的制度不能是僵化的,要有适应性,灵活性应包含在制度本身之中。现有的全球治理结构的重要缺陷之一就是其不能反映当前的世界经济格局新变化。这些治理结构在建立之初本身就是僵化的,不能适应新变化。未来世界经济的发展更是变化多端的,新的全球治理结构的设计应该是动态的,能及时反映世界经济的变化,处于治理结构核心的 G20 就更应该是动态的。例如,在成员资格设置方面,当前包含 20 个成员国,这 20 个成员国都是"系统重要性"国家,但随着世界经济的发展,当出现新的"系统重要性"国家的时候,G20 应该从制度上能"识别"并将其吸纳进来。

第四节　中国与 G20 的关系

中国在处理与 G20 的关系上主要有两点:一是如何界定自己在 G20 中的地位,

二是如何处理与 G20 其他成员的关系。

一、中国与 G20

中国参与全球金融治理改革应积极利用 G20 这个平台。一直以来,中国都在积极倡导建立国际经济新秩序,但实际上中国一直处于全球金融治理结构的外围。G20 的成立和运行改变了这一局面。在 G20 中,以中国为代表的新兴市场国家和发展中国家与发达国家的地位是平等的,它们之间的力量对比也是均衡的。G20 是一个在机制上真正能实现发达国家和发展中国家平等对话的平台。2008 年以后,中国领导人也多次利用 G20 峰会呼吁和捍卫发展中国家的利益。虽然 G20 在短期内对新兴市场经济体的认可更多的是流于形式,但长期来看,G20 的机制也为以中国为代表的新兴市场国家融入到治理的核心结构中来提供了可能。中国作为综合实力不断上升的经济大国,国际社会对其的关注和期待也在不断上升,中国对国际社会的影响力在逐步增强。作为 G20 的重要成员之一,中国可以逐步影响 G20 的运作,如在议题设置、决策制定和执行等多个环节上积极参与,引导 G20 关注新兴市场经济体利益。G20 是一个相对公平的对话平台。在涉及中国未来发展的重大利益问题上,比如国际金融体系改革、宏观政策协调等,中国可以公开发表自己的看法,捍卫自身的利益。此外,G20 是新兴市场国家团结起来的最合适的平台。G20 中的新兴市场国家占了半数,且在经济发展等领域和中国有着共同的利益。积极参与并利用 G20 的机制,有利于中国团结新兴市场国家与发达国家抗衡。

二、与其他 G20 成员国的关系

在如何处理与其他 G20 成员国关系上,主要有两个方面:一是如何处理与美国、欧洲之间的关系,二是如何处理与其他新兴市场国家的关系。

(一) 与美国、欧洲之间的关系

改革的成功固然需要新兴市场国家的推动,但缺乏发达国家的配合,也难以成功。因此,中国在处理与发达国家的关系上,应采取"沟通"的策略。尤其是对美国,美国和中国是世界上最大的两个经济体,很多学者认为未来的治理领域主要是以美国和中国为核心的,应成立"G2"集团来处理国际经济金融事务。本书虽然不赞成"G2"的提法,但本书认同美国在当前治理结构中的重要性,美国也意识到中国的重要性,也愿意在多方面与中国进行沟通。因此,中国应加强与美国的沟通,在治理结构中争取自身的利益。

中国与美国应加强"沟通",但与欧洲国家,中国应加强"合作"。欧洲虽然也是现有治理体系中的既得利益者,但其与美国不一样,利益诉求并不一致。从对全球金融治理改革的态度来讲,美国是反对从根本上进行改革的。美国主张的是对现存框架进行改良、完善。而欧洲不一样,2008 年由美国次贷危机引发的国际金融危机给欧洲带来了巨大的灾难,因此欧洲非常希望借此次金融危机来推动金融治理体系的改革,改变以美国为主导的治理体系现状。在治理结构改革上,中国和欧洲的根本利益是一致的,都希望改变美国主导的局面。因此,中国应加强与欧洲的合作。

(二) 与其他新兴市场经济体之间的关系

中国积极参与全球金融治理改革,需要团结新兴市场国家群体一道来进行。而目前新兴市场国家群体的发展仍处于初级阶段,团结不够。虽然大多数新兴市场国家在全球金融治理中的利益是一致的,但将它们团结起来,组成有效的联盟仍是困难的,有很长的路需要走。这主要因为它们缺乏合作的经验。这些国家没有太多共同联盟的经验,虽然在金融危机期间表现出较强的合作意愿,但它们仍然不知道如何去合作。另外,虽然都属于新兴市场国家,但这些国家在价值观等方面仍有很大的差别,因此,如何将利益同盟转变为价值同盟仍面临多重困难。中国是新兴市场国家中的大国,要想在全球金融治理改革中获得进展,离不开新兴市场国家群体的支持。而有效地团结这些新兴市场国家,仍面临很大的困难,需要付出很多努力。

在团结新兴市场国家方面,中国应更加积极主动。中国应将自己在新兴市场国家群体中定位于"重要协调人",通过一定的方式和平台,将这些国家协调起来,逐渐组成联盟。如:"金砖四国"就是很好的例子。不过,"金砖四国"只包括了四个国家,应继续将更多国家团结起来。将这些国家组成联盟以后,新兴市场国家作为一个集体,在治理结构中与发达国家进行"讨价还价",效果将会好得多。

中国是新兴市场国家中最重要的大国,若改革成功,中国也将是最大的受益者。因此,相比其他新兴市场国家,中国也应该承担更多的成本。中国应允许其他新兴市场国家的"搭便车"行为。如:中国主动承担新兴市场国家国际协调的组织成本,努力为它们争取利益而不要求回报等等。

三、对 2016 年 G20 会议的展望

从 G20 近几年的表现看,G20 对其他国际经济金融机构的指导作用有所削弱,更像是一个国际经济金融方面的高峰论坛,虽然每次 G20 的会议都如期召开,但并没有再产生实质改革意义的政策或措施,仍有许多国家在忽视全球影响而采取单边行动。不过正如前文所分析的一样,G20 发挥作用仍是一种必然趋势,G20 还有很长的路要走,G20 引领历史舞台将是漫长而困难的。

当前在中国经济放缓和美联储加息预期强烈的背景之下,全球金融市场再次出现震荡:新兴经济体竞争性货币贬值、全球股市暴跌……2015 年 G20 会议发布了传达积极信号的联合公报,承诺将采取果断行动推动全球经济步入正轨,对全球经济加快复苏抱有信心,会议要求各国谨慎调整政策行动并开展沟通,使负面溢出效应降至最低,减少不确定性并提高透明度。虽然 G20 发表的公告效力有限,但从公告内容本身来看,G20 会议仍紧紧围绕当前的世界经济热点问题展开工作,提出的建议也具有建设性。

中国经济将是 G20 议题的焦点之一。中国正处在经济转型期,经济增长速度在理性放缓,中国本身也表现出对这一历史阶段的理解和面对"新常态"的信心。但由于中国目前经济综合实力强大,其一举一动也越来越牵动世界经济的神经,因此中国是否能守住不发生系统性危机、经济增速是否能够稳住等问题仍将是世界各国最为关心的话题。

通过改革促进投资仍将是各国共同的首要任务。如何改革以促进发展是目前各国面临的共同难题,在这一难题面前,有经济联系的国家应加强合作,拓展新的经济增长领域。习近平在 G20 会议上提出要创新发展方式,强调互联互通,支持二十国集团成立全球基础设施中心,支持世界银行建立全球基础设施基金,并将通过建设"丝绸之路经济带"、"21 世纪海上丝绸之路"、亚洲基础设施投资银行、丝路基金等途径,为全球基础设施投资作出贡献。预期这一议题也仍将是 2016 年 G20 会议的主要议题。

随着中国参与全球经济治理活动的不断深入与治理能力的不断提高,中国在 G20 中的地位和作用不断上升。并且,中国在 G20 中一直发挥着建设性的作用。2016 年 G20 会议将在中国召开,中国应扮演更加积极的角色。一是积极推动全球经济治理机制的改革与完善,促进现有机制向更为公平有效的方向发展,不断提高新兴市场和发展中国家的话语权和代表权。二是积极推动 G20 对于全球经济问题的解决,并积极进行成员之间的沟通与协调,积极维护 G20 这一多边治理体制的存在,促进世界经济的稳定发展。

第十章 亚洲区域金融合作
与中国的作用

高海红[*]

1997—1998 年亚洲金融危机催生了亚洲金融合作。危机期间,出现严重流动性紧缺的亚洲危机国家向国际货币基金组织(IMF)寻求援助。然而,这些国家在获得IMF 支持的同时,不得不接受诸多苛刻条件。对 IMF 救助的不满是亚洲国家建立区域性金融合作机制的重要起因。其标志是,2000 年东盟与中国、日本和韩国发起了"清迈倡议",在 13 个国家之间建立起了危机救助机制,作为防止危机扩散,为成员国提供必要的资金救助的区域流动性安排。2007 年爆发的国际金融危机更是为亚洲金融合作提供了契机。尽管亚洲并非本次危机的发源地,亚洲国家金融体系和金融机构也没有受到严重的破坏,但在危机来临之时,亚洲国家经济的脆弱性却暴露无遗。一方面,由于亚洲国家最终出口依赖区外市场,美欧国家的经济衰退对亚洲实体经济的影响十分严重;另一方面,由于亚洲国家的资本主要在区外循环,金融危机带来全球风险重估,造成全球资本流动的高度易变。与此同时,作为亚洲金融合作的参照系,欧元区对本次危机的应对为亚洲提供了实时课堂。这其中,救助资金来源的多渠道特征尤为突出。除了国际金融机构的资源和众多双边的互换安排,区域性机制救助如同一道区域防火墙,在危机救助中作用尤显突出。在这一背景下,中国与亚洲其他国家一道积极采取行动。2010 年 5 月,"清迈倡议"多边机制(CMIM)正式启动,基金总额达 1200 亿美元,并于 2012 年扩容至 2400 亿美元。在制度建设上,2011 年成立的宏观经济研究办公室(AMRO)成为亚洲区域政策对话和经济监控的重要实体。

在欧元区危机阴霾未散,世界经济复苏乏力,以及全球流动性剧烈波动的形势下,亚洲国家仍面临诸多的金融风险。例如超长期宽松货币条件对国际资本风险偏好产生影响,造成跨境资本流动的剧烈波动。这种流动性风险具有很强的跨境、跨部

---

[*] 高海红:中国社会科学院世界经济与政治研究所国际金融研究中心主任、研究员。

门和跨市场的传递效应,会对那些本国金融市场不完善、金融部门不具有竞争力国家的宏观经济和金融体系造成严重的冲击,并会在有相同金融脆弱性的国家之间传递危机。在新的形势下,如何理解亚洲金融合作的必要性,如何评价现有区域金融合作效果,如何制定未来合作的路径,尤其是中国在区域金融合作中发挥什么作用,是中国和亚洲其他国家决策者们所面临的重要课题。

第一节　深化亚洲区域金融合作的必要性

深化亚洲区域金融合作是国际金融体系重建的重要组成部分,对国际储备货币多元化的平稳发展有重要的促进作用。同时,强化区域金融合作也顺应了亚洲经济一体化的需要,是抵御金融风险、促进区域金融稳定的重要保障。

一、深化亚洲区域金融合作是国际金融体系重建的重要组成部分

1973 年布雷顿森林体系崩溃以来,国际金融体系表现为以发达国家为中心,以发展中国家和新兴市场国家为外围的全球金融格局。其具体存在形式,是由包括国际货币基金组织、国际清算银行等在内的国际金融机构,以及由美元为主导的国际储备货币这两个重要支柱组成的国际金融体系,或所谓的"后布雷顿森林"体系。其中,国际金融组织的作用是扮演国际金融规则的执行者和监督者、全球范围内政策对话和经济监控机构,以及主要由国际货币基金组织来行使的全球最后贷款人。国际金融体系的另一个重要支柱是以美元为主导的国际储备货币,在现实中,表现为美元在储备、结算和计价等方面行使主要的国际货币职能,或者说美元具有国际货币体系的霸权地位。全球金融危机的爆发揭示了国际金融体系的脆弱性。一方面,全球金融监管远远滞后于金融全球化和金融创新的飞速发展,造成系统性风险的不断累积;另一方面,以保证国际金融稳定性为目标的国际金融机构在预防、应对和危机救助中功能基本丧失,使得危机不断蔓延和深化。与此同时,国际金融体系赖以运转的以美元为主导的国际货币安排在危机形成中起到重要的催化作用。针对上述风险,国际金融体系在危机后面临重大的调整和改革,而加强亚洲区域金融合作,应成为国际金融框架重组的重要组成部分。

具体来看,亚洲区域金融合作是国际金融机构危机救助职能的有效补充。金融危机使得国际金融机构职能和全球金融监管力度加强,国际的、多边的、区域的,以及双边的各种层次的合作同时推进。作为全球最重要的金融稳定机构,国际货币基金组织的改革也得到二十国集团伦敦峰会的支持。IMF 改革主要围绕四个方面展开。一是,IMF 董事会在 2010 年的第 14 次份额评估达成决议,决定将总份额增加一倍至

4768亿特别提款权,从而扩大了基金可支配资源;二是,IMF对其苛刻的贷款条件性进行调整,放宽贷款条件,增大贷款期限的灵活性,以适应受援国的可接受程度;三是,在强化经济监控职能方面,IMF从侧重双边监控转向为加大全球监控,从侧重对受援国监控转向为对受援国和施援国双方同时进行监控,减低成员国监控中存在的非对称性;四是,IMF对机构的治理结构调整提出了方案,决定提高新兴市场国家在IMF中的份额和投票权,使之与新兴市场国家在全球经济中的地位相符。这些改革,意味着IMF在实施保证全球金融稳定中作用正在强化。然而与危机爆发时期危机国家对救助资金的潜在需求相比,IMF这一单一的资金来源所能提供的救助力度仍然有限,在必要时仍需要其他区域的、多边的和双边协议的支持。欧元区对希腊、爱尔兰等危机国的救助在流动性救助方面提供了很有价值的经验:互补性融资在危机救助中的作用越来越重要。在这种形势下,提高亚洲现有的区域的救助能力,特别是强化"清迈倡议"多边机制,使之成为国际、多边和双边的救助资源的有效补充,对确保区域和全球金融稳定性具有重要的意义。

二、深化亚洲区域金融合作有助于推动国际储备货币多元化的平稳发展

多年来在国际货币体系中美元是最主要的国际储备、计价和交易货币,即所谓的美元本位。美元本位造成国际货币体系的不稳定、不平等性,而后者在本次全球金融危机形成和深化中起主要作用。首先,以美国国家信誉为担保的美元本位具有不可持续性。单一主权货币行使储备货币职能本身就存在着内在缺陷。[①] 在布雷顿森林体系下,美元与黄金挂钩,作为储备货币美元的发行国,美国需要不断通过经常项目逆差向世界提供流动性。美国耶鲁大学教授罗伯特·特里芬发现,依靠美国的美元负债满足世界超额的储备需求,在黄金供给有限的情况下,美元黄金平价的约束力大打折扣。美元币值稳定性因此受到冲击,其结果对国际货币体系的正常运转产生破坏作用。这便是所谓的"特里芬难题":储备货币发行国无法在运行经常项目逆差的同时保证汇率的稳定。[②] 其次,在浮动汇率下,国际储备货币的内在缺陷对储备货币发行国和非储备货币国家的影响是不对称的。由于美国不再承诺保持美元汇率的稳定,美国尽可以运行逆差,释放流动性,只要顺差国愿意接受并持有美元,流出美国的美元总可以以美元债务的形式流回美国。这正是过去多年来所发生的:美国一方面成为最大的贸易逆差国,另一方面也成为世界最大的债务国。但是,对那些包括亚洲

---

①　周小川:《关于国际货币体系改革的思考》,发布于中国人民银行网站。
②　[美]罗伯特·特里芬:《黄金与美元危机——自由兑换的未来》,陈尚霖、雷达译,商务印书馆1997年版。

发展中国家在内的实行钉住美元汇率制度的国家来说,却面临新的两难:贸易顺差和保持汇率稳定。保持汇率稳定的结果是外汇市场干预过后美元储备的大规模累积,从而落入"美元陷阱"。[①] 在过去几十年间,亚洲发展中国家在出口导向经济战略支持下成为美元储备资产主要需求方,同时这些国家也是美元本位的支持者。如何走出这一陷阱,同时又不会为国际货币体系带来巨大的破坏性冲击,是评估亚洲金融合作意义一个重要因素。

国际储备货币多元化是后危机时期的发展趋势。伴随着投资组合的调整和变动,资本流动也将出现高度的易变,国际外汇市场也将持续动荡,这给亚洲国家造成了风险,同时也带来了机遇。强化亚洲金融合作,建设以本币为交易主体的区域金融市场,扩大本地区货币在本区域贸易结算和金融资本交易计价等功能,将有助于国际储备货币多元化进程的平稳发展。

三、深化亚洲区域金融合作是顺应亚洲区域贸易一体化的需要

亚洲国家实体经济在本次危机中受到严重的冲击,其主要根源在于长期以来亚洲国家的出口导向战略,使得亚洲的经济增长和就业过度依赖美国等发达市场。从平均水平看,不包括日本,亚洲新兴经济体出口占 GDP 比重平均为 47%,十多年前,这一数据为 37%。对贸易的过度依赖使得亚洲各经济体较容易受到外部需求变化的冲击。亚洲国家增长模式正处于调整时期,尤其是中国作为亚洲最大的发展中国家,正进行结构性改革,将外向型发展模式转为内需发展模式。在这一进程中,区内市场将进一步扩大,这为强化区内贸易、投资和金融合作提供了经济基础。从区内贸易一体化程度看,除去日本、澳大利亚和新西兰之外,亚洲发展中国家的区内贸易比重从 2009 年的 42.6% 提高至 2013 年的 44.0%(见表 10-1)。在外部需求总体下降的情况下,区内贸易增加反映了区内需求的增加。

表 10-1 亚洲贸易一体化程度 （单位:%）

对区内贸易占总贸易的比重	2009	2010	2011	2012	2013
亚 洲	55.1	56.0	55.1	54.9	54.9
亚洲发展中国家	42.6	43.2	42.7	43.0	44.0

注:亚洲包括 48 个亚洲开发银行的成员国家;亚洲发展中国家指去除日本、澳大利亚和新西兰之后的 45 个成员国家。

资料来源:Asia Regional Integration Center 数据库。

---

① Paul Krugman, "China's Dollar Trap", *New York Times*, http://www.nytimes.com/2009/04/03/opinion/03krugman.html.

四、深化亚洲区域金融合作有助于保证区域金融稳定性

后危机时期亚洲国家面临一系列的金融风险。

首先,本次危机根本原因是长期全球的收支失衡,而亚洲国家在这一失衡版图中,一方面是世界市场商品的提供者,另一方面是发达市场的贷款人。这意味着,亚洲国家普遍在运行经常项目顺差的同时,其资本不是在国内流动,就是在区外流动,在区内流动规模很低。① 尽管从近两年资本市场的指标看,亚洲国家金融一体化程度有所提高,但总体讲亚洲金融市场与美国和欧洲市场有着更为密切的关联。在资本流动方面,近年来全球充裕的流动性造成外汇市场较低的波动率,以及新兴市场与发达国家之间存在一定的息差,这使得新兴市场国家的货币成为外汇套息交易中的主要目标货币。从统计数据看,全球主要新兴市场资本流动从 2013 年中期至 2014 年 1 季度表现为净流出的趋势,而从 2014 年 2 季度到 2014 年年底出现净流入。这其中,亚洲市场为主体,亚洲国家不得不应对国际资本流动风险的挑战。

其次,亚洲国家大量的外汇储备以美元资产持有。储备货币多元化趋势将给亚洲国家提供更多的选择。但是,在多元格局没有形成之前,寻求比美元更安全的货币资产将是一个动荡的过程。因此,减少对美元的依赖,有效地管理外汇储备,平稳地推进储备资产投资多元化进程,是亚洲国家在未来时期的共同需求。具有国际储备货币潜力的亚洲国家的货币,比如人民币,将成为本区域储备货币多元化的新的投资组合选项。

再次,亚洲国家一直在寻求具有价值稳定功能的货币锚,而在相当长时期内美元始终是亚洲国家货币锚的首选。比如,亚洲一些国家在名义上采取管理浮动汇率制度,但在事实上却在货币篮子中给予美元以较高的权重。由于多数亚洲国家采取类似的汇率安排,这就形成了一种区域的、非合作形式的钉住美元的汇率安排。这种制度,一方面确保各国名义汇率的稳定,达到锁定汇率风险的目的,因为美元仍然是亚洲国家使用的最主要的贸易结算和投资计价货币;而另一方面,在这种相对固定的汇率安排下,亚洲各国的货币当局不得不受制于美联储,其货币政策也深受美国货币政策走向的影响,这是因为在理论上,钉住汇率放大了美国对美元钉住国货币政策的溢出效应。而在实践中,对于那些需要保证本国货币政策独立性的国家,由于这种钉住汇率,其资本项目开放的步伐也受到了制约,即所谓的在资本自由流动、中央银行货币政策独立性与汇率固定三项政策之间存在的三元悖论。从这一意义上讲,强化区

---

① Iwan Azis, "Regional Financial Safety Nets and Financial Stability", presented at the conference on Achieving Financial Stability—Lessons from the Eurozone Crisis for Macroeconomic and Financial Stability, MOF (PRI)-ADBI joint conference, March 14, 2012.

域金融合作,探索新的区域性汇率锚,对亚洲国家调整合意的汇率安排,有效处理资本开放与货币政策独立性之间的关系,从而确保亚洲各国的金融稳定,具有重要的意义。

第二节　对现有亚洲金融合作机制的评价

1997—1998 年亚洲金融危机爆发以来,亚洲金融合作主要在以下三个方面展开:建立区域流动性机制、开展区域政策对话和经济监控,以及发展区域金融市场。在保证亚洲区域金融稳定性方面,现有的区域金融合作机制仍有极大的改善空间。

一、区域流动性救助机制建设的重要里程碑

流动性救助机制建设是区域金融合作的核心。2000 年,由东盟、中日韩 13 国财长联合签署的"清迈倡议"成为亚洲地区金融合作的重要平台。2010 年启动的 CMIM 是亚洲区域唯一的流动性救助机制。这一机制与单边、双边和国家的各项救助渠道并存,在规模和条件方面互为补充。回顾 CMIM 发展历程,这一机制由初期的有限资金、双边协商,发展到目前的多边机制、共同储备库,有若干里程碑意义的决策和共识(见表 10-2)。其中,如下两个阶段起了关键性作用。

一是 2003—2004 年的评估期。在此之前,成员国在"清迈倡议"框架下的合作主要在四个领域展开:双边货币互换、资本流动监测机制、政策对话和经济监控,以及人员培训。由于危机已过,亚洲国家似乎失去了应对危机的紧迫感,因此,在"清迈倡议"进入评估期之时,成员国面临的重大抉择是放弃这一机制,还是将其发展壮大。评估的重点是"清迈倡议"存在的必要性、其运行的效率、与 IMF 的关系、进一步发展的短期和中期目标,以及推进长期亚洲金融合作的路线图。中国的积极参与为成员国达成最后的共识发挥了重要的作用。2005 年 5 月,第八次东盟、中日韩财长会议发表了声明,申明共同强化"清迈倡议"的决心,并决定将原有的基金额度扩大 1 倍,将基金启动与基金组织的贷款条件挂钩比例从 90% 减到 80%。同时改革早期双边决策和启动机制为多边共同决策和共同启动机制。随后,2007 年 5 月,成员国决定设立自主管理储备库机制,将本国外汇储备的一部分列入定向资金,在需要时作为救助资金启动。这一共同储备库,与共同的决策、启动机制一道,为"清迈倡议"的多边化建设奠定了基础。2008 年 5 月,东盟、中日韩财长会议在"清迈倡议"框架下又推出 800 亿美元的共同储备基金,中国、日本和韩国出资额为总额的 80%,其余的 20% 由东盟十国出资。这是清迈倡议再度扩充额度的重要的举措。

二是 2010 年 CMIM 的建立。2009 年 2 月,在全球金融危机愈演愈烈的背景下,

东盟、中日韩财长在泰国普吉召开的特别会议上联合公布了《亚洲经济金融稳定行动计划》，申明保证亚洲区域金融稳定的立场。中日韩三国随后又对区域外汇储备库出资份额达成共识，中国承诺出资384亿美元，日本出资384亿美元，韩国出资192亿美元，分别占储备库总额的32%、32%和16%(见表10-3)。同时，成员国也确定了相应的借款乘数，用以确定各国可以获得的救助额度。2010年5月，CMIM正式启动，基金总额为1200亿美元，并于2014年扩容至2400亿美元。CMIM框架下的重要机构——AMRO也于2011年正式运转。AMRO的运转成为亚洲区域金融合作制度化建设的重要步骤。2014年，针对危机救助流动性工具设施，CMIM在原有的常备救助设施(SF)基础之上，增设了预防性设施(PL)，旨在对那些出现危机征兆，但宏观经济总体健康的成员国提供救助，防止这些国家真正陷入危机。通过这些推进措施，CMIM在救助能力、救助方式、制度和治理结构确立等方面，获得了极大的改善。

表10-2　CMIM里程碑

2000.5	"清迈倡议"建立(CMI)
2002.5	经济评估与政策对话机制(ERPD)
2003—2004	评估期
2005.5	贷款与基金组织条件性挂钩比例从90%降至80%
2008.5	建立储备库资金为800亿美元
2010.5	建立CMIM，救助能力为1200亿美元
2011.4	AMRO运转，实现CMIM机构化
2014.7	CMIM救助能力扩容至2400亿美元 增加了预防性贷款工具(PL) 进一步减低与基金组织条件性挂钩比例至70%

资料来源：笔者根据公开公告整理。

表10-3　东盟、中日韩(东盟+3)CMIM份额结构和借款乘数

	份　　额				借款乘数
	美元(十亿美元)		比重(%)		
中　国	38.40	中国(不含香港)34.20	32.00	28.50	0.5
		中国香港4.20		3.50	2.5
日　本	38.40		32.00		0.5
韩　国	19.2		16.00		1
中日韩	96.00		80.00		—
印　尼	4.77		3.97		2.5
泰　国	4.77		3.97		2.5
马来西亚	4.77		3.97		2.5

续表

	份　　额		借款乘数
	美元（十亿美元）	比重（%）	
新加坡	4.77	3.97	2.5
菲律宾	3.68	3.07	2.5
越　南	1.00	0.83	5
柬埔寨	0.12	0.1	5
缅　甸	0.06	0.05	5
文　莱	0.03	0.02	5
老　挝	0.03	0.02	5
东　盟	24.00	20.00	—
总　计	120.00	100.00	—

资料来源：笔者根据 AMRO 网站数据整理。

二、CMIM 功效尚未得到测试

本次危机中，亚洲区域并没有发生蔓延性的流动性危机，这成为 CMIM 无人问津的一个颇具说服力的理由。由于亚洲国际金融结构的特点，金融衍生品市场参与程度普遍较低，这种相对滞后的金融发展程度，以及亚洲一些发展中国家仍然采用较为严格的资本管制，成为亚洲金融机构免于本次危机重大损失的"护身符"。然而就个体国家而言，例如韩国，其金融外部脆弱性大于其他国家。比如，相比其他亚洲国家，韩国持有较为大量的短期对外债务，对美国长期证券的持有也有较高比例为风险资产，而且其海外证券投资流入总规模较大，这使得韩国成为受危机冲击最大的亚洲经济体。在 2008 年秋天，韩国的银行业出现严重的流动性危机。然而，韩国作为 CMIM 重要的发起人和推进者，并没有寻求 CMIM 流动性机制的帮助，而是向美国、中国和日本寻求双边救援。其原因，在当时，CMIM 的启动资金中仍有 80% 与 IMF 的贷款条件性挂钩，同时，CMIM 共同决策和启动机制的效率的高低从来没有得到过测试，这些在相当程度上降低了 CMIM 危机救助的吸引力。这也反映出 CMIM 的存在仍然以象征意义为主的问题。

三、流动性援助的规模问题

在 CMIM 建立之前，"清迈倡议"下成员国互换协议主要包括三个组成部分：东盟十国之间的多边协议（ASA）、东盟与中日韩之间的双边协议（BSAs），以及东盟与中日韩之间的回购协议（Repo）。这些协议所涉及的资金非常有限，而且双边协议启动的歧视性原则增加了协议启动的不确定性，提高了启动成本。针对紧急危机救助基金的规模,目前仍缺乏理论和经验依据确定其最佳规模。在实践中,作为一种常设性机制安排,在资金额度上要做到尽可能充足,至少是在发生市场恐慌时,成员国政府有能力向市场发出救援信号,这种信号功能对稳定市场信心十分有效。

就流动性援助而言,相比其他形式,区域合作机制有其优越性。例如在发生危机时,成员国可调用的官方救助有四个来源:国家自身的外汇储备、与其他国家签署的双边货币互换、基金组织的紧急贷款、CMIM 下的共同储备库资金。这其中,区域性救助安排在救助力度上优于一个国家自身的外汇储备,特别是在危机具有区域传染性的情况下,单个国家的外汇储备对缓解危机更是杯水车薪。区域性救援也是对基金组织贷款的重要补充,这一点对亚洲国家尤其重要,这是因为,基金组织救助的及时性和所附加的条款一直以来成为亚洲国家寻求基金组织紧急救助的主要制约。值得关注的是,近年来国家之间的双边货币互换在危机救助中颇具吸引力,在危机发生时成为多数国家寻求救助的首选来源。这是因为双边互换协议具有更灵活、更有效和更及时的特征。尽管如此,因各种救助来源有不同的优势和劣势,彼此之间并非竞争关系,而是相互补充。从欧元区危机救助实践看,多渠道救助同时介入成为流动性救助的主要范式。例如希腊在 2010 年获得的 1100 亿欧元的救助中,不仅包括了 IMF 资金,还包括欧盟委员会安排的 15 项双边互换协议;拉脱维亚在 2008 年获得的 75 亿欧元救助中,包括了来自 IMF、世界银行、欧盟和欧洲其他一些中央银行的资源。韩国在 2008 年获得的 660 亿美元来自于美国、中国和日本三个国家中央银行的互换资金。这种多渠道同时提供援助,已经成为紧急危机救援的有效模式。

四、区域政策对话和经济监控机制建设仍处于初始阶段

有效的政策对话和经济监控是区域金融合作的重要组成部分。由于金融危机往往具有区域传染性,有效的政策对话和经济监控对危机传染性的早期发现和预警,以及协调经济政策起到重要的作用。具体来看,第一,有效的政策对话和经济监控能预防危机的发生。政策对话和经济监控有多重形式,例如采用交换信息方式有助于在危机发生早期发现问题,进而及时采取防御措施,而集体性的危机早期预警系统则更能有效提供及时紧密的监控,识别各国的金融脆弱性。第二,有效的经济监控能保证储备库的救助基金启动的及时性。第三,有效的政策对话和监控机制有利于协调各国的经济政策,特别是应对来自区外的外部冲击时,有效的监控能促成各国采取及时的联合行动。第四,经济监控机制可以通过同级压力的形式推行统一信息披露和信用评级等制度标准建设。第五,有效的经济监控通过对储备基金库借款人进行日常跟踪性监控,确保借款者的借款信用。

在经济监控和政策对话方面,亚太经济合作组织(APEC)已经成为泛亚太地区

国家高层的经济交流和政策对话论坛。这是一个参与范围广、没有制度性约束的较为松散的机制。一些国际组织,如 IMF、世界银行和亚洲开发银行也通过提供有关问题的背景文件参与了这一论坛。正是由于其广泛而复杂的成员构成以及其典型的论坛性质,APEC 无法在区域层面进行富有成效的政策对话和经济监督。在东盟、中日韩 CMIM 框架下,AMRO 在事实上对 13 个成员国行使政策对话和经济监控功能。目前看,AMRO 应是亚洲区域性基金组织的雏形。然而由于财力投入、人员专业及监控系统和职能等方面的局限性,AMRO 尚处于起始阶段,其行使经济监控职能的有效性存在极大的制约。

五、区域机制与国际货币基金组织的关系

CMIM 建立的动力之一是亚洲国家对 IMF 在 1997—1998 年亚洲金融危机救助中的失望和不满,亚洲国家希望通过建立自身的救助机制补充国际机构的不足。但在实施中,救助基金的启动不得不与 IMF 的贷款条件在一定比例上挂钩,这将 CMIM 推向尴尬境地:一方面,储备基金的启动不得不在相当程度上依赖于 IMF,这是因为在成员国之间的监控机制仍不完善,无法保证资金运用的有效性和合理性;而另一方面,对 IMF 的过度依赖有悖于 CMIM 的初衷,不能充分体现区域性融资安排的特性,影响危机援助的及时性。事实上,逐步减少 CMIM 的启动资金与基金组织条件性的挂钩比例,已经在成员国之间达成了共识。2005 年 5 月,成员国财长会议首次将"清迈倡议"下互换资金的启动与 IMF 贷款条件性的联系比例由原来的 90% 减少到 80%。随后逐步降低,目前已经降至 70%。

值得一提的是,贷款的条件性并非是危机救助的"万恶之源"。贷款条件性是防止贷款使用中道德风险的有效手段,也是对出资国权益的基本保障。对于亚洲区域来说,与 IMF 贷款条件性脱钩不等于完全放弃任何条件。问题的关键是亚洲国家能否建立符合成员国经济现状和特点的贷款条件,这是减少对货币基金依赖的核心步骤。

六、区域性金融市场处于起步阶段

在 1997—1998 年亚洲金融危机之后,亚洲各国就认识到发展本区域债券市场的重要性。在实践中,东亚及太平洋地区中央银行行长会议(EMEAP)分别于 2003 年和 2005 年推出了亚洲债券基金 1 期(ABF1)和亚洲债券基金 2 期(ABF2)。2003 年在东京召开的"ASEAN+3 加强亚洲债券市场"非正式副手会上,日本提出建立亚洲债券市场的综合方案——"亚洲债券市场倡议"(ABMI);韩国也提出使用证券化和信贷担保的建议;泰国建议创造一种抵押债券工具,并建立一个亚洲信贷担保组织;新加坡也提议建立一个亚洲信贷评级部门。

然而令人遗憾的是,针对区域性金融市场建设,尽管对各种建议的讨论十分热烈,但绝大部分建议尚缺乏可操作性。在现实中,受制于国内金融市场不发达,在一些低收入国家还普遍存在资本管制等因素,亚洲金融市场建设是一个长期过程。需要指出的是,近年来中国资本项目开放和人民币国际化战略为区域金融市场发展注入了新的动力。2009 年以来,人民币点心债发展迅速带动了亚洲区域本币债券市场。而中国的一系列资本开放措施正为亚洲金融市场发展释放新的动能。

第三节　加强亚洲金融合作路线图

亚洲区域金融合作应以保证亚洲金融稳定为目标。从历史经验看,实现这一目标需要三个要素的支持:区域金融合作机构、区域金融市场和区域汇率协调。在短期,利用储备库增资和"清迈倡议"多边化契机,进一步强化 AMRO 的机构建设;并在可行的范围内展开区域金融基础设施建设;鼓励在区内贸易、投资和金融救助中使用本币。在中期需要探讨建立区域货币基金的可能性。从长期看,将区域联动汇率机制建设设定为一个开放性的目标,同时以动态方式补充其他的可选方案。

一、强化 AMRO 职能

亚洲国家拥有充足的外汇储备,CMIM 继续增资不存在太多障碍。但是,基金规模大小不等于基金使用效率高低。当危机真正来临能否做到及时有效地提供救助,在相当程度上取决于 AMRO 职能的强弱。根据现有的治理框架,AMRO 有三个重要组成部分。一是设立了执行委员会,其下设顾问小组(Advisory Panel)和 AMRO 主任(AMRO Director)。二是制定决策,根据内容不同,决策层次也有所不同。比如对于基本面方面的问题,以达成共识作为决策依据;针对执行层次的问题,需要有 2/3 多数投票表决通过。三是决定成员国的资金配额和投票份额。上述治理构架是否有效运转,需要较多的财力投入,需要建立强大的专业人员队伍,需要设立完善的危机预警系统和经济监控指标。

在实施经济监控上,成员国需要根据可行性确定经济监控的层次。根据监控程度和功能的不同,经济监控可以分为信息交换、同级评议和政策建议这三个不同层次的监控方式。第一个层次的信息交换是初级形式。信息交换不需要各国的政策协调,只需要各国及时交换各自经济形势信息,采用标准的统计方式,提供必要的经济数据。在这方面,亚洲区域需要建立自身的危机预警系统,用以甄别问题国家和问题市场,这是经济监控实施环节中的重要技术平台。第二个层次是同级评议。同级评议是比信息交换高一层次的监控,是成员国之间系统性的检查和评估,其目的是帮助被评议国改善其政策决策,采用最好的实施模式,与标准和准则保持一致。同级评议主要是建立在国与国之间相互信任的基础上的,不要求提供政策建议,不要求政策协调,但需要常设机构对每一个成员国进行有效的经济、金融形势和政策评估。目前看,AMRO 已经开始了对成员国政策的定期评估,成为基金组织从全球多边角度对成员国展开评估的一个重要的补充。第三个层次是政策建议。政策建议是较高级的经济监控形式,其需要有诸多的先决条件,比如完善的监控指标、贷款的条件性、有效的监控实体等等。这一层次的监控职能可以作为 AMRO 的中期建设目标。

二、建立亚洲货币基金

在贷款职能上,目前在 CMIM 下设立了应急救助设施和预防性救助设施,这极大提高了危机救助的范围,强化了危机预防功能。同时,考虑与其他资金来源配合,比如成员国之间的双边货币互换和基金组织的救助设施,在发生危机之时,同时启动多重救援机制,在短期尽可能遏制危机的蔓延。建设亚洲区域货币基金需要具备一定的条件,比如,首先,AMRO 在治理、贷款启动、经济监控和专业能力方面的职能需要得到极大的提高;其次,CMIM 贷款启动与基金组织脱钩,同时设立自身的贷款条件性,以危机救助为目的,将应急需要和中长期结构调整相结合,充分考虑亚洲国家经济结构、经济制度和发展水平的特点,考虑各国之间存在的差异性,使得贷款条件性既成为对借款国行为的约束,也成为款项有效使用的保证,同时又具有一定适应性和灵活性,让借款国不致因为条件的不当或苛刻而失去了寻求援助的愿望;再次,可以借鉴 2012 年 9 月欧元区成立的欧洲稳定机制(EMS)这一永久性的区域危机救助机制的经验,除了政府之间承诺出资设立的储备库之外,引入私人金融机构参与,在金融市场上进行融资,这将极大扩充危机的救助能力。区域金融合作所能提供的救助具有不可替代的优势,在上述条件成熟之时,建立亚洲区域货币基金便应该水到渠成。

三、鼓励本币用于区内贸易、投资和危机救助

在短期内发展区域资本市场的可行步骤,首先要鼓励亚洲国家采用本币作为区内贸易结算货币。这其中,人民币在跨境贸易结算、投资计价和价值储藏方面的职能不断增强,这样,除了传统的美元、欧元以及较小比重的日元,人民币也加入了跨境交易使用的行列,这为亚洲国家的跨境交易提供了新的币种选项。其次,鼓励跨国公司和国际金融机构到亚洲国家本国发行本币债券,同时鼓励亚洲国家的政府和私人部门在本区域市场发行本币债券。再次,CMIM 下储备基金库资金目前仍全部采用的是美元。随着亚洲国家的储备货币多元化,其他币种在储备结构中的比重将有所增加,这将为 CMIM 资金的币种多元化提供基础,尤其为使用本地区货币准备了条件。

上述措施不仅推动本币在亚洲区域贸易、投资和金融交易中的需求,也将从根本上减少本区域对美元的依赖,推动区域性本币金融市场的发展,提高区域金融一体化的程度。而后者将进一步强化区域金融合作的需求,推动区域金融合作向更高层次发展。

四、探讨区域汇率合作的可能性

关于亚洲区域货币安排,现阶段在亚洲国家之间,并没有形成共识。早在 2005 年威廉姆森教授就提出了亚洲国家应该采取共同钉住汇率制度,或称为 BBC 制度,按平均权重钉住包括美元、欧元和日元在内的一篮子货币。[①] 但是这一方案忽略了亚洲本国货币的作用,并非真正意义上的区域性汇率机制。另一项颇具影响的汇率合作方案是日本的经济学家提出的 G-3 货币篮子建议。[②] 与威廉姆森方案不同的是,这一建议要求亚洲货币以不同权重钉住美元、欧元和日元。但是同样由于忽视亚洲本地货币的作用,这一提案没有得到其他国家的认同。最具有建设性的动议是 2005 年由亚洲开发银行提出的亚洲通货单位(ACU),以及类似的由日本教授小川英治等人提出的亚洲货币单位(AMU)。[③] 这一动议效仿欧洲的欧洲货币单位(ECU),将亚洲版本的货币单位作为监控各国汇率稳定性的指数。由于存在技术困难,特别是以什么标准制定篮子中每种货币的权重,在参加国之间达不成共识,亚洲开发银行将原定 2006 年 5 月启动 ACU 的计划无限期推迟。

较为可行的选择是将亚洲汇率合作设定为一个开放性的目标。这一开放性的目标,是结合本币在本地区贸易结算和金融交易推广的程度,重新估计汇率变动带来的风险,以稳定区域内货币币值为核心,进行必要的汇率协调行动。这种汇率政策的协调,可以纳入到 CMIM 框架下进行。这一合作之所以是开放的,是各方不必要设定共同的汇率制度安排,各国在汇率制度选择上有完全的自主性。在中长期,亚洲汇率合作选择存在多重性。选择之一是建立周小川提议的一个超主权储备货币。这是一项长期目标,是国际货币制度设计的理想状态。选择之二是发展区域货币,形成对美元国际货币地位的竞争。尽管欧元区问题重重,欧元作为国际货币的地位却有所提升,目前欧元债券发行位居全球之首,成为国际货币体系中一个平衡因素。欧元的发展为亚洲提供了参考。如果亚洲国家能够建立区域单一货币,将大大改变国际货币体系的格局。选择之三是人民币成为区域主导货币。在美元和欧元支撑着世界上两个

---

① John Williamson, "A Currency Basket for East Asia", Policy Briefs in International Economics, Institute for International Economics, July 2005, Number PB05-1.

② Eiji Ogawa & Takatoshi Ito, "On the Desirability of a Regional Basket Currency Arrangement", Journal of the Japanese and International Economies, Vol.16, 2002, pp.317-334.

③ Eiji Ogawa & Junko Shimizu, "AMU Deviation Indicator for Coordinated Exchange Rate Policies in East Asia", RIETI Discussion Paper, 2005, 05-E-017.

最大的经济区的同时,作为世界第三大经济区的亚洲却缺少自己的主导货币。随着人民币国际化战略的不断推进,同时中国在亚洲区域贸易、投资和金融一体化的程度不断加深,人民币成为区域的主导货币也不是不可能的。

第四节 中国的作用

中国的参与程度和方式对亚洲金融合作未来起到决定性的作用。而中国在亚洲区域金融合作中的作用,从根本上说取决于中国与亚洲经济、金融一体化的程度。

一、中国与亚洲地区的经济联系

中国在亚洲区域的产业分工中的特殊位置以及中国在亚洲区域内贸易模式在一定程度上决定了中国在亚洲区域内金融联系的程度和形式。例如,中国在亚洲区域垂直分工的生产链起着枢纽的作用:从亚洲其他市场进口原材料、零部件以及其他投入品,加工生产再出口到欧美市场。中国从东亚进口零部件占中国从东亚总进口的比重,1994 年为 18%,2000 年为 31.8%,到 2007 年上升到 47.2%(见表 10-4)。基于这样的枢纽作用,中国与亚洲其他经济体之间的外国直接投资已经成为中国跨境资本流动的主要形式。2003 年,中国 FDI 实际使用额中来自亚洲其他地区的比重占到 33.1%,到 2009 年这一比重上升到 49%。在贸易领域,长期以来中国的最终贸易伙伴主要是欧美市场。2000 年中国与东盟 10 国之间的贸易额占中国总贸易额 8.3%,2003 年达到 9.2%,2012 年更提高至 10.3%。从区域层面看,中国对亚洲地区的贸易比重一直维持在较高的水平,尽管这一比重略有所下降。中国与亚洲地区经济体的贸易额由 50.5% 下降到 44.9%。更为重要的是,中国对欧美运行贸易顺差的同时,对大部分亚洲国家保持了经常项目逆差。换言之,通过贸易逆差,中国对亚洲地区提供了人民币流动性,为人民币区域使用提供了供应来源。

表 10-4 中国与亚洲贸易、投资往来 (单位:%)

		2003	2004	2005	2006	2007	2008	2009	2010	2011	2012
贸易#	东盟	9.2	9.2	9.2	9.1	9.3	9.0	9.6	9.8	9.9	10.3
	亚洲	50.4	50.2	48.8	47.2	46.4	44.9	45.4	45.3	44.8	44.5
FDI*	东盟	22.9	23.9	20.1	15.7	13.3	10.8	11.7	—	—	—
	亚洲	33.1	31.3	24.8	27.8	33.2	37.9	49.0	—	—	—
零部件进口		37.6	39.6	42.8	45.9	47.2	—	—	—	—	—

注:#表示占中国贸易总额比重;＊表示 FDI 实际使用占总额比重。

资料来源:笔者根据 Asia Regional Integration Center 数据库、CEIC、Asian Development Outlook 2010 Update 和 CEIC 数据库整理。

二、中国的区域角色和全球角色

如何协调区域角色和全球角色,是中国制定区域金融合作战略所必须考虑的重要问题。2007 年发源于美国的金融危机使世界对中国在国际金融中的作用更加注目。中国在发挥金融稳定器作用中实际上扮演双重角色:在全球体系中最大的发展中国家及在东亚区域中起稳定作用的大国。从金融合作角度看,这种全球角色和区域角色在一定阶段是可以并行发展的。但是到了一定阶段,高度的区域货币合作要求放弃货币主权,这与主权货币的国际化之间形成取舍关系。现阶段在货币领域,中国在人民币国际化和区域金融合作两个平台同时发挥作用,而在中长期则需要将两者协调起来,互相促进。

三、中日合作是亚洲区域金融合作的核心

亚洲金融合作进程顺利与否在很大程度上取决于中国和日本之间如何协调彼此之间的关系。日本凭借战后经济复兴和对外贸易迅猛的发展,早在 20 世纪 80 年代就开始推进日元国际化。但是,由于制度障碍以及日本金融市场在深度和广度上远低于美国、欧洲等市场,日元国际化并没有实现其既定的目标。与此同时,在亚洲建立日元区的动议也不断出现。然而这一动议要求日元实际上在亚洲扮演货币锚的角色,后者又取决于日本经济的健康状态和它的金融部门及金融市场的开放程度,以及它的国内市场的规模。在这些方面,日本在过去几十年间并没有根本的改进。而随着中国的崛起,日本在亚洲区域作用的重要性相对削弱。在汇率政策方面,中国汇率政策本身具有更强的区域效应。这是因为中国与该地区的经济体有着不断增加的贸易和金融一体化。人民币币值的变化对中国和其在该地区的合作伙伴之间往来的商业和金融商品的相对价格有很大的影响。由于中国在区域重要的贸易地位,在任何一项新的货币合作安排中,人民币都将被置于核心位置。因此,从动态看,中国和日本之间的实力对比将随着时间的推移而向中国倾斜。然而,日本作为亚洲区域重要的发达国家,其在区域金融合作中一直发挥核心作用。中日之间能否寻求共同利益交叉点,在彼此信任的基础上推进区域合作,是亚洲金融合作能否具有可持续性、能否向更高层次发展的关键。

第五节　趋势与展望

新时期深化亚洲区域金融合作有其充分的必要性。通过对危机救助职能的有效补充,以及推动国际储备货币多元化的平稳发展,使得区域合作成为国际金融体系重

建的重要组成部分。强化亚洲金融合作也同时顺应了亚洲经济一体化的需要,有助于抵御金融风险,确保区域金融稳定。

亚洲的金融稳定是区域金融合作的根本目标。实现这一目标需要有三个要素的支持:区域金融合作机构、区域金融市场和区域汇率协调。如何培育这三个要素,需要制定一个可操作性和前瞻性相互结合的路径方案。比如在短期内,亚洲国家在CMIM框架下强化AMRO的机构建设,在可行的范围内展开区域金融基础设施建设,在区内贸易和金融交易中使用本币;在中期,亚洲国家需积极探讨建立区域货币基金的可能性;在长期,亚洲国家需要探讨区域汇率合作的可行性,将区域联动汇率机制建设设定为一个开放性的目标,同时以动态方式补充其他的可选方案。

在亚洲金融合作的各种路径选择中,中国的战略选择起决定性作用。如果建立区域货币联盟,人民币将协同其他亚洲货币成为单一货币的合成部分,这意味着建立亚洲版的欧元,从而在亚洲实现区域金融合作的最高目标;如果人民币最终成为与美元、欧元并驾齐驱的国际货币,亚洲金融合作将以更为开放的形态出现,届时人民币将成为事实上的区域储备货币、锚货币,以及贸易和投资交易中的结算和计价货币。

1997—1998年亚洲金融危机的爆发迫使中国和亚洲其他经济体开始以一种非常积极的方式推进亚洲区域金融合作。对于中国来说,亚洲金融危机只是外部因素,从1978年以来的经济改革与开放是中国积极参与亚洲区域金融合作的内在驱动力。中国在亚洲的影响力最终取决于中国经济发展的潜力。随着中国经济规模的不断增加,中国将向其他亚洲经济体提供一个巨大的国内市场。中国正逐步开放资本项目,同时国内金融市场化改革深入推进,中国跨境资本流动在亚洲区域将不断增加,人民币在亚洲区域的使用持续扩大,这些将使中国的经济走势和国内宏观经济政策具有不断增加的溢出效应。这意味着,中国在成为全球系统性重要国家的同时,在亚洲也将在区域金融稳定中扮演越来越重要的角色。

第十一章 金融危机与东亚经济体货币锚的演变

徐奇渊 杨盼盼[*]

◆◇◆

基于状态空间模型的时变参数回归,本章的研究发现:国际金融危机以来,东亚经济体货币制度趋向于钉住一个货币篮子,然而对于篮子中锚货币的选择是否存在趋同则仍不确定。此外,还得到了如下结论:美元在货币篮子中仍起决定性作用,人民币的地位仅有小幅提升;与传统观点相反,2008 年国际金融危机增强了美元和欧元在这一地区的地位,同时削弱了人民币和日元。但与日元大不相同,在遭受短暂冲击之后,人民币的权重很快恢复并重拾上升势头,此后人民币的驻锚货币地位一直保持着上升趋势。

第一节 研究背景

1998 年金融危机席卷了东亚地区。当时,由于缺乏区域危机救援机制、国际的最后贷款人救援不力,以及东亚部分国家本身的政策问题,使得最初的货币危机在后来蔓延升级为金融危机和经济危机,重创了东亚地区的贸易和增长。东亚金融危机的惨痛教训,迫使各界开始思考国际货币体系改革,以及东亚区域的货币金融合作。

但是从国际货币体系改革来看,其核心机构国际货币基金组织(IMF)的理念虽然有些微妙的变化,例如在 2008 年金融危机后,IMF 不再坚持对资本项目可兑换的教条,并且认可了资本管制也是一种"正当工具"。但是在另一方面,IMF 份额与治理改革仍然面临很大的阻力。从 2010 年 IMF 确定增资计划以来,这一计划一直受到

---

* 徐奇渊:中国社会科学院世界经济与政治研究所副研究员;杨盼盼:中国社会科学院世界经济与政治研究所助理研究员。

美国方面的阻挠而未获通过,这将在很大程度上限制 IMF 在国际货币体系中发挥作用。在此背景下,东亚的经济体开展了积极的多边合作,这其中的成果包括"清迈协议"及其多边化、亚洲债券市场的建设等。除此之外,由于许多经济分析认为,东亚国家不合适的汇率制度与东亚金融危机的爆发有关,因此十多年以来,东亚区域的各国采用何种汇率制度,各国之间的汇率制度如何进行合作,以实现区域金融秩序的稳定——这也成为一个重要的研究领域。

目前,这方面的研究可以归结为三种类型:各国采取自由浮动的汇率制度、各国采取钉住单一货币的办法,以及各国钉住一个货币篮子的做法。这三类建议,实际上是 20 世纪 50—60 年代,固定汇率、浮动汇率之争在东亚区域汇率制度合作问题上的进一步延伸。

艾森格林(Eichengreen,1999)和萨默斯(Summers,2000)建议,亚洲国家选择自由浮动的汇率制度。其论断基于奥伯斯菲尔德和罗戈夫(Obstfeld 和 Rogoff,1995)的理论基础,该理论认为开放经济体应当放弃中间汇率体制,汇率制度应完全固定或浮动。与固定汇率制度相比,浮动汇率制度能够更好地解决三元悖论,自由流动的资本以及更加独立的中央银行能够提高亚洲经济体的潜在增长率。

反对自由浮动观点的研究也不在少数。库珀(Cooper,1999)和其他一些研究者认为浮动汇率制度会导致汇率过度波动,这不利于东亚的发展中国家。汇率的不确定性会抑制全球贸易和直接投资的增长,还会引起国内金融市场的不稳定。即使发展中经济体摒弃了固定汇率而选择浮动汇率制度,它们仍然会对外汇市场做许多干预。卡沃和莱茵哈特(Calvo 和 Reinhart,2000)注意到了这些历史的相似之处,并称这一现象为"浮动恐惧"(Fear of Floating),而导致这一现象的主要原因是:在实践中,发展中经济体的中央银行不愿意保持汇率制度的自由浮动,它们会为了追求政策声誉而干预市场。麦金农(Mckinnon,2000)就直接建议亚洲国家货币应当钉住美元。名义上的货币锚能够稳定货币的价值从而减轻原罪(Hausmann,1999),并且还能稳定国内的通胀和利率水平。

但是固定汇率也会带来问题,泰勒(Talor,2013)发现:近 20 年,尤其是 2000 年以来,储备货币的需求迅速上升。观察外汇储备占 GDP 的比例这一指标,1990 年以来,发达经济体一直稳定在 4%左右,而新兴市场经济体则从 1990 年的 4%上升到了 20%,外汇储备的绝对规模则上升了整整 60 倍。这一方面是新兴市场经济体吸取了东亚金融危机的教训,开始积累外汇储备提供自我保险,另一方面,泰勒(Talor,2013)也认为,新兴市场经济体不能克服汇率的"浮动恐惧",因此而导致事实上的准固定汇率制度较为普遍,进而为了稳定汇率而需要积累大量的外汇储备。而外汇储备又以美元为主,因此加剧了国际收支失衡的矛盾,并且使"特里芬难题"再次凸显出来。

实际上,自由浮动和钉住单一货币各有各的问题,自由浮动可能使东亚国家之间的双边汇率出现大幅波动。而钉住单一货币,表面上看似乎实现了汇率稳定,但实际上却是以有效汇率的大幅波动为代价的。根据伊藤隆敏、小川英治和佐佐木(Ito、Ogawa 和 Sasaki,1999)和拉詹(Rajan,2002)等人的研究,从福利损失函数的最优化的角度为所有亚洲国家设计了货币篮子,能够使由汇率波动而带来的成本最小。进一步,他们建议所有东亚国家应当钉住同一货币篮子,这样东亚经济体能够同时实现双边汇率、有效汇率的稳定,从而在稳定区内贸易的同时,也可以减少外部冲击所带来的非对称影响。小川英治和清水顺子(Ogawa 和 Shimizu,2006)提出并且计算了亚洲货币单位(AMU),使得东亚区域国家的汇率钉住一篮子有了具体、清晰的目标。

此后,关于 AMU 的研究一直没有停止,但是由于东亚地区中、日两国经济实力的对比发生变化,以及地区的政治关系紧张,实际上地区内的汇率政策协调基本没有进展。在东亚金融危机之前,多数经济体倾向于钉住美元,危机之后各国转向更加灵活的汇率制度安排。但是近 10 年以来有两大因素对各国的汇率制度产生了一定的冲击:其一,中国及其人民币地位逐渐上升,日本和日元相对地位下降,其二,2008 年国际金融危机。

在国际生产网络、国际货币体系面临重要变化的情况下,东亚地区各国的汇率制度发生了何种变化? 这关系到对国际货币体系发展的判断,也关系到对东亚地区金融秩序稳定性的研究,同时这也关系到对于美元、人民币、日元等货币地位变化的理解。我们有必要重新审视这一地区各国的汇率制度安排。

根据国际货币基金组织在 2012 年发布的汇率安排报告,我们可以观察主要东亚经济体事实上的(De facto)汇率体制安排。本章主要关注东盟六国、韩国、中国香港和中国台湾共 9 个经济体研究。除了香港,没有其他经济体选择硬钉住。而在检查各经济体软钉住情况时,我们可以发现一个非常重要的现象:在亚洲的主要经济体中,没有一个经济体选择钉住单一货币,或者是一个固定的货币篮子。这与前述研究的建议颇有出入,这些经济体都没有退回到过去,从而钉住单一货币,甚至也没有钉住一个固定的货币篮子。越南选择稳定化安排(Stabilized Arrangement),这种汇率制度的弹性还是大于传统钉住。新加坡和马来西亚也转向了有管理的汇率制度,这意味着其汇率制度处于管理之下,但具体何种管理方式并不明确。这些经济体的汇率制度都属于中间汇率制度。虽然在 IMF 的分类中,印度尼西亚、韩国、菲律宾和泰国被归类为浮动汇率制度国家,但其都不是自由浮动类型,因为这些国家的汇率仍然会时不时受到政府的干预。

根据国际货币基金组织基于事实的汇率制度分类可知,在东亚金融危机之后,多数东亚国家的实际情况是选择中庸,而非两个极端。货币当局仍然有干预市场的动机,但具体干预依据并不明确。我们无法直接观察到名义锚,但是货币当局应该都有自己名义驻锚的目标。不过,货币篮子的构成各国之间存在差异,而且货币篮子的构成本身也因时而变。在以下的分析中,我们需要考虑到以下两个事实:随着国家而不同的货币篮子,以及随着时间而发生变化的货币篮子。

本章剩余内容安排如下:第二部分对货币篮子分析做了文献综述;第三部分阐述了本章的方法论,采用不同的研究方法以作比较;第四部分解释了本章的主要发现并给出结论。

第二节　文献综述

在货币篮子分析领域有许多文献。早期研究始于弗兰克尔和魏尚进(Frankel 和 Wei,1994),该文已经成为讨论货币篮子问题的基准框架。他们的文章讨论了东亚地区是否存在日元集团(Bloc)或美元集团。毫无疑问,那时的东亚国家货币篮子构成往往会考虑日元。因为在当时,日本在东亚地区经济中居于主导地位,与东亚经济体有密切的经贸关系。为了稳定对外贸易,各个亚洲经济体具有强烈意愿,使自己的货币至少部分钉住日元。进入 21 世纪之后,由于不同的经济形势和相同的经济动机,很多经济体的货币开始部分钉住人民币。如今的中国与 20 世纪 90 年代的日本面临相似的境遇:中国已经成为世界第二大、亚洲第一大经济体,对区域内贸易有着重要影响,并且已经成为东亚地区许多经济体的最大贸易伙伴国。此外,与 20 世纪 90 年代相比有一个不同的背景是,21 世纪以来,众多亚洲经济体倾向于放弃钉住美元、考虑其他的汇率制度安排。

弗兰克尔和魏尚进(Frankel 和 Wei,1994)所使用的货币篮子分析方法,使用一种货币汇率的日度差分数据作为被解释变量,然后用其他货币(例如美元、日元、英镑等)的同口径数据作为解释变量。此后在这种方法的基础上,研究者增加了人民币作为解释变量,从而考虑人民币在这一地区的影响。通过分析,我们就能研究一种货币的驻锚篮子中每一种构成货币的权重大小,并分析货币篮子的构成。

对于基准分析框架有多种扩展性研究,尤其是将人民币添加到货币篮子当中的讨论。在 2005 年 7 月 21 日汇率制度改革之前,人民币是钉住美元的,在此之后,人民币转向有管理的浮动,而不是完全浮动。因此,当美元和人民币都在回归方程的右侧作为解释变量时,需要特别注意多重共线性的问题。而且人民币本身处于参考一篮子、有管理浮动的汇率制度下,并且在过去十年中,这个货币篮子也发生了很大变化。因此,有必要说明人民币参考货币篮子本身的变化过程,有些研究已经考虑了这方面因素。

第一种方法,试图保留人民币兑美元浮动的时期(表面上看来),同时剔除掉人民币钉住美元的时间段。苏布拉马尼安和凯斯勒(Subramanian 和 Kessler,2013)选择了两个样本期,第一阶段是 2005 年 7 月至 2008 年 8 月,第二阶段是 2010 年 7 月至 2013 年 7 月。他们试图利用上面提到的思路,用基准回归方程来分析人民币在这两个阶段的影响力。该研究发现人民币已经具有了令人惊讶的国际地位,作者将其称之为"在美国后院的崛起"。

第二种方法由陈江一、彭文生和舒畅(Chen、Peng 和 Shu,2009)提出,即两步分析法。首先使用各种主要驻锚货币,例如美元、欧元和日元等,对人民币进行回归,可以得到回归的残差,用这个残差序列替代人民币汇率的时间序列。然后用其作为解释变量之一,对其他经济体汇率再次进行回归。从直觉来看,这一方法试图从这样的角度来理解人民币的回归系数,即其他货币对人民币自主波动的敏感性。

第三种方法是由斯潘赛(Spencer,2013)提出的主成分分析法。首先,使用第一种方法,挑选出所谓的"人民币集团"货币。然后将这些货币的汇率放在一起,通过主成分分析法,计算出这些货币汇率的主成分。再通过比较主成分的变化,与主要驻锚货币的变化,例如美元、日元和人民币等,从而识别这些货币是否钉住美元、日元或人民币。基于此,斯潘赛认为,亚洲国家的货币具有更多"美元集团"的特征,而非"人民币集团"。但在这种方法中,关于主成分与参考货币(Reference Currency)之间是否具有一致性的判断,在某种程度上具有主观性。

第四种方法则试图将市场干预因素添加到回归方程中。这一方法的基本思想,是将中央银行干预所施加的影响剔除。弗兰克尔和魏尚进(Frankel 和 Wei,2007)提出了这一方法,他们在回归方程中加入了一国外汇储备变动的百分比。事实上,正如苏布拉马尼安和凯斯勒(Subramanian 和 Kessler,2013)所提到的,用货币干预来估计方程实际很难做到,因为并非所有新兴市场国家都会每天报告外汇储备。在本章的第三部分我们将介绍更多相关评论。

弗兰克尔和魏尚进(Frankel 和 Wei,1994)的基准回归采用的是最小二乘法(OLS),这意味着估计的系数是样本区间的平均值,或者假设货币篮子的构成在样本期内保持不变。但是随着全球经济在过去 10 年间发生了巨大变化,我们无法接受亚洲货币所锚定的货币篮子在多年中保持不变这种假设。

为了解决货币篮子的时变问题,一些文献将长期样本分解成几个阶段……回归方法(Ogawa 和 Sakane,2006;Sun,2010;Subramanian 和 Kessler,2013)将长期样本分解成几个阶段,然后对各阶段运用基准的回归方法。但是子样本的选择是基于作者各自的知识作出的先验判断。这种方法仍然需要假设,在子样本期内货币篮子的构成保持不变。但是如果子样本期太长,我们就无法接受这种假设。最重要的是,我们无法得知子样本期是否足够短,以使我们能捕捉随系数的时变特征。

在本章中,我们将基准的回归方法扩展为一个时变参数模型。基于状态空间形式(Harvey,1989;Hamilton,1994),待估计方程由测量方程(Measurement Equation)与状态方程(State Equation)组成。参数则可以通过卡尔曼滤波(Kalman Filter)来进行估计。基于此,我们可以描述货币篮子构成状态的演变过程。

第三部分描述了方法论和资料来源。然后,我们将基于状态空间模型进行回归分析,并得到参数的时变估计结果。

第三节　回归模型和参数估计

一、基准回归模型

为了分析亚洲货币事实上锚定的货币篮子成分,我们采用弗兰克尔和魏尚进(Frankel 和 Wei,1994,2007)的方法作为基准。首先选择参考货币的汇率作为解释变量,然后使用 OLS 方法对被解释的货币汇率做回归。系数的估计结果可以反映货币篮子的构成。下面的方程可应用于各个货币的汇率篮子分析:

$$\mathrm{dln}(\frac{Y_{i,t}}{CHF_t}) = c + w_{i,1}\mathrm{dln}(\frac{EUR_t}{CHF_t}) + w_{i,2}\mathrm{dln}(\frac{JPY_t}{CHF_t})$$
$$+ w_{i,3}\mathrm{dln}(\frac{CNY_t}{CHF_t}) + w_{i,4}\mathrm{dln}(\frac{USD_t}{CHF_t}) + \varepsilon_{i,t} \qquad (11.1)$$

Y_i 是某个亚洲货币汇率的序列,4 种可能的参考货币在式子的另一侧。所有汇率均套算成瑞士法郎(CHF)来表示。每个参考货币的系数,对应于其在 Y_i 篮子中的比重。常数 c 表明,Y_i 序列偏离货币篮子的趋势。

需要说明的是,每个经济体都会遭受大小不同的冲击,为了能控制这种影响,Frankel 和 Wei(2008)引进了变量 ΔEMP 来描述外汇市场压力:

$$\mathrm{dln}(\frac{Y_{i,t}}{CHF_t}) = c + w_{i,1}\mathrm{dln}(\frac{EUR_t}{CHF_t}) + w_{i,2}\mathrm{dln}(\frac{JPY_t}{CHF_t})$$
$$+ w_{i,3}\mathrm{dln}(\frac{CNY_t}{CHF_t}) + w_{i,4}\mathrm{dln}(\frac{USD_t}{CHF_t}) + \rho_i\Delta EMP_{i,t} + \varepsilon_{i,t} \qquad (11.2)$$

其中　　　　　　　$\Delta EMP_{i,t} = \Delta \mathrm{logreserve}_{i,t} + \Delta\log(\frac{X_{i,t}}{CHF_t})$

ΔEMP 代表外汇市场压力的变动。对某一种货币需求的变动,要么体现在其价格变动上,要么就体现在其数量的变动上,何者体现更多,这取决于货币当局的不同反应。如果货币当局通过外汇市场的干预对货币需求的冲击进行了影响,那么其在数量操作上对冲击吸收得越多,那么冲击对价格的影响就越小。反之,数量冲销越少,则货币需求变化对价格会产生越大的影响。实际上,系数ρ可以简单地解释为汇率体制在事实上的灵活程度:$\rho = 1$时表示高灵活性,$\rho = 0$时表示完全固定的汇率制度。

但在本章中,我们倾向于忽略这种干预。根据与苏布拉马尼安和凯斯勒(Subramanian 和 Kessler,2013)相同的考虑,本章对不同货币汇率之间的协同变化感兴趣,而不管这到底是行政干预还是市场压力导致的。不论是这两种情况的哪一种,只要给定篮子货币的系数值高,就表明该汇率对于被解释的货币汇率具有重要影响。因此,我们还是选择估计方程(11.1)而不是方程(11.2)。

二、基于状态空间模型的时变参数估计

基准回归模型中采用了最小二乘法,这意味着参数估计值是所选样本期的平均值,或者是假设货币篮子的构成在样本期内保持不变。而实际上,在几年样本期内,外汇市场的供求及货币篮子的实际构成往往已经发生了显著的变化。长达数年的样本期内,货币篮子构成不变的假设难以成立;而货币篮子构成的平均水平,也无法准确描述篮子构成的动态变化。

在本章中,我们将基准回归方法扩展到时变参数模型,以描述货币篮子构成的动态变化路径。基于状态空间形式(Harvey,1989;Hamilton,1994)的估计方程,可以描述为如下的紧凑形式:

测量方程:

$$\mathrm{dln}\left(\frac{Y_{i,t}}{CHF_t}\right) = c + w(t)_{i,1}\mathrm{dln}\left(\frac{EUR_t}{CHF_t}\right) + w(t)_{i,2}\mathrm{dln}\left(\frac{JPY_t}{CHF_t}\right)$$

$$+ w(t)_{i,3}\mathrm{dln}\left(\frac{CNY_t}{CHF_t}\right) + w(t)_{i,4}\mathrm{dln}\left(\frac{USD_t}{CHF_t}\right) + \varepsilon(t)_i \tag{11.3}$$

状态方程:

$$w(t)_{i,1} = \lambda w(t-1)_{i,1} + \upsilon(t)_{i,1} \tag{11.4}$$

$$w(t)_{i,2} = \lambda w(t-1)_{i,2} + \upsilon(t)_{i,2} \tag{11.5}$$

$$w(t)_{i,3} = \lambda w(t-1)_{i,3} + \upsilon(t)_{i,3} \tag{11.6}$$

$$w(t)_{i,4} = \lambda w(t-1)_{i,4} + \upsilon(t)_{i,4} \tag{11.7}$$

其中$(\varepsilon_t, \upsilon_t)' \sim N\left(\begin{pmatrix} 0 \\ 0 \end{pmatrix}\begin{pmatrix} \sigma^2 & 0 \\ 0 & R \end{pmatrix}\right)$ \hfill (11.8)

在测量方程中:

$w(t)_{i,j}$ 是对应于各个参考货币的待估计参数,即各个参考货币在对应货币篮子中的待估计权重。需要注意的是,这一向量是随时间变化的,该估计量能够反映篮子构成的变动。在实际情况中,由于权重的变化总是在前一期基础上发生变化的,与上一期存在相关关系,因此在状态方程中,假定 w_t 服从 AR(1) 模型。

ε_t 和 v_t 分别是测量方程和状态方程的随机干扰项。方程(11.8)表示 ε_t 和 v_t 是互相独立的,并且均服从均值为0、方差为 σ^2、协方差矩阵为 R 的正态分布。

到此为止,关于估计还存在一个问题。对于中国而言,人民币汇率所参考的货币篮子,在相当大程度上与美元有关。因此在研究其他亚洲货币的时候,如果同时将美元和人民币作为参考货币,则这两个时间序列数据之间很可能存在多重共线性。为了解决这一问题,本章遵循以往文献中采用的方法(Chen、Peng 和 Shu,2009;Balasubramaniam、Patnaik 和 Shah,2011;以及 Fratzscher 和 Mehl,2011):首先用主要的参考货币对人民币做回归,将人民币中的非自主成分,即其他参考货币可以解释的成分剔除。这里选取美元、欧元和日元作为人民币的参考货币。

$$\mathrm{dln}\left(\frac{CNY_t}{CHF_t}\right) = c + \theta_{i,1}\mathrm{dln}\left(\frac{EUR_t}{CHF_t}\right) + \theta_{i,2}\mathrm{dln}\left(\frac{JPY_t}{CHF_t}\right) + \theta_{i,3}\mathrm{dln}\left(\frac{USD_t}{CHF_t}\right) + \omega_{i,t} \quad (11.9)$$

最后,残差项 $\omega_{i,t}$ 可以作为人民币的自主波动成分。我们使用该序列替代人民币汇率,并将其代入方程(11.3),使 $\mathrm{dln}\left(\frac{\widehat{CNY_t}}{CHF_t}\right) = \omega_{i,t}$。

三、数据

样本中的经济体:基于数据的可得性,本章考察了9个经济体,分别是中国香港、中国台湾、韩国以及东盟六个国家(印度尼西亚、马来西亚、菲律宾、新加坡、泰国和越南)。

参考货币:如前文所述,我们选择了欧元、日元、人民币和美元,并且对人民币的时间序列数据按照方程(11.9)进行了预处理,以获取人民币汇率的自主波动成分。

样本期从2005年7月21日开始到2013年10月20日,初始日期是我国汇率体制改革的历史性时间点,这天中国放弃了此前在事实上严格钉住美元的汇率制度。

所有的时间序列日数据均来自 CEIC 数据库。

四、时变参数的估计结果

本章使用卡尔曼滤波方法来估计时变参数。具体地,因为 AR(1) 估计不能避免指定初始值的问题,而且不同的初始值会导致结果迥异。因此,我们没有采用AR(1)

估计状态方程,而是用递归方法来进行处理。按此方法,我们得到了随时间变化的参数估计值。经过 ADF 检验,在 9 个经济体的状态空间模型中,残差时间序列可以被认为是平稳的,这可以证明回归的健全性。估计得到的所有时变参数结果,即各种亚洲经济体货币汇率的篮子演变情况,如图 11-1 所示。

第四节　回归结果及结论

从图 11-1 和图 11-2 所示的结果可知,主要东亚经济体货币的篮子构成,在 2008 年金融危机之后变得更加稳定,或者说,各经济体参考货币的时变参数,在金融危机之后变得比以前更加稳定。此外,美元在东亚货币参考的篮子中占了大部分权重,其变动范围大致是 60%—100%。

一、更加稳定的货币篮子

图 11-1 和图 11-2 的结果大致刻画了全球金融危机前后,东亚各经济体货币篮子的不同变动趋势。具体地说,在金融危机之后,东亚货币钉住的篮子构成变得比之前更加稳定。

图 11-1 表明,在金融危机之前和金融危机期间,随时间变化的参数的曲线,即各个参考货币的权重相对而言较不稳定,但是在危机之后,几乎所有曲线都平坦稳定。这至少表明,不同的货币汇率各自都在朝着稳定的货币篮子方向发展。

为了清晰地度量这种趋势在危机前后的变化,笔者分别计算了 2006 年、2008 年和 2013 年 4 种参考货币权重时间序列的标准差(见图 11-2)。结果显示,参考货币的权重在 2006 年和 2008 年波动性很大,但在 2013 年几乎为零。中国香港和越南因为始终钉住美元,因此其货币篮子在危机前后几乎没有变化,因此没有纳入到图 11-2 的分析中。

更进一步考虑,不同货币的汇率是否有收敛到同一个货币篮子的趋势? 实际情况颇为复杂。为了对此问题进行测算,我们剔除了中国香港地区和越南,对其他 7 个经济体进行分析。以欧元的权重为例,在 2006 年、2008 年和 2013 年,我们分别计算 7 个经济体货币汇率中欧元权重的年度均值,然后再计算上述 3 个年份中,欧元权重的均值在 7 个经济体之间的标准差。如果在上述 3 个年份中,欧元权重的标准差变小、趋向于 0,说明 7 个经济体的货币汇率中,欧元的权重地位是趋于一致的;相反,则说明欧元的权重地位有所分化。最后,如果 4 种参考货币的权重地位都趋于一致,则说明 7 个经济体货币所参考的篮子也在趋同,否则就说明并没有趋同。计算 4 种参考货币权重均值的标准差,具体结果在图 11-3 中显示。

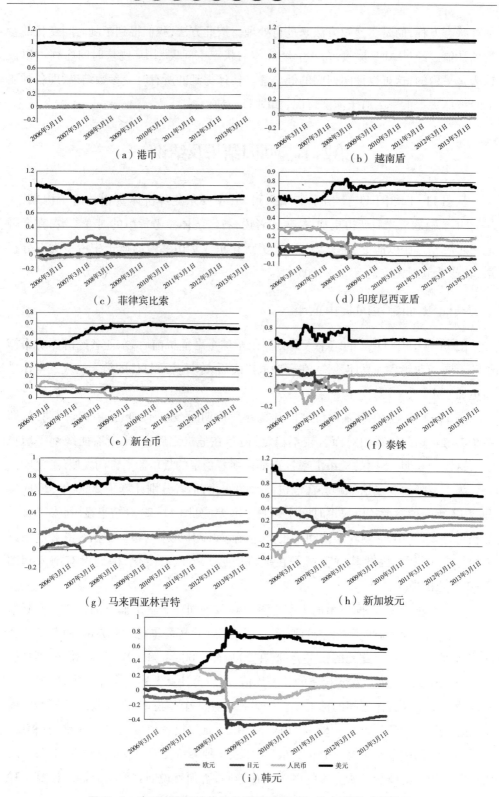

（a）港币

（b）越南盾

（c）菲律宾比索

（d）印度尼西亚盾

（e）新台币

（f）泰铢

（g）马来西亚林吉特

（h）新加坡元

图例：欧元　日元　人民币　美元

（i）韩元

图 11-1　东亚主要经济体的参考货币篮子构成:权重的时变路径

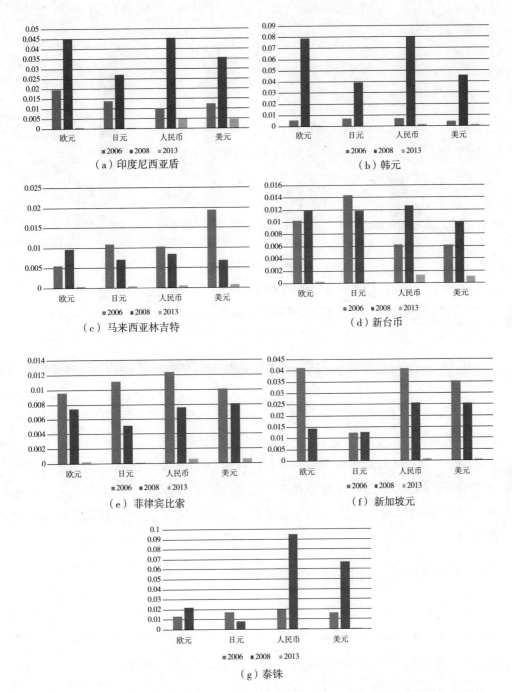

图 11-2　更加稳定的货币篮子构成：2006 年、2008 年和 2013 年参考货币权重的标准差

注：本章分别计算了 2006 年、2008 年和 2013 年 4 种参考货币系数的时间序列的标准差。这些图表显示，参考货币的权重在金融危机之前和期间的波动性很大，但在 2013 年变成几乎为零。中国香港地区和越南因其钉住美元的汇率制度而未进行分析。

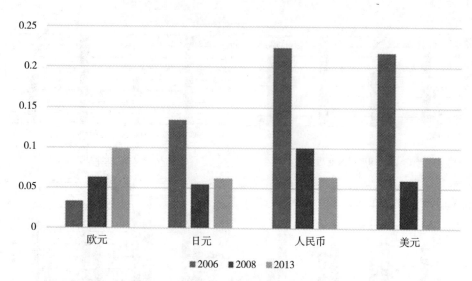

图 11-3　2006 年、2008 年和 2013 年货币篮子构成的收敛指数

注：中国香港地区和越南因其钉住美元的汇率制度而未被囊括。如果指数越小，表示 7 个经济体货币汇率的参考篮子中，某种参考货币的权重有趋同表现。反之亦然。

图 11-3 显示，从长期来看，将 2013 年的情形与 2006 年对比，可以发现货币篮子有较显著的收敛趋势。在东亚货币的参考篮子中，美元权重的标准差显著降低，日元和人民币也有相似的情况。欧元权重的标准差虽然有所上升，但仍在较低水平。因此从长期角度来看，7 个经济体的货币篮子具有趋同的态势。

但是从相对短时期来说，将 2013 年的情形与 2008 年比较：参考货币中的区域外货币，例如美元和欧元，其权重在 7 个东亚经济体货币篮子中的地位有发散的趋势。与此同时，区域内的参考货币，日元的标准差几乎没变，而人民币的权重则有所趋同。

二、崛起的人民币，黯淡的美元？

通过逐一审视各个东亚经济体的货币篮子，会发现在美元和人民币之间有明显的此消彼长的现象：当美元比重下降时，人民币就会上升。9 个经济体中有 4 个明显表现出这种趋势，分别是马来西亚林吉特、菲律宾比索、新加坡元和泰铢，美元下降的比重范围是 10%—40%，人民币上升的范围是 10%—30%。

这 4 个经济体的货币篮子中，人民币地位的上升有个重要背景，就是其与中国愈加紧密的贸易关系。在过去的 10 年中，对这些经济体而言，中国已经成为更加重要的贸易伙伴（见表 11-1）。2005 年，在这 4 个国家的最大贸易伙伴中，中国都排不进前三名，而在 2012 年，中国已经位列所有这些国家贸易伙伴的前三。

表 11-1　中国在区域贸易中的地位显著上升

泰　国		马来西亚	
2005：美国、日本、欧盟		2005：美国、新加坡、欧盟	
2012：中国、日本、美国		2012：中国、新加坡、欧盟	
菲律宾		新加坡	
2005：美国、日本、欧盟		2005：马来西亚、欧盟、美国	
2012：日本、美国、中国		2012：马来西亚、中国香港、中国	

　　不过，印度尼西亚盾、韩元和新台币的参考篮子中，美元占比一直稳步上升，人民币的地位却有所下降，对韩国来说尤其如此。在样本期内，这些经济体的货币当中，美元的权重上升了大约 20%，而对于人民币而言，大约下降了 20%。美元仍然在港币和越南盾的货币篮子中保持 100% 的权重地位，而人民币却不在这两者的货币篮子当中。

　　从 9 个经济体总体的货币篮子权重来看，人民币在主要东亚经济体中的影响力还是有小幅上升，而美元的地位有所下降。在 2005 年，人民币权重的简单平均值是 13%，而在 2013 年是 17%。相应地，美元的比重则从之前的 78%，下降到了 75%，变化幅度较小。

　　与日元和欧元相比，人民币在货币篮子中扮演着越来越重要的角色。自 2005 年以来，在马来西亚林吉特、菲律宾比索和新台币的篮子中，人民币所占权重一直位居第二。在印度尼西亚盾的参考篮子中，人民币的权重尽管有波动起伏，但其最新位置也居于第二。在泰铢的参考货币篮子中，人民币的权重超过了日元和欧元；在新加坡元的货币篮子中，人民币超过了日元但仍位居欧元之后。唯一有下降的就是在韩元篮子中，人民币曾经有较高权重，目前在美元和欧元之后居于第三位。

　　总体而言，除了韩元和新加坡元，以及钉住美元的港币和越南盾，在剩下的主要货币中，人民币权重均位居第二。从总的平均值比较来看，人民币和日元在 2005 年具有接近的权重值，两者占据着东亚主要经济体货币篮子中 11%—13% 的权重，并且当时欧元只占很小的部分。而到样本期末的 2013 年，欧元地位有明显上升，达到大约 14% 的水平。与此同时，日元权重大幅萎缩，看起来日元在各经济体中的地位已经不再重要。

　　本章的时变估计表明，美元仍在东亚货币篮子中占据主导地位，虽然最近几年略有下降的趋势。而人民币的影响持续上升，并且对东亚大部分经济体的货币而言，已经成为其第二或第三大权重的参考货币。欧元在这一地区的影响力也有所上升，而日元式微之势非常明显。

三、国际金融危机的影响

许多人断言国际金融危机会削弱美元的影响力。从理论角度而言,储备货币的多样化也很有必要。但是根据本章的估计,金融危机之后并没有出现美元地位的衰落,相反美元获得了更大的影响力。在前文中我们提及,作为驻锚货币美元地位的下降,主要发生在金融危机之前,而不是金融危机之后。

观察主要亚洲货币的参考篮子,就会发现,几乎所有货币篮子中美元的权重在金融危机之后都有所上升。中国香港地区和越南在金融危机前后始终都维持100%钉住美元的汇率制度。除了新加坡,以及完全钉住美元的经济体之外,其他主要的东亚经济体货币,其参考篮子当中美元的地位在2008年到2009年均有不同程度的上升。

实际上,若是观察金融危机发生之前(2005—2007年)美元在各个参考篮子中的权重,会发现其地位有显著下降的过程。正如本章已经提及的,2005年美元在各个货币篮子中的权重平均值为78%,但是在金融危机发生前夕却下降到了70%,然后在金融危机期间,其权重又出现了大幅上升。因此在金融危机发生之后,各个货币的参考篮子中,美元权重均值的上升幅度实际上超过了5个百分点。

欧元的情况也相似。在2008—2009年期间,除中国香港地区、越南和菲律宾之外的所有其他货币篮子中,欧元的权重均有提升。由于美元和欧元地位的双双提升,日元的作用则被侵蚀了很多。

人民币的权重也一度受到美元、欧元地位上升的挤压。在金融危机爆发之后,人民币作为锚货币的地位,在所有货币中均有所下降。但与日元大不相同的是,在遭受短暂冲击之后,人民币的权重很快恢复并重拾上升势头,从2011年到样本期末,人民币的驻锚货币地位一直保持着上升趋势。

第十二章　后危机时代的欧盟区域金融合作

黄志刚　郑良玉*

在金融危机后,欧债危机接踵而来,欧盟遭受了两大危机的双重打击,金融稳定性和经济增长面临着巨大威胁。为了避免步入衰退,欧盟各成员国积极推动金融合作,展开欧盟内的经济援助和金融监管一体化的合作。在欧盟区域金融合作的大背景下,欧元区在银行业联盟等方面取得了重要进展,欧元区正逐步从货币一体化向财政一体化过渡。

金融危机以来欧盟在区域金融合作方面的改革主要包括三个方面:一是各种经济援助合作,二是金融监管合作,三是欧洲银行业联盟。在经济援助合作方面的改革包括应对危机而产生的临时性制度安排,如欧洲经济稳定机制、欧洲经济稳定基金,以及据此而设计的长期化金融风险防火墙,包括为欧元区成员国设计的"欧洲稳定机制"和为非欧元区欧盟成员国设计的"国际收支援助计划"。在金融监管合作方面的改革措施从宏观审慎监管和微观审慎监管两方面展开,一方面,设立"欧洲系统性风险委员会"专司宏观审慎监管;另一方面,对微观审慎监管机构进行了大刀阔斧的改革,成立了"欧洲银行管理局"、"欧洲保险和职业养老金管理局"、"欧洲证券和市场管理局",共同组建成欧洲金融业监管系统,形成了泛欧金融监管体系的微观审慎体系。在欧洲银行业联盟方面,欧盟为推动银行业联盟提出了"单一规则手册",并建立"单一监管机制"和"单一清算机制",形成了相对系统的银行业联盟。

本章内容首先回顾了欧盟国家金融制度在金融危机中暴露出的问题,然后详细梳理了危机以来欧盟区域金融制度改革的过程、特点和运作机制,以期提供一个关于欧盟区域金融合作与发展的完整分析框架。

---

* 黄志刚:中央财经大学金融学院副教授;郑良玉:中央财经大学金融学院硕士研究生。

第一节　研究背景

一、欧盟遭受金融危机和欧债危机的双重打击

2007 年金融危机爆发后,欧洲也蒙受了巨大的损失。虽然欧洲资产证券化的规模远远小于美国,但是,由于欧洲的跨国金融集团的主要投资对象之一就是美国的次贷类资产证券化产品,因此这些跨国金融集团受到了巨大冲击。面对金融危机对欧洲的冲击,欧盟认识到金融监管中存在漏洞。因此,加强金融监管与成员国之间的监管协调成为欧盟自国际金融危机之后监管改革的主题之一(汤柳、尹振涛,2009)。

但是,欧盟的监管改革尚未完成,又再一次遭受了欧债危机的打击。自 2009 年年底希腊危机爆发后,欧洲主权债务危机在整个欧元区逐步蔓延开来。包括希腊、爱尔兰、西班牙、葡萄牙和意大利在内的"欧猪五国"的主权债务风险剧增,一方面,"欧猪五国"国债价格暴跌,收益率高企,风险飙升,政府融资发生困难;另一方面,为了刺激经济增长,降低失业率,"欧猪五国"政府在融资成本较高的情况下继续举债,出现了较严重的财政赤字。欧债危机的爆发,严重威胁了欧元区整体经济的发展和欧元的币值稳定性。因此,针对重债国的经济援助迫在眉睫。

二、危机中暴露的金融制度的固有缺陷

作为欧盟金融监管一体化的重要制度之一,2001 年实施的莱姆法路西框架(Lamfalussy Framework),尽管对于欧盟金融一体化的进程起了重要作用(Trichet,2005),但是,它仍然存在严重的问题。该框架建立了一个以欧元和欧洲央行为基石的欧洲货币联盟,却不存在财政联盟和银行业联盟,不存在统一的经济治理机制,也不存在有效的结构性经济政策协调机制。因此,欧盟的金融稳定、金融一体化和欧盟成员国的金融主权三者已经构成了欧洲金融业的"不可能三角"(Dirk Schoenmaker 和 Sander Oosterloo,2007),2009 年的《德拉鲁西埃报告》也指出"金融的不可能三角"在金融危机以来得到充分体现。

在莱姆法路西框架下,金融监管权分散在成员国,欧盟没有超越国家层面的金融监管机构,这导致了两个严重问题:第一,银行业"二元结构"和母国控制原则①的矛盾。在欧盟内部,德法等欧盟初创国的跨国银行发展势头良好,在新入盟国家的金融

---

① 欧盟银行业监管中的母国控制原则是指,在欧盟内部,一国的银行通过在他国设立分支机构的方式或者直接向他国企业/居民提供跨境金融服务时,应该主要遵循该银行的母国的监管规则,相应的监管责任也主要由母国监管机构承担。

市场上拥有较大的市场份额,形成了新入盟国家银行业的"二元结构",即内资银行与外资银行并重的局面。但是,在欧盟原有的银行监管中,母国控制原则是其中最核心的原则,该原则导致母国和母行在银行监管中的强势地位。从而使得在新入盟国家内部,金融监管机构影响范围有限,并不能根据本国实际情况而灵活有效地对银行业整体进行充分的监管。这意味着,母国控制原则使得银行业"二元结构"的东道国内的外资银行约束小,银行业系统性风险容易积聚。

第二,缺乏有效的宏观审慎监管。宏观审慎监管的直接目标是防范系统性风险,从操作角度看,宏观审慎监管需要从两个维度进行,即截面维度和时间维度(Crockett,2000)。截面维度是指对金融机构间的相关风险和共有风险进行监管,时间维度则是指对系统性风险在金融市场和实体经济中表现出的"顺周期性"进行监管,减弱金融的顺周期特征。在欧盟原有的监管体系中,微观审慎监管占主要地位,宏观审慎监管则比较匮乏。此次金融危机已经表明,金融体系已经完全暴露在综合的、跨国交叉的系统风险之中,仅依靠各成员国的微观监管不足以防范系统性风险。

三、欧债危机阴影犹在

狭义的欧债危机已在欧洲中央银行出手注资后趋于平息,危机国家主权债务违约的风险已大为降低。但是,欧债危机的阴影仍未完全散去,一方面,导致危机发生的制度性因素仍然没有得到有效的改善;另一方面,受欧债危机影响的国家也尚未从危机中完全走出(徐明棋,2013;姜云飞,2014)。因此,欧盟层面以及欧盟成员国之间的紧急的临时性的经济援助合作只能是后危机时代欧盟区域金融合作的一部分,更重要的是永久性的经济合作与监管协作。

第二节 经济援助合作

2007—2008 年国际金融危机以来,尤其是欧债危机以来,欧盟各个成员国为了积极应对危机,逐步建立了各种形式的危机应对机制。这些机制包括"欧洲金融稳定机制"和"欧洲金融稳定基金"等临时性援助计划,还有"欧洲稳定机制"和"国际收支援助计划"等永续性的危机治理和防范措施。下面详细介绍这些不同类别的经济援助合作机制的发展历程、特点和运作机制。

一、临时性经济援助

(一)欧洲金融稳定机制

欧洲金融稳定机制(European Financial Stabilisation Mechanism,简称 EFSM)旨在

当欧盟成员国遭遇经济困境时,给予其经济援助。在 EFSM 框架下,EFSM 基金会可以代表欧盟在金融市场筹集不超过 600 亿欧元的资金,然后将资金转贷给需要援助的成员国;同样,债务的本金和利息的偿还由接受援助的成员国负责。在偿还债务时,资金由成员国提供,EFSM 基金会仅起到渠道作用。这样的安排,一方面使得欧盟无须偿还相关债务,另一方面通过欧盟财政预算保证了借款成员国的偿债能力。

一般情况下,当欧盟的成员国面临严重的金融困境,且单凭该国政府无力解决时,EFSM 基金将对该国启动援助计划,援助形式则是对该国发放贷款或者授予一定的信用额度。

事实上,通过 EFSM 基金,金融市场上的名义借款人为欧盟。作为信用评级达到 AAA 级的经济体——欧盟可以以较低利率融入资金,再以低利率支援给需要援助的成员国,从而间接地降低了成员国融资的实际成本。

1. 法律基础

EFSM 基金的法律依据是欧盟委员会于 2010 年 5 月 11 日颁布的《第 407/2010 号理事会条例》(以下简称《条例》)。① 《条例》认为,金融危机的深化导致了部分欧盟成员国借款条件的急剧恶化,在这种情况下,如果不采取紧急措施,那么,事态的恶化将对欧盟整体的经济的稳定性、统一性和完整性产生巨大的威胁。为了保证欧盟整体的金融稳定性,推出一个欧盟的稳定机制迫在眉睫。这个机制应当允许欧盟针对特定成员国的经济困境采取快速、有效、协调的解决措施。考虑到金融问题的复杂性,欧盟金融援助的相应规定应当具有较强的贯彻力,因此,应当成立一个理事会对此进行专门管理。此外,为了确保该机制的援助有效性,欧盟可以对成员国提出相应的条件,以确保该国财政的稳健性;同时,欧盟委员会应当定期排查是否存在威胁欧盟整体经济稳定性的特殊情况和意外因素。《条例》还设定了该机制发放贷款或者授予成员国信用额度的上限,即在相应预算年度内,放贷额或授信额的本金支付与利息支出不得超过欧盟国民总收入的 1.23%。

2. 运作机制

成员国想获得 EFSM 资助的基本流程如下:首先,提交申请。若想获得 EFSM 资助,成员国首先需要提交申请,申请应当包括两部分内容:第一,关于该国金融与经济运行情况的准确评估;第二,确保经济重新恢复活力和稳定的金融与经济运行调整计划。其次,投票。欧盟委员会根据成员国提交的申请进行投票,若投票通过,则交由 EFSM 基金会针对经济援助的细节进行讨论磋商。最后,细节磋商。EFSM 基金会与成员国针对援助计划细节讨论的内容包括:第一,经济援助的实施程序,包括经济援

---

① 详见 Council Regulation(EU)No 407/2010 of 11 May 2010。

助的总量、对成员国每次发放的贷款的金额、经济援助的期限,等等;第二,成员国的
金融与经济运行调整计划将如何实施与落实;第三,欧盟委员会一般会就经济援助提
出附属条件,这些条件往往涉及成员国的基本经济政策,旨在为遭受危机的成员国重
建一个正常运转的经济环境,并协助恢复该国政府在金融市场上自行融资的能力。
事实上,这些涉及成员国基本经济政策的附属条件具体体现为欧盟委员会与成员国之
间的谅解备忘录。欧盟会与欧洲央行合作,定期对附属条件的执行情况进行检查,若这
些附属条件的执行情况不能满足备忘录中的协议条款,欧盟会要求成员国进行调整。

3. 管理机制

对成员国的贷款发放或者授信额度由欧盟委员会管理。欧盟委员会会定期对成
员国进行检查,核查该国的经济政策是否按照附属条件和经济运行调整计划执行。
除了欧盟的定期检查,欧洲审计院(European Court of Auditors)同样有权对成员国进
行审计,以确保欧盟委员会实施的经济援助的合法性。

4. 使用情况

在 2011—2014 年的 3 年间,EFSM 计划为爱尔兰和葡萄牙提供了不超过 485 亿
欧元的援助,其中爱尔兰最多获得 225 亿欧元,葡萄牙最多获得 260 亿欧元;并且,针
对上述两个国家的贷款发放将于 2014 年内结束。截至 2014 年 11 月 12 日,EFSM 已
发放贷款 468 亿,其中爱尔兰获得 225 亿欧元,葡萄牙获得 243 亿欧元,基本接近原
计划的救助金额上限(见表 12-1)。

表 12-1　EFSM 基金贷款发放情况概览

贷款额度 (亿欧元)	贷款年限 (年)	贷款申请日	贷款发放日	贷款受益国
50	5	2011/1/5	2011/1/12	爱尔兰
34	7	2011/3/17	2011/3/24	爱尔兰
47.5	10	2011/5/24	2011/5/31	爱尔兰 30 亿欧元,葡萄牙 17.5 亿欧元
47.5	5	2011/5/25	2011/6/1	葡萄牙
50	10	2011/9/14	2011/9/21	葡萄牙
40	15	2011/9/22	2011/9/29	爱尔兰 20 亿欧元,葡萄牙 20 亿欧元
11	7	2011/9/29	2011/10/6	爱尔兰 5 亿欧元,葡萄牙 6 亿欧元
30	30	2012/1/9	2012/1/16	爱尔兰 15 亿欧元,葡萄牙 15 亿欧元
30	20	2012/2/27	2012/3/5	爱尔兰
18	26	2012/4/17	2012/4/24	葡萄牙
27	10	2012/4/26	2012/5/4	葡萄牙
23	15	2012/6/26	2012/7/3	爱尔兰

续表

贷款额度 （亿欧元）	贷款年限 （年）	贷款申请日	贷款发放日	贷款受益国
30	15	2012/10/23	2012/10/30	爱尔兰 10 亿欧元，葡萄牙 20 亿欧元
26	10	2014/3/18	2014/3/25	爱尔兰 8 亿欧元，葡萄牙 18 亿欧元
4	15	2014/11/5	2014/11/12	葡萄牙

资料来源：Economic and Financial Affairs（European Commission）。

（二）欧洲金融稳定基金

欧洲金融稳定基金（European Financial Stability Facility，简称 EFSF）的主要任务是为面临债务危机的欧元区成员国提供流动性支持，包括：给融资困难的成员国提供贷款、干预债券一级市场和二级市场、支持预防性计划、通过成员国政府给成员国的金融机构提供资金支持。

从 EFSF 的主要任务可以看出，EFSF 实质上是在扮演"最后贷款人"角色，试图为发生融资困难的欧元区各国政府，以及欧元区的金融机构提供流动性支持。而这一角色原本是欧洲央行的职能。但是，由于制度设计的原因，欧洲央行缺失"最后贷款人"功能。因为在 2008 年国际金融危机之前，欧洲央行甚至不允许购买各国的国债。

1. 法律依据

EFSF 的法律依据是欧盟 17 国于 2010 年 6 月达成一致的《EFSF 框架协议》（以下简称《协议》）。[①] 该《协议》确定了金融援助基金协议、融资和发行担保工具、EFSF 资金承诺的准备与授权、融资工具的发行规则、信用增级与流动性控制、EFSF 的期限与清算方式，以及 EFSF 的管辖权。除了上述内容，《协议》中一项特别重要的内容是，确定了 EFSF 的资金来源——规定各成员国认缴一定份额的资金。从资金结构看，德国和法国出资比例最高，合计达到 47.4%。其次，意大利和西班牙的出资比例都高于 10%，分别是 17.9% 和 11.9%，德法意西四国出资合计达到 77.1%（见表12-2）。

2011 年 10 月，修改版 EFSF 协议投入运作。修改版 EFSF 的主要变化是将原来各国承诺的 4400 亿欧元资金提高到 7800 亿欧元，并将过度担保比例从 120% 提高到 165%，使得 EFSF 可用资金的规模扩大至 4400 亿欧元。从资金来源结构来看，各国的出资比例大体不变，只有细微调整。德国和法国出资比例仍为最高，合计达到 50.9%，其次是意大利和西班牙，出资比例分别为 19.2% 和 12.8%，四国出资合计为 82.9%（见表 12-2）。

---

① 详见 EFSF Framework Agreement。

表 12-2　EFSF 资金来源

成员国	EFSF 最大资金承诺（亿欧元）	EFSF 的贡献率（%）	修改版 EFSF 最大资金承诺（亿欧元）	修改版 EFSF 的贡献率（%）
奥地利	216	2.8	216	3.0
比利时	270	3.5	270	3.7
塞浦路斯	15	0.2	15	0.2
爱沙尼亚	20	0.3	20	0.3
芬兰	140	1.8	140	1.9
法国	1585	20.3	1585	21.8
德国	2110	27.1	2110	29.1
希腊	219	2.8	—	0.0
爱尔兰	124	1.6	—	0.0
意大利	1393	17.9	1393	19.2
卢森堡	19	0.3	19	0.3
马耳他	7	0.1	7	0.1
荷兰	444	5.7	444	6.1
葡萄牙	195	2.5	—	0.0
斯洛伐克	77	1.0	77	1.1
斯洛文尼亚	37	0.5	37	0.5
西班牙	925	11.9	925	12.8
合计	7798	100	7260	100

注：修改版 EFSF 的资金承诺不包括希腊、爱尔兰和葡萄牙。

资料来源：EFSF Framework Agreement，EFSF Newsletter，November 2011。

2. 运作机制

从 EFSF 的资金来源看,尽管各国承诺向 EFSF 提供资金,但是,各国承诺的资金并不是实际已经提供的资金。因此,表 12-2 中的承诺资金并不能完全看作是 EFSF 的资本金。实质上,这些承诺资金类似于信用担保,其本质含义是,当 EFSF 发生损失时,各国会向 EFSF 提供资金以补偿损失。而 EFSF 的实际资金来源是通过发行债券等融资工具从市场募集而来。EFSF 向市场发行债券募集资金,并将募集的资金转贷给成员国的政府。

为了降低 EFSF 的信用风险,除了各国的承诺资金外,EFSF 还设计了过度担保的信用增级手段,即规定 EFSF 的资金运用不能超过承诺资金的一定比例,这是降低 EFSF 的信用风险的重要手段。EFSF 最初将过度担保比例设置为 120%,而修改版 EFSF 则将过度担保比例提高 165%,从而降低了 EFSF 的融资成本。事实上,各大评级机构对 EFSF 的评级都是 AAA 级。

在 EFSF 的资金运用中,不同的使用方法都有一些具体的规定和条件。通常,成员国向 EFSF 申请贷款,需要附加一些各国与欧洲委员会之前达成的谅解备忘录中要求的条件。比如,在针对爱尔兰援助计划中,附加条件包括增强银行部门监管、缩减财政赤字、实行经济改革特别是劳动力市场改革,等等。如果这些条件不能被满足,贷款援助将暂停,直到新的协议达成为止。

除了要满足谅解备忘录中提到的要求外,EFSF 资金不同的使用方法也有一些特殊的要求和限制。例如,对于干预债券一级市场,EFSF 的购买额不能超过发行额的50%;对于所购买的债券,EFSF 可以再次出售、持有到期、售回,或者作为回购协议产品用于流动性管理;对于预防性贷款援助计划,贷款额度不能超过该国 GDP 的 2%至10%,援助的期限为 1 年,并可进行两次展期,每次展期为 6 个月;对于金融机构的支持,要求贷款不能直接提供给金融机构,而需通过成员国政府,并且要求成员国进行金融机构的改革。

3. 发展历程

EFSF 于 2010 年 5 月 9 日由欧盟批准设立,于 2010 年 6 月 7 日在卢森堡注册成立,由德国债务管理局维持其经营和管理。随着欧债危机的进一步恶化,欧元区各国都期待 EFSF 能够为缓解危机作出更大的贡献。为此,经过一系列谈判,各国在 2011年 7 月的欧洲峰会上签署了修改版 EFSF 协议,并于 2011 年 10 月正式投入运作。在修改版 EFSF 协议运行近 2 年后,根据 EFSF 公司章程和欧盟 17 国签署的 EFSF 框架协议,EFSF 已于 2013 年 7 月 1 日停止融资计划和发放贷款。不过,停止融资计划和发放贷款并不意味着 EFSF 彻底关闭,EFSF 还将根据之前的协议继续为希腊和葡萄牙完成融资计划。根据 ESM① 于 2014 年 11 月发布的公告,爱尔兰已经于 2013 年 12月 8 日成功退出 EFSF 计划,葡萄牙已经于 2014 年 5 月 18 日退出 EFSF 计划。但是,已与希腊签署的融资活动仍在进行,EFSF 需要等所有流通在外的债务到期清偿后才能正式关闭(EFSF 贷款的最晚期限是 2014 年),见图 12-1。

二、永续性经济援助

由于 EFSF 是临时性的金融稳定计划,为了欧盟金融市场的长治久安,在原来的EFSF 的基础上,建立了一个"欧洲稳定机制"(European Stability Mechanism,简称ESM)。ESM 是遵循国际公法,旨在维护欧盟内部各成员国金融稳定而存在的永久性的政府间国际组织。根据欧盟 17 个成员国最初签署的《欧洲稳定机制条约》,ESM的资本金由 17 个国家共同提供,出资方式包括现金支付和催缴资本金两种。2014

---

① ESM 全称欧洲稳定机制,是接替 EFSF 职能的永续性的组织,关于 ESM 的更多信息,请见后文。

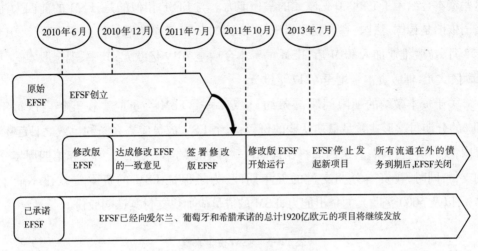

图 12-1　EFSF 发展历程

资料来源：EFSF Newsletter，July 2011；EFSF Newsletter，June 2012。

年 3 月,拉脱维亚加入 ESM,ESM 成员国自此增加至 18 个国家。

（一）法律依据

ESM 的法律依据是欧元区财长于 2012 年 1 月 23 日达成一致的《欧洲稳定机制条约》（以下简称《条约》）。① 《条约》规定,当 ESM 成员国经历或正面临着严重的金融问题的威胁时,ESM 会调动资金为成员国提供金融稳定支持。ESM 将主要通过在金融市场发行债券或其他债务工具来筹措资金,也可能会通过和 ESM 成员、金融机构或其他第三方组织签订协议等方式融资。ESM 的主要领导机构为 ESM 理事会② 和 ESM 执行董事会③,ESM 理事会执行董事会的选举经成员国投票表决。《条约》还规定了 ESM 的额定股本、向成员国催缴资金的条件、变更额定股本的程序、ESM 预防性金融援助的细则、ESM 贷款发放流程、ESM 在一级市场和二级市场的投资原则等内容。

除了上述内容,《条约》中最重要的条款就是确定了 ESM 的资金来源（见表 12-3）。17 个国家总共出资 7000 亿欧元作为 ESM 的资本金。其中,800 亿欧元以现金形式支付,另外的 6200 亿欧元的资本金以催缴资本的形式存在。ESM 的

---

① 详见 Treaty Establishing the European Stability Mechanism。

② ESM 的每个成员国可以推荐一位理事会正式成员和一位理事会成员候选人,在理事会正式成员因故未出席时,对应的理事成员候选人可全权代表该正式成员。理事会的权力包括:向成员国催缴资本,变更额定股本,修改 ESM 的最大借款量,改变金融援助的定价政策和指导方针,改变金融援助时选用的金融工具,等等。

③ ESM 的每位理事会正式成员可以任命一位执行董事和一位执行董事候选人,在执行董事因故未出席时,对应的执行董事候选人可全权代表该执行董事。

这些资本金给予了它 5000 亿欧元的举债能力。与 EFSF 相似的是,ESM 的前四大注资国依旧是德国、法国、意大利和西班牙,四国的 ESM 贡献率总计达到了 77%。2014年 3 月,拉脱维亚加入 ESM 后,ESM 的资本金增至 7019 亿欧元,其中,现金股本达到802 亿欧元,催缴资本金增至 6217 亿欧元。

关于资本缴纳的期限问题,《条约》规定,每个 ESM 会员应当在五年内以每年20% 的分期付款形式缴足最初认购的份额;每个 ESM 成员应当在条约生效之日起 15日内,支付其首付款,其余四期将在首期付款日期后的第一、第二、第三和第四周年分期支付;同时,在资本分期支付的五年期间,为了保证 ESM 的资本贷款比不低于15%,以及 5000 亿欧元的贷出能力,ESM 的成员应加快支付其认购股份。

表 12-3　ESM 资金来源

成员国	2014 年 3 月前		2014 年 3 月后	
	认购资本(亿欧元)	贡献率(%)	认购资本(亿欧元)	贡献率(%)
奥地利	195	2.8	195	2.8
比利时	243	3.5	243	3.5
塞浦路斯	14	0.2	14	0.2
爱沙尼亚	13	0.2	13	0.2
芬兰	126	1.8	126	1.8
法国	1427	20.4	1427	20.3
德国	1900	27.2	1900	27.1
希腊	197	2.8	197	2.8
爱尔兰	111	1.6	111	1.6
意大利	1254	17.9	1254	17.9
卢森堡	18	0.3	18	0.3
马耳他	5	0.1	5	0.1
荷兰	400	5.7	400	5.7
葡萄牙	176	2.5	176	2.5
斯洛伐克	58	0.8	58	0.8
斯洛文尼亚	30	0.4	30	0.4
西班牙	833	11.9	833	11.9
拉脱维亚	—		19	0.3
合计	7000	100.0	7019	100.0

资料来源:Treaty Establishing the European Stability Mechanism; EFSF & ESM New Investor Presentation, November 2014。

（二）运作机制

成员国获得 ESM 资助的流程如下：首先是申请。想获得资助的成员国应当向 ESM 理事会主席提出正式申请。其次是评估。欧盟委员会会联合欧洲央行对申请国的金融稳定性风险、公共债务的可持续性、资金的实际需求或潜在需求进行评估。然后是提案。在评估完成后，ESM 的首席执行官会向 ESM 理事会提交关于金融援助协议的提案，提案内容包括援助期限、援助条件，以及金融工具的选择等细则。ESM 理事会会根据提案进行表决，决定是否对申请国进行金融支持。再次是批准。ESM 表决通过后，欧盟委员会、IMF 和申请国会共同签署一份由 ESM 理事会提供的谅解备忘录。之后，ESM 的首席执行官和申请国签署金融援助协议。最后是援助。在申请国承诺接收金融援助协议的约束条件之后，ESM 会正式对申请国启动援助。

（三）发展历程

根据相关协议，EFSF 是临时性安排，将于 2013 年 6 月末到期；因此，欧盟领导人认为有必要设立一个永久性的救助机制来接替 EFSF 和 EFSM。建立 ESM 的最初想法来自于 2010 年 12 月的欧盟理事会。此后，欧盟各成员国对 ESM 的细则进行了讨论，于 2012 年 2 月 2 日签署政府间协议，宣告 ESM 正式成立，并于 2012 年 10 月 8 日将 ESM 正式启用。2013 年 1 月 8 日，ESM 发行了第一批期限为 30 个月、面值 18.65 亿欧元的浮动利率债券。2013 年 10 月 8 日，ESM 发行了它的第一批长期债券，这批长期债券期限为 5 年，面值为 70 亿欧元，息票率为 1.25%；这次发行吸引了全世界超过 200 位投资者将近 210 亿欧元的订单。2014 年 4 月 30 日，ESM 达到了 800 亿欧元实收资本的目标。

事实上，EFSF 可以视作为 ESM 的前身，在 ESM 启动后、EFSF 关闭前的"过渡"期间，两个组织聘用相同的工作人员，类似于"两块牌子，一班人马"的情况。不过，虽然两个组织雇佣的员工相同，部分功能相同，但是二者在法律形式等方面还存在着显著的差异（见表 12-4）。

表 12-4　EFSF 和 ESM 异同一览表

	EFSF	ESM
法律形式	遵循卢森堡法律的私有企业	遵循国际公法的国际组织
存续期	临时	永久
资本结构	欧元区成员国担保	802 亿欧元实收资本 6217 亿欧元催缴资本

续表

	EFSF	ESM
最大贷出能力	1920 亿欧元（根据已签订协议向爱尔兰、葡萄牙和希腊贷款）	5000 亿欧元
债权人资格 *	普通债权人	优先债权人 **
可能用途 　—主权融资 　—银行资产重组 　—二级债券市场干预 　——一级债券市场干预	是 是 是 是	是 是 是 是
信用评级	AA/Aa1/AA+	AA/Aa1/AAA
风险权数	0% ***	0% ***

注：* 债权人资格是当债务人违约时，债权人获得赔付的顺序，一般情况下，优先债权人可以比普通债权人优先获得赔付

** 特殊情况：ESM 发行的用于西班牙银行业资本重组的专项债券，债权人资格为普通债权人

*** 根据巴塞尔银行监理委员会 2014 年 3 月 18 日发布的公告，EFSF 和 ESM 发行的证券被赋予的风险权数为 0%；详见 Regulation(EU)No.575/2013,Article 118

资料来源：EFSF & ESM New Investor Presentation,November 2014。

三、欧盟区内非欧元国救助计划

当欧盟区内的非欧元国家陷入经济困境或面临危机的严重威胁时，欧盟可以针对这些国家启动救助计划，即国际收支援助计划（简称 BoP 援助计划）。BoP 援助计划的初衷就是为了减轻成员国的外部融资约束，因而它经常采用中期金融援助的形式。事实上，虽然在最初的框架设计中，BoP 援助计划仅允许欧盟区内的非欧元国向欧盟申请贷款，但在实践中，BoP 援助计划也与 IMF 等其他国际机构进行合作。

（一）法律依据

BoP 援助的法律依据是《欧洲联盟运作方式条约》第 143 条款[①]和欧盟委员会于 2002 年 2 月 18 日颁布的《第 332/2002 号理事会条例》。[②]

---

① 详见 Consolidated version of the Treaty on the Functioning of the European Union－Part Three：Union Policies And Internal Actions－Title VIII：Economic And Monetary Policy－Chapter 5：Transitional Provisions－Article 143。

② 详见 Council Regulation(EC)No 332/2002 of 18 February 2002。

（二）运作方式

1. 成员国申请，理事会批准

成员国若要申请中期金融援助，需要向欧盟理事会提交一份调整计划书，阐明该国国际收支情况的预期目标。待欧盟委员会初步讨论通过后，双方将就援助金额、援助期限、援助条件和使用的金融工具等细则进行磋商。

2. 采用谅解备忘录和贷款协议的形式

细则磋商结束后，欧盟委员会将与申请国签署谅解备忘录和贷款协议，而援助条件是其中的重要内容，包括：申请国财政整顿计划，政府治理措施，加强金融部门稳定，进行经济结构改革，等等。

3. 支付和定期审查

签订谅解备忘录和贷款协议后，申请国将获得一期贷款，款项拨付后的定期审查则由欧盟委员会负责。若贷款申请国未遵守备忘录或协议，则欧盟委员会有权要求对未拨付款项进行调整。

（三）融资手段

向申请国拨付的资金由欧盟委员会代表欧盟在国际金融市场上筹集，对于每一个援助计划都有一份支付计划安排表。这份支付计划安排表将由援助计划的合作伙伴和申请国磋商决定，且该计划安排表将随着援助计划的进行而调整以保持二者间的一致性。

欧盟向国际市场筹措资金时，信用评级一般为 AAA 级，因此可以以很低的利率融资。欧盟获得资金后，会将资金以融入利率直接转贷给申请国，相当于申请援助的国家以 AAA 级的信用低成本借款。

在 2008 年以前，原则上，欧盟因向成员国提供中期金融援助而发放的债务的未偿还部分不能超过 120 亿欧元。但是金融危机以来，这一上限两次被提高，2008 年12 月提升至 250 亿欧元，2009 年 5 月被提升至 500 亿欧元。金融危机以来欧盟进行中的 BoP 援助详见表 12-5。

表 12-5 国际收支援助一览表

援助国	国际经济援助总额/欧盟援助额（亿欧元）	欧盟实际支付额（亿欧元）	欧盟援助的支付期	援助状态*
匈牙利	200/65	55	2010 年11 月前	有援助后监管；尚未认领部分已于 2010 年 11 月到期

援助国		国际经济援助总额/欧盟援助额（亿欧元）	欧盟实际支付额（亿欧元）	欧盟援助的支付期	援助状态*
拉脱维亚		75/31	29	2012年1月前	有援助后监管；援助支付完成；部分援助形式为信贷额度
罗马尼亚	Ⅰ期	200/50	50	2011年6月前	有援助后监管；援助支付完成
	Ⅱ期	50/14	——	2013年3月前	预警性援助（未启动）
	Ⅲ期	40/20	——	2015年9月前	预警性援助（未启动）

注：* 援助状态的统计时间为 2012 年 1 月。

资料来源：Economic and Financial Affairs（European Commission）。

第三节　金融监管合作

2008 年金融危机爆发后,金融市场的稳定性越来越为监管部门所重视。为此,欧盟对金融业进行了大规模的改革,加大金融监管的力度和填补金融监管领域的空白已成为改革的主要目标。为此,欧盟进行了机构创新,成立了泛欧金融监管体系,负责宏观审慎监管和微观审慎监管。

一、宏观审慎监管

为加强金融监管,欧盟成员国决定建立泛欧金融监管体系,其中,在宏观层面,成立欧洲系统性风险委员会。

（一）设立动因

正常情况下,中央银行应该在宏观审慎监管体系中发挥核心作用。为了充分发挥其在维护金融稳定中的职能,欧洲央行应当获得一个明确的正式授权以评估宏观金融风险并在风险过高时进行预警。然而,在欧盟原有体制下,欧洲央行并没有得到这样的授权。因此,德拉罗西埃报告①(2009)的第 16 条立法建议提出,欧盟应当成立欧洲系统性风险委员会(European Systemic Risk Council,简称 ESRC)进

---

① 详见 The High-level Group on Financial Supervision in the EU(2009)。

行宏观审慎监管,并提出三条详细建议:第一,ESRC 应该由欧洲央行理事会的成员、欧洲银行业监管委员会主席、欧洲保险和职业养老金监管委员会主席、欧洲证券监管委员会主席,以及欧盟委员会的一个代表共同组成;当委员会讨论的内容涉及保险监管和证券监管时,还可以邀请相关国家的监管机构参与。第二,为了更好地发挥职能,ESRC 应当收集和分析来自于所有金融部门的有关金融稳定性、宏观经济状况的一切信息。第三,ESRC 和微观审慎监管者之间务必要保持通畅的信息交流。

(二) 进程

在德拉罗西埃报告的推动下,欧盟成员国于 2010 年 9 月 2 日就成立欧洲系统性风险委员会(European Systemic Risk Board,简称 ESRB)[①]达成一致,由欧洲央行行长兼任该委员会第一任主席,英国央行行长被选任为该委员会第一副主席。2010 年 11 月,欧盟颁布《第 1092/2010 号法案》[②],批准成立欧洲系统性风险委员会,并颁布《第 1096/2010 号理事会条例》[③],决定将欧洲央行的部分职能和权力授予欧洲系统性风险委员会。《第 1096/2010 号决议》和《第 1092/2010 号法案》分别于 2010 年 11 月 24 日和 12 月 16 日正式生效,标志着欧洲系统性风险委员会正式开始运作。

(三) 作用

根据《第 1096/2010 号决议》和《第 1092/2010 号法案》的规定,欧洲系统性风险委员会负责监测整个欧洲金融系统的风险。该委员会将制定一套统一标准,对跨国金融机构面临的风险进行统一评估,并对存在风险的金融机构提出建议或发出警告,具体包括以下十个方面:

(1)为预防或缓解系统性风险而实现金融稳定,欧洲系统性风险委员会应当确定、收集和分析所有与系统性风险相关的必要信息;

(2)识别并处理系统性风险;

(3)向系统性风险显著的金融机构或国家发出警告;

(4)针对系统性风险发布补救措施建议;

---

① 德拉罗西埃报告(2009)建议设立"European Systemic Risk Council(ESRC)",但是在欧盟法律法规以及现实中成立的部门均为"European Systemic Risk Board(ESRB)",根据中国政府以及其他学者的称呼习惯,我们均将其译为欧洲系统性风险委员会。

② 详见 Regulation(EU)No 1092/2010 of 24 November 2010。

③ 详见 Council Regulation (EU)No 1096/2010 of 17 November 2010。

（5）欧洲系统性风险委员会认为系统性风险过高时，可以向欧盟委员会和欧洲理事会提供对系统性风险评估情况的机要报告，欧盟委员会和欧洲理事会将依据该报告决定是否由欧盟银行管理局进行进一步的深入调查；

（6）发出警告，进行后续监管和建议；

（7）欧洲系统性风险委员会应当和欧洲金融业监管系统的其他机构紧密合作；

（8）开发定量指标和定性指标来识别和衡量系统性风险；

（9）就涉及第三国的宏观审慎监管问题与其他国际金融机构，尤其是国际货币基金组织（IMF）和金融稳定委员会（FSB）以及相关机构协调合作；

（10）执行欧盟区内联合立法的其他相关任务。

二、微观审慎监管层面

在原有的莱姆法路西框架下，离散型的监管结构不仅难以进行有效的宏观审慎监管，在微观审慎监管方面也效率低下。因此，欧盟委员会决定对负责微观审慎监管的机构进行改革。

（一）动因

德拉罗西埃报告的第18条立法建议提出，建立既独立于成员国政府又对成员国政府负责的欧洲金融业监管系统，并给出三条详细建议：

第一，现存的各成员国监管机构将继续负责日常监管；

第二，在欧盟层面上成立三个新机构分别取代欧洲银行业监管委员会（CEBS）、欧洲保险和职业养老金监管委员会（CEIOPS）和欧洲证券监管委员会（CESR），并负责协调各成员国的监管标准，并确保各成员国监管机构间充分配合。

第三，应当建立监管者协会负责对跨国金融机构进行监管。

（二）进程

在德拉罗西埃报告的推动下，欧盟于2010年11月24日颁布了三部法案，《第1093/2010号法案》①、《第1094/2010号法案》②和《第1095/2010号法案》③，分别决定成立欧洲银行管理局（European Banking Authority，简称 EBA）、欧洲保险和职业养老金管理局（European Insurance and Occupational Pensions Authority，简称

---

① 详见 Regulation（EU）No 1093/2010 of 24 November 2010。

② 详见 Regulation（EU）No 1094/2010 of 24 November 2010。

③ 详见 Regulation（EU）No 1095/2010 of 24 November 2010。

EIOPA)和欧洲证券和市场管理局(European Securities And Markets Authority,简称 ESMA)。

其中,欧洲银行管理局取代欧洲银行业监管委员会,总部设于英国伦敦,对欧盟理事会负责;欧洲保险和职业养老金管理局取代欧洲保险和职业养老金监管委员会,总部设于德国法兰克福,对欧盟委员会负责;欧洲证券和市场管理局取代欧洲证券监管委员会,总部设于法国巴黎,对欧洲议会负责。

欧洲金融业监管系统(European System of Financial Supervision,简称 ESFS)则由上述的欧洲银行管理局、欧洲保险和职业养老金管理局、欧洲证券和市场管理局组成,三家机构及其联席委员会,再加上欧盟各成员国的监管机构,共同组成了泛欧金融监管体系的微观审慎体系。

(三)作用

欧洲银行管理局负责对欧洲银行进行压力测试,维护欧盟内部银行业的公平竞争,对于经营存在问题的银行还可进行干预,以在微观层面维护银行业的稳定。欧洲保险和职业养老金管理局负责对保险、再保险和职业养老金进行适当的监管和监督,并防止监管套利,促进平等竞争,确保金融市场的完整性、透明度、效率和有序运作,以在微观层面维护保险业的稳定。欧洲证券和市场管理局则有权登记交易资料,负责建立一套统一的资本市场监管规则,为欧盟投资者提供保护,为金融机构提供公平的竞争环境,以在微观层面维护证券业的稳定。

与莱姆法路西框架下的三家监管委员会相比,新法案的一个巨大进步在于,新的欧盟监管机构不仅继承了三家监管委员会作为咨询主体的有关职责,还拥有了执法权和独立法人地位,其权力范围有了实质性的进展。

三、小结

事实上,在 2008 年金融危机前,欧盟已经开始尝试在金融监管领域深化合作,构建统一的金融监管体系。但是,由于各成员国之间的利益诉求差别过大,难以达成一致,金融监管合作进展极慢。金融危机爆发后,在其强大的破坏力下,各成员国意识到了金融监管合作的重要性和必要性。

欧盟金融监管体系的改革,建立了泛欧金融监管体系,形成了"一会三局"的架构(见图 12-2)。该架构囊括了宏观审慎监管和微观审慎监管两个方面,实现了监管领域的全面覆盖,并加强了与国际货币基金组织等机构的合作,对于防范金融风险、维护金融体系稳定具有重要意义。

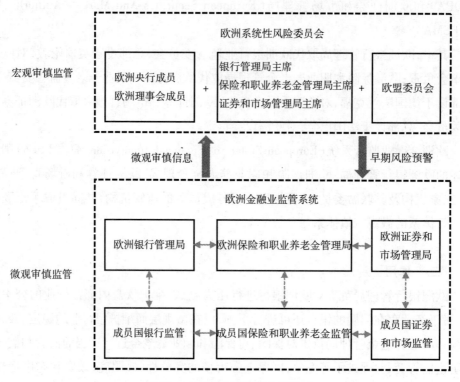

图 12-2 欧洲金融监管合作体系

第四节 欧洲银行业联盟

为应对金融危机,欧盟设立了欧洲系统性风险委员会、欧洲银行业管理局、欧洲保险与职业养老金管理局和欧洲证券管理局。但是,这些机构的执行力仍有一定局限。为了在不过度影响成员国政府主权的条件下解决上述问题,创造一个更加安全的金融部门,欧盟决定将金融体系中最重要的机构进行规范化管理,建设银行业联盟的观点随即诞生。

在应对金融危机的过程中,欧盟委员会推出了一系列方案来创造一个更加安全的金融部门。这些方案中,有些涉及对银行的审慎性要求,对存款人权益的保障,或者对银行清算的管理,上述这些方案共同组成了欧盟 28 个成员国金融部门的单一规则手册(Single Rulebook),成为了银行业联盟的基础。随着欧债危机的进一步恶化,对于欧盟成员国的金融部门而言,推动银行业一体化迫在眉睫,故而欧元区成员国与2012 年 6 月欧盟峰会上同意建立单一监管机制(Single Supervisory Mechanism,简称SSM)和单一清算机制(Single Resolution Mechanism,简称 SRM),且欧盟内的非欧元国也可以自愿加入。至此,银行业联盟的框架基本形成。

一、单一规则手册

单一规则手册作为银行业联盟的基础,为 28 个成员国提供了共同的规则,这有助于在初始阶段抵御银行业危机;并且,即使当某家银行倒闭时,欧盟也可以根据共同的规则管理清算过程,保证清算过程有序进行。此外,单一规则手册还给予了欧盟所有储蓄者每人在每家银行 10 万欧元的存款担保。

实际上,上述三个功能是欧盟三条法案(资本要求指令、银行复苏与解散法案、存款保障计划条例)的体现,资本要求指令和法规、银行复苏与解散法案、存款保障计划条例也构成了单一规则手册的基本框架。

(一) 资本要求指令和法规

欧盟委员会于 2013 年 7 月 16 日于布鲁塞尔通过了"资本要求指令"(Capital Requirements Directive,简称 CRD)。[1] 不过,在单一规则手册下,CRD 被拆分成两份法律文件,一份是对银行吸收存款的行为进行直接管理的资本要求指令(Capital Requirements Directive IV,简称 CRD IV)。[2] 它记录了 CRD 中和成员国的行政法规关系较为密切、法律效力水平较低的部分。另一份是建立在审慎原则基础上并要求银行严格遵守的资本要求法规(Capital Requirements Regulation,简称 CRR)。[3] 它记录了 CRD 中高度细化的计算资本要求的部分(见表 12-6)。由于巴塞尔 III 在危机前后推出,在这种情况下,CRD IV 和 CRR 可以看成是巴塞尔协议 III 实施的推动和补充。

表 12-6　CRD IV 和 CRR 内容比较

CRD IV (与国家法律紧密联系,规范性偏低)	CRR (基于单一规则手册,高度细化)
业务竞争准入原则	资本
设立自由,服务自由*	流动性
审慎监管	资金杠杆
资本缓冲	交易对手方信用风险
公司治理	大额风险**
制裁	信息披露要求

注:* 设立自由指金融机构可以自由地跨境设立金融机构,服务自由指金融机构可以直接提供跨境金融服务
** 巴塞尔委员会将超过银行合格资本5%以上的风险暴露定义为大额风险暴露

资料来源:European Commission MEMO/13/690。

---

[1]　详见 Capital Requirements Directive and Regulation,European Commission MEMO/13/690。
[2]　详见 Directive 2013/36/EU of the European Parliament and of the Council of 26 June 2013。
[3]　详见 Council Regulation(EU) No 575/2013 of 26 June 2013。

（二）银行复苏与解散法案

欧盟委员会于2014年4月15日于布鲁塞尔通过了"银行复苏与解散法案"（Directive on Bank Recovery and Resolution,简称BRRD）。① 其目的在于确保银行和政府部门已做好充分准备来应对潜在的危机,确保政府部门有充足的手段在危机的早期阶段进行介入,确保政府间有效合作,并确保银行共同出资建立一个专项基金用于支付某些银行破产重组的成本。该法案规定了促进银行复苏主要手段,以及银行破产清算时的处置方式:

第一,准备和预防。银行和监管部门应当起草复苏和解散计划,以确定当出现银行破产的风险时应当采取的措施。监管部门若在计划推进过程中查明了原因,则可以要求银行采取适当措施,以确保该银行的破产不会威胁金融系统的稳定性。

第二,早期干预。当某家银行存在破产风险但尚未恶化到无法弥补的状况时（例如该银行违背或将要违背资本要求规定）,监管者将采取一系列措施进行干预,例如解雇该银行原高管,临时任命新的管理人员,召开股东大会,要求银行制订计划与债权人进行债务重组,等等。

第三,清算。清算的最终目标是最小化由政府和纳税人承担的银行倒闭成本。BRRD为清算部门提供了一系列备选方案,包括出售倒闭银行或与其他银行合并,成立一个临时银行承接倒闭银行的核心功能,将优质资产和劣质资产分离,等等。

第四,协调与合作。BRRD提供了成员国政府之间的协调框架;当跨国银行破产清算时,利益相关国的监管部门能够在该框架下进行协调与合作,以确保这些国家的金融系统稳定性免受影响。

（三）存款保障计划条例

欧盟委员会于2014年4月15日于布鲁塞尔通过了"存款保障计划条例"（Directive on Deposit Guarantee Scheme,简称DGS）。② 该条例规定,各成员国政府将组织成立DGS基金,DGS基金由成员国银行向本国存款保险基金缴纳,用于偿付破产银行中金额不超过10万欧元账户的全部存款。DGS基金的缴纳形式包括现金、存款和低风险债券等。DGS基金份额也可以以付款承诺的形式认缴,但是为了控制风险,这些份额需要相关银行提供低风险证券进行担保,且比重不能超过DGS基金总份额的30%。

根据条例规定,DGS基金对银行存款的覆盖率不能低于0.8%。实际上,半数欧

---

① 详见 Directive on Bank Recovery and Resolution,European Commission MEMO/14/297。

② 详见 Directive on Deposit Guarantee Scheme,European Commission MEMO/14/296。

盟国家已达到或基本达到这一标准,三分之一的欧盟国家的 DGS 基金对存款的覆盖率达到了 1%,个别国家甚至超过了 2% 或 3%。

DGS 基金的设立,使得存款人可享有每人每家银行 10 万欧元的存款担保;一旦某家银行破产倒闭,那么它的存款人能够在最迟 15 个工作日内得到补偿。不过,存款保障计划条例也限定了受益人范畴,也就是说,DGS 基金仅为个人和企业储户提供担保,并不为金融机构和政府提供担保。

(四) 评价

总体来说,单一规则手册能够使得欧盟的银行业部门更加稳定、更加透明、更有效率,能够提高欧洲银行业的抗风险能力。

第一,单一规则手册能够使得欧盟的银行部门更加稳定。在旧的体系下,各个成员国监管独立,可能会引起金融机构的监管套利,即银行可能从资本要求高的国家向资本要求低的国家转移(例如开设分支机构)。而单一规则手册则确保了审慎监管应用在欧盟而不是限于个别成员国,从而使银行失去了监管套利的机会。

第二,单一规则手册能够使得欧盟的银行业部门更加透明。金融危机已经证明了在不同成员国的不透明监管是金融不稳定的重要原因。缺乏透明度是有效监督的障碍,而且会打击市场和投资者的信心。而单一规则手册则使得欧盟的所有监管部门、存款人以及投资者更加了解银行业的情况。

第三,单一规则手册能够使得欧盟的银行业部门更有效率。单一规则使得银行机构不需要研究 28 个国家的各种规定,节约了银行机构内部协调沟通的成本。

二、单一监管机制

根据单一监管机制(SSM)的规定,欧洲央行和成员国监管部门共同构成 SSM 的监管主体,监管对象包括欧元区全部金融机构和其他非欧元区主动参与该机制的金融机构。欧洲央行已于 2014 年 11 月 4 日开始正式行使监管职能,直接监管欧元区约 130 家银行,并对全欧元区的 6000 多家银行承担最终监管责任。SSM 对于银行业联盟具有重要意义,SSM 的建立是走向银行业联盟的第一步(Ferran 和 Babis,2013)。

(一) 建设历程

2012 年 9 月 12 日,欧盟委员会提议成立欧洲央行领导下的 SSM,以加强欧盟银行业的稳定性。2013 年 3 月 19 日,欧洲议会和欧盟委员会达成了建设 SSM 的初步协议,欧盟常驻代表委员会于 2013 年 4 月 18 日批准了该方案的最终版本。2013 年 10 月 15 日,欧盟财长会议通过了建立 SSM 的决议,并于 2013 年 10 月 29 日公布了该法律文件。2014 年 7 月 2 日,欧盟审计院发布题为《欧洲银行业监管成形》的特别报告,至此,SSM 基本建设完成。

(二) 监管模式与范畴

从监管模式上看,由于欧盟特殊的政治架构,对于具有系统重要性、可能引发金融震荡的大型存款类金融机构(判断标准为:资产超过 300 亿欧元,或对该国 GDP 贡献超过 20%,或接受 EFSF 和 ESM 金融援助的银行),SSM 采用功能模式[①],即欧洲央行和各成员国监管机构共同负责监管,其中,欧洲央行负责宏观与微观审慎监管,成员国监管机构则负责商业行为监管,以有效维护欧洲金融部门的稳定;而对于中小型存款类金融机构,则采用统一模式,即欧洲央行监督下的成员国监管,其中,欧洲央行负责宏观审慎监管,成员国监管机构则负责微观审慎与商业行为监管,以同时维持中小型存款类金融机构的灵活性和安全性。

从监管范畴上看,欧盟内参与 SSM 的国家的存款类金融机构基本处于 SSM 监管体系内,欧盟内参与 SSM 的国家的非存款类金融机构和欧盟内未参与 SSM 国家的全部金融机构都位于 SSM 监管体系之外(见图 12-3)。

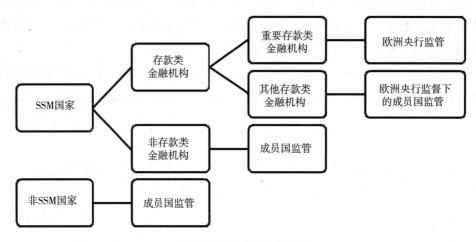

图 12-3　SSM 的监管范畴

资料来源:欧洲审计院,ECA Press Release 14/30。

(三) 不足

尽管,SSM 是金融监管的巨大创新,但是它仍然存在不足。它的主要问题在于,随着 SSM 的建立,欧盟银行管理局的职责基本没有发生改变。因此,在银行监管的某些领域,欧洲央行和欧盟银行管理局的责任分配不够清晰。这主要表现在以下三

---

① 　周弘:《2013—2014 年欧洲发展报告》,社科文献出版社 2014 年版,第 61—72 页。

个方面：

第一，根据现有安排，欧盟银行管理局将继续负责欧洲金融机构的监管手册的编制和修订①，但事实上，欧洲央行和欧盟银行管理局都正在研究自己的监管手册。而每本监管手册应当涵盖哪些内容并没有明确规定。这会导致规则不确定的风险，且欧洲央行的工作很可能和欧盟银行管理局发生重叠，进而使得 SSM 国家在银行业监管的原则、手段等等方面产生困惑。

第二，欧盟银行管理局负责启动和协调欧盟内的银行业压力测试，欧洲央行对此也行使一定职能，但究竟由哪家机构对银行业压力测试全权负责，目前并没有明确的规定。

第三，欧洲央行应该与成员国监管部门、第三方国家以及国际组织加强联系，并适度参与其行政安排，以增强监管调控能力，而不仅仅是复制欧盟银行管理局的一些功能。

三、单一清算机制

当参加 SSM 的银行破产清算时，单一清算机制（SRM）将通过清算委员会（Single Resolution Board，简称 SRB）和单一清算基金（Single Resolution Fund，简称 SRF）有效控制银行的破产清算过程。SRM 旨在让银行股东及债权人在银行破产时实行"自救"，而不是像欧债危机时那样接受政府"救助"。这就意味着参加 SSM 的银行倒闭时，将由银行的股东和债权人承担损失。同样，单一清算机构有助于让资不抵债的银行进行有序破产，让银行业的健康部分继续存活，同时最小化银行破产对纳税人和实体经济的不良影响。

（一）建设历程

2013 年 7 月 10 日，欧盟委员会提议为银行业联盟成立 SRM，欧盟委员会认为，SRM 是对 SSM 的有效补充，它能够集中足够资源来解决欧元区银行的破产清算问题。2013 年 12 月 19 日，欧盟委员会批准了 SRM 解决清算问题的一般方法。2014 年 3 月 20 日，欧洲议会和欧盟理事会就成立 SRM 达成了临时协定。2014 年 4 月 15 日，欧洲议会通过了 SRM 的提案。2014 年 6 月 20 日，基于银行复苏与解散法案和 SRM，欧盟委员会就存款类金融机构对清算基金的出资额进行磋商。2014 年 7 月 30 日，欧盟发布《第 806/2014 号法案》，宣告 SRM 正式建立；同时，该法案在 SRM 设立了清算委员会和单一清算资金，清算委员会负责在 130 家规模最大的欧元区银行以

---

① 详见 Regulation（EU）No 1022/2013 of 22 October 2013。

及约 200 家跨境银行陷入困境时对其进行关闭或重组。单一清算资金则从 2016 年开始运行,由参与 SRM 的银行在 2024 年前缴纳 550 亿欧元资金而创建。2014 年 10 月 21 日,欧盟委员会通过了一项关于计算各银行对清算基金的贡献值的决议。

(二)决策流程

大多数情况下,当欧元区内某家银行因故需要破产清算时,欧洲央行会把相关情况通报给清算委员会、欧盟委员会和相关国家的清算部门。首先,清算委员会与相关国家就清算计划进行讨论,欧盟委员会则会与相关国家就国家救助计划进行讨论。在两份方案中,若只有其中之一达成一致,则按照达成一致的方案执行;若两份方案均讨论通过,则接下来有两种情况(见图 12-4)。

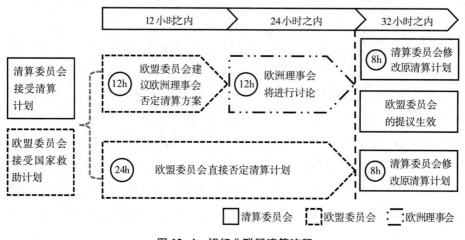

图 12-4　银行业联盟清算流程

第一种情况是,欧盟委员会基于公众利益、清算基金使用情况向欧洲理事会提议,否定清算方案,采用国家救助计划;接下来,欧洲理事会将讨论是否接受欧盟委员会的提议;讨论结束后,若欧盟委员会的提议未通过,则清算委员会应当对清算计划进行修改优化,若欧盟委员会的提议通过,则国家救助计划随即生效,清算计划取消。

第二种情况是,欧盟委员会基于除公众利益、清算基金使用情况外的其他原因直接否定清算计划,清算委员会则应当依据欧盟委员会提出的理由对清算计划进行修改优化。

四、银行业联盟的作用

欧洲银行业联盟成立后,对于银行业自身的盈利性、银行母国政府的安全性和欧洲金融部门的稳定性均有着积极作用。具体可以总结为:第一,促进银行向企业和家庭提供贷款;第二,阻断银行业危机和主权债务危机之间的恶性循环;第三,创造更加安全稳定的欧洲银行业。

(一) 促进银行向企业和家庭提供贷款

在欧盟银行业的旧体系下,政府对银行业进行救助时,一国政府会主要对本国银行进行救助,这在一定程度上导致了资金被限制于各国境内,阻碍了资金的自由流动。因此,在德国,80%的中小企业可以成功申请到贷款,而在南欧国家,能申请到贷款的中小企业比例降至 40%,这一数值在希腊则降至 25%。[①] 除此之外,在不同国家,银行向企业和家庭提供贷款的利率也存在差异,这给经济复苏带来了不利影响。

在银行业联盟成立后,联盟内的所有银行都将接受单一监管机制和单一清算机制。在这种背景下,某家银行的市场信誉将取决于该银行的特定风险,而不再受该银行的母国财政实力的影响[②],联盟内的所有银行将在一个平等的平台上进行竞争,银行经营发展的信心将会提高。这会使得这些银行更容易融入资金,进一步提升其向全欧洲的企业和家庭发放贷款的动力。

(二) 阻断银行业危机和主权债务危机之间的恶性循环

欧元区主权债务危机反映出,银行业危机和主权债务危机之间存在恶性循环关系(见图 12-5),而银行业联盟则能有效阻断银行业危机和主权债务危机之间的恶性循环。

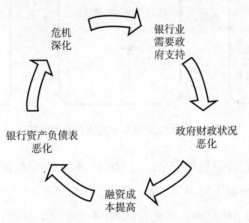

图 12-5 银行业危机和主权债务危机之间的恶性循环

---

① 资料来源:European Commission MEMO/14/294。

② 一些原本优质的银行,由于母国政府的财政实力差,在过去可能并不被投资者看好。因为,一旦这些银行面临危机,其母国政府对其开展的救助将是有限的。而在单一清算机制下,所有银行的清算方式是一致的,投资者对上述银行的信心将会提振。同理,一些相对劣质的银行,在单一清算机制下,并不会因为其母国政府的财政实力强而被投资者青睐。

1. 银行联盟规模大,抵御冲击能力增强

单一监管机制会对银行业进行更强的审慎性监管,例如,要求银行保证充足的资本准备金和资产流动性。这能够增强联盟内银行管理风险、抵御损失的能力,增加其可靠性。

2. 银行倒闭时无须政府动用财政资金,从而避免政府财政状况恶化

一旦银行面临倒闭,那么其清算资金将来自于两部分,一部分是银行的股东和债权人,另一部分则是专项的清算资金。在这种情况下,银行不再由政府担保,政府也不必动用财政资金,从而避免了政府财政状况恶化。

3. 银行的归属专一化

在旧体系下,当银行正常经营时,欧盟和其母国政府都对其进行监管,但在银行濒临破产时,为其埋单的却只有其母国政府。在新的银行业联盟下,欧盟不仅负责对银行的监管,还会在银行倒闭时对其进行统一处置。

(三) 创造了更加安全稳定的欧洲银行业

银行业联盟会从三个方面保障欧洲银行业的安全和稳定(见图12-6):

图12-6　银行业联盟对欧洲银行业的保障机制

第一,让所有银行拥有更加安全的初始经济环境,即危机预警。危机预警包括两方面:一方面是欧盟通过了资本要求指令(CRD Ⅳ),CRD Ⅳ 和巴塞尔协议 Ⅲ 共同组成了欧洲银行业的法律框架。该规定从 2014 年 1 月 1 日起实施,从数量和质量上对银行资本提出了双重要求。另一方面则是完善宏观审慎监管和微观审慎监管,建立单一监管机制和泛欧金融监管体系。

第二,当银行面临困难时,监管机构会及时介入,即早期干预。在早期干预的指导思想下,当某银行面临着金融风险但风险尚未演变成危机时,监管者会为该银行制定恢复计划,恢复计划可能包括:召开股东大会商讨紧急改革措施、禁止该银行发放

股息和红利、要求该银行降低某些风险敞口、要求该银行改变法律结构或公司结构等等。

第三，当银行倒闭时，银行业联盟能有效控制风险，即银行清算机制。根据欧盟签署的银行复苏与解散法案、单一清算机制和存款保障计划条例，即使某家银行的财务状况恶化到无法弥补的情况，该银行仍可以通过上述三条文件规定的途径有序地完成清算，从而保护了存款人和纳税人的合法权益。

第五节　趋势与展望

一、欧盟区域金融合作进展的评价

（一）欧洲央行在新体系中被赋予重要地位

虽然欧洲系统性风险委员会已经成立，但是欧洲央行在宏观审慎监管中仍起到不可替代的作用。这主要表现在：

第一，根据欧盟《第 1092/2010 号法案》的规定，欧洲系统性风险委员会主席由欧洲央行行长兼任，欧洲央行的副行长进入该委员会的董事会履职。

第二，根据欧盟《第 1096/2010 号理事会条例》的要求，欧洲央行将在资料分析、信息统计、管理和后勤等方面对系统性风险委员会提供支持。

第三，根据欧盟《第 1093/2010 号法案》、《第 1094/2010 号法案》和《第 1095/2010 号法案》的规定，欧洲银行管理局、欧洲保险和职业养老金管理局及欧洲证券和市场管理局在履行各自职责的同时，应当和欧洲央行进行及时有效的沟通。

第四，在银行业联盟框架中，欧洲央行对加入单一监管机制的重要存款类金融机构拥有直接监管权，并负责对一般存款类金融机构间接监管。

（二）欧盟区域金融合作体现了危机应对性和制度前瞻性的双重特点

一方面，欧盟成立的欧洲金融稳定机制和欧洲金融稳定基金，以及欧盟对监管体系的部分修正，以金融危机和欧债危机为导向，具有显著的危机应对性。另一方面，欧洲稳定机制、泛欧金融监管体系以及银行业联盟等制度建设和立法修正并不完全以危机为导向，而是着眼于欧盟金融业的长远发展。这说明，欧洲金融业的某些缺陷并不是在金融危机和欧债危机中才暴露出来的，而是早已存在并且引起欧盟的足够关注，金融危机和欧债危机是欧盟区域金融合作的推动因素，是欧盟区域金融合作的充分非必要条件。

（三）重视大型跨国金融机构的监管，加强成员国间的监管合作

大型跨国金融机构在危机中的流动性风险与融资风险不仅影响其母国的金融稳定性，更容易在其分支机构的东道国引发金融动荡。为避免这一问题，在单一监管机制下，资产超过300亿欧元或对母国GDP贡献超过20%的大型存款类金融机构将由欧洲央行进行直接监管，而这些大型机构往往都有跨国业务。除了欧洲央行外，欧洲银行业管理局、欧洲证券及市场管理局、欧洲保险与职业养老金管理局也会对大型跨国金融机构予以关注，当发现管辖下的机构风险暴露程度过高时，上述三家管理局会发布监管建议。

同时，欧盟还积极推进欧盟立法，通过制定要求成员国共同遵守的法律条例，对各成员国监管规则进行沟通协调，促使欧盟层面的监管法律不断成为各国监管立法的参照和基础。

二、欧盟区域金融合作框架的不足

（一）分散化的财政主权是欧盟监管机构扩大的主要限制

欧元区存在"天生"的体制性缺陷，即财政政策和货币政策的"二元性"。从结构形式上看，欧盟的财政制度存在近似于联邦制国家的中央和地方两个层面，即欧盟层面的"中央"财政和各成员国层面的"地方"财政。理论上讲，这样的制度安排是有效率的。但是，由于欧盟是主权国家的区域一体化组织，欧盟委员会并不是超国家政府，如果不经过成员国批准，欧盟的规定和文件不具有法律效力，而欧盟决策的效力大小完全取决于成员国对成本和收益的权衡，以及各成员国之间利益博弈。所以说，欧盟财政制度在本质上是分散的成员国财政。

在财政主权分散化的背景下，当成员国的财政状况出现问题时，欧盟监管机构只能负责提供沟通机制，协助监管者解决问题，但不能干涉各国的财政权力。这种财政主权分散化客观上就限制了欧盟监管机构的进一步扩大。

（二）欧元区核心国家与外围国家之间的经济差距是妨碍政策协调的主要因素

欧元区成立之初，各国无论是在经济规模还是人均GDP上就已经存在较大差距，区域之间发展不平衡。其中，德国和法国的GDP始终在欧元区内占一半以上的比重。欧元区经济发展不平衡，核心国家与外围国家之间竞争力差异的扩大，会导致外部失衡加剧。在浮动汇率下，欧元区国家间的经济发展不平衡原本可以通过名义汇率调整来改变。然而，欧元区的货币政策由欧洲央行制定，单个国家无法通过货币贬值增加竞争力。为刺激经济，各国只能求助于财政政策，从而财政赤字和公共债务不断攀升，成为欧债危机的一大诱因。

在金融危机和欧债危机后,欧元区意识到上述问题,在宏观审慎和微观审慎方面加强了监管合作,并推出银行业的单一规则手册,落实单一监管制度和单一清算制度。但是,由于核心国家与外围国家固有的经济差距的存在,核心国家与外围国家会面临不同的经济形势,进而有不同的经济政策需要。在各国的政策需要分歧不显著的时候,各国政府容易作出妥协,政策协调成本很低。但是,在各国的政策需要分歧很大时,各国政府会进行激烈的博弈,政策协调成本很高。统一政策的制定会耗时过长,无法灵活应对欧元区整体的经济形势。所以说,欧元区核心国家与外围国家之间的经济差距是妨碍政策协调的主要因素。

三、欧盟区域金融合作的前景

(一) 货币政策工具创新

根据《欧洲联盟条约》的规定,欧洲央行体系的主要目标是维持欧元区的物价稳定。在不影响这一目标的前提下,欧洲央行体系应该支持欧洲联盟内部的其他经济政策。然而,这也导致欧元区外围国家只能通过财政政策加杠杆来刺激经济。

由于欧元区核心国家和外围国家之间的经济发展不平衡仍会持续,因此,欧洲央行有望在《欧洲联盟条约》的框架下,推出具有针对性的新型货币政策工具,用"滴灌"代替"漫灌",以匹配欧元区国家的特殊要求。

(二) 向财政协调迈进

欧元区的财政不协调一直是货币同盟的软肋。《马斯特里赫特条约》要求各国财政应当协调一致,财政赤字率不得超过3%,国债负担率不得超过60%。然而,希腊通过汇率互换和信贷违约互换等数据造假的方式少报赤字和债务水平,以达到加入欧元区的标准。然而在加入后,其财政问题引发的危机却需要整个欧元区救助。因此,从长期来看,要从根本上解决该缺陷,实现真正意义上的政府财政联盟是合理的选择。

然而,考虑到财政联盟的特殊性及其标准制定中的复杂博弈,财政联盟不能一蹴而就。欧元区应当将财政初步协调作为中期目标,并以渐进的方式实现。例如,签订法律约束力较弱的欧元区财政协调谅解备忘录,待各国的财政协调能力提高至新的水平以后,再制定法律约束力更强的文件。

第十三章　金砖五国货币金融合作：
进展、意义和前景

梁志兵　鄢莉莉[*]

◇·◇

"金砖五国"（BRICS Group，又称为"BRICS 集团"、BRICS）的成员为巴西、俄罗斯、印度、中国和南非五国，其英文简称"BRICS"由五国英文首字母组合而成。长期以来，金砖五国的经济总量占世界经济总量的比重持续上升，且经济增长速度高于全球平均增长速度，成为世界经济增长和稳定的重要力量。与此同时，它们相对于欧美主要发达国家的经济波动也较高。尤其是此次金融危机以来，由于欧美发达国家的总需求下降以及全球能源市场价格的下跌，金砖五国[①]的国际收支、汇率和 GDP 出现了大幅波动。此外，现有的国际金融体系被发达国家所主导，很难对金砖五国经济的恢复与发展提供充分的支持。基于此，五个国家都希望相互之间能够进行更多的经济、金融合作。自 2008 年 6 月 7 日中国、巴西、俄罗斯和印度的央行行长在巴西会晤，到 2014 年 7 月 15 日第六次金砖五国全球峰会，近年来金砖五国间的货币金融合作不断稳步推进。

金融危机以来，金砖五国间的货币金融合作主要体现在五个方面：一是协同发声，提升金砖五国在国际货币基金组织（International Monetary Fund）和世界银行（World Bank）两大国际金融组织的话语权。二是发起成立金砖五国开发银行，以推行不附带条件的贷款，拓宽新兴市场国家获取资金的渠道。三是达成应急储备安排（Contingent Reserve Arrangement，应急储备安排）协议，在发生短期流动性危机时向该安排借款，以降低危机恶化的可能性。四是签订双边和多边的货币互换协议，并通过各国的开发银行[②]间的合作，推进贸易和投资的本币结算，降低汇率风险以及对美

---

* 梁志兵：国家发改委经济研究所助理研究员；鄢莉莉：中央财经大学金融学院讲师。

① 中国为例外，这是由于中国资本账户和汇率被管制，因而国际收支和汇率的波动相对较小。

② 分别为中国国家开发银行、巴西开发银行、俄罗斯开发与对外经济活动银行、印度进出口银行、南非南部非洲开发银行。

元的依赖。在金融危机后全球经济增长乏力和传统国际金融体系的运转出现紊乱的背景下,金砖五国在货币金融方面的相互合作日益加强,且越来越体现出其积极意义。

本章通过对这些合作的背景、内容、影响和可能面临的限制进行介绍,以期为理解和判断这些合作的未来发展方向提供深入的分析。具体地,本章将首先回顾金砖五国间货币金融合作的历史背景,勾勒它们所面临的困难和挑战,分析金砖五国合作的动因;其次,详细介绍金砖五国货币金融合作的进展和已经产生的积极影响;再次,总结它们货币金融合作所受到的限制,进而对未来的发展前景进行展望。

第一节　金砖五国货币金融合作的背景

一、经济发展特征的趋同性不断增强

冷战之后,以金砖五国为代表的新兴市场经济体先后对内进行了一系列的经济和社会改革,促进了市场经济的深化;对外实行开放政策,努力开拓国际市场,加强国际交流与合作,大大地促进了本国的经济发展,增强了本国的国际影响力。进入 21 世纪以来,金砖五国的经济总量增长更为迅速。高盛的经济学家奥尼尔(O'Neill)于 2001 年依据经济增长率等指标将巴西、俄罗斯、印度和中国归为一类国家,并断言这些国家的财政和货币政策将会在全球形成巨大的影响。2003 年 10 月,高盛发表名为《与金砖国家一起畅想:通往 2050 之路(Dreaming with BRICs:The Path to 2050)》的文章,并继续预言在未来 40 年中,如果一切顺利的话,金砖四国①的经济总量将超过六国集团;到 2025 年,金砖四国的经济总量将达到六国集团②的一半以上。在当前的六国集团中,只有美国和日本在 2050 年仍能保持经济前六强的位置。高盛的预言逐渐变为现实。从数据上看,至 2014 年,金砖五国总人口和总面积约占全球 26% 和 42%;GDP 总量已达全球总量的 22%(见表 13-1);GDP 增长率也多高于全球平均水平(见表 13-2)。此外,截至 2014 年,金砖五国的货物和服务进出口总额约占全球总额的 22%,FDI 流入总量约占全球总量的 18%,外汇储备约占全球总储备的 42%。

---

① 南非于 2010 年加入 BRICS 集团。
② 包括美国、日本、英国、德国、法国和意大利。

表 13-1　金砖五国 GDP 及占全球 GDP 的比重

国家 ＼ 年份	2009	2010	2011	2012	2013	2014
巴西(10 亿美元)	1666	2209	2613	2412	2391	2244
俄罗斯(10 亿美元)	1223	1525	1907	2001	2080	1881
印度(10 亿美元)	1366	1708	1843	1836	1875	2069
中国(10 亿美元)	5060	6040	7496	8461	9495	10361
南非(10 亿美元)	297	375	417	397	366	350
总和占全球比重(%)	16.10	18.11	19.67	20.40	21.29	21.26

资料来源："The Fifth Joint Statistical Publication Of The BRICS Countries 2014", World Development Indicator[1] (WDI)和金砖五国各国统计局(署)。

表 13-2　金砖五国 GDP 增长率　　　　　　　　　　(单位:%)

国家 ＼ 年份	2009	2010	2011	2012	2013	2014
巴西	-0.2	7.6	3.9	1.8	2.7	0.1
俄罗斯	-7.8	4.5	4.3	3.4	1.3	0.6
印度	15.1	20.2	15.7	13.1	13.6	11.5
中国	9.2	10.6	9.5	7.7	7.7	7.4
南非	-1.5	3.0	3.2	2.2	2.2	1.5

资料来源："The Fifth Joint Statistical Publication Of The BRICS Countries 2014"和金砖五国各国央行和统计局(署)。

　　随着经济的全球化,金砖五国的经济也呈现越来越多的相似性和联动性。首先,作为发展中国家,金砖五国面临着很多相似的困难与挑战。金砖五国均为出口导向型经济,全球能源价格和汇率的波动都会对它们造成较大的影响。此外,除俄罗斯和巴西外,全球气候变暖大大增加了金砖国家在发展过程中所面临的温室气体减排、降低环境污染的压力,限制了它们的能源使用与消耗,对它们既要保持经济较快发展要加快经济结构调整以实现可持续发展提出了更高的要求。其次,金砖五国在经济发展上具有越来越多的互补性和联动性。在五个国家中,中国和印度进口原材料而出口工业制成品,其他三国则主要出口自然资源等原材料而进口工业制成品,这种互补性使得金砖五国的贸易额不断攀升。据最新数据显示,截至 2014 年,中国与巴西、印度、俄罗斯和南非的双边贸易额分别达到 495 亿美元、779 亿美元、953 亿美元和 603

---

　　① 即世界发展指数数据库,见 http://data.worldbank.org/data-catalog/world-development-indicators/。

亿美元,已经成为其他四国的最大贸易伙伴国。经济上的互补性也使得五国间的联动性不断加强。目前,金砖五国的通货膨胀(张兵等,2011)、外汇储备(杨凌霄等,2014)和出口均呈现出较强的联动性,并且该联动性均受到共同的外在因素(如世界的通货膨胀率等)的影响。金砖五国经济发展的相似性和联动性的不断增强,以及它们在全球经济中的重要程度的不断上升,都使得它们有共同的经济利益诉求,因而也产生了合作的可能性。

二、金砖五国面临相同的货币金融领域的挑战

(一) 基础设施建设存在大量融资缺口

魏瑟等(Mwase 等,2012)、阿金纳等(Agénor 等,2006)及斯储奥博(Straub,2008)等大量实证文献表明,基础设施的完善可以显著促进经济增长和消除收入不平等,而基础设施不足则会成为经济增长的障碍。当一国的经济发展从第一产业为主逐渐转变为第二产业为主直至第三产业为主的过程中,其所需要的基础设施投资也会逐渐上升。然而新兴市场经济国家大多资源丰富,但基础设施落后,这也势必会影响其经济的持续增长。具体到金砖五国,虽然近年来中国和南非的基础设施建设进展较快,但据《全球竞争力报告 2014—2015》(The Global Competitiveness Report 2014—2015)的评估(见表 13-3),印度、俄罗斯和巴西的基础设施质量在全球的排名均较为靠后。从细分领域上看,中国和南非也有各自需要提升质量的基础设施。特别是在金融危机后,由于全球需求的下降,使得资源价格出现大幅下降,进而导致金砖国家的出口受到巨大的打击,近年来,各国经济增长率出现了较明显的下降,这也使得各国政府需用扩张性的财政政策,增加基础设施投资以刺激经济的恢复与增长。此外,金砖五国大多处于经济和社会结构转型期,部分国家的城镇化进展迅速,对道路、交通、医疗、供水和垃圾处理等领域的投资有着巨大的需求;而所有国家都面临着部分城市大量的基础设施过于老旧,导致传统的生产生活方式对资源和环境的承载能力造成了很大的威胁,因而也急需大规模的投资以更新基础设施,从而使其对环境和资源的利用更加具有可持续性。

表 13-3　BRICS 基础设施质量在全球的排名

	总体	道路	铁路	港口	航运（飞机）	电力	移动通信
巴　西	120	122	95	122	113	89	37
俄罗斯	74	124	26	81	79	73	20
印　度	90	76	27	76	71	103	121
中　国	64	49	17	53	58	56	108

续表

	总体	道路	铁路	港口	航运(飞机)	电力	移动通信
南 非	59	37	44	46	11	99	25

资料来源:World Economic Forum,"The Global Competitiveness Report 2014–2015",http://www 3.weforum.org/docs/WEF_GlobalCompetitivenessReport_2014–15.pdf,2014。

据贝塔查亚等(Bhattacharya 等,2012)估计,新兴市场国家未来 5 年中每年的基础设施投资需求将达 1.8 万亿—2.3 万亿美元。除中国外的金砖四国的投资缺口更为明显。从投资计划来看,印度计划在 2014—2019 年间开启 1 万亿美元的基础设施投资;俄罗斯计划从 2012 年起的 10 年内投资 1 万亿美元用于基础设施建设;巴西2012—2016 年拟投资 1 万亿美元用于基础设施建设;作为调整经济结构、促进经济包容性增长的重要工具,南非正推行全国基础设施建设计划,预计截至 2015 年,总投资将达 1000 亿美元。然而与规模巨大的投资计划和现实的投资需求相比,市场上的资金供给却相对紧张。即使从整个新兴市场国家来看,现有的市场融资规模仅为9000 亿美元左右,远低于上述金砖国家的投资需求。而且现阶段的资金主要来源于政府,约为 5000 亿美元左右,但未来政府投资是否可以持续增长将受到宏观经济形势以及政府预算赤字的限制。另外一个主要资金来源是私人的投资(约为 1500 亿—2500 亿美元);但私人部门的投资大多具有顺周期的特征,因而在金融危机之后增速出现明显下降甚至出现负增长。私人投资还受到全球市场波动影响,如美国退出 QE的行为就导致金砖五国资本流入显著下降。此外,私人往往投资于特定领域的基础设施,如通信和高速公路等,而对环境保护等领域却避之不及。金砖五国的另一项资金来源是国外援助和现存的多边发展银行的资金,约为 400 亿—600 亿美元。如表13-4 所示,1945—2014 年,金砖五国从世界银行获得援助型贷款总额分别为巴西580 亿美元、俄罗斯 140 亿美元、印度 980 亿美元、中国 540 亿美元和南非 41 亿美元,但 2014 年从世界银行和其他区域发展型银行[①]所获得的贷款总额均未超过 100 亿美元。必须指出,由于这些国际性金融机构的资本金有限且多为美国、日本和西欧所控制(例如,世界银行为美欧所控制,亚洲开发银行的前两大股东是日本和美国,美洲开发银行的最大股东是美国,非洲开发银行的前三大股东是日本、加拿大和法国),以金砖五国为代表的新兴市场国家很难在未来的 5 年内从该渠道获得足够多的贷款。这迫切需要金砖五国进行金融合作,创新融资渠道。而从各国的实际情况来看,金砖五国也存在着很多合作的空间。特别是与其他四国相比,中国在道路和电力等方面拥有较强的基础设施建设能力和资金实力,能在基础设施建设和投融资方

---

① 这里指亚洲开发银行、泛美开发银行、欧洲复兴开发银行和非洲发展银行。

面与其他四国展开很好的合作。

表 13-4　BRICS 从国际金融组织获得的援助性贷款　　（单位:亿美元）

	世　界　银　行		区域性发展银行
	2014 年	1945—2014 年(累计)	2013 年
巴　西	20	580	46
俄罗斯	1.1	140	0.6
印　度	50	980	26
中　国	16	540	23
南　非	37	41	49

资料来源:世界银行年度报告(2014)及亚洲开发银行、泛美开发银行、欧洲复兴开发银行和非洲发展银行的官方网站。

（二）　国际收支平衡面临潜在的风险

一直以来,国际货币金融体系的核心特征之一是美元本位制。据 IMF 最新数据,截至 2014 年年底,美元在全球储备货币占比达 62%。此外,数十年来,国际贸易中美元结算的比例始终高居榜首。在当前的这种体系中,美国可以相对自由地调整国内的货币金融政策,而较少地承担汇率风险,并获得诸如铸币税等多种收益。而位于体系外围的金砖五国则不然。对于金砖五国的企业而言,由于国际贸易多通过美元结算,参与国际贸易的企业必须将本国货币兑换为美元,这使得五国的企业不得不面临美元汇率波动的风险;虽然企业可以通过各种外汇衍生工具进行对冲,但由此带来的汇率成本的上升会降低企业的利润。对于政府而言,金砖五国多通过吸引外资的方式来促进本国的经济发展,因而外债比例较高,例如,南非、俄罗斯和印度的外债占 GDP 比重均超过 20%(见表 13-5),美元汇率的变动也会影响一国对外资产与债务。换言之,美元汇率的波动不但干扰企业的融资决策,也可能对一国对外净资产造成直接损失。因此,为了降低汇率波动所造成的损失,金砖五国有必要通过货币互换等合作方式降低对美元的依赖程度,改革现有的货币体系。

从现实来看,金砖五国都属于新兴市场经济体,资本相对稀缺,需要大量引入外资。在既定的国际货币体系下,所引入外资多为外币计价。由于金砖五国的经济规模和经济结构都相对较弱,金融发展相对落后,加之它们在经济全球化中逐步放宽了对资本账户的管制(中国除外),资本流动的大幅波动极易引发国内宏观经济的紊乱,从而造成货币危机。截至 2014 年,除中国外的其他金砖四国都曾经历过汇率短期内大幅贬值的货币危机。例如,印度卢比兑美元曾于 1991—1992 年贬值 37%,于 2013—2014 年贬值 12%;俄罗斯卢布在 1998 年和 2014 年分别大幅贬值 50% 和 42%;巴西则在 1998 年和 2014 年分别贬值 23% 和 17%。在此次金融危机中,由于美国

QE 的启动与退出,以及金砖国家自身外债过多(见表 13-5),除中国外的金砖国家的国际投资头寸波动剧烈(见表 13-6),如巴西、南非和俄罗斯的波动都曾达到一倍。

表 13-5　BRICS 外债占 GDP 比重　　　　　　　　(单位:%)

年份 国家	2009	2010	2011	2012	2013	2014
巴　西	12.2	12	12	13.9	13.9	15.4
俄罗斯	34.2	36.4	32.2	31.2	31.3	29.1
印　度	20.3	18.2	18.2	20.5	21.8	22.2
中　国	8.6	9.1	9.3	8.9	9.1	10.6
南　非	27.5	28.8	28.1	34.2	39	41.7

资料来源:"The Fifth Joint Statistical Publication of The BRICS Countries 2014"和金砖五国各国央行与统计局(署)。

表 13-6　BRICS 国际投资净头寸的年度变化比率　　　(单位:%)

年份 国家	2009	2010	2011	2012	2013	2014*
巴　西	-54.08	9.71	-0.71	11.40	5.00	-120.84
俄罗斯	-84.20	760.13	-2.61	-6.05	81.00	-59.41
印　度	-63.76	-7.73	-34.07	-7.61	9.40	-43.66
中　国	13.25	0.02	10.55	5.63	11.00	-0.22
南　非	-67.41	56.70	-30.04	75.00	0.00	-155.76

注: * 表示根据 2014 年第 1—3 季度数据计算得出。

资料来源:"The Fifth Joint Statistical Publication of The BRICS Countries 2014"和 International Financial Statistics 数据库。

在实际操作中,金砖五国可以通过两种方式:事前防范和事中应对来熨平由汇率波动带来的货币危机。首先,金砖国家需要通过自身积累足够的外汇储备。一直以来,金砖五国外向型增长方式导致大量外汇储备持续增加。截至 2014 年,金砖五国外汇储备约占全球总储备的 42%(见表 13-7)。其中,中国外汇储备占全球总储备的 32%;金砖五国外汇储备在全球的排名分别为中国第 1、巴西第 7、俄罗斯第 8、印度第 9 和南非第 38,总体排名较为靠前。值得注意的是,各国持有外汇储备的成本较高。例如,为了保证流动性,外汇储备多被用于投资美欧的中长期国债,收益率多维持在 5%左右,2013 年以来更是降至 1%—2%;这相当于资本稀缺的金砖五国向发达国家出借了大量的廉价资本。而为了维持本币汇率稳定,金砖五国必须不断地增发基础货币以购买外汇储备,这很可能会带来国内的通货膨胀,进而使得央行陷入汇率政策和利率政策的两难境地。即使金砖五国愿意接受上述成本,由于各国外汇储备来源和结构的不同,各国外汇储备的稳定性差异较大。例如,经常项目顺差对中国外汇储备增加的贡献率达 65%;由于经常账户不会出现短期剧烈波动,中国外汇储备较为稳定;而巴西、印度和南非的国际储备多来源于资本账户,属于债务性储备(汤凌霄等,2014),一旦国内出现债务支付危机或国际金融市场的利率提高,则该储备会出现短期大幅下降,而这些国家由于短期内难以有效地干预外汇市场,进而往往导致本币汇率出现大幅贬值。例如,印度的外汇储备在 2008 年下降了 19%,而当年印度卢比兑美元的汇率下跌了 20%;俄罗斯在 2014 年外汇储备则下降了 25%,其卢布对美元汇率下跌近 50%。如果本国的汇率继续贬值或外债水平更高,就有可能出现外汇储备枯竭,对经济、金融的不利影响将更为剧烈。

表 13-7 BRICS 外汇储备占全球外汇储备比例 (单位:%)

年份\国家	2009	2010	2011	2012	2013	2014
巴 西	2.93	3.14	3.46	3.42	3.11	3.01
俄罗斯	4.99	4.71	4.33	4.33	4.46	3.21
印 度	3.43	3.31	2.89	2.68	2.56	2.67
中 国	29.52	30.96	31.24	30.34	33.08	32.06
南 非	0.49	0.48	0.48	0.46	0.42	0.41
总和(不含中国)	11.85	11.64	11.16	10.89	10.55	9.30

资料来源:"The Fifth Joint Statistical Publication of The BRICS Countries 2014"和金砖五国各国央行与统计局(署)。

　　IMF 提供 300 亿美元备用贷款,帮助巴西避免债务危机;自苏联解体以来,IMF 曾多次向俄罗斯提供贷款,帮助俄罗斯维持国际收支稳定。值得注意的是,IMF 在作出发放贷款的决定时,要求达到 85% 以上的投票权同意,该决定才可生效;其中 G7 就占总投票权的 40%,美国的投票权占 16.76%,而金砖五国的总投票权不足 20%,这意味着美国具有一票否决权,金砖五国的话语权相对较弱。正因如此,IMF 在贷款时往往附加一系列苛刻的条件,不但对借款国的经济政策作出限制,甚至干涉主权,如 IMF 曾要求俄罗斯执行强硬的紧缩性财政、货币信贷政策,严格控制预算赤字,遏制通货膨胀,加快私有化进程,等等。此外,IMF 贷款的附加条件对于借款国经济复苏的有效性也越来越遭受质疑。例如,在 1997 年亚洲金融危机中,IMF 对泰国、印尼与韩国进行贷款的附加条件为该三国必须实行货币紧缩与财政紧缩政策;事后证明,这些政策导致了真实需求的急剧萎缩,进而引发了严重经济衰退。

　　综上可以看出,在当前国际金融体系下,随着金砖国家的经济发展和相互之间合作的扩大,金砖五国有必要进行广泛的货币金融合作,创立共同的风险基金池以分担发生金融危机的风险,降低对美元储备货币的依赖,共同发声以改革 IMF 的投票权,最终实现经济的平稳增长。

第二节　金砖五国货币金融合作的进展和评价

斯塔恩克尔(Stuenkel,2013)认为,金砖五国合作起源于政治经济格局的多极化演变中的共同利益和挑战。自中、巴、俄、印四国外交部长在 2006 年第六十一届联合国大会举行第一次非正式会面并寻求合作的可能性以来,金砖五国在货币金融领域展开了广泛且深入的合作,取得了一系列成果。本节将首先介绍金砖五国货币金融合作的进程,之后分别介绍合作的主要成果及重要意义。

一、金砖国家货币金融合作的进程

尽管金砖国家之间的合作历史并不长,但近年来金砖国家的货币金融合作不断深化,取得了不少实质性的进展,主要发展历程如下:

2006 年,中、巴、俄、印四国外交部长在第六十一届联合国大会举行第一次非正式会面并寻求合作的可能性。2008 年,金融危机爆发并迅速传染至 BRICS 经济体,这为 BRICS 之间的合作打开了突破口。2008 年 5 月,金砖四国在俄罗斯叶卡捷琳堡举行第一次正式会晤,商讨降低对美元的依赖性,并要求改革现有的国际金融体系,扩大新兴经济体在世界银行和国际货币基金组织的投票权,并且在金融稳定理事会(Financial Stability Board)中增加新兴市场国家的成员。2008 年 11 月,金砖四国的央行行长在巴西圣保罗会晤,重申改革国际金融体系的要求;更重要的是,商定在每年 G20 峰会前举行会议,以协商在峰会中相互合作,共同推动国际金融体系改革。

2009 年,金砖四国的央行行长于 G20 财长和央行行长会议的前一天(3 月 13 日)举行会议,向 G20 峰会施压,明确指出世界银行和 IMF 在治理结构方面对新兴市场国家的歧视,并要求在 2010 年 4 月之前完成对世界银行的改革、在 2011 年 1 月 31 日前完成对 IMF 的改革。2010 年 4 月,第二届金砖四国首脑峰会在巴西召开,再次重点讨论国际金融体系改革的问题;该年 4 月 25 日,世界银行宣布提升新兴市场国家投票权。

2011 年 3 月,第三届金砖国家峰会在中国三亚召开,吸纳南非成为新的成员,名称也由金砖四国变为金砖五国;同时,中国国家开发银行召开金砖五国银行间合作机制年度会议和金融论坛,并与各国开发银行签订《金融合作机制合约》(Agreement on Financial Cooperation),以加强银行间本币结算和贷款方面的合作。

2012 年 3 月,第四届金砖五国峰会在印度新德里召开。峰会公告提出 IMF 和世界银行的领导人的推选应任人唯贤（"Open and Merit-based" Selection），而不能只由欧美人担任；提出建立金砖五国开发银行的设想；各国的开发银行签署《金砖五国银行合作机制多边本币授信总协议》（Master Agreement on Extending Credit Facility in Local Currency）和《多边信用证保兑服务协议》（Multilateral Letter of Credit Confirmation Facility Agreement）。

2013 年 3 月，第五届金砖五国峰会在南非德班召开，确认成立金砖五国开发银行和应急储备安排（Contingent Reserve Arrangement）；为了推进金砖五国与非洲国家的合作，签署了《可持续发展合作和联合融资多边协议》（BRICS Multilateral Cooperation and Co-Financing Agreement for Sustainable Development）和《非洲基础设施联合融资多边协议》（BRICS Multilateral Infrastructure Co-Financing Agreement for Africa）。同月，中国与巴西签署总量 300 亿美元的货币互换协议。

2014 年 3 月，第六届金砖五国峰会在巴西福塔莱萨召开。峰会正式宣告了金砖国家新开发银行（New Development Bank）的成立，并确定了总部所在地和管理层人选，峰会同时还讨论了应急储备安排的相关事宜；各国的开发银行签订了《金砖五国银行合作机制创新合作协议》（Multilateral Cooperation Agreement on Innovation）。2014 年 10 月，中俄签订总额为 113 亿美元的货币互换协议。

二、推动世界银行和 IMF 改革

经过金砖五国 2008—2014 年多次向 G20 呼吁和施压，世界银行和 IMF 启动了投票权改革，包括金砖五国在内的新兴市场国家在国际金融体系中的话语权得到了一定的提升。

（一）世界银行投票权改革

2010 年 4 月 25 日，世界银行就提升新兴市场国家投票权达成协议。目前，世界银行由五个下属机构组成，投票权改革所涉及的核心机构主要为国际复兴开发银行（The International Bank for Reconstruction and Development，简称 IBRD）、国际开发协会（International Development Association）和国际金融公司（International Financial Corporation）。

首先，改革后的国际复兴开发银行投票权将反映会员国在全球的经济权重、对国际复兴开发银行的贡献，更多地考虑发达国家、发展中国家和转型国家的平等地位。经过改革，投票权向发展中国家和转型国家倾斜 3.13%。其中，金砖五国总投票权上升 1.69%（见表 13-8）。除南非外，其他四国的投票权都有所上升，中国上升最多，上升幅度达 1.45%。

这种投票权的改变反映了金砖国家经济实力的增强及其合作改革世界银行的努力。但必须注意的是,国际复兴开发银行主要的贷款对象为中等收入国家,而这些国家在改革后投票权结构中只占 34.1%,以南非为代表的撒哈拉以南的非洲国家的投票权反而下降。高收入国家的投票权占达 61%。美国投票权占 15.85%,依旧具有一票否决权。[①] 特别地,金砖国家 GDP 占全球总量达 22%,但其投票权仅为 12.9%。这表明,国际复兴开发银行的投票改革仍然远未达到以金砖国家为代表的发展中国家的期望(谢世清,2010)。

表 13-8　BRICS 在 IBRD 中的投票权　　　　　(单位:%)

	改革前	改革后	变化值
巴　西	2.06	2.24	0.18
俄罗斯	2.77	2.77	0
印　度	2.77	2.91	0.14
中　国	2.77	4.22	1.45
南　非	0.84	0.76	-0.08
总　和	11.21	12.9	1.69

资料来源:World Bank,"World Bank Group Voice Reform:Enhancing Voice and Participation of Developing and Transition Countries in 2010 and Beyond",Paper prepared for the Development Committee meeting,Washington,DC,http://siteresources.worldbank.org DEVCOMMINT/Documentation/22553921/DC2010-006(E)Voice.pdf,2010.

其次,国际开发协会的主要宗旨为向贫穷国家提供优惠贷款,该机构的成员国由两类国家构成,第一类为 26 个富裕国家,第二类为其他 143 个国家。经过改革,第二类国家的投票权相对于 2008 年增加 4.49%,达 45.59%。但必须指出,第二类国家的中等收入国家和低收入国家所占的比例仍不足 28%,而第二类中的高收入国家和第一类国家的投票权则达 61%。

最后,国际金融公司的主要宗旨为向属于发展中国家成员国的重点私人企业提供无须政府担保的贷款或投资,其投票权改革和国际复兴开发银行等同。换言之,高收入国家的投票权仍占国际金融公司多数,其中,美国仍有一票否决权。

此外,美国至今尚未有任何放弃其提名世界银行行长特权的迹象,这也意味着金砖国家在推动世界银行改革方面也必然继续面临美国的重重阻挠。

(二)IMF 投票权改革

相对于世界银行,IMF 的改革波折不断。自 2008 年以来,金砖国家联合向 G20

---

① IBRD 的任何重要协议,均要有超过 85% 的投票权通过。

峰会多次施压,2010 年 11 月 6 日,国际货币基金组织执行董事会就份额和治理改革一揽子方案达成一致。如果该方案得到超过原有的 85% 投票权通过,新兴市场国家的份额将上升 6% 至 42.3%,中国份额占比将增加 2.4% 至 6.4%,投票权将升至 6.07%,排名从并列第六跃居第三;巴西、印度和俄罗斯都将同时跃居投票权的前十名。2011 年 7 月 26 日,原总裁特别顾问朱民的头衔正式更换为副总裁,这是 IMF 增设的第四个副总裁职位,以彰显发展中国家的重要性。然而,2014 年 1 月 13 日,占原有投票权近 17% 的美国参众两院否决了 IMF 改革的方案,这意味着 2010 年达成的改革方案短期内无法实现。基于此,IMF 于 2014 年 12 月 13 日发表声明称,其将开始讨论可替代的选择以绕开美国国会,推进配额和治理改革,确保 IMF 拥有足够的资源。但必须指出,在目前的国际金融体系下,任何替代性的选择还是可能需要美国政府的批准,改革前景依旧模糊。

三、货币互换协议和各国开发银行间的合作

截至 2014 年,中国已成为其他金砖四国的最大贸易伙伴国。为了规避国际贸易和金融交易中的汇率风险,金砖五国不断扩大开发银行间的合作和双边货币互换,以逐步摆脱对美元的依赖。

首先,中国与巴西于 2013 年 3 月 26 日签署了总额为 300 亿美元为期三年的货币互换协议。2014 年 10 月 13 日,中国人民银行与俄罗斯联邦中央银行签署总额为 1500 亿元人民币/8150 亿卢布的为期三年的双边本币互换协议。在协议期限内,巴方和俄罗斯可在约定的额度内向中方申请借入人民币,并按照交易日的汇率提供等额的雷亚尔或卢布作为抵押,在到期时归还所借款项并支付相应的利息。① 该协议可以有效避开美元而直接使用双边的本币进行贸易,大大有助于降低因美元币值大幅波动或因两国银行缺少美元而对双边贸易造成的损失,从而可以有效地降低对美元的依赖②。

其次,金砖五国的开发银行在相互扩大投融资合作和本币结算方面深化了合作。早在 2010 年,中国国家开发银行就已经向巴西国家石油公司提供了 100 亿美元的贷款。2011 年 4 月,金砖五国的开发银行正式签署《金砖国家新开发银行合作机制金融合作框架协议》(Agreement on Financial Cooperation within the BRICS Cooperation Mechanism),以强化各国间用本币进行贸易和金融结算的合作。协议的主要内容为:第一,稳步扩大本币结算和贷款的业务规模,服务金砖五国间贸易和投资的便利

---

① 银行间同业市场利率为基础的计算利息。
② 需要提醒的是,货币互换协议是贷款承诺,非必然发生的贷款额。

化;第二,积极开展项目合作,加强金砖五国在资源、高新技术和低碳、环保等重要领域的投融资合作;第三,积极开展资本市场合作,包括发行债券、企业上市等;第四,进一步促进各国的开发银行在经济金融形势以及项目融资方面的信息交流。

2012年3月,金砖五国的开发银行又签署了《金砖国家新开发银行合作机制多边本币授信总协议》(The Master Agreement on Extending Credit Facility in Local Currency)和《多边信用证保兑服务协议》(The Multilateral Letter of Credit Confirmation Facility A-greement)。在这些协议的目的亦在于促进各发展银行在金砖五国框架内向金融机构和企业提供本币借贷,以降低以美元结算的汇率风险,进而降低各国对美元的依赖。

四、金砖国家新开发银行

2012年3月,第四届金砖国家峰会提出了成立金砖国家新开发银行的构想。经过两年的讨论,2014年7月,金砖国家第六届峰会宣布成立金砖国家新开发银行(New Development Bank,简称NDB)。

(一) 成立金砖国家新开发银行的目的

为了帮助金砖国家和其他发展中国家避免在未来的金融危机中受到汇率不稳定的影响,丰富现有的多边或地区的融资渠道,推动这些国家和地区的经济发展,金砖国家新开发银行主要对金砖五国和其他发展中国家的基础设施以及其他长期可持续发展的项目进行贷款。

(二) 金砖国家新开发银行的主要组织结构

金砖国家新开发银行核定资本1000亿美元,初始认缴资本为500亿美元,分别由五个国家平均认缴。初始认缴资本中的80%为可赎回股本(Callable Capital),每10万美元为1股。经董事会同意,金砖国家新开发银行可增加资本金。董事会决定总的股份数量。非金砖国家可以成为金砖国家新开发银行成员国并且可以认购股份。总的股权结构须遵循以下三个原则:一是金砖五国的投票权不可降低到55%以下;二是所有没有从金砖国家新开发银行获得借款的成员国的投票权总额不可超过20%;三是除金砖五国外,任何其他单一国家的投票权不可超过7%。

金砖国家新开发银行各成员国指认一名代表担任董事并组成董事会①,金砖国家新开发银行的重大事务由董事会投票决定。理事会在董事会的授权下执行后者对总体事务的决定。金砖五国各指定一名理事会成员,董事会选出另外5名成员。董

---

① 同时指派有一名不具有投票权的候补董事。

事会从金砖五国中轮流选出行长,行长在理事会确定的方向下对金砖国家新开发银行的具体运行负责。

金砖国家新开发银行的总部设在上海,第一个地区办公室设在南非约翰内斯堡。第一任董事长由巴西任命,第一任理事长由俄罗斯任命,第一任行长由印度人担任。

(三)　金砖国家新开发银行的运营特点

金砖国家新开发银行主要发放中长期贷款,为了支持金砖五国和其他发展中国家的基础设施建设,其"运营将遵循银行的稳健性原则"[①],即它将遵循国际上通用的银行贷款原则,对贷款的企业或项目进行监控,以确保贷款的收益性和安全性。根据普雷多等(Prado 等,2014)的观点,有别于世界银行和其他区域性多边金融机构,除了参考贷款本身风险和收益性,金砖国家新开发银行的贷款将不附加其他的条件,例如,不会在经济自由度、人权和腐败程度等方面对贷款人作出要求。

金砖国家新开发银行是世界银行等现存多边金融机构的补充而非替代。除中国外,发展中国家基础设施建设普遍存在大量的资金缺口,而在国际贷款的经验、资本金的规模、融资渠道和在国际市场上的风险评级(见表13-9)等诸多方面,金砖国家新开发银行都不占优势。因此,为了保证贷款的安全性和收益性,金砖国家新开发银行必须展开合作。查理兹凯(Schablitzki,2014)认为,目前金砖五国在健康、教育、农业、城镇化和环境保护方面已经有较好的合作平台,金砖国家新开发银行会充分利用此优势开展贷款业务,这对现有的多边金融机构也将是重要的补充。

表13-9　2014年BRICS主权债务评级

评级公司 国家	穆迪	标准普尔	惠誉
巴　西	Baa2	BBB-	BBB
俄罗斯	Ba2	BBB-	BBB-
印　度	Baa3	BBB-	BBB-
中　国	Aa3	AA-	A+
南　非	Baa2	BBB-	BBB

资料来源:穆迪评级公司,https://www.moodys.com/researchandratings/market-segment/sovereign-supranational-/-/0050005005/4294966293/4294966623/0/0/-/0/rr;

标准普尔评级公司,http://www.standardandpoors.com/en_US/web/guest/entity-browse;

惠誉评级公司,https://www.fitchratings.com/jsp/general/login/LoginController.faces。

---

①　见 Agreement on the New Development Bank(2014),http://brics.itamaraty.gov.br/agreements(最后登录时间:2015年12月17日)。

五、应急储备安排

鉴于巴西、印度和俄罗斯曾数次经历国际收支的支付危机,IMF 在帮助有关国家应对支付危机时多附加过于苛刻的条件,以及金砖国家在推动国际上应对支付危机的主要金融机构的改革遭遇到的重重阻碍,金砖五国在 2014 年 7 月成立应急储备安排(Contingent Reserve Arrangement)。

(一)成立应急储备安排的目的和意义

应急储备安排的目的是预防金砖国家发生国际收支的支付困难,并在发生困难时提供相互支持,维护共同的金融稳定。在全球经济金融高度融合的大背景下,一国即便基本面较好,也可能会因各种外部冲击而面临短期国际收支困难。在现有的全球金融安全网中,国际金融机构受其治理结构和贷款条件的制约未必能快速纾困,中央银行间双边货币合作又面临资金实力相对单薄的局限。因此,金砖五国应急储备安排将在全球金融安全网中增加新的层次,它是在有关金砖国家出现国际收支困难时,其他成员以多边货币互换形式向其提供流动性支持、帮助其摆脱困境的集体承诺,其目的是促进金砖五国和全球金融稳定。

金砖五国建立应急储备安排具有里程碑意义,是新兴市场经济体为应对共同的全球挑战、突破地域限制创建集体金融安全网的重大尝试,为金砖五国参与全球经济治理提供了合作平台,提高了金砖五国在国际经济事务中的影响力和话语权,有助于推动全球经济治理体系朝着公正合理的方向发展。

(二)应急储备安排的组织结构和运行特点[①]

应急储备安排是所有成员国相互作出的提供流动性的承诺,即当有成员国发生大规模资本流出或币值大幅波动时,可向应急储备安排的其他成员国提请兑现承诺。金砖国家成员国的承诺出资额分别为巴西 180 亿美元、俄罗斯 180 亿美元、印度 180 亿美元、中国 410 亿美元和南非 50 亿美元。与 IMF 不同,在承诺兑现之前,成员国无须实际出资建立储备金的资金池。巴西、印度和俄罗斯可申请融入资金的最大额度为其承诺出资额的 1 倍,南非为 2 倍,中国为 0.5 倍。

应急储备安排采用双层治理与决策机制:由部长级理事会以共识决定战略性问题,由常务委员会以共识或简单多数票决定操作性问题。其中,互换申请及展期申请

---

① 此部分参考《人民银行新闻发言人就 BRICS 应急储备安排答问》,http://www.scio.gov.cn/xwfbh/gbwxwfbh/fbh/Document/1375785/1375785.htm(最后登录时间:2015 年 9 月 6 日)。

按简单多数票决策审批。各国投票权与承诺出资额挂钩,但为兼顾各方诉求,设5%的基本票由五国均分。综合计算,中国的投票权为39.95%,巴西、俄罗斯、印度各为18.10%,南非为5.75%。这种治理与决策机制既体现了金砖五国间基于战略互信在绝大多数事项上寻求共识决策的精神,又保障了互换及展期申请审批的决策效率,是各方利益综合平衡后较为均衡的结果,而作为最大承诺出资方的中国在决策机制上的权益也得到了有效保障。

为保障出资方资金安全,金砖国家应急储备安排参照"清迈倡议"多边化的做法,要求大部分出资与国际货币基金组织贷款安排挂钩。但考虑到紧急情况下互换资金的快速拨付,应急储备安排允许资金融入国在无国际货币基金组织借款规划情况下,从该应急储备安排融入最高可达其该安排下最大借款额30%的资金。

此外,各方还约定了批准互换申请与展期的具体条件(包括保障债权地位等),要求信息及时报送、无拖欠记录。各方对履行应急储备安排下各项义务、法律法规和资金支付保证等均作了约定,同时针对各种可能的违约情形制定了详细的化解和惩罚措施。

第三节　前景与展望

一、金砖五国的货币金融合作面临诸多挑战

(一) 世界银行和 IMF 的改革任重道远

在金砖五国和其他发展中国家的多次呼吁和施压下,世界银行和 IMF 虽然已经启动改革,并提高了以金砖五国为代表的新兴市场国家的投票权,但由于美国担心丧失对两大机构的控制权,最终落实的世界银行和 IMF 的改革力度太小甚至受阻,改革成效远未达到金砖五国所期待的公平性。换言之,两个机构发放贷款时仍可能对以金砖五国为代表的新兴市场国家有歧视。有鉴于此,2014 年第六次金砖五国峰会的公告称:

"18. 我们对 2010 年国际货币基金组织改革方案无法落实表示失望和严重关切,这对 IMF 合法性、可信度和有效性带来负面影响……我们再次呼吁,如 2010 年改革方案在今年(2014 年)年底前无法生效,IMF 应研拟推动改革进程的方案,以确保提高新兴市场和发展中国家的话语权和代表权力……

19.……我们期待尽快开展世界银行集团下一轮股权审议,以按各方共识于 2015 年 10 月前完成这项工作。为此,我们呼吁建设更有助于解决发展挑战的国际金融架构。我们通过多边协调和金融合作行动,积极参与完善国际金融架构,以一种补充的

方式增加发展资源的多样性和可及性,维护全球经济稳定。"①

（二） 货币互换和开发银行间合作的短期影响较小

货币互换和开发银行间的合作在一定程度上降低了金砖五国对美元的依赖,但降低的程度有限。其主要原因如下,首先,货币互换仅仅是央行间的协议,而实体企业是否愿意在贸易中使用某种结算取决于该货币币值的稳定程度,而后者则取决于发行该货币的国家的经济稳定程度;实际上,除中国外的其他金砖四国的宏观经济和汇率波动都比较大,因而货币互换的结果多为单方面扩大了人民币的结算范围。加之国际贸易间用美元结算的习惯由来已久,实际工作中在金砖五国之间推行人民币结算的进度比较缓慢。其次,金砖五国的开发银行之间签署的上述三个协议仅为纲领性文件,具体的执行条款仍需各国进行双边谈判,因而短期内其影响有限。

（三） 金砖国家新开发银行尚处于起步阶段

金砖国家新开发银行成立一年多,不仅在实际运营上缺乏相关的经验,而且未来如何协调五国的利益分配及深入推进五国之间的相互合作也是金砖国家新开发银行面临的巨大挑战。首先,贷款的安全性往往和东道国的政治与经济环境紧密相关,金砖国家新开发银行如何在贷款项目本身的风险和东道国政治制度等风险之间进行平衡是需重点考量的议题。其次,根据格里菲斯-琼斯(Griffith-Jones,2014)的观点,除中国外其他金砖国家的主权信用评级都长期维持在 A 级以下,这将阻碍金砖国家新开发银行在国际市场上以较低的成本获得融资,进而限制了金砖国家新开发银行可供用户贷款的资金量。再次,金砖五国持有金砖国家新开发银行的均等的投票权,而五国在其他方面的矛盾(如中印边境问题)有可能会干扰金砖国家新开发银行在某些重大问题上的决策。

（四） 应急储备安排的实际效力有待观察

一些学者质疑应急储备安排成员国兑付承诺的动机,如沃森等(Watson 等,2013)。他们认为,当一国因为发生短期流动性支付困难而向应急储备安排提出申请信贷额度时,其他成员国很可能会为了确保借款的安全性而向资金融入国施加较多的借款条件。由于应急储备安排各成员国的国际地位相差不大,因而很可能会出现借款国(如印度)不接受资金融出国(如中国)的贷款条件并导致应急储备安排名

---

① 《金砖国家领导人第六次会晤福塔莱萨宣言》,http://news.xinhuanet.com/world/2014-07/17/c_126762039.htm(最后登录时间:2015 年 12 月 19 日)。

存实亡的情形。与应急储备安排作用类似的"清迈协议"自成立至今,即使在2008年金融危机期间,尚未发生过实际资金的融出。如何更好地协调各成员国的利益以确保应急储备安排实际发生效力是成员国需重点考虑的问题。

二、深化货币金融合作的潜在措施

(一) 增强多领域共识,深化合作互信

金砖五国的货币金融合作起源于共同的经济利益,直接起因更是金融危机之后国际货币金融体系的紊乱,各国也意识到必须在维护共同利益的基础上深化货币金融合作。实际上,除金融合作外,金砖五国在贸易、外交、安全、农业、教育和扶贫等多个领域也建立起了多个信息交流和合作的平台。这些平台将有助于增强金砖五国之间的政治共识,增强合作互信,减少其他领域的摩擦对货币金融合作的不利影响。因此,金砖五国的货币金融合作应该更加紧密地与这些领域的合作相互推动,携手并进。

(二) 夯实经济基础,提升合作动力

坚实的货币金融合作需要强健的实体经济基础作为支撑。例如,降低对美元依赖的基础是本国货币币值的稳定,推动世界银行和IMF改革的前提是金砖五国实体经济的健康强大,而要使得金砖国家新开发银行和应急储备安排能够顺利运行,就要求金砖五国本身拥有较强的支付能力。此次金融危机后,全球总需求下降,这对依赖国际市场的金砖五国经济体造成了很大的冲击,再加上原本就比较脆弱的金融体系,除中国外的其他金砖四国的实体经济和国际收支都出现大幅波动,印度和巴西的货币甚至出现了大幅贬值。这也再次表明金砖五国应继续依据自身的比较优势调整经济结构,稳定宏观经济,加强创新,夯实经济基础,唯有如此才能够为货币金融合作提供强劲和持久的动力。

(三) 建立金砖国家新开发银行和应急储备安排的规范化运行模式

据汤凌霄等(2014)的观点,对于金砖国家新开发银行,在融资方面,应建立依托政府和市场的低成本中长期融资机制,拓展资金来源和优化融资结构;在贷款方面,应建立以项目管理为核心、以促进发展为目标的业务运行机制,实行项目评估和跟踪制度;在减少贷款附加条件的同时建立防范金融风险的稳定业务运行机制。此外,金砖国家新开发银行应增强同现有多边金融机构的合作,共同促进发展中国家的经济发展。对于应急储备安排,应在与IMF合作的同时减少附加除资金安全性外的其他条件,信守资金融入和融出的承诺。

（四）深化金融改革,创新合作方式

金砖五国的金融体系相对较为脆弱,资金运用的限制较多,使用效率不高,这导致金融体系的国际竞争力不足。因此,要在保证金融稳定的基础上深化金融改革,减少政府对金融部门的无效干涉,稳步推动利率市场化和资本账户开放等金融深化的进程,降低金融资源的无效配置。同时,在既有的金砖国家交易所联盟的基础上,更加深入地探索在股票市场和债券市场等直接融资的市场中的合作,强化金融监管的协调,保证金砖五国货币金融合作的健康持久运行。

中国篇

第十四章　人民币国际化面临的
挑战与对策

◇◇

尽管中国政府从未正式宣布要实现人民币国际化,似乎也没有将它作为一个战略来推进,但在过去六年的大部分时间里,人民币国际化的确经历了快速发展,并且在全球范围内引起了广泛关注。人民币在国际范围内充当计值工具、交易媒介和价值储藏的情况已在不同程度上出现,并且有望在未来获得继续。如果人民币最终能够成为重要的国际货币之一,那么,其无论是对于中国经济和金融的影响,还是对于推动全球货币体系改革的意义都不可小觑(Zhang 和 Tao,2015)。不过,值得注意的是,人民币国际化在当前也正面临一些挑战。从趋势看,这一进程可能已经从"快速发展期"进入"平台发展期"。中国能否成功应付各种挑战,将直接关系到人民币国际化能否成为一个可持续发展的进程。

第一节　2009 年以来人民币国际化的主要进展

自 2009 年 7 月以来,人民币国际化取得了长足的进展。其主要表现集中在以下几个方面。第一,跨境贸易和直接投资的人民币结算额持续扩大。据中国人民银行发布的人民币国际化报告(中国人民银行货币政策二司,2015),在 2014 年,人民币跨境贸易结算额达到 6.55 万亿元,相当于中国经常项目交易额的 25%。同期,中国对外直接投资(ODI)的人民币结算额为 1866 亿元,外商对华直接投资(FDI)的人民币结算额高达 8620 亿元,均较上一年呈现较大幅度的增长。

第二,人民币计值的国际金融资产快速增加。2014 年年底,非居民在境内银行持有的人民币存款余额达到 2.28 万亿元;外国中央银行和其他机构投资者在银行间

债券市场上持有的人民币计值债券为 6346 亿元;截至 2015 年 4 月底,通过 QFII、RQFII 和沪港通计划,外国机构投资者共计持有 1.38 万亿元人民币金融资产(包括股票和债券)。与此同时,在离岸市场,人民币银行存款超过 2 万亿元(其中近一半在香港);人民币计值债券的发行增长也很快(尤其是 2014 年以前),截至 2014 年年底,在离岸市场上的人民币计值债券发行额累计达到 5305 亿元。

第三,人民币已经开始作为一些国家的官方储备资产,其中包括白俄罗斯、柬埔寨、马来西亚、尼日利亚、菲律宾、韩国、俄罗斯等国,尽管一般情况下仅占这些国家外汇储备总资产的 5% 左右。截至 2015 年 4 月底,人民币作为外国官方储备资产的规模达到 6667 亿元。与此同时,作为全球金融安全网的一个组成部分,中国还与 32 个国家签署了 3.2 万亿元的双边货币互换协议。

第四,人民币离岸中心迅速发展。在资本账户尚未全面开放的环境下,作为人民币国际化的重要平台,近年来人民币离岸金融市场迅速发展。目前,除香港外,台北、新加坡、伦敦、法兰克福、巴黎、卢森堡、多伦多、迪拜、悉尼等 10 多个地区已经或正在成为人民币离岸金融中心。中国主要的国有商业银行均已相继取得各离岸中心的清算行地位。

第五,中国国际支付系统(China International Payment System,简称 CIPS)成功建成。该系统也称人民币跨境支付系统,于 2015 年 10 月 8 日在上海成功上线运行。其建成并顺利运行是人民币国际化的里程碑事件,标志着人民币国际化的基础设施建设取得重要进展,将大大提升人民币跨境结算的效率和交易安全性。

第六,人民币成为 SDR 篮子货币。经过有关各方的反复磋商,2015 年 12 月 1 日国际货币基金组织正式宣布,人民币将于 2016 年 10 月 1 日加入 SDR,成为其货币篮子的一个组成部分,占比达到 10.92%,位居美元和欧元之后。IMF 总裁拉加德在宣布这一消息的新闻发布会上表示:"人民币进入 SDR 将是中国经济融入全球金融体系的重要里程碑,也是对于中国政府在过去几年在货币和金融体系改革方面所取得的进步的认可。"应该说,成为 SDR 篮子货币,对于人民币国际化的促进意义是毋庸置疑的。一方面,它提升了人民币的国际形象和地位,本身就是国际化的一个重要表现;另一方面,它将通过推进国内金融改革和资本账户的渐进开放,从宏观经济基本面和制度层面推动人民币的国际化进程。

毫无疑问,过去六年里,人民币国际化的成绩是显著的。从中国人民大学国际货币研究所发布的人民币国际化指数(见表 14-1)可以清楚看到这一点。当然,我们也必须清醒地意识到,尽管和自身的过去相比,人民币国际化取得了空前的发展,然而若与美元、欧元相比,差距还很大。

表 14-1　人民币国际化指数及其国际对比

年份	人民币	美元	欧元	日元
2009	0.02%	52.79%	26.92%	3.60%
2010	0.23%	53.33%	25.58%	4.34%
2011	0.45%	54.18%	24.86%	4.56%
2012	0.87%	52.34%	23.72%	4.78%
2013	1.23%	53.81%	27.44%	4.39%
2014	2.33%	54.67%	24.49%	4.18%

注：表中指数主要基于一国货币作为国际支付结算货币、国际金融资产计值和交易货币、国际储备货币等在全
　　球对应总额(值)中的比重进行计算而形成。
资料来源：人民币国际化年报，2013—2015 年各期，中国人民大学国际货币研究所。

第二节　人民币国际化面临的挑战

　　尽管人民币国际化经历了前所未有的发展，加入 SDR 货币篮子更是为这一进程
提供了继续快速发展的可能性，不过，展望未来，它也面临诸多挑战。数据显示，从
2014 年年初开始，香港等离岸市场的人民币存款数量就已经不再增长甚至有所下降
（见图 14-1），在香港地区发行的人民币计值债券的规模也呈现萎缩趋势（见图
14-2），综合反映人民币国际化发展趋势的一些指标也出现了徘徊迹象。在一定程
度上，人民币国际化很可能已经从"快速发展期"进入"平台发展期"。

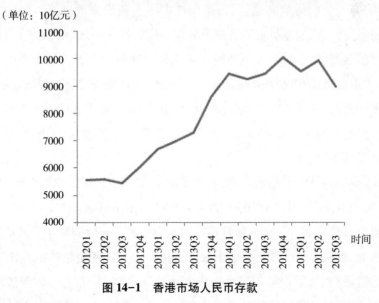

（单位：10亿元）

图 14-1　香港市场人民币存款

资料来源：香港中银集团研究部。

（单位：亿元）

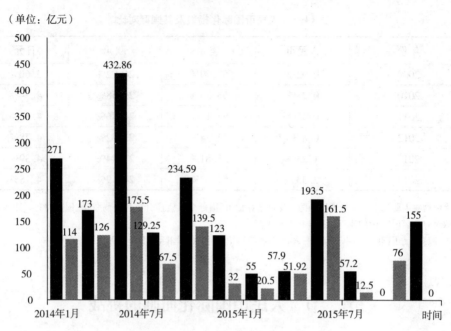

图 14-2　香港离岸人民币债券发行额

资料来源：香港中银集团研究部。

　　近两年来人民币国际化势头的放慢，是诸多因素的综合结果。首先，近两年中国经济增长持续放慢已在一定程度上导致国际投资者的预期变化，相应地对人民币资产的偏好也呈现减弱趋势。经济的持续稳定增长是支撑人民币国际化的最基本条件。在 21 世纪的最初十年，受加入 WTO 等结构性改革措施的积极影响，中国经济保持了年均 9% 以上的持续高速增长，进而使中国一跃成为世界第二大经济体。由于对经济前景有信心，国际投资者普遍看好在中国的投资回报，对于持有人民币资产的偏好也比较强烈，资本净流入不断增加。这种乐观情绪一直持续到 2013 年。然而，进入 2014 年以来，随着经济增速的不断下行，外国直接投资流入额增长趋缓，短期资本则出现净流出（见图 14-3）；相应地，在离岸市场上，对于人民币资产的需求也出现了停滞甚至绝对减少。如果经济增长疲软的态势进一步发展，人民币国际化的步子很可能会显著放慢。

　　其次，贸易竞争优势逐渐减弱，人民币稳中趋升的势头短期内可能难以再现。自 20 世纪 90 年代起，尤其是 2001 年加入 WTO 后，由于低廉的劳动力成本，中国的出口贸易优势非常明显。巨额的经常项目顺差为人民币长时间稳中趋升奠定了坚实的基础。然而，自从 2010 年以来，由于人口结构发生了显著变化，"抚养比"不断上升，经济增长遭遇"刘易斯拐点"，劳动力成本优势逐渐减弱，加上国际经济环境总体上不断恶化，中国的经常项目顺差逐渐减少。尽管当前仍然存有顺差，但在一定程度上

（单位：亿美元）

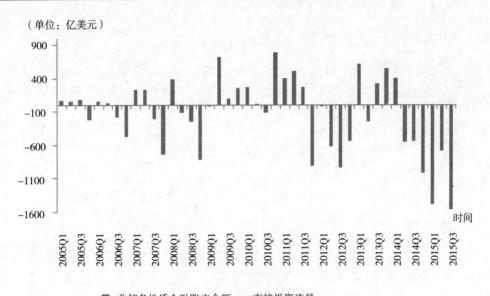

■ 非储备性质金融账户余额——直接投资流量

图 14-3　中国的短期资本净流动

资料来源：国家外汇管理局。

是进口减少的结果。经常账户顺差积累的趋缓，与跨境资本流向的逆转，在很大程度上造成了近两年人民币对美元汇率的动荡甚至贬值。

在经济基本面较好或相对稳定的情况下，人民币与美元的汇率走势对人民币国际化的影响是非常明显的，两者存在高度的趋势性吻合。自 2010 年至 2014 年年初，人民币的持续升值趋势是此间人民币国际化取得快速发展的重要原因之一；而 2014 年年初以后，人民币国际化进程相对放缓，也与人民币对美元汇率的走势变得动荡和不确定有关（见图 14-4）。

着眼未来，如果不能重建新的贸易优势，经常账户的顺差水平恐怕很难恢复到前几年的状态，从而也很难为人民币国际化提供有力的支持和推动。这是人民币国际化面临的严峻挑战之一。

再次，美元进入周期性升值阶段。自 1971 年布雷顿森林体系崩溃以后，美元步入了一个强弱趋势交替呈现的周期性发展格局。大致来说，每隔 15 — 17 年是一个周期。从美元实际有效汇率的变化趋势可以看出（见图 14-5），大约自 2013 年开始，美元已经进入一个新的周期性上升阶段。2015 年 12 月 16 日，美联储在长达近 10 年之后首次作出了加息的决定，将联邦储备基金利率上调 0.25 个百分点，并有可能在未来继续逐渐上调。美元利率的逐渐上调趋势，加上美元自身固有的周期性运行特征，可能导致美元在未来 5 年甚至更长的时间里保持强势地位。

在一定程度上，人民币国际化是一个主权货币的国际竞争过程。当美元等发达

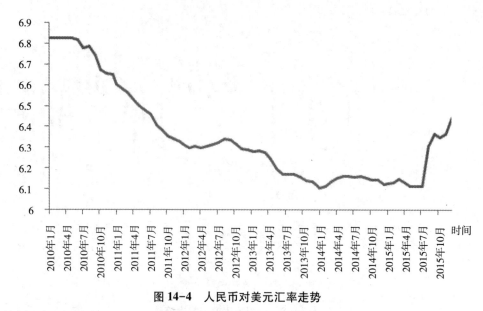

图 14-4　人民币对美元汇率走势

资料来源:中国人民银行。

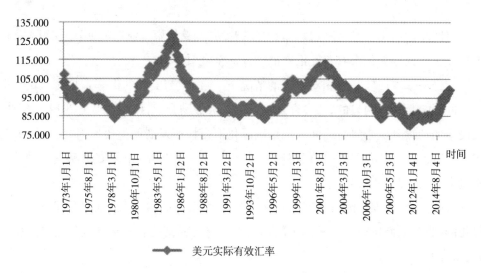

美元实际有效汇率

图 14-5　美元实际有效率汇率变化(1973—2015 年)

资料来源:https://research.stlouisfed.org/fred2/。

国家的货币比较动荡和疲软的时候(譬如,在 2010—2013 年之间),如果人民币币值相对稳定甚至稳中有升,那么其国际化是比较容易的。相反,当美元走强时,人民币国际化就有可能受到来自美元的竞争,从而受到一定程度的制约。在未来几年里,后者的发生应属大概率事件。

最后,之前放松管制政策的效应已经递减,进一步的自由化措施面临很大的风险。2009 年 7 月以来,包括取消跨境贸易结算货币的限制、允许三类外资银行进入境内银行间债券市场、RQFII 的推出、前海特区跨境人民币贷款试点,以及上海自贸区特别账户和沪港通等金融自由化和便利化措施的实施,为人民币国际化(包括流出渠道和回流机制的建立)的发展提供了重要的制度环境。然而,所有这些措施在推出之初一般效果比较明显,而经过一段时间后其效应就趋向递减。进一步放松资本管制,特别是证券资本流入和流出的限制,是未来推动人民币国际化朝着纵深方向发展的关键性政策因素。然而,由于国内经济和金融改革尚未完成,资本账户全面自由化面临巨大的风险。如果贸然加快开放资本账户,不仅无助于人民币国际化,万一发生金融危机,还很可能导致人民币国际化进程出现倒退。

第三节　人民币国际化持续发展的政策选择

从理论上讲,一国货币要成为国际货币(特别是主要的国际货币)必须同时满足三个基本条件。其一,该国经济规模足够大,包括经济总量、对外贸易规模和金融市场规模等均处于全球前列;其二,该国的金融市场足够成熟并且具有高度流动性,这意味着金融市场有着完备的基础设施、丰富的金融市场工具以及基本开放的资本账户;其三,该国的经济、金融和货币具有可信度,这意味着能够保持良好的经济增长势头、稳定的金融体系和货币价值(尤其是对外货币汇率)。

美元和日元的相关历史经验表明,一国货币国际化地位的获得和保持,有赖于上述条件的同时存在。美国经济总量早在 1870 年就已超过英国,其对外贸易规模也在 1900 年前后超过了英国,但直到 1914 年,美元毫无国际地位。1914 年美联储宣告成立之后,伴随着银行承兑汇票市场的出现和迅速发展,美国的金融市场开始逐渐形成规模并且流动性日渐提升。正是因为这一变化,差不多 10 年之后(1925 年左右),美元成功获得了国际结算和融资货币的地位,成为与英镑一样重要的国际货币,纽约也相应成为重要的国际金融中心(Eichengreen,2009)。1944 年,凭借强大和可信的经济、政治、科技乃至军事力量,通过布雷顿森林协议签署,美元成功取得了主导性国际货币的地位。

与美元的成功经历不同,日元提供了一个基本失败的案例。日元国际化大约开始于 20 世纪 80 年代初。经过将近 20 年"贸易立国"发展战略的实施,日本的经济增长取得了巨大的成功,并在 20 世纪 80 年代初积累了巨额的经常项目顺差。在对外金融扩张的战略影响下,日本开始推动日元的国际化。20 世纪 80 年代中后期,日元在全球外汇储备中的比重一度达到 6%。然而,由于日本的金融市场长期处于相对不发达状态,特别是流动性比较差,加上 20 世纪 90 年代长达 10 年之久的经济衰退和通货紧缩,日元发生了"去国际化"。近年来,日本占全球外汇储备的比重下降到了 3%。

美元和日元的相关经验告诉我们,货币的国际化是一个受到多种因素作用的过程,可能需要很长的时间来最终实现。而且,日元以其生动的经验显示,如果某些条件不能充分具备,这个过程还有可能发生逆转。

人民币国际化已经走过了六年多时间。如前所述,虽然成就显著,但也面临诸多挑战。为了使之成为一个可持续发展的进程,尚需作出很多政策努力。

第一,积极推进市场化的经济改革,为经济增长提供新动力,从而为人民币国际化提供最基本的保障。由于人口结构变化,中国的劳动力供给日趋紧张,人口红利正加速消失;与此同时,国民储蓄水平也将随着人口老龄化时代的到来而逐渐下降。面对劳动和资本两大要素的供给下降趋势,要想确保经济增长,只有努力提高全要素生产率,以便为经济增长提供新的动力。为此,除了需要加快技术进步之外,还应该加快市场导向的各项经济改革,特别是国有企业改革、财税改革、劳动力市场改革和其他要素市场改革,更多地允许民营资本进入垄断性行业,等等。

第二,加快技术进步和制造业升级,构建新的贸易优势,为人民币长期稳定创造条件。汇率稳定对于人民币国际化具有重要意义。从理论上讲,汇率在短期内取决于跨境资本流动,而在长期内则取决于一国的贸易竞争优势。如前所述,以廉价劳动力作为贸易优势的时代在中国已经一去不复返。为了确保人民币汇率的长期稳定,中国必须加快构建其贸易优势,从而为人民币国际化的持续发展创造条件。为此,应积极利用新一代信息技术革命所带来的空前机遇,以实施"中国制造 2025"为抓手,加快三维(3D)打印、移动互联网、云计算、大数据、生物工程、新能源、新材料等领域的创新与突破,力求在最短的时间内实现我国制造业的升级。

第三,加快金融改革,建立市场化的现代金融体系。首先,人民币国际化的持续发展,需要一个具有高度流动性、规模足够大的国债市场支持。美元之所以能够在战后数十年里一直占据主导性国际货币地位,除了其政治、经济、科技乃至军事等综合实力强大外,其高度发达、品种齐全、安全可靠的国债市场发挥了重要作用。而我国的国债市场不仅规模小,而且期限长、缺乏流动性,难以满足外国投资者(特别是中央银行)拥有高流动性人民币金融资产的需要。不久前,为了加入 SDR 货币篮子,中国宣布推出三个月期、滚动发行的国债是一个积极的举措,应该继续扩大这类国债的发行。其次,应加快人民币汇率制度改革,增强其弹性。从长远看,人民币国际化的深度发展(特别是成为主要的国际储备货币)要求资本跨境流动的自由化。而为了避免三元悖论引起的货币政策独立性下降,应该加快人民币汇率制度的弹性化改革,使其更多地由外汇市场供求决定。2015 年 8 月 11 日,关于中间价报价机制的改革具有重要的积极意义,但进一步的改革仍然非常需要。再次,稳步推进资本账户可兑换。这是人民币国际化进一步发展的重要条件。在过去十多年时间里,我国的资本管制已经显著放松。在全部 40 个资本账户项目下的交易中,目前仅有货币市场工具和衍生产品等 4 个交易完全不可兑换,其余则是完全可兑换或部分可兑换。继续扩大可兑换是基本方向,不过,在操作层面仍需坚持审慎原则,即高度重视进一步开放的国内金融市场条件(包括监管能力)和时机。如果为了促进人民币国际化而不切实际地过急开放,很可能导致金融动荡甚至危机。一旦发生危机,人民币国际化的最基本条件——经济稳定增长就可能受到损害,从而在根本上妨碍人民币国际化的继续发展。

第四,积极推动国际经济和金融合作。基本而言,人民币国际化是一个市场驱动的进程(Market-driven Process)。只要上述三个方面的条件基本具备,经过若干年,人民币国际化将水到渠成。在这个过程中,政府的作用一般而言主要是积极促成这些条件的形成。不过,从政府层面去积极推动国际经济和金融合作,相信也有重要意义。美国当年借助布雷顿森林协议,就曾成功地确立了美元作为各国官方储备货币的地位(因为只有大量持有美元,才能在必要时利用美元进行干预,从而确保本币和美元汇率之间的稳定)。当然,由于时代和环境不同,加上中国的综合实力也还尚未达到超强的地位,美元国际化的经验不可能简单复制。尽管如此,中国政府也可以有所作为。譬如,积极利用 G20 等国际经济对话机制,在重大国际经济事务中用好自己的话语权;继续推动国际货币基金组织的治理改革;积极推动亚洲货币金融合作,包括"清迈倡议"多边化和区内各国的汇率合作;积极推动亚洲基础设施投资银行的建设和"一带一路"倡议的实施;等等。

第十五章　中国的资本账户开放：进程和风险控制

苟　琴[*]

◇◇

第一节　中国跨境资本流动：近年趋势及原因

一、中国跨境资本流动新常态：双向波动代替长期顺差

近年来,我国跨境资本流动出现双向波动的新常态。2007 年之前,我国资本与非储备性质金融账户呈现顺差态势。[①] 自 2007 年至 2015 年三季度,资本与非储备性质金融账户出现三轮、共 11 次大规模的资本净流出,打破其长期顺差的局面。2007 年国际金融危机爆发前后,我国首次出现大规模的资本外流。2007 年四季度和 2008 年四季度,分别出现 266 亿美元与 468 亿美元资本净流出;2011 年四季度—2012 年三季度期间,出现 3 次资本净流出,规模累计超过 1000 亿美元;继 2012 年四季度到 2014 年一季度资本与金融账户逐渐恢复净流入态势之后,2014 年二季度至 2015 年三季度,连续 6 个季度出现资本净流出,并在 2015 年三季度创下 1491.2 亿美元逆差的历史纪录(见图 15-1)。我国资本与金融账户长期顺差的局面已被跨境资本双向震荡波动的新态势所代替。

从资本与金融账户各个项目来看,2007 年以来跨境资本流动出现逆差的主要原因在于其他投资项出现巨额逆差,部分时期当期直接投资流入净额和证券投资流入

---

　*　苟琴:中央财经大学金融学院讲师。
　①　若无特别说明,本章"资本与金融账户"指"资本与非储备性质的金融账户"。

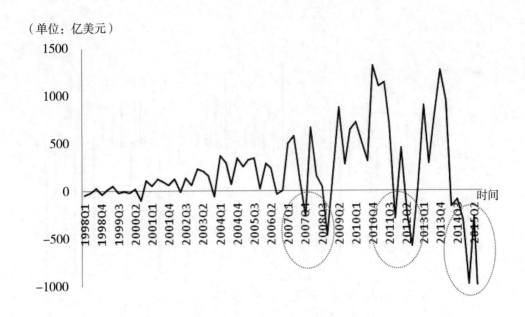

（单位：亿美元）

图 15-1　中国资本与金融账户差额

资料来源：国家外汇管理局，国际收支平衡表。

净额环比下降也助推资本净流出态势。其他投资包括贸易信贷、贷款、货币与存款以及其他资产等四大类。自 2007 年以来，其他投资项出现三轮大规模的逆差，2007—2008 年、2012—2013 年年初以及 2014 年二季度—2015 年三季度，发生时间恰与资本与金融账户逆差同步（见图 15-2）。

形成其他投资项下三轮逆差的原因则更为复杂。三次逆差形成期间，其他投资项下各类其他投资基本均出现不同程度的净流出，不过资本流出形式主导因素有所差异（见图 15-3）。总体而言，其他投资项波动的加剧，是形成资本与金融账户差额波动的主要推手。这类资本流动的特征为：期限短、波动频率高、难以监管。随着这些资本出现大规模流入、流入骤停以及大幅流出等情况，人民币汇率、物价水平、资产价格的稳定性都将受到影响，从而威胁宏观经济与金融的稳定。

直接投资项长期保持顺差态势（见图 15-4）。近年来，我国吸引的外商直接投资以及对外直接投资规模出现双向增长。2014 年，我国吸收外商直接投资流量规模达到 1280 亿美元，超过美国成为全球外商直接投资第一目的国。从对外直接投资流量来看，从 2012 年起我国已成为世界第三大对外直接投资国，仅位于美国和日本之后。直接投资差额长期呈现逐年扩大的趋势。金融危机后，扩大趋势被打破，2008 年、2009 年以及 2012 年直接投资差额收窄，而这主要由对外直接投资规模增长快于外

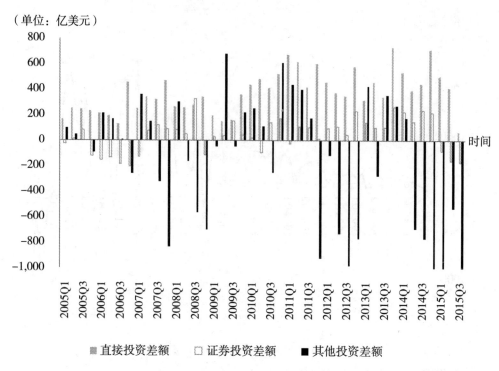

（单位：亿美元）

图例：■ 直接投资差额　□ 证券投资差额　■ 其他投资差额

图 15-2　中国资本与金融账户差额构成

资料来源：国家外汇管理局，国际收支平衡表。

商直接投资流入所致。直接资产通常直接流入实体经济，投资期限长，有助于弥补国内资本不足，带来技术外溢等。虽然相比于证券投资和其他投资，直接投资波动较小，但其同样也可能带来负面影响。例如直接投资来源本身可能具有不稳定性。此次金融危机后，发达经济体释放大量流动性并引发直接投资规模在 2010—2011 年飙升，而后续流动性下降可能导致直接投资流入不稳定，引发资金链断裂，危害产业发展等。此外，直接投资中也可能隐藏波动性更强的短期资本（热钱）。

证券类投资长期走势与资本账户资本流动走势相反，2007 年前该项目曾出现大规模债券类资本净流出，2007 年后该项目基本保持稳定的顺差态势。不过，2015 年起该项目持续出现小规模逆差（见图 15-5）。同时，受到政策管制约束，证券类投资规模相对较小。总体而言，这类资产波动性较大，应长期进行资金流动监测。

二、跨境资本流动双向波动的驱动因素分析

我国跨境资本流动呈现双向波动新常态，资本账户赤字反映长期吸引外资流入境内的主要因素发生变化，与人民币汇率形成机制更为完善、国内外经济金融环境的演变密切相关。

（单位：亿美元）

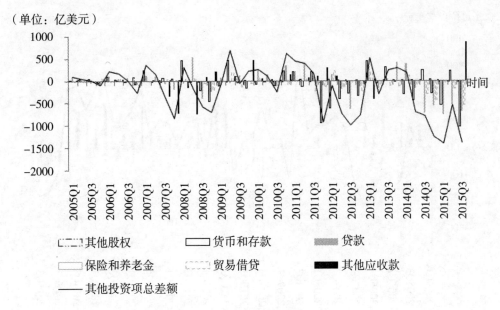

图 15-3　其他投资差额及构成

资料来源:国家外汇管理局,国际收支平衡表

（单位：亿美元）

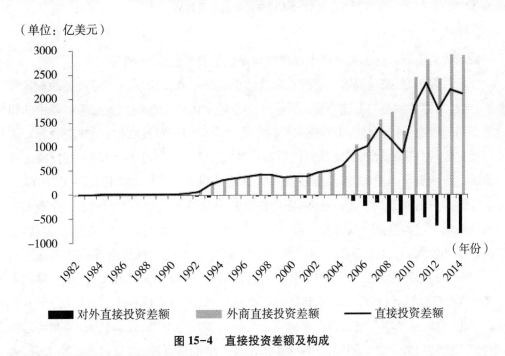

图 15-4　直接投资差额及构成

资料来源:国家外汇管理局,国际收支平衡表。

自 2005 年汇率形成机制改革以来,人民币汇率形成机制不断完善,波动区间不断扩大;同时,随着人民币币值趋向均衡水平,人民币单边升值的态势被打破,汇率双

（单位：亿美元）

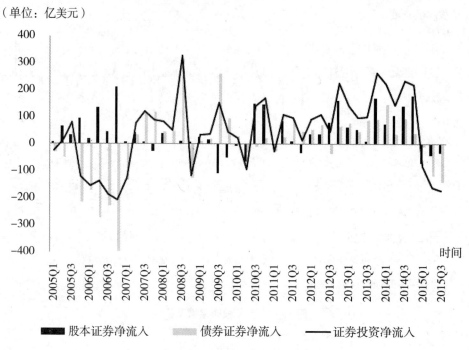

图 15-5 证券投资差额及构成

资料来源：国家外汇管理局。

向波动成为常态。这为跨境资本双向波动提供了基本的市场条件。

从数据来看，跨境资本流动的双向波动也反映出外汇市场主体对资金的配置意愿，这些意愿的调整与上述分析一致。外汇市场主体对资金的配置意愿可以由非银行部门跨境收付以及结售汇状况来反映。我国非银部门跨境收付（反映企业和个人等通过银行办理的对外汇以及人民币收付款）总规模逐年增大，但其差额反映了非银部门跨境资金净流入波动加剧。近些年跨境收付顺差规模波动较大，并在 2014 年 8 月到 12 月连续出现 5 个月逆差；而后在 2015 年下半年持续 6 个月逆差。企业和个人在实现上述跨境资金收付前后需在银行进行结售汇。其结汇意愿可由银行代客结汇占涉外收入的比重（即收入结汇率＝结汇/跨境收入）衡量，比重越高结汇意愿越强，越不愿意持有外汇；购汇动机可由银行代客售汇占涉外支付的比重（即支付售汇率＝售汇/跨境支付）衡量，比重越高购汇动机越强，越愿意持有外汇。从图 15-6 可以看出，收入结汇率与支付售汇率两者大部分时期反向变动，波动较大，其变动趋势与资金流动趋势一致。例如，2014 年以来，收入结汇率下降，而支付售汇率上升，表明外汇市场主体持有外汇意愿增强，持有人民币意愿降低，反映出人民币贬值及贬值预期对于外汇市场主体行为的影响；同时期人民币汇率贬值引导资金大规模外流。

2008 年国际金融危机以来，国内外经济金融环境不断演变，引导我国跨境资本

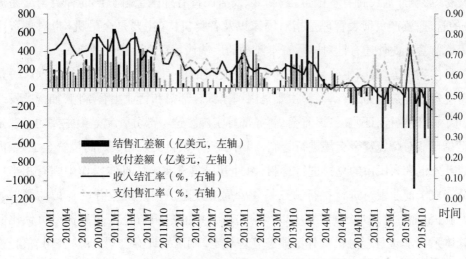

图 15-6　近年来我国非银部门跨境结售汇与收付情况

注:收入结汇率=结汇/跨境收入,反映外汇市场主体的结汇意愿;支付售汇率=售汇/跨境支付,反映外汇市场
主体的购汇动机。

资料来源:国家外汇管理局。

双向波动。一方面,我国受金融危机冲击较小,随后的大规模刺激政策短期内有助于维持高增长;但长期来看,国内经济面临转型和结构调整,经济增长潜力下降。跨境资本流动随着我国经济增长前景发生调整。另一方面,发达经济体经济受到危机重创,提振经济以及挽救金融业的压低利率和量化宽松政策为全球注入大规模流动性,境内外利差扩大使资金大量涌入中国等新兴经济体;2014 年随着美国量化宽松政策退出,升息步调加快,境内外利差收窄,美元强势升值,资本开始流出。此外,主要发达经济体货币政策方向开始出现分流,使得全球流动性及国际资本流动去向难以捉摸,这进一步加剧我国跨境资本双向波动。发达经济体的经济形势以及相应的经济政策变化直接影响我国跨境资本流动规模及方向。

第二节　中国资本账户开放的历史沿革及现状

一、中国资本账户开放的历史沿革

资本账户管理可以理解为汇率制度的一种补充。中国汇率制度很长一段时间主要是以实行事实上的钉住汇率为主。为了保证货币政策的独立性,资本账户需要进行一定程度的管制。从定义上分析,资本账户管理主要包括了汇兑、交易以及资产负债表等方面。汇兑环节主要是指与本币相关的货币转换的管理;交易管理则指对实际交易(影响非居民持有本国金融资产以及居民持有外国金融资产的种类与交易规模)的管理;资产负债表管理是指对国家以及各类机构(主要是金融机构)对外资产的审慎监管。此外还有针对国际资本流动的反洗钱等资金合法性的审查。

具体到中国,我国主要是通过三个相互交织的层面对资本账户进行管理。一是对跨境资金交易行为进行管制,主要是由国家综合部门和行业主管部门,如国家发改委、中国人民银行、证监会、银监会、商务部等实施。这一部分管制是最主要的。二是在汇兑环节对跨境资金交易进行管制,即对于资本项目交易相关的跨境资金汇入、汇出以及外汇和人民币的兑换进行管制,由外管局负责实施。具体操作中则有相当一部分授权予商业银行进行执行。三是外管局对金融机构外汇业务的审慎监管。如《银行外汇业务管理规定》建立了以风险防范为中心的银行外汇业务资产负债比例监管体系,《非银行金融机构外汇业务管理规定》则区别证券公司、保险公司、信托投资公司、财务公司、金融租赁公司等非银行金融机构,规范其外汇资本金、外汇账户、外汇业务操作(夏斌、陈道富,2011)。

从时间维度考虑,中国资本账户管制大体可以分为三个阶段。1977 年至 1996 年为第一阶段。随着改革开放的推动,中国资本账户也从完全管制向引入外商直接投资转型。这一阶段又可以进一步细分为两个子阶段。1977 年至 1988 年,这一阶段由于国内金融体系尚未理顺,资本账户管制仍然非常严格。在 1988 年至 1996 年的第二子阶段,资本账户管制有了初步的放松。这段时期由于非银行金融机构改革的完成、国内金融市场的建立,外汇管理局相继出台了开放 B 股市场(1992 年)、加强外商直接投资管理(1994 年)等多项开放资本账户的政策。至 1996 年 12 月中国宣布接受 IMF 第八条款,实现经常账户完全可兑换,这一轮管制力度放松的周期达到了顶峰。1997 年爆发的亚洲金融危机阻碍了中国资本账户管制的进一步放松。这段时间,为了应对外资的出逃,外管局出台了一系列限制资本流出的政策,如禁止提前购汇偿还外债等。这一轮管制强化直到金融危机过去之后方告终结。2001 年随着中国加入 WTO,资本账户管制也进入了第三阶段。这一阶段与过去放松管制相比有两个重要的转变。首先是开放重点由过去的"引入为主"、"直接投资项目放松为主"转变为"均衡管理"、"证券投资项目放松为主"。这段时间中国相继实施了扩大对外投资外汇管理试点范围(2005 年)、开放合格境外投资者制度(QFII,2002 年)、开放合格境内投资者制度(QDII,2006 年)、开放人民币合格境内外投资者制度(RQFII,2012 年;RQDII,2014 年)等多项放松政策。第二项转变在于对资本账户管制手续的简化,由过去的外管局集中审批制度转变为委托银行代理登记。总的来说,目前中国资本账户管制的原则是:均衡管理、稳步开放、便利化、国民待遇。

根据《年度汇率安排与管制报告(2014)》(AREAER)评价标准,目前我国 43 个资本账户细分项目中只有 4 项仍然实行严格的控制,其余项目已经实现基本开放或部分开放。根据 AREAER 的分类方法,资本账户管制项目大致可以分为资本市场工具、货币市场工具、共同投资工具、衍生品及其他工具等资本和货币市场业务,商业信贷、金融信贷、担保保证与金融租赁工具等信贷业务,直接投资(可以区分为外商直接投资和国内对外直接投资两类)和直接投资清盘等直接投资项目,房地产交易,居民个人资本交易,专对商业银行和其他信贷机构的限制以及专对机构投资者的限制等 6 大项 13 大类。每一大类进一步细分为居民和非居民买或者卖某类资产、对内或对外直接投资、对内或对外借贷款等小项,共计 43 小类。此外,资本账户外汇收入汇回包括了结售汇的时间限制等。就管制力度而言,证券业务相对直接投资管制更加严格,对资本的流出比对资本流入的管制更加严格,针对居民的国际资本流动管制比针对非居民的国际资本流动更加严格。

二、中国资本账户管制与开放程度:法规意义指标测算

国际学术界普遍认为,资本账户管制强度衡量指标可以大致分为法规意义上(De Jure)和事实上(De Facto)两类。法规意义的指标主要参考 IMF 颁布的《年度汇率安排与管制报告》(AREAER)构造,对各国管制强度进行定量描述。事实上的指标则通过分析经济变量数值,对管制强度进行定量判断,一般可以分为如下三组:利用资本存量、流量占 GDP 的比重进行测算的数量指标;利用无套利定价原理对国内外资产价格进行比较的价格指标;综合价格和数量考虑的混合度量指标。

参考金荦(2004)、黄益平和王勋(2010)的文章,本部分在苟琴等(2012)的研究基础上,利用国家外汇管理局公布的《外汇管理年报》对资本项目管制强度进行法规意义上的测算。[①] 指标构建方法总结如下:

首先,指标构建的基础资料。基础资料为外汇管理局公布的截至 2015 年 1 月的与资本账户管制相关的 176 项法规。我们从中挑选出较为重要的 112 项法规。根据这 112 项法规对资本账户管制程度进行评分。数据时间跨度为 1977 年 9 月 1 日至 2015 年 1 月 31 日。

其次,评分的基数和评分项目。(1)评分基数。在 1977 年 9 月 25 日《境内外汇划转管理暂行规定》颁布之前,我国的资本账户管制是完全不开放的,即所有项目都是严格管制。利用上述数据建立原始的评分基数,并向后溯及。(2)打分项目。打分项目包括资本账户管制下的 12 大类共 43 个子项目。考虑到我国对商业信贷的管

① 与过去研究文献相比,本章构造的资本管制强度变化趋势与金荦(2004)、黄益平和王勋(2010)相似,不过在频率上更加细化,样本区间也更长。

理法规同样适用于金融信贷,而对外直接投资和外商直接投资的管理思想存在差异,资本账户分类时,我们借鉴金荦(2004)的方法,将商业信贷与金融信贷合并为一类,而将对外直接投资和外商直接投资分别单列为两类。(3)子项目评分基准。对于每一个子项目,其基准分数为可兑换 0 分、有较少限制 1 分、有较多限制 2 分、严格管制 3 分。可兑换是指对该项交易及其汇兑基本没有限制,但需要经过一定的程序性审批或真实性审核;有较少限制是指仅对该项交易的个别交易主体或部分交易进行限制;有较多限制是指对该项交易的大部分交易主体或主要交易进行限制;严格管制是指原则上不允许进行交易,包括无明确法律规定但实际操作中不允许的交易。

最后,法规变动的相应评分标准。(1)非显著变动调高/低基数分 0.5 分,显著变动调高/低基数分 1 分。对于非显著变动的定义为:涉及额度调整、年限变化、暂行方法或试点方法规范化的法规法案执行(废止)。例如,2005 年 5 月发布的"汇发〔2005〕36 号"文件,该文件扩大了境外投资外汇管理改革试点的范围,从部分省市试点推广到全国,试点地区的审核权限从 300 万美元提高到 1000 万美元。对于显著变动的定义为:受益群体产生突破性变化,有明显的扩大(缩小)。例如,"中国证监会 46 号令",即《关于合格境内机构投资者境外证券投资管理试行办法》的发布。这意味着受益群体(境内投资者)从无到有,有了很大的变化。上述定义的依据在于,根据外汇管理局的定义,较少限制和较多限制之间差异主要在于进行交易的主体范围。如果主体范围发生了改变(从无到有或从只针对居民到包括非居民和居民),则可以被理解为显著的变动。(2)总分计算。打分所依赖的权重我们采用为每大类(共十二类)等权重以及各大类子项目数量为权重两种。①(3)评分时间点确定。根据法规出台时间,每月 15 日(含)之前出台法规认为是当月执行,15 日(不含)之后出台法规认为是下月执行。

需要强调的是,这里构建的资本账户管制指数只是一个相对指标。尽管我们假设了指标为 100 时意味着完全管制,当指标为 0 时却不能说明完全不存在管制。尽管理论上上述打分规则蕴含着 1 为资本账户完全管制而 0 为资本账户完全自由,由于法案的颁布可能涉及多于一项的资本账户管制小项变化,在操作中很难做到准确处理;另一方面,我们所考虑的是外管局所公布的所有法规与资本账户直接相关中的 112 条,本身可能也会有遗漏。因此,在打分的过程中作出一个保守的假设,即"每一次法案的颁布最多将影响一个小项的管制程度"。在这样的假设下可能存在一定的

---

① 严格意义上,等权重假设是有问题的。例如,衍生工具及其他工具大类只是在 2005 年 5 月通过了"汇发〔2005〕34 号"文件,即《国家外汇管理局关于修改〈国有企业境外商品期货套期保值业务外汇管理操作规程(试行)〉有关问题的通知》,之前并没有相关法令颁布。而在个人资本交易项下,平均每年会有 2—3 个法令颁布。

偏误。可以预期的是偏误方向为向上的,即高估资本账户管制强度。相应地,由后续指标结果可知中国资本账户开放进程趋势为逐步开放,因此高估资本账户管制强度对应的是低估每次放松管制法案变化的影响。尽管如此,考虑到操作层面上作出这一假设是必需的,我们仍然强调资本账户完全开放的充分条件不需要管制指标为0。此外,指标构建的过程中没有讨论具体的资本管制流出和流入,因此是一个全面管制衡量指标。通过指标变化可以观察到资本管制强度变化的趋势和方向。

从图15-7可以看到,除1997—2000年亚洲金融危机时期以及2007—2009年国际金融危机期间资本管制有所上升之外,中国法规意义上的管制力度基本呈现下降趋势。特别是本轮全球金融危机之后资本账户管制呈现震荡放松趋势。

从图15-8可以看到,当前资本管制主要项目是债券类证券投资、货币市场和房地产市场工具等其他投资,而直接投资管制已经很少。最近10年中,对外直接投资的放松力度较大,这与我国推出的"走出去"战略相一致。

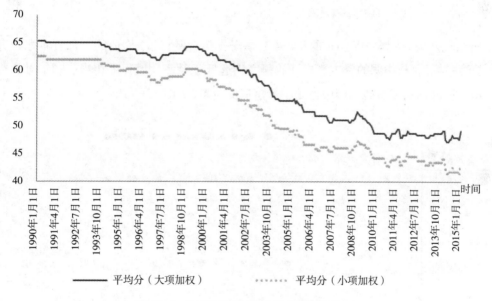

图15-7 月度(法规)资本账户管制指标

资料来源:根据外管局相关法规资料整理。

三、资本账户开放程度:国际比较

国际上关于资本账户开放程度指标的构建已经比较成熟。对比法规指标和实际指标加权衡量的各国资本账户开放程度,可以发现,在过去三十多年间,我国资本账户实现了渐进式开放,其开放程度在2000年之后接近发展中国家的平均水平,但低于新兴市场经济体开放水平,远低于发达国家开放水平。根据奎恩和丰田(Quinn 和

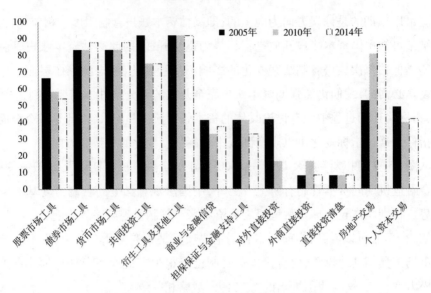

图 15-8 资本账户分类账户管制指标对比

资料来源:根据外管局相关法规资料整理。

Toyoda,2008)依据 IMF 颁布的《年度汇率安排与管制报告》构造的全球资本账户开放度指标,目前中国的资本账户开放程度仍远低于经济发展程度相当(人均 GDP 表示)的经济体,在金砖五国中也处于最落后的位置(见图 15-9)。

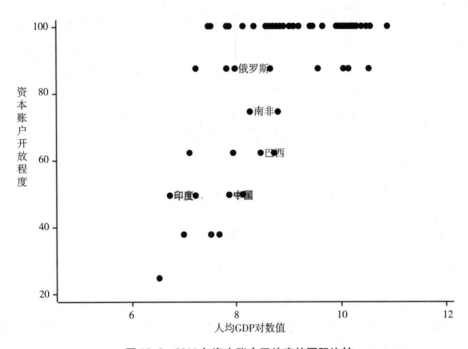

图 15-9 2011 年资本账户开放度的国际比较

资料来源:Quinn 和 Toyoda(2008)及其更新。

第三节 中国资本账户开放战略选择:成本与收益分析框架

自改革开放以来,中国资本账户经历了从完全管制逐渐放松的渐进式改革过程,资本账户开放已经取得令人瞩目的成绩,然而实现资本账户完全可兑换仍任重道远。2012 年以来,国内外各界对中国资本账户是否应该加速开放、开放的战略顺序等展开了一场大的争辩。中国人民银行指出中国当前"已处于资本账户开放的战略机遇期"(中国人民银行调查统计司课题组,2012a,2012b),中国资本账户应加快开放;另一些人则警告,中国当前进一步开放资本账户的客观条件不成熟,贸然开放会带来巨大的风险隐患,中国资本账户应该渐进和有选择地开放(张礼卿,2012;余永定,2013)。深入研究双方辩论的焦点,可以发现双方主要的分歧在于资本账户开放对中国可能产生的潜在收益和成本的判断,而这些成本与收益的实现则与开放条件、次序,以及当前管制的有效性等相关,图 15-10 简明总结了这一系列讨论的关键。评估中国开放的成本与收益,对于进一步开放安排具有重要意义。

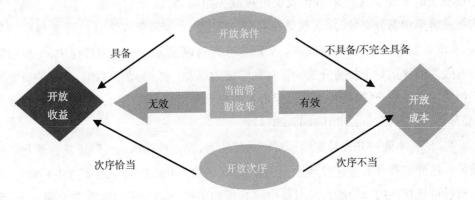

图 15-10 资本账户开放的收益与成本分析

一、中国资本账户进一步开放的潜在收益

理论上而言,资本账户开放既可能通过开放的国际金融市场增加投融资渠道,弥补国内资本不足,降低融资成本,也可以通过加速金融深化、促进制度建设以及完善治理结构等间接效应,实现对经济发展的促进作用。但从国际经验来看,既有资本账户开放促进经济增长的证据,也有发现促进作用不存在的证据,而大部分证据则表明二者间关系不确定,且这样的经济增长收益依赖于一国的经济发展程度、金融发展程度、金融市场化、制度环境等初始条件(Kose 等,2009)。开放时初始条件的异质性会导致各国资本账户开放所能获得的经济增长收益不同。从当前国内条件来看,我国

国内金融发展程度落后,金融市场化程度低,制度建设不够完善。因此,我国当前加速资本账户开放是否能实现经济增长效益仍有待考究。从实际情况来看,我国进一步开放的战略重点在于短期资本流动部分。根据 IMF 研究报告的估测,我国资本账户开放后,国际资本流动总规模将显著提高,而证券类投资将出现大规模净流出(Bayoumi 和 Ohnsorge,2013)。这与当前国内外经济形势、国内储蓄居高不下等一致。资本大规模外流这样的情形将危害国内实体经济以及金融的稳定性,不利于实现经济效益。

资本账户开放的另一个潜在收益是取消资本管制所降低的管制成本。管制的动机或者说有效管制的收益在于避免危机、维持汇率稳定、维持货币政策的独立性、防止过度资本流入导致经济过热、缓解短期资本冲击、限制投机、维持国内经济金融秩序、防止国内投资者因国外政策失误遭受损失、保证税收、保护幼稚金融产业以及保存国内储蓄等。而管制也存在降低资源配置效率、增加要素扭曲等成本。如果现行资本管制无法有效实行,实际资本已经通过各种渠道规避了管制,实现了自由进出,那么管制的存在将产生成本,而无法实现管制的预期收益。此时资本账户适当放开不仅不会增加资本流动的风险,反而可以减少扭曲,降低管制成本。不过,如果管制有效或者至少部分有效,那么继续维持资本管制,才能避免完全开放可能导致的风险,实现管制收益,抵补管制成本。从资本账户管制到完全开放的过程中,当前管制的有效性的评估对于权衡开放和管制利弊极为重要。然而,截至目前,大量的研究都表明我国资本账户管制,特别是短期资本账户管制仍然是有效的,至少是部分有效的(苟琴等,2012;Cheung 和 Herrala,2014)。

另外,资本账户开放可能通过增加外部压力,倒逼推动国内金融市场改革和制度建设。这样的观点有一定合理性,但也蕴藏着风险。开放能否倒逼成功并不确定,而开放后可能存在的风险能否及时被化解则极为关键。如果国内改革节奏跟不上,很可能出现开放后风险大于倒逼效应,使经济陷入极大的危机之中。因此,"倒逼机制"做不好很可能便会成为"揠苗助长",本末倒置。

二、中国资本账户进一步开放面临的风险

过去二三十年间,不少发展中国家甚至发达国家在资本自由化中相继爆发的货币危机和金融危机凸显出资本账户自由化所隐藏的风险,为我国进一步扩大资本账户开放提出了警示。巨额的资本流动可能加剧国内经济波动,使得国内金融体系更加脆弱,从而增大危机爆发的概率以及危机的影响规模(Levy Yeyati 等,2010),20 世纪 80 年代以及 90 年代在发展中国家爆发的金融危机,就与资本账户开放不当相关。

资本账户开放带来的潜在成本可能抵消其潜在经济收益。因而,跨境资本自由

流动也常被认为是一把双刃剑。一定规模的资本流动有利于弥补国内资本的不足,加速资本形成、金融深化以及经济发展。然而,若资本流动超出了本国市场所能容纳的水平,则很有可能出现经济过热、流动性过剩、货币金融政策失效等问题;在外界经济周期的传导影响之下,甚至可能发生资本流入骤停,严重时会出现无法预期的逆转,产生大规模资本外逃,将导致本国经济运行以及金融系统出现较为严重的波动。卡明斯基和莱因哈特(Kaminsky 和 Reinhart,1998)的研究认为,亚洲金融危机与过去拉美危机的成因十分相似,短期资本大规模流入是危机爆发的重要导火索。

不同的资本项目自由化模式可能产生不同的潜在风险。从历史经验来看,激进的自由化模式虽然可能意味着更高效率,却也往往伴随着更高的经济和金融动荡的风险;渐进式的自由化模式改革效率可能更低,但其隐藏的风险更小,改革效果最终反而可能更好。渐进式的资本账户自由化改革应注意厘清其与国内经济改革和金融自由化改革的次序。理论上,金融自由化(消除金融抑制)存在一定的优先序(Mckinnon,1991),应按以下次序推进:降低财政赤字、国内金融自由化改革、贸易改革、汇率改革、资本项目开放。不当的次序会增加开放的风险。此外,宏观经济稳定、金融体系健全、汇率机制完善、国内金融市场健康、公司治理结构完善、外汇储备充足是资本项目开放时应具备的一些先决条件。

从我国的国情来看,自2005年7月汇率制度改革至今,中国汇率制度已经由实际上的"钉住美元的固定汇率制度"转变成为"以市场供求为基础的,参考以美元为主的一篮子货币进行调节、有管理的浮动汇率制度"。由于汇率不再完全固定,对人民币抱有升值预期的短期资本开始逐渐涌入。随后金融危机爆发以及国际主要发达经济体宽松政策的推出和退出,资本流动特别是短期资本流动,出现大幅流入和流出的双向波动。短期资本流动这把"双刃剑"对我国经济的影响后果与资本账户开放政策密切相关。资本账户开放后,大规模国际资本流动可能给我国外汇市场、资本市场、货币市场和房地产市场带来系统性的影响,加剧宏观经济和金融市场波动,甚至引发危机。

从改革的次序来看,我国在财政和贸易两个领域的改革已经比较深入,汇率形成机制完善取得较大进展,但市场化仍需时日,而国内金融自由化则任重道远。除资本项目管制严格外,我国国内金融体系长期存在典型的金融抑制特征(见图15-11),金融体系抑制的程度高于发展中国家平均水平。从金融抑制的不同维度来看,包括利率体系受管制、政府干预信贷决策、银行业准入受限、法定准备金率较高等,其抑制的程度均高于低收入水平经济体(见图15-12)。因此,国内金融体系改革任重而道远。

从改革的条件来看,我国宏观经济环境相对较为稳定,总体财政状况健康,国际收支趋于平衡,金融体系改革取得了一定的进展,但是利率还没有市场化,金融机构未完全具备在国际资本市场竞争的能力,汇率缺乏灵活性。此时开放资本账户,套利、套汇资本的进出将威胁国内宏观经济和金融稳定,影响货币政策独立性。

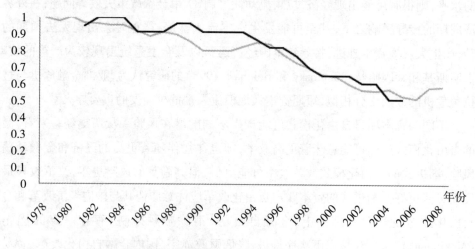

金融抑制指标（Abid,Detragiache和Tressel,2010）

金融抑制指标（Huang和Wang，2011）

图 15-11　中国金融体系抑制程度

注:指标数值越大,表示金融体系存在的抑制程度越严重;1 表示基本完全管制。
资料来源:Abid,Detragiache 和 Tressel,2010;Huang 和 Wang,2011。

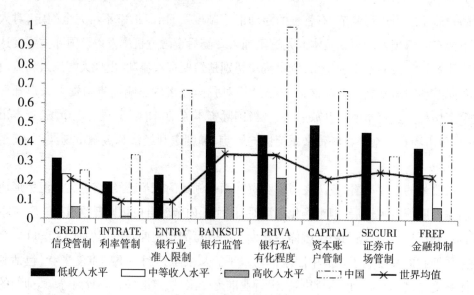

图 15-12　金融抑制程度国际对比

注:指标数值越大,表示金融体系存在的抑制程度越严重;1 表示基本完全管制。
资料来源:Abiad 等(2010)。

三、加速资本项目开放的时机是否基本成熟？

通过上述利弊分析,我们认为加速资本项目开放的时机并未基本成熟,资本账户进一步开放的进程安排应该继续保持有序渐进的模式,审慎稳妥地推进资本账户开放。从国内实际来看,当前国内金融市场化改革、汇率改革等尚未完成,资本账户管制虽然失去一定效力但仍然至少部分有效,当前阶段我国跨境资本流动双向波动的特征则进一步凸显管制的重要性。在这些不成熟的国内条件下,贸然推进资本账户开放无法保障经济效应的实现,甚至会带来巨大的风险。从国际环境来看,伴随金融全球化和一体化的深入,跨境资本流动的规模和频率波动加剧,资本账户有效管制手段的缺失可能导致难以控制和预测的经济后果。因此,盲目加速开放以及全面开放,可能致使我国国内经济和金融市场暴露在短期资本频繁波动的风险中,货币政策独立性也将受到挑战。

第四节　中国资本账户管理的政策建议

近年来,我国跨境资本流动出现双向波动的新常态,资本流动管理更为复杂,任务更为艰巨,需要针对资本账户实施更加妥当的管理措施,提前充分预判风险隐患和识别风险来源,并防范由此引起的宏观经济和金融市场动荡,甚至经济和金融危机。

中国资本账户自改革开放以来,已经历了从完全管制逐渐放松的渐进式改革过程,特别是随着中国加入 WTO,资本项目开放的进程出现加速势头。目前,我国资本管制政策逐渐由宽进严出转向均衡管理,对直接投资项目的管制已经很少,资本管制的主要项目是证券投资和其他投资等短期资本流动为主的项目。进一步改革主要涉及可能引发潜在经济波动的债券类证券投资、货币市场和房地产市场工具等短期资本流动项目。

当前我国加速推进资本账户改革的时机并不成熟,国内金融市场化改革、汇率改革等尚未完成,资本账户管制虽然失去一定效力但仍然至少部分有效,贸然推进资本账户开放无法保障经济效益的实现,甚至会带来巨大的风险。国际环境上,全球金融市场云谲波诡。在金融一体化深化背景下,国外环境的动荡通过国际资本流动加剧对我国经济金融的影响,不利于国内宏观经济和金融的稳定。我国资本账户进一步开放应继续保持渐进有序,审慎推进。中国资本项目进一步开放在次序上应继续遵循"先长期、后短期,先流入、后流出,先机构投资者、后个人投资者,融资方面先股权、后债权,投资方面先债权、后股权"的原则,渐进有序推进。

面对国内外经济金融形势和我国国内的改革形势,应加快人民币汇率形成机制改革,通过更富弹性的汇率安排保障资本自由化进程中的货币政策独立性;同时,还应完善国内银行业监管体系、提高银行竞争力,深化利率市场化改革、实现市场化的利率调整机制,促进金融市场机制完善,强化抵御和防范国际资本冲击的能力,降低资本账户开放成本。

在资本项目的自由化过程中,还需要加强对跨境资本流动的监测和引导,通过跨境资金监测、数据分析以及构建稳健的预警系统,防范日益动荡的跨境资本流动蕴藏的风险。同时,还应注重资本账户管理的政策效果评估,促进资本账户管理的动态调整机制建设,根据国内外环境的变化灵活作出动态调整。在政策工具上,注重宏观经济政策、资本管制政策和宏观审慎政策的配合。国际金融危机后,国际资本流动管理新理念已经成为共识,我国还应积极参与国际资本流动管理的全球监管合作。

第十六章　中国对外投资的崛起及其可持续发展

张碧琼*

◇◇

近年来,全球经济复苏与企稳回升的形势为海外投资创造了有利外部环境,中国的海外投资出现积极变化:海外资产结构逐渐优化,海外证券投资逐渐多元化,海外直接投资加速增长。但是,中国资本"出海"之后依旧瓶颈多,如何实现海外市场持续性盈利,是中国资本国际化的重要课题。本章建议政府应关注保护境外中国资本权益;各类投资主体重点加强海外资本的风险—收益管理,提高资本运营水平。

2008 年全球性金融危机以来,中国企业对外投资并购步伐不断加快,中国对外投资在规模、结构和效益方面呈现良好的发展态势。2014 年,中国 GDP 比上年增长7.4%,首次突破 10 万亿美元。2014 年,中国国际收支经常项目顺差 2138 亿美元,资本和金融项目逆差 960 亿美元,外汇储备资产增加 1188 亿美元。在流量上,中国已连续四年成为全球第三大对外投资国。但对外投资存量仍然偏小,未来有较大发展空间。

第一节　中国海外投资:"走出去"提速

根据国际收支统计口径,对外投资包括直接投资、证券投资、其他投资和储备资产。对外投资主体可区分为政府部门、金融机构和其他私人部门。截至 2014 年年末,中国对外金融资产 6.40877 万亿美元,对外金融负债 4.6323 万亿美元,对外净资产为 1.7764 万亿美元。对外金融开放度(对外金融资产负债总额/GDP)为 107%,对外金融净资产与 GDP 之比达到 17%。

---

* 张碧琼:中央财经大学金融学院教授。

一、对外直接投资和其他投资占比创历史新高

截至 2014 年年底,中国对外直接投资存量 8826.4 亿美元,较上年年末增加 2221.6 亿美元,占全球外国直接投资流出存量的份额由 2002 年的 0.4% 提升至 3.4%,在全球分国家地区的对外直接投资存量排名中较上年前进 3 位,位居第 8,首次步入全球前 10 行列。

2014 年,我国国际收支平衡表中金融项目资产为 5120 亿美元。其中,对外直接投资净流出 804 亿美元,增长 10%;对外证券投资净流出 108 亿美元,扩大 102%;其他投资项下净流出 2528 亿美元,其中对外的贷款、贸易信贷和资金存放等资产净增加 3030 亿美元,较上年增长 113%;新增官方储备资产(剔除汇率、价格等非交易价值变动影响)1178 亿美元,较上年下降 73%,其中,外汇储备资产增加 1188 亿美元。2014 年,中国对外直接投资流量中,股权和收益再投资共计 1001.3 亿美元,占到流量总额的 81.3%。

截至 2014 年,官方储备资产余额为 38993 亿美元,继续占据对外金融资产首位,占资产总值的比重为 61%;对外证券投资资产 2625 亿美元,占比 4%;对外直接投资和存贷款等其他投资资产共计 22469 亿美元,占资产总值的比重升至历年最高值(35%),中国"走出去"战略取得成效。

二、中国对外净资产增速放缓

2004—2014 年,中国对外净资产从 2764 亿美元增长至 2013 年的历史最大值 19716 亿美元,2014 年下降到 17764 亿美元。其中,2004—2007 年年均增速高达 63%。但 2008—2013 年,由于对外金融负债增速超过对外资产,对外净资产增速逐步放缓,2014 年与前一年比较同比下降 9.9%(见图 16-1)。

这种态势一方面反映了危机以来,中国经常项目收支逐渐趋向平衡,对外资产积累速度放缓;另一方面也反映了在发达国家实施量化宽松货币政策的背景下,全球低利率、宽流动性,中国境内企业采取"资产本币化、负债外币化"的财务运作倾向。此外,市场普遍认为人民币汇率接近均衡和接受双向波动,跨境资金流动双向变动的市场条件开始形成。

三、政府储备资产增长速度趋缓与投资币种多元化

2014 年,我国国际收支经常项目顺差 2138 亿美元,其中,货物贸易顺差 4719 亿美元,服务贸易逆差 1981 亿美元,收益逆差 298 亿美元,经常转移逆差 302 亿美元。资本和金融项目逆差 960 亿美元,储备资产增加 1178 亿美元。其中,外汇储备资产

（单位：亿美元）

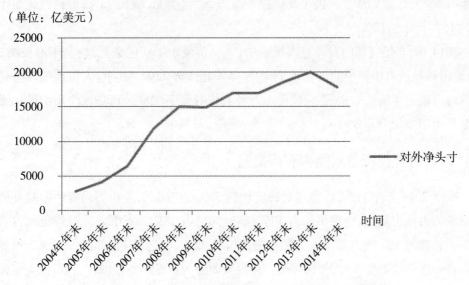

图 16-1　2005 年年末—2014 年年末中国对外净资产情况

资料来源：国家外汇管理局网站。

增加 1188 亿美元。相对于 2013 年的 4327 亿美元下降 72.5%。外汇储备资产以美元为主，美元资产中大部分是收益率极低的长期美国国债，股票等高收益类证券占比偏小，导致对外金融资产整体收益率长期偏低。

根据中国社会科学院 IIS《2014 年上半年中国对外证券投资报告》，2013 年，中国外汇储备币种多元化进程继续推进，美元资产的比重持续小幅下降，日元资产的比重大幅下跌，欧元等其他货币资产的比重显著上升。

四、私人部门对外证券投资占比很小

中国对外证券投资包括私人对外证券投资和官方储备资产证券配置。较长时期以来，政府部门作为主体拥有对外资产占比居高，而私人部门占比较低。2013 年年末，私人对外证券投资资产为 2585 亿美元，占比仅为 4%，并且该比重较 2012 年略降 0.3 个百分点。由于境外融资成本低于境内，企业通过境外融资再进行对外投资的活动日益增多，由境内投资主体直接给境外企业提供的贷款减少，债务工具投资较上年下降了 40.7%。

五、人民币对外投资增长迅速

2013 年，非银行部门对外直接投资中，人民币流出 84 亿美元，较上年增长 1.5 倍，流出额在所有币种中的占比由上年的 6% 上升至 14%。其中，人民币关联公司贷款流出较上年增长 7.8 倍，人民币在对外直接投资下关联公司贷款流出中的比重由上年的 5% 上升至 21%。人民币直接投资流入 58 亿美元,增长 73%,币种占比由上年的 15% 上升至 18%。

2014 年,非银行部门对外直接投资中,人民币流出 190 亿美元,较上年增长 1.3 倍,流出额在所有币种中的占比由上年的 14% 上升至 22%。其中,人民币关联公司贷款流出较上年增长 1.9 倍,人民币在对外直接投资下关联公司贷款流出中的比重由上年的 20% 上升至 31%。

六、对外投资盈利能力有待提高

截至 2014 年年末,货币当局对外资产约 3.9 万亿美元,货币当局资产占对外资产总额的占比为 61%,金融机构占 17%,其他部门占 18%。货币当局对外负债占对外负债总额的 1%,政府部门占 2%,金融机构占 25%,企业等其他部门占 72%。虽然中国对外净资产规模较大,但国际收支中投资收益为负,这与对外资产和负债类型错配有关。

2014 年,境外投资企业年度会计报表为盈利和持平的境外企业占了 77.2%,亏损的占了 22.8%。中央企业 2000 家境外企业当中盈利和持平的境外企业占 74.4%,亏损的占 25.6%。整体上说,中国对外投资的盈利能力有待提高。

第二节　中国对外证券投资:分散化

我国私人部门对外证券投资较少,货币当局通过储备资产的证券配置而成为投资主体。总体来说,政府与私人部门均在资产配置、投资币种配置开始呈现多元化特点。随着人民币国际化和外汇储备币种多元化进程继续推进,美元资产的比重持续小幅下降,日元资产的比重大幅下跌,欧元等其他货币资产的比重显著上升。

一、私人对外证券投资:境内机构投资者(QDII)

QDII 是在资本项目未完全开放的国家,允许本地投资者投资境外资本市场的投资者制度。自 2005 年以来,我国 QDII 进入了规范和发展阶段。根据外管局网站公布数据,截至 2015 年 1 月 30 日,共计有 129 家机构获得 QDII 资格,获得对外投资额度 820.43 亿美元。

QDII 机构资金年净汇出保持较快增长势头。根据国家外管局:2014 年跨境资金流动检测报告,2014 年,QDII 机构汇出 347 亿美元,增长 48%;汇入 252 亿美元,增长 34%;净汇出 95 亿美元,增长 111%,为 2008 年国际金融危机以来的新高水平,反映随着海外资本市场持续升温,境内对外证券投资意愿回暖。

截至 2014 年年底,QDII 机构累计汇出资金 1610 亿美元,汇入资金 1191 亿美元,净汇出资金 419 亿美元。截至 2014 年年末,QDII 资产配置中,股票资产存量处首位(占 50%),较 2013 年下降约 6 个百分点;其次是基金(占 23%),增加约 1 个百分点;银行存款(占 8%)减少 1 个百分点;其他资产包括黄金、石油、房地产等(占 19%)增加约 6 个百分点。

此外,2014 年 11 月 17 日开通的沪港通,形成私人部门对香港股票市场直接投资的通道。截至 2014 年 12 月底,跨境资金通过该项机制自香港净流入至内地约 99 亿美元,其中通过"沪股通"资金从香港流入内地 114 亿美元,通过"港股通"从内地流出至香港 15 亿美元。

二、主权财富基金:公开市场股票投资为主

2007 年 9 月,中国国家主权财富基金中投公司正式成立,注册资本金为 2000 亿美元,由中国财政部发行 1.55 万亿元的特别国债予以购买外汇,注入中投公司。中投公司下设中投国际公司和中央汇金公司,2015 年 1 月设立中投海外。中投公司的境外投资和管理业务分别由中投国际和中投海外承担。

根据中投公司年报显示,截至 2014 年 12 月 31 日,中投公司的总资产为 7467.3 亿美元,比上年增长 14.3%;所有者权益合计为 7093.49 亿美元,比上年增长 14.6%。中投公司的资产配置采取"战略资产配置—政策组合—战术资产配置"三层构建,根据战略资产配置方案和风险管理原则,中投公司在全球范围内进行投资,资产类别包括公开市场股票、固定收益、绝对收益、长期资产和现金及现金产品,截至 2013 年和 2014 年年底,持有资产最多的都是公开市场股票,其次是长期资产(见表 16-1)。

表 16-1 中投公司境外投资组合分布比例 (单位:%)

年份\投资组合	公开市场股票	固定收益(债券类)	绝对收益(基金类)	长期资产	现金及现金产品
2013	40.4	17.0	11.8	28.2	2.6
2014	44.1	14.6	11.5	26.2	3.6

2014 年公布的年报的财务数据显示,自成立以来,除 2008 年亏损外,其他年份均有盈利。2014 年实现净收益 948.69 亿美元,五年的累计收益率为 5.6%。其中,2013 年年度收益率达到 9.33%,比上年增长 10.8%(见表 16-2)。

表 16-2　中投公司境外投资组合业绩　　　　　　(单位:%)

年份	累计年化净收益率	年度净收益率
2008	-2.1	-2.1
2009	4.1	11.7
2010	6.4	11.7
2011	3.8	-4.3
2012	5.02	11.6
2013	5.7	9.33
2014	5.66	5.47

资料来源:http//www.china-inv.cn。

三、货币当局:美元资产以长期债券主导

根据美国财政部2014年4月发布的年度数据,截至2013年6月底,中国持有的美国证券资产的规模达17348亿美元。其中,美国国债12767亿美元,机构债券1742亿美元,股票2605亿美元,企业债券235亿美元(见表16-3)。根据美国财政部发布的债权人信息,截至2014年11月底,中国持有美国国债12504亿美元,仍为美国国债持有量全球第一。

表 16-3　中国持有美国证券资产的种类及规模　　　　(单位:亿美元)

时　间	证 券 投 资								
	证券合计	股票	债券合计	长期债券			短期债券		
				国债	机构债	公司债	国债	机构债	公司债
2007 年 6 月	9220.46	285.19	8935.27	4665.40	3763.26	276.25	106.87	109.82	13.67
2008 年 6 月	12050	1000	11050	5220	5270	260	130	170	0
2009 年 6 月	14640	780	13860	7570	4540	150	1590	0	10
2010 年 6 月	16110	1270	14840	11080	3600	110	40	1	8
2011 年 6 月	17270	1590	15680	13020	2450	160	49	0	3
2012 年 6 月	15922	2209	13713	11385	2024	218	84	2	0
2013 年 6 月	17348	2605	14743	11385	2024	218	84	2	0
2014 年 6 月	18163	3127	15036	12702	2065	244	19	0	6
2015 年 6 月	18148	3184	14963.9	12604	2034	238	80	7.47	0.39

资料来源:http://www.treasury.gov/resource-center/data-chart-center/tic/Pages/ticliab.aspx。

截至2015年6月,中国持有美国证券资产规模为18148亿美元,其中,美国国债12604亿美元,机构债券2034亿美元,股票3184亿美元,分别占69.45%、11.2%、

17.5%。中国持有美国长期债券资产规模达 14876 亿美元,占比 81.97%。这一期限结构使得中国持有的美元证券资产易遭受美国通货膨胀风险和利率风险的冲击。在证券资产的期限结构配置问题上,中国面临着追求投资收益与防范利率(通货膨胀)风险的两难选择。

四、货币当局:日元资产以短期债券为主

中国持有的日元资产占中国外汇储备的比例经历了 2009—2011 年的高速增长和 2012 年的低速增长之后,在 2013 年剧烈下降。2013 年,中国投资的日元证券资产占中国外汇储备的比例仅为 4.4%,比 2012 年 8.9% 的水平下跌了 4.5 个百分点。按美元计价,截至 2013 年年底,中国持有日元证券资产的规模为 1695 亿美元,比 2012 年的水平下跌 42.4%。其中,政府债券为 1386 亿美元,下跌 43.3%,股票投资量为 309 亿美元,增长了 37.6%。

五、货币当局:欧元及其他货币资产比重上升

根据 2013 年国家外汇管理年报,目前我国外汇储备管理横跨 70 多个国家和地区,包括 30 多种货币,50 类资产品种,6000 多家投资对象,利用不同货币和资产的此消彼长,降低经营风险。除美元和日元资产外,中国的外汇储备还投资欧元、英镑、澳元、瑞士法郎和新兴市场经济体的货币资产。其中,欧元资产是其中最为主要的部分。

官方货币与金融机构论坛(Official Monetary and Financial Institutions Forum,OMFIF)发表的《全球公共投资者》(Global Public Investor)报告声称,中国国家外汇管理局已成为"全球最大公共部门股票持有者",其正尝试直接买入一些欧洲重要企业的少数股权。这表明,中国外汇储备的资产多元化已加速推进。

国家通过设立中国投资有限责任公司,认购国际金融公司和国际货币基金组织债券、参与设立东盟十国与中日韩三国(10+3)区域外汇储备库,创新开展委托贷款业务、设立外汇储备委托贷款办公室支持国家"走出去"战略,开辟了多条渠道运用外汇储备,切实服务我国实体经济发展。

2010 年 5 月起,我国外管局开始开展外汇储备委托贷款业务,并于 2012 年上半年设立外汇储备委托贷款办公室(SAFE Co-Financing),目前的委托贷款规模约为 2500 亿美元,约占中国外汇储备的 6%—7%。根据 IIS 报告,其他货币资产占外汇储备的比重自 2007 年以来一直稳定上升,并从 2011 年以来呈现加速上升的势头,2013 年占比达 35.6%。

第三节　中国对外直接投资:多元化

根据商务部的数据,2014 年,我国境内投资者共对全球 156 个国家和地区的 6128 家境外企业进行了直接投资,全年累计实现投资 1028.9 亿美元,同比增长 14.1%。其中,股本投资和其他投资 860.9 亿美元,占比 83.7%,利润再投资 168 亿美元,占比 16.3%。截至 2014 年年末,中国境外企业资产总额 3.1 万亿美元,对外直接投资累计净额 8826.4 亿美元。

一、中国对外直接投资规模与世界地位:流量增长领先

联合国《2015 年世界投资报告》显示,2014 年全球跨国投资为 1.23 万亿美元,下降 16%。中国对外投资发展迅速,增速为 15%,连续三年位列全球三大对外投资国。2007—2014 年间,我国对外直接投资流量占世界投资流量从 0.5% 上升到 8.37%。存量占世界投资总量从 0.345% 上升到 2.48%(见表 16-4)。当然,对外直接投资流量和存量的全球占比均不高,而且占我国 GDP 的规模也不高,发展我国对外直接投资有较大空间。

表 16-4　中国对外直接投资与国际对外直接投资规模比较　(单位:亿美元)

投资额＼年份		2004	2005	2006	2007	2008	2009	2010	2011	2012	2013	2014
流量	中国	54.9	122.6	176.34	265.06	559.07	565.29	688.11	756.5	842.20	1010	1028.9
	世界	9257.16	8885.61	14150.94	21980.25	19693.36	11751.08	14513.65	16943.96	13909.56	14106.96	12300
	中国占比(%)	0.59	1.38	1.25	1.21	2.84	4.81	4.74	4.46	6.05%	7.16	8.37
存量	中国	447.77	572.06	750.26	1179.11	1839.71	2457.55	3172.11	4247.81	5090.01	6135.85	6463
	世界	116949.3	124648.5	156972.04	192725.9	163428.1	193257.5	208648.5	211684.9	235927.39	263126.35	260388.24
	中国占比(%)	0.38	0.46	0.48	0.61	1.13	1.27	1.52	2.01	2.15%	2.33	2.48

资料来源:http://unctad.org/en/Pages/Statistics.aspx。

根据国家外管局网站最新发布的《2014 年中国跨境资金流动监测报告》,2014 年我国对外直接投资首次突破千亿美元,达到 1029 亿美元。其中,非银行部门对外直接投资流出 854 亿美元,较上年增长 43%。全国对外直接投资规模与同期我国吸引外资规模仅差 35.6 亿美元,双向投资按现有统计口径首次接近平衡。对中国而言,继续加大对外投资力度已成为经济持续发展、再上台阶的必然要求。

二、对外直接投资方式:跨国并购快速增长

根据《2015 年世界投资报告》,2014 年中国并购资产 395.8 亿美元,占对外直接投资比重为 38.47%,较 2013 年的 49.7%有较大幅度下降(见表 16-5)。而中国香港地区同期对外并购急剧增加,由 2013 年的 164.59 亿美元增加到 2014 年的 589.59 亿美元。这可能是世界投资报告对大陆和香港地区数据区分不足。根据《2014 年中国对外直接投资统计公报》数据,中国企业共实施对外投资并购项目 595 起,实际交易总额 569 亿美元,其中直接投资 324.8 亿美元,占并购交易总额的 57.1%。

表 16-5　中国企业完成海外兼并收购额及占比变化　(单位:亿美元)

年份 项目	2007	2008	2009	2010	2011	2012	2013	2014
ODI	26506	55910	56530	68811	74654	87804	101000	102890
M&A	1559	35834	23444	30524	37111	37930	50195	39580
占比	5.88	64.09	41.47	44.36	49.71	43.20	49.70	38.47

资料来源:http://unctad.org/en:World investment report 2015。

2014 年我国大型对外投资并购项目投资领域呈现多元化趋势,并购交易涉及制造业、农林牧渔业等领域。同时受大宗商品市场低迷等因素影响,采矿业并购金额虽仍保持首位,但从 2013 年的 342.3 亿美元大幅下滑到 179.1 亿美元,同比下降 47.7%。例如,五矿资源等企业联营体以 58.5 亿美元收购秘鲁拉斯邦巴斯铜矿,国家电网公司以 21.01 亿欧元(折合 25.4 亿美元)收购意大利存贷款能源网公司 35% 股权。制造业领域并购活跃,联想集团以 29.1 亿美元收购美国摩托罗拉公司移动手机业务;东风汽车有限公司以 10.9 亿美元收购法国标致雪铁龙集团 14.1%股权。农业领域跨国并购取得突破,中粮集团以 15 亿美元并购新加坡来宝农业公司,以 12.9 亿美元并购荷兰尼德拉公司,成为迄今农业领域对外投资最大的两个项目。

2014 年,中国对外直接投资流量中,股权和收益再投资共计 1001.3 亿美元,占到流量总额的 81.3%;由于境外融资成本低于境内,企业通过境外融资再进行对外投资的活动日益增多,由境内投资主体直接给境外企业提供的贷款减少,债务工具投资较上年下降了 40.7%。

三、中国对外直接投资主体:非国有企业占比逐渐扩大

根据《2011—2012 年中国对外直接投资统计公报》的分类,我国对外直接投资主体主要包括:国有企业、有限责任公司、股份有限公司、私营企业、股份合作企业、集体

企业、外商投资企业、港澳台商投资企业等。2013 年年底,在非金融类对外直接投资 5434 亿美元存量中,国有企业占 55.2%,非国有企业占 44.8%,较上年提升 4.6 个百分点。2013 年,非金融类对外直接投资流量 927.4 亿美元,其中国有企业占 43.9%,有限责任公司占 42.2%,股份有限公司占 6.2%,股份合作企业占 2.2%,私营企业占 2%,外商投资企业占 1.3%,其他占 2.2%。

2014 年,地方企业投资占比首次过半,超过中央企业和单位对外直接投资规模。2014 年,地方企业非金融类对外直接投资流量达 547.26 亿美元,同比增长 50.3%,占全国非金融类流量的 51.1%,首次超过中央企业和单位对外直接投资规模。

四、中国对外直接投资的产业分布:趋向多元化

我国投资行业分布广泛,门类齐全。第三产业投资流量、存量均超七成。2014 年,中国对外直接投资涵盖了国民经济的 18 个行业大类,按三次产业划分,投资流量占比分别为 1.3%、25.3% 和 73.4%;2014 年年底三次产业存量占比分别为 1%、24% 和 75%。

具体产业门类主要包括:租赁和商务服务业、采矿业、批发和零售业、建筑业、制造业、房地产业、交通运输仓储和邮政业七大类。其中,租赁和商务服务业对外投资 372.5 亿美元,采矿业 193.3 亿美元,批发零售业 172.7 亿美元,上述 3 个行业成为全年对外直接投资的主要领域(见表 16-6)。

表 16-6 2014 年中国非金融领域对外直接投资额及其增长速度

行　　业	对外直接投资金额(亿美元)	比上年增长(%)
租赁和商务服务业	372.5	26
采矿业	193.3	-4.1
批发和零售业	172.7	26.3
建筑业	70.2	7.5
制造业	69.6	-19.8
房地产业	30.9	45.8
交通运输、仓储和邮政业	29.3	17.2
电力、热力、燃气及水生产和供应业	18.4	36.3
农、林、牧、渔业	17.4	19.2
信息传输、软件和信息技术服务业	17.0	100.0
合计	1028.9	14.1

资料来源:国家统计局:《2014 年国民经济和社会发展统计公报》。

2014 年四季度,金融业、租赁和商务服务业、批发和零售业、住宿和餐饮业均位

居四季度海外兼并并购的前五大行业,四者合计占同期中国海外兼并收购额的63%,项目数的32%。制造业在2014年四季度的海外投资规模有所回升。

为适应中国经济发展新常态,中国企业在全球努力寻求金融业的新出路。2014年四季度,中国企业海外金融业投资增长强劲,兼并收购12起共35.88亿美元,占同期中国企业海外兼并收购额的21%,项目数的12%,比三季度的8.35亿美元增加了3.3倍,成为该季度中国海外兼并收购的第一大行业。

随着中国对外投资分布行业的多元化,中国"走出去"正在从出口导向的"外向型经济",向内需驱动下外贸结合对外投资的"外在型经济"转型。

五、中国对外直接投资地域分布:相对集中

截至2014年年底,中国1.85万家境内投资者设立对外直接投资企业2.97万家,分布在全球186个国家(地区)。但中国对外直接投资地域分布仍然比较集中,亚洲一直都是我国对外直接投资的重点地区,占比一直是最大的。在2007—2014年间,亚洲所占对外直接投资比重不断上升,2008年的占比接近8成,以后年份也仍然维持在60%以上比重。2014年,亚洲占比69.1%,欧洲占比8.8%,拉美地区占比8.5%,北美占比7.3%(见表16-7)。

表 16-7　2004—2011 年中国对外直接投资流量的区位分布

(单位:百万美元)

年度	总额	亚洲		非洲		欧洲		拉美		北美洲		大洋洲	
		投资额	比重(%)	投资额	比重(%)	投资额	比重(%)	投资额	比重(%)	投资额	比重(%)	投资额	比重(%)
2004	5498	3013	54.80	317	5.77	157	2.86	1763	32.07	126	2.29	120	2.18
2005	12261	4375	35.68	392	3.20	395	3.22	6466	52.74	321	2.62	203	1.66
2006	17634	7663	43.46	520	2.95	598	3.39	8469	48.03	258	1.46	126	0.71
2007	26506	16593	62.60	1574	5.94	1540	5.81	4902	18.49	1126	4.25	770	2.91
2008	55907	43548	77.89	5491	9.82	876	1.57	3677	6.58	364	0.65	1952	3.49
2009	56529	40408	71.48	1439	2.55	3352	5.93	7328	12.96	1522	2.69	2480	4.39
2010	68811	44890	65.24	2112	3.07	6760	9.82	10538	15.31	2621	3.81	1889	2.75
2011	74564	45494	61.01	3173	4.26	8251	11.07	11936	16.01	2481	3.33	3318	4.45
2012	87804	64785	73.78	3173	3.61	7035.09	8.01	6169.74	7.03	4882	5.56	2415.1	2.02
2013	107840	76504	70.9	3371	3.13	5948.53	5.52	14358.95	13.32	4901	4.54	3660.3	2.64
2014	123120	8499	69.1	3212	2.61	10837.91	8.80	10547.39	8.57	9207.7	7.48	4337	3.44

资料来源:《2014 年度中国对外直接投资统计公报》,中国统计出版社 2015 年版。

2004 年以来,中国香港、开曼群岛、英属维尔京群岛、澳大利亚、美国、新加坡、韩国等国家(地区)成为我国对外直接投资的吸引力较强区域,2011 年前五位分别为中

国香港、英属维尔京群岛、开曼群岛、法国和新加坡。2014 年,中国对外直接投资流量前 10 位的国家和地区是中国香港、美国、卢森堡、英属维尔京群岛、开曼群岛、澳大利亚、新加坡、英国、德国和印度尼西亚。

2014 年,中国对欧盟、美国、澳大利亚等发达国家的投资创历史新高,达到 238.3 亿美元,发达国家开始成为中国企业对外直接投资首选目的地。2014 年境外企业向投资所在国缴纳的各种税金总额达 191.5 亿美元,雇佣外方员工 83.3 万人,来自发达国家的雇员 13.5 万人,较上年年末增加 3.3 万人。中国对"一带一路"沿线国家的直接投资流量为 136.6 亿美元,占中国对外直接投资流量的 11.1%。

第四节　中国对外投资:可持续发展政策

跨境资本流动对全球金融体系有着复杂的互相依赖关系和政策溢出渠道,目前"并没有普遍适用的管理资本流动的全球规则"。自 2000 年国家提出"走出去"战略之后,中国政府各部门也在推进对外投资方面出台了一系列政策改进措施,以下根据中华人民共和国商务部《2011—2012 中国对外投资合作发展报告》,从中国人民银行、外管局和商务部等角度归纳如下。在政策上,中美、中欧双边投资协定谈判(BIT)有望在 2015 年取得显著进展。另外,中澳自贸协定谈判结束将大幅降低中国企业对澳投资的审查门槛,增加内地企业赴澳投资的市场准入机会。

一、中国人民银行:推动人民币对外投资

近年来,为支持实施"走出去"战略,中国人民银行发布了《境外直接投资人民币结算试点管理办法》等一系列人民币跨境使用政策,有效改善了对"走出去"企业的金融服务水平,有力促进了贸易和投资自由化和便利化。

(一)境内机构可开展人民币境外直接投资业务

随着跨境贸易人民币结算试点的深入开展,境内机构使用人民币到境外直接投资的需求日益强烈。2011 年 1 月,人民银行发布《境外直接投资人民币结算试点管理办法》(中国人民银行公告〔2011〕1 号,以下简称《管理办法》),允许境内银行和企业开展境外直接投资人民币结算业务。

《管理办法》简化了有关管理措施。境内机构人民币境外直接投资在获得境外直接投资主管部门的核准后,可凭核准证书或文件直接到银行办理境外直接投资人民币资金汇出、人民币前期费用汇出和境外投资企业增资、减资、转股、清算等人民币资金汇出入手续。银行的主要义务是根据有关审慎监管规定,要求境内机构提交相

关材料,并进行认真审核,在业务办理完毕后向人民币跨境收付信息管理系统(RCP-MIS)报送有关人民币跨境收付和业务信息。

《管理办法》取消了不必要的行政审批环节,明确对人民币资金汇出汇入不采取事前管理措施,企业可以凭境外直接投资主管部门的核准证书或文件,直接到银行办理人民币资金向境外的汇出,有力地促进了投资便利化。《管理办法》强化了银行的风险防范职责。要求银行以境外直接投资主管部门的核准为依据,根据有关审慎监管规定认真审核企业提交的有关材料,如实向中国人民银行报送人民币跨境收付及有关信息,切实履行反洗钱和反恐融资义务。

《管理办法》加强了风险防控措施。为在有效防控风险的基础上便利银行和企业开展业务,《管理办法》建立了中国人民银行、商务部、国家外汇管理局等监管机构之间的信息共享机制。同时,《管理办法》明确了银行和企业违反有关规定的法律责任。

(二) 银行可以向境内企业在境外投资的企业或项目发放人民币贷款

从 2009 年 11 月起,中国人民银行先后批准国家开发银行、中国进出口银行、中国工商银行等 9 家银行开展境外项目人民币贷款试点,取得了良好的经济效益和社会效果,受到银行和企业的热烈欢迎。2011 年 1 月,中国人民银行发布的《境外直接投资人民币结算试点管理办法》,允许境内银行按照有关规定向境内机构在境外投资的企业或项目提供人民币贷款,可直接发放也可通过境外分行或代理行发放。银行通过本行的境外分行或境外代理银行发放人民币贷款的,银行可以向其境外分行调拨人民币资金或向境外代理银行融出人民币资金,并在 15 天内向当地人民银行备案。

2011 年 10 月,中国人民银行发布《关于境内银行业金融机构境外项目人民币贷款的指导意见》(银发〔2011〕255 号)(以下简称《指导意见》),明确了商业银行开展境外项目人民币贷款的有关要求,规定所有符合条件的境内银行,在满足一定条件后都可以依法开展境外项目人民币贷款业务。2011 年全年,境内银行业金融机构境外项目人民币贷款业务合同金额约人民币 532 亿元、放款金额人民币 341 亿元、贷款余额人民币 319 亿元,共涉及全国 21 个省、区、市和计划单列市。

《指导意见》大幅简化了银行开展相关业务的备案手续。《指导意见》没有设置行政审批事项,满足条件的境内银行在办理境外项目人民币贷款业务时,只需按规定报送有关项目信息,而不需事先得到中国人民银行审批。按照《指导意见》要求,银行办理境外项目人民币贷款业务,应接入人民币跨境收付信息管理系统(RCPMIS),并向所在地人民银行提交境外项目人民币贷款合同副本、风险内控制度、可行性分析报告等材料。在业务办理完成后,银行还要及时、准确、完整地通过 RCPMIS 向中国人民银行上报有关人民币跨境收付信息。

根据《指导意见》,银行不仅应遵循审慎性原则,严格审查借款人和代理行资信,保障资金安全,还应当遵守有关利率管理规定,不得在未经批准的情况下突破利率管理规定。此外,境外项目人民币贷款项下的资金不得以任何形式用作对境内提供贷款。中国人民银行要审核境外项目人民币贷款合同的基本要素,保证贷款的真实性。

《管理办法》不仅延伸了国内金融机构的境外金融服务范围,方便企业使用人民币开展结算和融资业务,而且有利于充分发挥中国金融机构在人民币业务和人民币资金清算便利等优势,为中国企业对外投资提供稳定的人民币融资支持,化解其融资难的问题,改善了中国支持"走出去"企业的金融服务水平。

二、国家外管局措施:货币汇兑便利化措施

境外投资水平是衡量一个国家、一个地区综合经济实力的重要标志,也是实现资本扩张和发展外向型经济的重要渠道。近年来,外汇局对境外投资外汇管理政策进行了一系列改革,取消境外投资外汇风险审查和境外投资汇回利润保证金,允许前期费用汇出,取消境外投资资金来源审查手续等。

(一) 外汇管理方式和程序进行了简化和规范

2009 年,国家外汇管理局发布了《关于发布〈境内机构境外直接投资外汇管理规定〉的通知》(汇发〔2009〕30 号)。《境内机构境外直接投资外汇管理规定》在整合近年来境外直接投资外汇管理政策措施的基础上,对境外直接投资外汇管理方式和程序进行了简化和规范,主要体现在以下几个方面:一是简化审核程序,改革境外直接投资外汇资金来源事前审查为事后登记,并取消了境外直接投资资金汇出核准。二是扩大境内机构境外直接投资的外汇资金来源。境内机构可使用自有外汇资金、符合规定的国内外汇贷款、人民币购汇或实物、无形资产、留存境外利润等多种资产来源进行境外直接投资。三是允许境内机构在其境外项目正式成立前的筹建阶段,经外汇局核准汇出投资总额一定比例的前期费用。四是建立全口径境外直接投资外汇管理体系,明确并规范境内金融机构境外直接投资的外汇管理。五是完善与健全了境外直接投资项下跨境资金流出入统计监测机制。这些措施的实施加快了企业对外投资的步伐,有力地促进了境外投资的快速发展。同时,外汇局还进一步完善了境外直接投资配套外汇政策服务,重点是加强后续资金支持,改善境外企业的融资环境,降低其融资成本,积极发挥外汇支持实体经济的功能。

（二）加强境外投资后续资金支持

境外融资难和流动资金不足的问题是困扰境外企业发展壮大的因素之一。出台新的境外放款规定对于企业顺利开展对外投资合作具有积极的意义,可以大大缓解境外直接投资企业融资难和流动性资金不足的问题,为境外直接投资企业提供多种融通资金的方式和渠道,促进境外直接投资企业发展和壮大。

2009年,国家外汇管理局发布《关于境内企业境外放款外汇管理有关问题的通知》(汇发〔2009〕24号)。一是扩大了境外放款主体。由现行的只允许符合条件的中外资跨国公司对外放款扩大到符合条件的各类所有制企业。二是扩大了境外放款的资金来源。允许境内企业在一定限额内使用自有外汇和人民币购汇等多种资金进行境外放款。三是简化了境外放款的核准和汇兑手续。境外放款专用外汇账户的开立、资金的境内划转以及购汇等事宜均由外汇指定银行直接办理。四是完善了境外放款的统计监测与风险防范机制。完善了境外放款资格和额度的核准管理制度,明确了境外放款有效期限,构建了比较完善的境外放款外汇资金流出入统计监测机制。该措施有利于拓宽境外直接投资企业后续融资渠道,便利和支持境内企业外汇资金运用,提高境内企业资金使用效率,有利于境内企业充分利用"两个市场、两种资源",扩大国际经济技术合作,有助于缓解境外直接投资企业融资难和流动性资金不足的问题,进一步促进境外直接投资企业的发展和壮大。

2012年,国家外汇管理局发布《关于鼓励和引导民间投资健康发展有关外汇管理问题的通知》(汇发〔2012〕33号),进一步简化了境外放款外汇管理,取消境外放款资金购付汇及汇回入账核准。境内企业开展境外放款业务,经所在地国家外汇管理局分局、外汇管理部核准放款额度并办理相关登记手续后,可直接到外汇指定银行办理境外放款专用账户资金收付。此外,简化了境外直接投资资金汇回管理。境内企业已汇出投资总额与注册资本差额部分的对外直接投资资金,经所在地外汇局登记后,可以直接汇回境内,无须办理减资、撤资登记手续。

（三）进一步促进境外投资融资政策体系

为满足境外投资企业对境内信用支持的政策需求,2010年,国家外汇管理局发布《关于境内机构对外担保管理问题的通知》(汇发〔2010〕39号)。一是放宽被担保人的资格条件,扩大对外担保业务范围。银行提供融资性对外担保,被担保人可以不受与境内机构的股权关系、净资产比例和盈利状况等限制。非银行金融机构提供对外担保,被担保人应当是在境内依法注册的法人机构或者境内机构按照规定境外投资程序在境外设立、持股或间接持股的企业。企业提供对外担保,被担保人可以是担保人按照规定程序在境内外设立、持股或间接持股的企业。二是放宽担保人财务指标限制,降低被担保人的盈利要求。企业提供对外担保时,其净资产与总资产的比例统一为不低于15%;被担保人的净资产数额应为正值,盈利要求由过去的不得亏损调整为过去3年中至少有1年实现盈利(资源开发类等长期项目可放宽长至过去5年中至少1年盈利)。三是调整对外担保余额指标的管理范畴和核定方法。银行为境内外机构提供融资性对外担保一并纳入余额指标管理;非银行金融机构和企业的融资性和非融资性对外担保业务,经批准可实行余额管理。银行对外担保余额指标原则上不得超过该机构本外币合并的一级资本或营运资金的50%,或者其外汇净资产数额;企业对外担保余额指标或(和)外汇局逐笔核准的对外担保余额不得超过其净资产的50%。四是明确银行非融资性担保的管理方式。银行在提供非融资性对外担保时,不受被担保人净资产比例和盈利状况的限制,但被担保人或受益人至少有一方应为境内机构或由境内机构持股或间接持股的境外机构。五是取消银行对外担保履约核准,明确其他主体对外担保履约程序。银行对外担保履约,可以依法自行办理;非银行金融机构和企业对外担保履约,须向所在地外汇局申请逐笔核准,其办理对外担保履约时可以购汇。

新的境内机构对外担保规定简化了对外担保管理程序,明确了相关管理要求,有利于更好地促进境内机构开展对外投资合作,有助于境外投资企业更好地获取境内信用支持,有助于提高境内金融机构风险管理水平。健全了对外担保相关的风险防范机制,优化了对外担保定期备案相关报表,有助于完善统计监测和风险预警,有助于完善国际收支风险调控机制。

2012年发布的汇发〔2012〕33号文件还允许符合条件的境内个人为境外项目提供担保。为支持企业对外投资合作,境内企业为境外投资企业境外融资提供对外担保时,允许境内个人作为共同担保人,以保证、抵押、质押及担保法规允许的其他方式,为同一笔债务提供担保。

(四) 积极支持境内银行在境外布局设点,规范银行业境外投资程序

2010年,国家外汇管理局发布《关于境内银行境外直接投资外汇管理有关问题的通知》(汇发〔2010〕31号),进一步明确了银行业境外投资外汇管理。一是规定境内银行发生在境外设立分支机构、附属机构、依法购买境外机构股权等行为时,应办理境外投资外汇登记手续。二是明确和细化了银行境外投资外汇登记事宜。三是允许境内银行可直接购汇或以自有外汇汇出境外投资前期费用。

2010年,为支持境内机构"走出去",满足境外投资企业对境内信用支持的政策需求,相关部门大幅改进对外担保管理,将境内金融机构提供融资性对外担保由逐笔核准的方式改为余额管理,降低相关资格门槛,简化管理流程,取消履约核准等。

2012年,进一步将部分金融机构融资性对外担保指标的核定权限下放至地方分局。目前,在境内金融机构短期外债、双向跨境证券投资(包括QFII、RQFII和QDII)以及境内机构提供对外担保等领域,主要通过规模管理手段进行管理,有关账户、汇兑等方面的微观限制已基本取消。

三、商务部:建立对外投资支持体系

商务部在对外投资合作政策促进、服务保障、风险防范体系建设等方面开展了一系列工作,初步建立了较为完善的鼓励和引导企业对外投资合作的政策制度体系。

(一) 对外投资政策促进体系

在对外投资政策方面。2009年,商务部发布了《境外投资管理办法》,缩短了对外投资核准时限、程序。大部分境外投资只需通过商务部"境外投资管理系统"填写申请表上报,3个工作日内即可获核准。2010年,商务部发布了《关于大陆企业赴台投资管理办法》、《鼓励和支持服务外包企业海外并购的若干意见》,加强对境外投资的引导、促进和服务工作。2011年,商务部出台了《境外中资企业员工管理指引》,进一步加强规范境外中资企业(机构)员工管理工作,指导境外企业贯彻"互利共赢、共同发展"的原则,遵守我国对外投资合作和东道国劳动用工相关的政策法规。2012年,商务部会同相关部门出台《中国境外企业文化建设若干意见》,要求境外企业合法合规、强化道德规范、履行社会责任、加强与当地融合。此外,商务部还先后建立并完善了境外投资综合绩效评价与联合联检、境外中资企业商会(协会)建设、对外直接投资统计、企业境外并购事项前期报告、境外中资企业(机构)报到登记、境外经贸合作区招标及确认考核等方面的管理制度。

在对外承包工程方面。2008年,国务院颁布了《对外承包工程管理条例》,对企业资格、经营活动、安全质量、风险防范等明确了责任和要求,这是我国"走出去"领域的第一部行政法规。2009年,《对外承包工程资格管理办法》开始施行,下放了地方企业的审批权限。2010年,商务部联合外交部、国家发改委等7部委共同开展贯彻落实《对外承包工程管理条例》专项检查。2011年,我国继续完善《对外承包工程条例》配套政策措施,出台《特定项目管理规定》、《对外承包工程违法违规行为行政处罚规定》,会同银监会、保监会下发《对外承包工程投(议)标管理办法》,进一步规范企业经营行为。

在对外劳务合作方面。2008年起,对外劳务合作和境外就业实行统一管理。商务部相继制定了《对外劳务合作公共服务平台建设试行办法》、《对外劳务合作不良信用记录制度试行办法》。2010年,商务部印发《关于对外劳务合作经营资格核准有

关事宜的通知》,将对外劳务合作经营资格核准下放至地方商务主管部门。同年,商务部与外交部、公安部等多部门组织开展清理整顿外派劳务市场秩序专项行动,有效遏制了外派劳务纠纷频发势头。2012 年,国务院颁布《对外劳务合作管理条例》,在对外劳务合作经营资格、备用金管理、企业及劳务人员权利义务、合同关系等方面进一步明确了责任和要求,同时也明确了政府有关部门的服务和管理职责。

（二）对外投资服务保障政策体系

1. 统筹规划

为发挥规划的统筹和引领作用,商务部会同有关部门编制发布《对外投资合作"十二五"发展规划》,从重点国别、重点产业、国内区域发展角度进行规划布局。此外,还编制了《境外农业资源开发合作规划》、《中俄森林资源开发利用合作规划》、《境外矿产资源开发合作规划》等一系列的境外"走出去"规划。开展境外重化工园区布局研究、境外合作区布局研究,与巴基斯坦、越南、菲律宾、老挝等周边国家签署双边中长期经贸合作发展规划,正在商签泰国、缅甸等国规划。

2. 公共服务

商务部编制了 165 个国家(地区)《对外投资合作国别(地区)指南》,定期发布《国别贸易投资环境报告》、《对外投资国别产业导向目录》、《对外承包工程国别产业导向目录》和《中国对外投资合作发展报告》。2008 年,建立了集信息、统计、决策参考于一体的对外投资合作信息服务系统。

3. 环境营造

我国已与 130 个国家和地区签署了双边投资保护协定,与 96 个国家签订了避免双重征税协定,还签署了 10 个自贸区协定,与 25 个国家签署加强基础设施领域合作政府间协议,与 15 个国家签署劳务合作协议,与台湾地区签署《海峡两岸渔船船员劳务合作协议》。建立了经贸联委会机制、投资合作促进机制,协调保障我境外投资企业和人员的利益。

4. 人才培训

2007 年以来,商务部会同中组部、国资委、全国工商联等部门开展"走出去"综合业务培训、跨国经营管理人才培训、境外风险防控培训和各种专题培训。今后还将继续加大培训力度。

（三）对外投资风险防范政策体系

1. 制度保证

2010 年 8 月,商务部会同有关部门联合印发《境外中资企业机构和人员安全管理规定》,明确了"走出去"境外安全管理的职责分工和突发事件处置程序。2012年,发布《境外中资企业机构和人员安全管理指南》,指导企业建立境外安全管理体系。

信息采集。依托对外投资合作信息服务系统,开发运行了高风险国家对外投资合作企业人员信息数据库等系统,覆盖了90%以上的在外企业、项目和人员信息,为妥善处置境外安全事件提供了有效保障。

2. 监测预警

商务部和相关部门密切配合,重点监测热点地区安全形势,获取安全信息并进行形势研判,及时发布预警。在商务部政府网站设立境外风险专栏,公开发布境外经济形势变化、社会动荡、自然灾害、传染病疫情等风险预警。下发《对外投资合作境外风险提示》,直接向有关企业发布境外恐怖袭击、绑架等风险预警。

3. 监管督导

建立了境外安全责任制、境外安全联络员制度和境外安全巡查制度。商务部组织编制了《境外中资企业机构和人员安全管理指南》,要求企业参照指南制定本企业的境外安全管理体系和相关管理制度,提高境外安全风险管理水平和突发事件应急处置能力。

4. 应急处置

按照《境外中资企业机构和人员安全管理规定》,境外安全突发事件由企业在我驻外使领馆的指导下妥善处置,地方政府和有关部门负责指导和协助。重大事件的处置由外交部会同商务部等部门在境外中国公民和机构安全保护工作部际联席会议的统一领导下进行。境外生产安全事故由安全监管总局、商务部会同有关部门统一指导处置。开展对外投资合作的全部船舶和人员的境外安全管理由交通部牵头负责。

总之,适应全球跨国投资合作趋势和企业对外投资合作不断发展变化的要求,商务部围绕创新政策促进体系、健全服务保障体系、完善风险控制体系开展工作,积极推进投资合作便利化,进一步提高政策协调性,不断推进建立公平、稳定、透明的对外投资合作政策制度体系。

第五节　若干发展趋势

在美元强势、欧日困境可能推动资本回流美国市场的背景下,新兴市场经济体还会面临经济下滑、地缘政治冲突、大宗商品价格下跌等更多挑战。总体而言,我国海外投资将面临更大的不确定性。所以,政府应继续引导海外投资方向,加强海外投资权益保护;企业要提升海外投资风险管理水平,提高资本国际竞争力。

第一,2008年爆发金融危机以来,全球资本与生产技术要素的全球化重新配置,带来全球政治经济格局重大而深刻的变化,中国海外投资呈现一些积极变化,但对外投资瓶颈仍然明显,需要不断突破这些瓶颈。

第二,2012 年以来,中国成为世界第三大对外直接投资国,并在 2013 年对外直接投资超过 1000 亿美元的规模。2014 年,中国对外直接投资达到 1231.2 亿美元新高。但中国对外直接投资存量规模相对较小,未来发展空间较大,应成为中国对外投资发展战略的重点。

第三,2014 年中国对外直接投资与吸引外国直接投资的流量逐渐接近,有望实现国际直接投资流入和流出平衡,并在不久的将来成为净对外直接投资的主体,以逐渐打破对外投资主体以货币当局主导的局面。

第四,中国海外投资主体仍然以政府为主导,接近 4 万亿美元的外汇储备投资以债券投资为主,并且主要以美国债券为主。如何引导外汇资金向私人部门对外直接投资转化,是未来海外投资战略调整的方向。

第五,近年来,为支持实施"走出去"战略,人民银行发布了《境外直接投资人民币结算试点管理办法》等一系列人民币跨境使用政策,有效改善了对"走出去"企业的金融服务水平,有力促进了贸易和投资自由化和便利化,人民币对外投资显现积极发展态势。

第六,近年来,国家外汇局对境外投资外汇管理政策进行了一系列改革,通过取消境外投资外汇风险审查和境外投资汇回利润保证金,允许前期费用汇出,取消境外投资资金来源审查手续等措施,成为对外投资发展的重要推动力。

第七,近年来,商务部围绕创新政策促进体系、健全服务保障体系、完善风险控制体系开展工作,积极推进投资合作便利化,进一步提高政策协调性,不断推进建立公平、稳定、透明的对外投资合作政策制度体系。

第十七章 中国国际收支与人民币汇率走势展望

陶坤玉[*]

第一节 2014 年中国国际收支概况与展望

一、国际收支运行环境

2014 年全年在全球经济走势方面,呈现出明显的分化特征。美国经济强劲复苏,经济稳步增长,金融市场活跃,失业率改善,财政状况有所好转。欧元区经济仍在衰退边缘徘徊,信贷增速放缓,公共债务依然高企,财政支出削减任务较重,对经济增长的拖累短期内不会消失。日本经济则呈现出前高后低的剧烈震荡,消费税的推出明显抵消了货币宽松的效果。新兴经济体在大宗商品价格暴跌的背景下,整体走弱。国内经济方面,我国宏观经济运行总体基本平稳,经济增长保持在合理区间,但投资增长后劲不足、融资瓶颈约束明显、企业经营困难等问题突出,经济下行压力和风险依然较大。

二、国际收支主要状况

(一)国际收支总顺差基本持平

根据外汇管理局的数据,截至 2014 年年底,我国的国际收支仍然保持了双顺差的形势,总体趋于基本平衡。经常项目顺差 2197 亿美元,比上年增长 48%,与 GDP 之比为 2.1%。资本和金融项目顺差 382 亿美元,比上年下降 89%,国际收支的总顺

---

* 陶坤玉:中央财经大学金融学院讲师。

差为 2579 亿美元,较 2013 年下降 48%。

(二)货物贸易顺差触底反弹

按照国际收支口径,2014 年全年,我国的货物贸易出口 23541 亿美元,进口 18782 亿美元,货物贸易顺差 4760 亿美元,同比增长 32%。货物贸易的顺差从 2014 年的二季度就开始增长,当季环比增长达到 170%,主要原因有两个:一是受益于外部经济环境的改善,美、欧、日等发达国家逐渐企稳,温和复苏的势头确立,尤其是美国经济超预期的复苏势头强劲,外需市场的迅速回暖使得我国的出口大幅上升;二是从国内方面看,上半年中央政府和相关部门集中出台了一系列的结构改革措施,特别是保外贸稳增长的这些措施给我国的出口增长带来了明显的利好信号。此外,我国的进口商品结构中很大一部分是能源类的大宗商品,2014 年全球大宗商品的价格持续走低压低了我国的进口成本,扩大了货物贸易的顺差。

(三)服务贸易逆差继续攀升

2014 年,我国国际收支口径的国际服务贸易收入累计 1909 亿美元,比上年同期下降了 7%,服务贸易支出累计 3829 亿美元,比上年同期上升了 16%,服务项下逆差累计 1920 亿美元,比 2013 年增长了 54%,其中逆差最大的项目出现在旅游项下,增长了 40%,运输项目下的逆差微增 2%。

(四)收益项目季节性波动明显

2014 年,我国经常账户中收益项目收入 2130 亿美元,比上年增加 16%,支出 2471 亿美元,同比下降 6%,总体为 341 亿美元的逆差,同比下降了 57%。其中职工报酬为 258 亿美元的顺差,比 2013 年上升了 60%,而投资收益出现了 599 亿美元的逆差,尤其是四季度出现了大幅逆差,但全年总体同比下降了 37%,主要原因是我国对外投资收益的大幅上涨以及外来投资利润利息、股息红利支出的下降。

(五)经常转移逆差大幅增长

2014 年,经常转移收入逆差达到 302 亿美元,同比增长 2.5 倍。其中,经常转移收入 411 亿美元,较上年下降 23%;支出 714 亿美元,增长 15%。经常转移包括捐赠、赔偿、社会保障、税收、罚款以及博彩等,具有较强的波动性。

(六)资本与金融账户季度波动较大

虽然 2014 年全年我国国际收支中的资本与金融账户累计顺差,但是季度性波动较大,一季度延续了净流入,资本和金融项目顺差 940 亿美元,从二季度开始,该项目出现持续性逆差,二季度的逆差为 162 亿美元,三季度为 90 亿美元的逆差,四季度为 305 亿美元的逆差,主要原因是,其他类投资出现了巨额的资本流出,从顺差变为逆差,其他投资净流出 2528 亿美元,相比于 2013 年其他投资项下净流入 776 亿美元出现了较大的逆转。其中资产、贷款与货币存款净流出的占比较高。

(七)直接投资双向流动加强

根据国家外汇管理局公布的数据,2014 年我国的直接投资顺差累计 2087 亿美元,较上年下降 4%。其中,外国来华直接投资净流入 2891 亿美元,我国在外直接投资净流出 804 亿美元,基本与上年同期持平。从 2009 年之后,来华投资的增速基本持平,但是我国对外直接投资的增速大幅提升。

(八)证券投资净流入快速增长

2014 年,我国的证券投资净流入为 824 亿美元,比 2013 年扩大 56%。其中,我国对外证券投资净流出 108 亿美元,上升 102%;境外对我国证券投资净流入 932 亿美元,增长 60%,这与我国资本项目开放稳步推进密切相关。

(九)储备资产持续增加,增速放缓

2014 年,我国的国际储备资产增加 1178 亿美元,与 2013 年的新增额度相比下降 73%,其中,外汇储备资产增加 1188 亿美元,下降 73%,累计积累外汇储备余额 38430 亿美元。特别提款权及在 IMF 的储备头寸减少 10 亿美元。

表 17-1　2014 年中国国际收支平衡表　　　(单位:亿美元)

项　目	差　额	贷　方	借　方
一、经常项目	2197	27992	25795
A.货物和服务	2840	25451	22611
a.货物	4760	23541	18782
b.服务	−1920	1909	3829
1.运输	−579	382	962
2.旅游	−1079	569	1649
3.通信服务	−5	18	23
4.建筑服务	105	154	49
5.保险服务	−179	46	225
6.金融服务	−4	45	49

项　目	差　额	贷　方	借　方
7.计算机和信息服务	99	184	85
8.专有权利使用费和特许费	−219	7	226
9.咨询	164	429	265
10.广告、宣传	12	50	38
11.电影、音像	−7	2	9
12.其他商业服务	−217	14	231
13.别处未提及的政府服务	−10	11	20
B.收益	−341	2130	2471
1.职工报酬	258	299	42
2.投资收益	−599	1831	2429
C.经常转移	−302	411	714
1.各级政府	−29	16	46
2.其他部门	−273	395	668
二、资本和金融项目	382	25730	25347
A.资本项目	0	19	20
B.金融项目	383	25710	25328
1.直接投资	2087	4352	2266
1.1 我国在外直接投资	−804	555	1359
1.2 外国在华直接投资	2891	3797	906
2.证券投资	824	1664	840
2.1 资产	−108	293	401
2.1.1 股本证券	−14	170	184
2.1.2 债务证券	−94	123	217
2.1.2.1(中)长期债券	−92	123	215
2.1.2.2 货币市场工具	−2	0	2
2.2 负债	932	1371	439
2.2.1 股本证券	519	777	258
2.2.2 债务证券	413	594	181
2.2.2.1(中)长期债券	410	497	88
2.2.2.2 货币市场工具	4	97	94
3.其他投资	−2528	19694	22222
3.1 资产	−3030	995	4025
3.1.1 贸易信贷	−688	282	970
长期	−14	6	19

续表

项　　目	差　额	贷　方	借　方
短期	−674	276	950
3.1.2 贷款	−738	177	915
长期	−455	0	455
短期	−282	177	459
3.1.3 货币和存款	−1597	514	2111
3.1.4 其他资产	−8	22	29
长期	0	0	0
短期	−8	22	29
3.2 负债	502	18699	18197
3.2.1 贸易信贷	−21	154	174
长期	0	3	3
短期	−2	151	171
3.2.2 贷款	−343	17464	17807
长期	−57	511	569
短期	−286	16953	17239
3.2.3 货币和存款	814	994	180
3.2.4 其他负债	52	87	35
长期	58	64	6
短期	−6	23	29
三、储备资产	−1178	312	1490
3.1 货币黄金	0	0	0
3.2 特别提款权	1	1	1
3.3 在 IMF 的储备头寸	10	13	4
3.4 外汇	−1188	298	1486
3.5 其他债权	0	0	0
四、净误差与遗漏	1401	0	1401

资料来源:国家外汇管理局。

三、我国国际收支在金融危机之后的结构调整

国际金融危机后,中国国际收支平衡表的结构发生了显著的变化,这实际上反映的是内外部经济环境的变化,以及这种变化所带来的中国内部改革和长期对内对外策略框架的调整。这种国际收支平衡的变化到底具有什么含义呢? 中国长期是面临资本流出压力还是热钱涌入的问题呢?

我们认为,总体来看,中国国际收支在金融危机之后的结构性变化体现为:在经常项目方面,货物出口的数量与增速显著下降,但是服务类仍然是以进口为主;在金融和资本项目方面,可能由顺差向逆差转变,直接投资由流入逐渐转向流出,证券投资潜力巨大;在外汇储备方面,将不再高速积累,甚至可能出现一定程度的回落;最后,国际投资头寸方面,转向藏富于民。

(一)经常项目:出口结构性下降的原因

近五年经常项目顺差增长放缓(见图17-1)。金融危机以来,经常项目顺差不断缩小,已明显低于上一轮周期。其中,货物贸易顺差在2014年已回升至较高水平,因此,经常项目顺差的放缓主要是由于服务项逆差的明显增长。

在货物贸易方面,出口、进口增速都同时放缓,货物贸易顺差仍处高位。但出口增速的明显放缓已给中国的出口企业以至于中国经济带来了明显的拖累。外需疲弱、贸易一体化放缓等拖累中国出口,中国出口已不复上一轮周期的高增速,背后的原因是多方面的:一是全球需求的下滑,其中部分原因是劳动力增速放缓;二是贸易全球化放缓,2012年以来全球出口额停滞;三是由于劳动力成本的上升、人民币有效汇率走高(见图17-2)等因素,中国出口竞争力减弱。

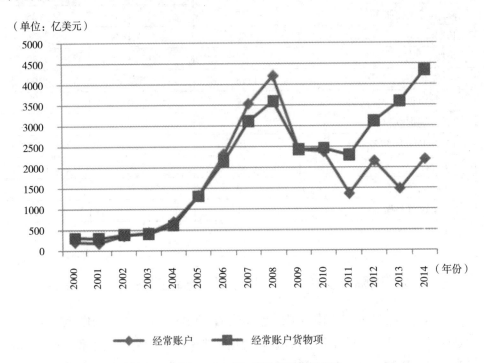

(单位:亿美元)

图 17-1　2000—2014年我国经常项目顺差

资料来源:WIND 数据库。

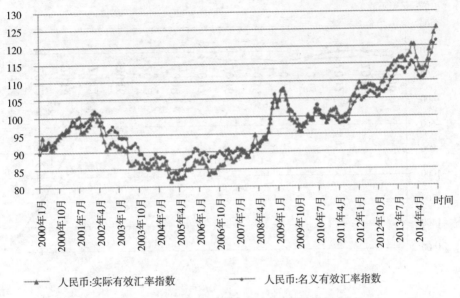

图 17-2　2000—2014 年人民币有效汇率指数（2010 年 = 100）

资料来源：WIND 数据库。

（二）经常项目：货物服务的进口增长迅速

经常项目中旅游服务逆差迅速增长（见图 17-3）。经常项目中一个明显的变化就是服务进口（特别是出国旅游等）迅速增长，这背后是中国不断走高的居民收入以及巨大的人口基数带来的消费市场。

促进口可能成为中国资本"走出去"的筹码。中国巨大的消费市场对很多国家都有巨大的吸引力，这也就意味着，在中国资本"走出去"遭遇困难时，促进口可以作为一个有力的筹码。如果政府继续出台促进口的政策，可能会导致货物贸易顺差下降。

此外，中国巨大的消费能力或缓解全球需求不足的困境。在当前全球普遍缺需求的背景下，中国巨大的消费能力意味着更大的谈判力量。如果政府进一步放开货物及服务进口，或部分解决全球普遍缺乏需求的困境。

（三）资本与金融项目：保持小规模顺差

人民币自 2014 年年初开始一改单边升值趋势，开始出现大幅贬值，并伴有较强的贬值预期。人民币汇率的双边波动促使境内企业和个人出于投机性需求开始调整其外汇的收支行为。首先从外汇占款来看，从 2014 年二季度我国金融机构外汇占款持续低速增长甚至出现负增长，而同期的贸易顺差与 FDI 流入额并未出现骤降现象，

（单位：亿美元）

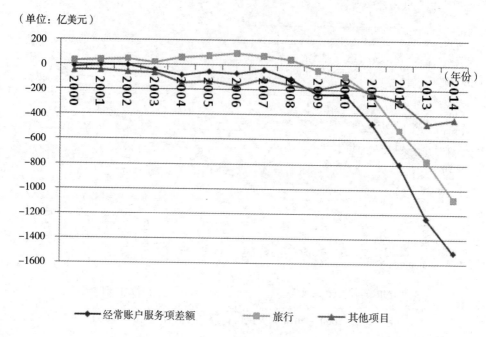

图 17-3　2000—2014 年中国服务业逆差

资料来源：WIND 数据库。

按照以往观点推算,二季度或许存在高额热钱流出。但需注意的是,二季度我国金融机构新增外汇存款共计 863 亿美元,大大高于以往任何一个季度,仅 5 月份的外汇存款就攀升至 366 亿美元的历史高位,显示境内市场主体的持汇意愿极为强烈。其次从银行结售汇数据来看,尽管二季度人民币兑美元汇率贬值速度已有显著放缓,甚至出现一段时间小幅升值,但同期的结售汇顺差仍维持低速增长,表明市场看空人民币的趋势并未得到改善。最后从外汇储备来看,二季度新增外汇储备仅 357 亿美元,较上一季度的增加额显著回落了 901 亿美元,与上年同期相比也小幅回落 114 亿美元,反映出二季度藏汇于民的趋势逐渐形成,表现在国际收支上即资本和金融项目出现资金外流。

未来随着央行退出外汇干预,主要由外汇市场供求关系自发决定的人民币汇率将步入双向波动通道,市场主体的汇率预期或结汇意愿将反作用于外汇供求,成为影响国际收支的关键性因素。过去央行的干预行为往往带有一定的政策目的,较为明确,而市场主体的预期存在更大的不确定性,由此会引发资本项目的波动性加大,我国跨境资本流动双向波动将成为新常态。

如图 17-4 所示,在直接投资方面,FDI 已停滞不前。2011 年以来 FDI 没有明显增长,特别是制造业 FDI 更是不断萎缩。这背后是中国投资回报率的走弱、劳动力成本上升、出口竞争力遭遇挑战等。

同时,中国对外直接投资 ODI 则是迅速增长。政府也开始进一步推动资本"走出去",比如"一带一路"战略等,意味着 ODI 或将进一步加速增长。从整体上看,直接投资将由 FDI 主导逐渐转向 FDI 和 ODI 共同增长的局面。

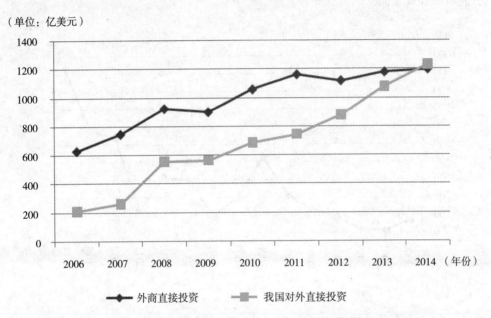

（单位：亿美元）

图 17-4　外商对华直接投资（FDI）与中国在外直接投资（ODI）

资料来源：WIND 数据库。

（四）金融项目:证券投资潜力巨大

受到对中国改革预期等因素的推动,证券投资潜力巨大,在未来,证券投资的流入或将进一步加速(见图 17-5),主要有几方面的原因:

首先来自 MSCI 指数①权重的调整。目前 A 股还没有纳入 MSCI 指数,同时,在 MSCI 新兴市场指数中权重也跟中国经济体不相配。MSCI 新兴市场指数中,中国的份额为 21.8%,韩国为 14.7%,中国台湾为 12.6%,但是按照所选国家或地区的 GDP 权重,中国应该占到 38%,韩国与中国台湾的 GDP 占比分别为 5% 与 2%,因此,MSCI 指数权重的调整将带来全球资金配置中国证券的需求。

其次来自资本项目开放的推进。未来资本项目的开放将带来更多的证券投

---

①　MSCI 指数(Morgan Stanley Capital International Index)是由 Morgan Stanley 公司编制的全球证券指数,指数类型包括产业、国家、地区等,是欧美基金经理对全球股票市场投资的重要参考指数。

资。从韩国的历史来看,1993 年金融项目放开后,海外资金在韩国证券投资迅速上升。

同时,外债成本低于国内融资成本。中国国内的杠杆率已处于偏高的水平,但中国外债水平仍很低,而且海外融资成本明显低于国内。这样保证了债权市场可以吸引很多海外资金流入。

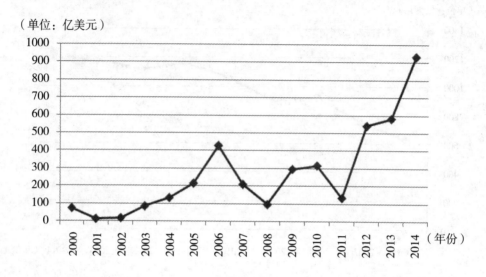

（单位：亿美元）

图 17-5　2000—2014 年中国金融账户证券投资流入

资料来源:WIND 数据库。

最后,从 QFII 额度、RQFII 额度的快速增长势头可以看出,外资对中国配置的意愿在增强。另一方面,国内证券投资也将走出去。QDII 额度指向国内配置海外的意愿也在上升,结合央行减少对外汇市场的干预,国内配置海外证券也将加速增长。

（五）国际投资头寸:转向藏富于民

国际投资转向藏富于民,有利于提高回报率。中国有大量的国际投资头寸,但与美欧日等发达国家相比,收益明显偏低,原因是外汇储备占了国际投资头寸的大部分,直接投资、证券投资等私人投资形式占比明显偏低,在 2014 年我国的外汇储备占国际投资头寸资产的比率高达 60%,同期美国的外汇储备占其国际投资头寸资产的比率仅为 2%。政府逐渐开始意识到大量外储带来的负担,试图放缓外储积累,鼓励资本"走出去",这些措施将会提高直接投资、证券投资等头寸占比,这种藏富于民的变化有利于提高回报率。

第十七章　中国国际收支与人民币汇率走势展望

（六）外汇储备：增长放缓

我国的外储积累速度明显放缓（见图17-6）。2014年5月，李克强总理曾提出外储成为负担，这可能导致了其后政府对外储态度的转变，央行减少了对汇市的干预，外储积累速度也明显放缓，甚至出现了减少。央行对汇市态度的变化导致了外汇占款同经常项目顺差的相关性将明显降低，外储也难再有明显增长，流动性将更加依赖央行的主动投放。

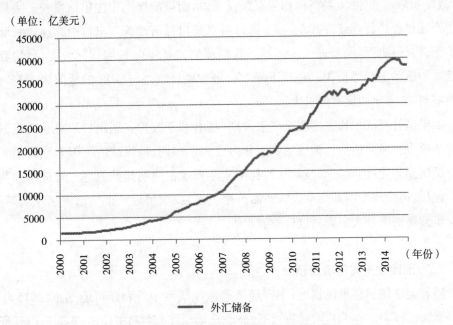

图 17-6　2000—2014 年中国官方外汇储备

资料来源：WIND 数据库。

四、2015 年我国国际收支预测

（一）进出口预测

我们认为，影响2015年我国出口前景的正面因素主要包括：第一，发达经济体市场占我国外需的重要份额，这些地区经济逐步回暖，将改善我国出口的外部环境。第二，政府采取的各项稳定外贸的举措以及上海自贸区和扩大内地延边地区的开放战略也将有利于推动出口的增长。第三，人民币在2015年可能会加大双向波动，总体贬值，有利于我国出口竞争力的回升。但是，新兴市场经济体的劳动力成本优势将继续显现，发达经济体转向低成本国家进口，将抑制我国出口增速的潜力。从进口方面来看，2015年我国投资增速和国际大宗商品价格可能继续下降，估计全年的进口会有小幅下降。

我们对 2015 年进出口基准预测的主要假设包括：第一，按照 IMF 给出的预测数据，发达国家的经济增速将从 2014 年的 1.8% 上升到 2015 年的 2.3%；第二，我国宏观政策在 2014 年保外贸稳增长基础上维持稳定；第三，人民币汇率机制市场化，但不会出现大幅波动。

全球经济缓慢复苏带动外需回暖，中国与东盟、俄罗斯经贸往来加深，"一带一路"战略规划落实，亚太经济体加强互联互通，从而可能推动中国出口增长。去库存和去产能过程还将延续，内需不振下进口需求难以显著改善。出口中高速增长和进口不振，将导致贸易顺差进一步走高。我们预测，2015 年，按照国际收支口径，我国的货物与服务出口增长 3%，进口下降 1%，经常项目顺差与 GDP 的比值为 3.5%，贸易顺差与 2014 年相比有所扩大。

如果国外经济增长速度明显高于预期，将有利于改善我国出口形势。对我国出口的主要下行风险包括美国加息快于和力度大于预期、地缘政治等因素导致国际经济情况明显恶化、国际汇率波动导致我国实际有效汇率明显升值等。对进口预测的风险包括：地缘政治因素推动大宗商品价格上涨；我国房地产市场出现超预期调整，进一步抑制对国外大宗商品进口的需求等。

（二）国际收支其他项目预测

随着美联储加息步伐临近，中国经济增速放缓和中外利差可能缩小，2015 年面临资金流出压力。在 FDI 增速放缓下，外商直接投资金额趋于稳定，实际利用外资可能为 1250 亿美元左右。"走出去"步伐加快，未来几年对外直接投资将保持较高增速，2015 年可能成为直接投资净输出国，新增对外直接投资将达到 1400 亿美元，对外直接投资存量达到 9600 亿美元。与此同时，贸易融资、外汇贷款等也将持续增长。2015 年国际收支资本项目逆差可能扩大，国际收支盈余增势放缓并趋于平衡，外汇储备将在目前水平上保持基本稳定。在人民币国际化持续推进的同时，保持人民币币值相对稳定十分重要。跨境资本流动将呈现阶段性流出与流入交替进行的特征，人民币汇率波动将更为频繁。美元指数持续走高，欧洲央行和日本央行实施超宽松货币政策，人民币对美元可能贬值，而对欧元和日元则可能升值。但人民币对美元不会持续性大幅贬值，一方面，中国贸易顺差持续走高，特别是对美国顺差比例很高，中美之间贸易不平衡制约了人民币贬值的空间；另一方面，目前资本项目在国际收支中占比增大，如果人民币对美元持续大幅贬值可能带来资本外逃风险。此外，我国的国际收支编制标准将在 2015 年进行调整，这会从统计口径上对国际收支的结构造成一定影响。

第二节 人民币汇率走势与未来展望

一、人民币汇率走势概况

(一)人民币汇率在 2014 年出现贬值,新增外汇占款幅度大幅下降

2014 年人民币单边升值预期被打破,市场持汇意愿明显上升,外汇占款趋势性下降。从图 17-7 的时间段看,2—4 月:央行引导人民币贬值,防止热钱过快流入,人民币的即期汇率贬值、中间价贬值,外汇占款保持正增长;2014 年 5—10 月:央行逐步退出汇率干预,市场持汇意愿增强,即期汇率升值,中间价正当,新增外汇占款保持零附近;2014 年 11—12 月:央行降息后,人民币汇率急贬,央行进行价格引导,即期汇率贬值,中间价震荡对冲,外汇占款可能继续下降。

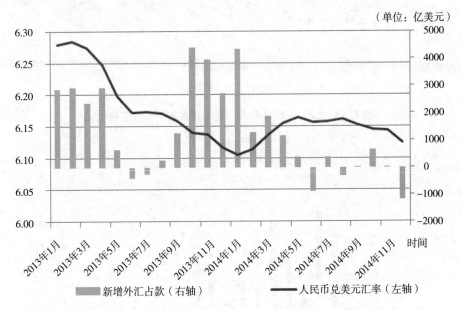

图 17-7 2013—2014 年人民币汇率走势与新增外汇占款

资料来源:WIND 数据库。

(二)市场持有外汇的意愿加强

如果市场看多人民币,会采用人民币资产+外汇负债的投资组合,新增外汇贷款增长较多,新增外汇存款增长较慢;如果市场偏好外汇,会更加青睐外汇资产,导致外汇贷款出现负增长,外汇存款增长加速。我们回顾 2014 年的新增外汇存款与新增外汇贷款(见图 17-8),以及银行远期结售汇差额(见图 17-9),均可发现市场持有外汇意愿明显上升,相应地,持有人民币的意愿正在下降。

过去,当企业存在较强人民币升值预期时,会更倾向于利用远期结汇方式使得热钱更便于流入国内,如果银行也存在相同预期时,会马上在外汇市场结汇进行对冲,扩大了外汇占款的增加量;但是 2014 年这一情况出现了逆转,商业银行的远期净结汇转变为了远期净售汇。

（单位：亿美元）

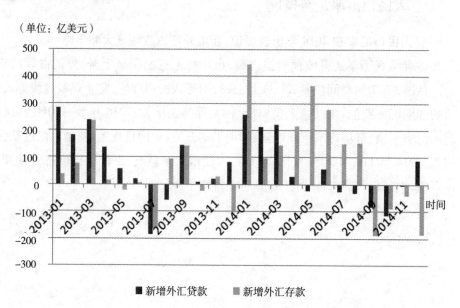

■ 新增外汇贷款　　■ 新增外汇存款

图 17-8　2013—2014 年新增外汇贷款与新增外汇存款

资料来源:WIND 数据库。

（单位：亿美元）

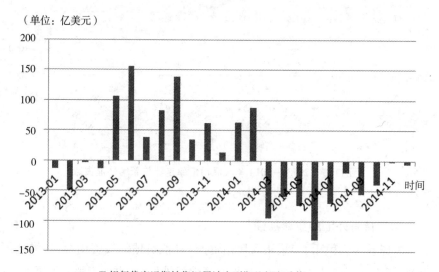

■ 银行代客远期结售汇累计未到期差额变动值

图 17-9　2013—2014 年银行代客远期结售汇差额

资料来源:WIND 数据库。

（三）市场单边购汇对央行新增外汇占款产生的压力

回顾最近三年,银行代客与银行自身结售汇在 2014 年都出现了逆差,这样使得央行的外汇占款进一步下降(见图 17-10)。如果企业不结汇,仅仅有银行自身结汇的话,只会出现金融机构口径下外汇占款的下降;只有当银行与企业双双购汇的时候,央行即使不进行主动干预,也必须作为最终对手方参与市场,因此这样会进一步压低央行口径下的外汇占款,使得新增外汇与外汇占款都出现下降(见图 17-11)。

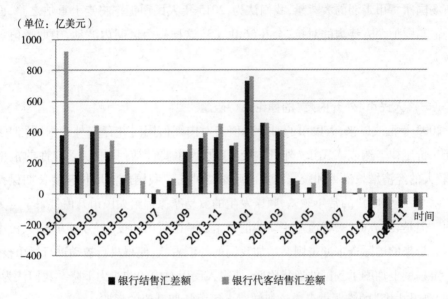

图 17-10　2013—2014 年银行代客结售汇差额与银行自身结售汇差额

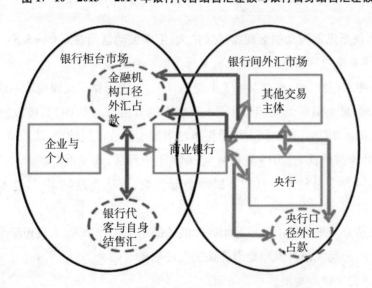

图 17-11　人民币在外汇市场间的流动关系图

资料来源:WIND 数据库。

二、人民币汇率2015年走势预测:走上重估之路,中期内将贬值

2015年,人民币汇率将面临更为复杂的内外环境。从外部环境来看,中、美货币政策取向将出现差异,美元走强引发的跨境资本流动值得关注;从内部环境来看,汇率取向需要在稳定贸易、保持国际竞争力与增加资本输出、推动货币国际化之间取得平衡。在美国经济的强劲复苏、美联储加息预期的增强,欧日经济的不确定性以及新兴市场国家货币走弱的大背景,我们认为,2015年人民币汇率将走上重估之路,面临着升值与贬值两方势力的对抗,会在(6.0,6.3)这样一个区间内波动,中期贬值可能性较大。

(一) 人民币"外升内贬"的悖论亟待破题

2005年汇改以来,人民币的对外升值与对内贬值同时并存,"外升内贬"似乎有悖于一价定律。造成人民币"外升内贬"的原因主要包括:我国缺乏弹性的汇率制度、较大的经济增长潜力和较宽松货币政策的冲击。我国经济增长速度长期保持在较高水平,经常账户的常年顺差,频繁发生的贸易摩擦都给人民币升值带来了巨大的压力。但是,一方面,央行通过主动购汇会增加基础货币的投放,另一方面,人民币升值压力带来的国际资本冲击则会增加我国的外汇占款,使得央行被动进行货币投放,在一定程度上加剧了我国的通货膨胀,使得人民币对内的购买力下降。我们认为,要破解"外升内贬"的难题重点应该扭转对人民币长期升值的预期。

(二) 人民币汇率波动的区间将持续扩大,汇率波动区间在6.0—6.3

1. 人民币汇率的区间波动是近年来市场实际运行的结果

从2012年10月以来,在总共523个交易日中,人民币兑美元即期汇率的算术平均值是6.1630,最小值是2014年1月14日创下的升值高点6.0412,最大值是2012年10月9日的6.2878。这期间人民币汇率已事实上形成区间波动,2012年四季度,人民币汇率处于盘整状态;2013年年初至2014年1月底,人民币汇率基本呈稳步升值的趋势;2014年2月初至6月初人民币由升转贬,而从6月到12月基本上维持强势。

鉴于此,从近年来人民币汇率宽幅区间波动的市场实践来看,人民币汇率可能已接近均衡水平,短期大幅升值和贬值都缺乏经济基础。

2. 人民币汇率回归均衡的内在动因

2005年汇率改革之后,人民币持续升值,虽然在2008年金融危机之后两年有小幅的回调,但是2010年重启汇改之后,人民币保持了稳定的升值,以2013年为例,人

民币汇率全年出现了快速的升值,但无论是从国内经济增长,还是从经常项目顺差来看,基本面的因素其实已经与汇率走势出现了较大的背离,人民币升值从理论上缺乏基本面的支撑。从长期趋势看,支持过去十年人民币升值的许多因素正在减弱甚至逆转,比如经常账户明显收窄,对资本的管制未来即将放开等。我国的经常项目顺差相对于 GDP 比率已连续五年落入了 4% 这一国际经验上认可的国际收支平衡阈值之内,顺差层面对汇率的压力已经得到了有效缓解。此外,政策有望逐步放松对于资本流出的限制,也将在一定程度上削弱人民币汇率升值的基础。我们认为,人民币汇率升值的趋势有望逆转,未来人民币有效汇率指数有望继续下行。

3. 人民币汇率走势的政策诱因

目前中国经济正处于转型期,经济增速平台出现下行,2014 年 GDP 增速下滑至 7.4%。其中房地产市场延续放缓依然是经济下行风险的最重要来源,在流动性没有发生大规模放松背景下,房地产市场下行趋势难以得到显著改善;另外,影子银行体系整顿、房地产融资及地方政府平台贷的风险对实体经济的影响逐渐体现,导致经济面临较大的向下风险,在内忧的经济形势下,人民币升值的动机趋弱,而贬值的可能性增强。

中国人民银行的货币政策目标是"保持货币币值的稳定",这个币值稳定既是指防范国内的通货膨胀和通货紧缩,也是指对外的汇率稳定。当然,汇率稳定不是绝对不动,而是个相对概念,这就需要央行在必要的时候通过干预外汇市场来稳定汇率。2014 年 3 月 17 日新一轮汇改后,央行退出外汇市场的常态式干预,但并未承诺完全退出中国外汇市场,其在关键时刻稳定市场的作用有助于在外汇市场失灵和失控的时候减少市场恐慌行为,避免人民币汇率的超常波动和超调。

(1)贬值内动力——严峻的出口形势

2010 年以来,外贸形势趋于严峻,出口金额同比持续下行。其中一般贸易增速显著下滑,导致经常账户余额增速下滑,削弱了人民币的升值基础。

2014 年 6 月以来,在欧元区及日本宽松货币政策加码的条件下,美元指数持续大幅走强,从低点的 79.79 上升到 12 月 2 日的 88.64,上升 11.1%。在此期间,人民币兑美元汇率的表现更为强劲。因此,2014 年 6 月以来,人民币兑欧元汇率升值 9.7%,兑日元汇率更是升值 14.8%。预计 2015 年由于日本、欧元区和美国之间的货币政策分化可能进一步加剧,美元指数将很可能保持强势。这种情况下,如果人民币汇率在此基础上兑美元进一步升值可能将更严重打击出口部门,危及 2015 年的经济增长和稳定就业目标。因此,人民币汇率短期进一步升值的空间受到限制。

同时,在国内产能过剩、投资下滑情况下,外需对于"稳增长"作用更显重要,2014 年 3 季度贸易盈余拉动经济 0.8 个百分点,贡献了 10% 的增长。但从 2014 年

11月闭幕的秋季广交会情况来看,订单数据相比4月春交会下滑了6.1%,显示出口增长依然严峻。随着下半年人民币重启升值,2014年10月BIS编制的实际有效汇率指数达到121.5,已经回到了2月高点。在海外市场整体需求偏弱时,价格因素更显重要,在此层面上需要适度偏弱的汇率来稳定出口增长。同时,在外贸形势趋于严峻的背景下,各部委出台了多项外贸支持政策。从政策的角度来看,人民币汇率的适度贬值既有利于短期的稳增长,亦有利于中长期的经济结构调整。2014年5月,国务院办公厅颁布的《关于支持外贸稳定增长的若干意见》中,"强化政策保障"的内容明确提到要"增强人民币汇率双向浮动弹性",是主动性汇率贬值的一个重要政策信号。因此,从保出口稳增长的角度出发,存在着人民币在2015年出现贬值的压力。

(2)升值内推力——人民币汇率过低贬值无法支持人民币国际化

对于国际货币而言,价值的稳定性是作为交易媒介、计价尺度和储藏职能的基础。无论是贸易领域的人民币结算、以人民币计价的金融资产发行都需要以汇率稳定为基础。

一方面,随着人民币跨境贸易使用增加,汇率对于贸易的冲击可以得到部分中和。我们理解随着更多的交易对手接受人民币作为计价货币和交易媒介,对于我国贸易商而言,可以避免人民币兑美元汇率波动的冲击。从数据来看,人民币定价的范围的确有所扩大,2014年10月贸易项下跨境人民币结算金额达到5379亿元,相比上年同期增长51%,单月跨境人民币使用占进出口贸易金额从2012年的6%上升至2014年的23%。

另一方面,截至2014年年底已有28个中央银行与中国签订了双边本币互换,总金额超过3万亿元人民币,其中2014年与瑞士、斯里兰卡、俄罗斯、卡塔尔、加拿大5国的中央银行签署双边本币互换协议。截至2014年10月,先后与12个国家或地区的中央银行签订了人民币清算安排,其中2014年与英国、德国、法国、韩国、加拿大、澳大利亚、卢森堡、卡塔尔8国央行签订了清算安排。截至2014年10月底,已有169家境外机构进入中国银行间市场投资,超过30家的央行和货币当局已将人民币纳入其外汇储备。由此可见,2014年以来以对外结算、货币互换和清算安排等为主要内容的人民币国际化进程推进的速度加快,需要人民币汇率保持稳定。此外,亚洲基础设施投资银行的成立,将支持金砖国家、亚洲和其他发展中国家的基础设施建设,而中国将作为主要股东方。我们预计以人民币计价的投资和贷款将是主要币种,这将进一步推动货币的国际化,这也需要人民币汇率保持较为强势来维持市场信心。

4. 人民币波动性增强的原因

(1)为防止跨境套利和套汇,人民币汇率需要保持必要的波动性

2014年3月17日央行再次启动人民币汇率形成机制改革的目的就在于增强人

民币汇率的必要波动性。根据"不可能三角"理论,货币政策有效性与资本自由流动和汇率浮动之间具有替代关系。中国人民银行进一步扩大人民币汇率的波动幅度,希望借此减少对外汇市场的干预,"央行基本退出常态式外汇干预",逐步摆脱依靠外汇占款供应基础货币的模式,提升国内货币政策的有效性。2015 年,提升人民币汇率的波动性在美元保持强势和美国进入加息周期而中国需要一定程度宽松货币环境的条件下尤其重要。

(2)人民币外汇市场机制的加强

人民币汇率更多的变化或来自于形成机制的优化,未来外汇市场交易更趋活跃,交易价与央行公布中间价偏离幅度增加将成为常态。目前外汇交易的市场化已经在零售和批发市场同时发生。一方面,央行在 2014 年 7 月取消了银行对客户美元挂牌买卖价差的管理,允许银行在外汇"零售市场"自主定价,亦确认银行间即期外汇市场上更多非美货币的浮动幅度扩大;另一方面,银行间外汇市场参与主体将扩大至券商、保险、信托等非银行金融机构。对于前者,增加了价格的竞争性,带来市场流动性增强,对于后者则更适应了资本项目开放和资金双向流动。

(3)国际资本的流动性增强

美联储货币政策变化是 2015 年影响资本流动的重要变量。中、美经济增长差异,将导致两国货币政策分化,进而对人民币汇率形成牵动。目前中国经济依然处于下行周期、产能过剩、需求疲弱制约企业盈利,PPI 持续走低也进一步拉低民间投资意愿,此外房价回落和较高的去库存压力亦对地产投资形成压制。反观美国经济复苏较为稳健,居民部门去杠杆结束、就业市场转好带动消费稳定增长,房地产销量和价格回升也是趋势性的,三季度最新 GDP 达到 3.9% 的较高水平。经济走向差异将促使两国货币政策分化,从中国来看,我们预计将有 2 次降息,用以降低企业融资成本,而美联储于 2015 年下半年启动加息的预期正逐步升温,这使两国利差将在目前水平有所收窄,美元的走强将进一步制约人民币汇率升势。

美国货币政策的正常化对中国国际资本流动的影响具有两面性,美联储加息及加息预期固然可能通过提高期限利差,缩小境内外利差,导致边际上和阶段性的国际资本外流。研究表明,中美之间 3 年国债的利差与境外机构持有人民币债券的积极性密切相关。如果美国利率上升导致国内和国际间利差收窄,则境外机构购买人民币债券的积极性也将显著下降,资本可能外流。但另一方面,资本市场的波动性可能继续下降、信用利差可能继续收窄,这些因素又会助推更多国际资本流入中国。

总体上,我们预计资本项目下,未来将呈现市场主导的流入、政府控制下流出的格局,这使汇率仍将处于可控区间。从资金流入来看,预计境内将进一步放开海外投资并推进境内企业的海外筹资。其一,随着 QFII 和 RQFII 扩容、沪港通落实,预计更多海外资金流入国内债券、股票市场。截至 2014 年 9 月,境外机构和个人持有的债券、股票资产达到 1.09 万亿元人民币,占全部资产市值的 2%,仍低于韩国、印度等新兴市场国家,考虑到对外资本项目开放加快,这一比重仍将趋于提升。仅从 2015 年来看,中国纳入 MSCI 指数概率较大,以 5% 的比例测算就将吸引 90 亿美元增量资金流入。随着人民币资产融入全球,较低的蓝筹仍有一定估值优势,比如我国银行业 PE 估值仅为 4.75 倍,标普 500 银行业指数估值则达 11.3 倍,因此在主动或指数化投资方面国内股票仍是具有配置价值的。其二,我们不认为国内投资者会大幅增持海外资产。境内投资者散户偏多,其投资具有"母国偏好"特点。目前 A 股投资者中自然人占比达到 23%,其中 50 万元以上账户仅为 3%,对海外市场公司构成、交易规则了解有限,更倾向于投资境内小票、低价题材股,同时境内机构投资者的对外投资规模依然受制于 QDII 约束,不会大幅扩张,因此资金的净流入将对人民币汇率形成支持。其三,海外融资成本依然较低,中资企业发行平均利率大致为 3.94%,我们预计更多的国内企业会使用海外市场,通过点心债市场融资。截至 2014 年年底中资企业的未偿债券余额接近 137 亿美元,为 2013 年 77 亿美元的 1.8 倍,由此海外融资需要人民币汇率保持强势,来增加投资者认购。从资金流出来看,尽管民资的海外投资将是趋势性的,但短期难以一蹴而就,存量数据显示 2013 年年末非金融对外直接投资(ODI)中,中央企业的 3785 亿美元为地方的 2.2 倍。我们预计政府主导的"一带一路"仍将是 2016 年道路、能源管线、电信等行业为主导的海外投资,从资金流出规模来看也是相对可控的。

三、全球视野下,人民币汇率走势的中期判断

在 2014 年国际经济形势、人民币未来走势中升贬值双方抗衡力量的基础之上,让我们把视线再放远一些,从金融危机至今 6 年的全球主要货币波动规律对人民币的汇率的中期走势做一个对比预测。

综合以上,2015 年人民币汇率上行、下行风险相对均衡,未来双边波动会进一步增加,央行可能进一步将双边波动区间放大到 3%,进而推进汇率市场化改革。

(一)影响人民币汇率走势的因素

1. 两类国家的启示

金融危机以来,主流的经济体的形势可以大致分为两类:

第一类国家包括日本、韩国、英国与欧元区。其经济特点主要表现为:第一,通胀水平都比较低,基本保持在 3% 以下的水平,其中最为突出的日本,在很多时间内则一直呈现通缩的状态;第二,汇率基本保持在升值的状态,除 2008—2009 年前后美元

作为优质避险资产受到全球资金追捧以及 2014 年美元指数走强之外,其他时间内以上国家的汇率均呈现出持续小幅升值的趋势。

第二类国家主要是新兴市场类的经济体。这些国家在金融危机之后的表现主要体现为:第一,通胀水平往往较高,比如俄罗斯大部分时间内保持在 7% 以上的 CPI 同比增速;巴西的 CPI 同比也在不断攀升,目前也接近 7%;印尼、印度也在较长时间内保持在 8%—10% 的通胀水平。第二,这些国家的汇率呈现出贬值的趋势,特别是在 2013 年年中美国宣布退出 QE 的计划后,各国汇率均出现了较大幅度的贬值,这也是导致利率中枢水平反而出现上升的重要原因。

2. 人口结构对利差的影响

人口抚养比是指非劳动年龄人口对劳动年龄人口数之比。该指标越大,表明劳动力人均承担的抚养人数就越多,也意味着劳动力越短缺。如果该指标持续下降,说明该国具有丰富的剩余劳动力,在不断释放人口红利;如果该指标出现向上反弹,则说明该国的剩余劳动力在不断减少,甚至出现劳动力短缺。如果人口红利持续存在,一方面对房地产的刚性需求会对房地产及其相关行业起到稳固的支撑作用,提高其投资需求与利率水平;另一方面剩余劳动力的存在会使得劳动力的回报一直维持在较低水平,经济增长中的利益更多地分配给了资本所有者,提高了资本的投资回报率,使得利率水平上升。从两类国家 1960 年至今的人口抚养比,可以看出来,以欧日为代表的这一组国家在 20 世纪八九十年代左右就已经跨过了人口拐点,人口抚养比在持续上升,经济体中面临着劳动力短缺的问题;而第二类新兴市场国家的人口抚养比还在持续下降,意味着人口红利的影响还在持续发挥效力。

3. 影响汇率的其他因素

除了人口结构之外,融资需求、劳动率的差异、货币政策有效性等因素都影响到汇率的走势。比如,劳动生产率持续上升,由于产品的价格增长率等于劳动成本增长率减去劳动生产率的增长率,假设两国的相对劳动力成本没有多少变化,A 国相对于 B 国劳动生产率大幅上升会使 A 国相对 B 国的价格大幅下跌。根据相对购买力平价,A 国相对 B 国产品价格的下跌会使 A 国货币对 B 国货币产生升值压力,所以劳动生产率的上升是 A 国货币升值的内在驱动力。日本在 1975 年 12 月—1978 年 10 月、1985 年 2 月—1987 年 12 月和 1990 年 4 月—1995 年 5 月三个时期对美元大幅升值了 42.3%、52.9% 和 47.7%,期间日本的劳动率增速超过美国。韩国则在 1985 年 10 月—1989 年 4 月、1998 年 2 月—2000 年 3 月和 2002 年 2 月—2006 年 11 月三个时期对美元大幅升值了 34%、48% 和 42%,期间劳动生产率持续高于美国是主要原因。

（二）人民币汇率走势中期判断

综合这两类国家在金融危机之后的经济表现，我们认为以欧洲、日本等发达经济体为代表的这一类国家在中期将表现出利率中枢下行，通胀水平较低，汇率持续升值的长期因素在于人口拐点的到来，企业融资需求呈下降趋势，劳动生产率相对较高，汇率受到外部冲击影响较小，本国货币政策对其影响更大；而以新兴市场国家为代表的另一类经济体将表现出利率中枢上行，通胀水平较高，汇率出现贬值的长期因素在于人口红利仍在，企业融资需求依然较为旺盛，劳动生产率出现下降，汇率受到外部冲击影响较大，本国货币政策难以抵挡汇率的趋势性变化。

对比这两类国家，中国的情况如何呢？如果中国经济增速再次出现平台式下降，利率、通胀与汇率这三大指标是走入日欧模式还是走入新兴国家模式呢？我们认为：

第一，从人口角度进行考虑，人口抚养比在 2013 年小幅上升到 37%，很大程度上意味着通过了人口红利消失的拐点。但人口拐点并非单纯因为老龄人口的增加，2013 年 0—14 岁抚养人口的比重也出现了小幅反弹，有助于缓解我国过快步入老龄化社会的压力。

第二，目前企业融资需求依然处于相对旺盛的阶段，贷款与信托利率下行幅度并不明显；从 2012 年开始，中美两国劳动生产率增速之差出现明显缩窄，并于 2013 年首次出现了美国高于中国的情况，人民币内生的升值动力已经有所削弱。

第三，当汇率在未来受到外部贬值冲击压力时，货币政策能否真正起到抑制汇率贬值的效果并不十分确定，最终会造成货币政策的取向易紧难松。

因此，从人口、融资需求、货币政策有效性等方面的情况看，中长期内，人民币更有可能遵循新兴市场的模式，出现一定程度的贬值。

2015 年，人民币汇率将面临更为复杂的内外环境，外部环境的主要风险来自：在美联储加息和油价暴跌的双重压力下，部分新兴市场经济体遭遇金融市场动荡；欧元区和日本经济停滞，陷入通货紧缩；俄罗斯周边和中东的地缘政治风险升级；中国贸易顺差超预期扩张，再次引发人民币升值压力和贸易保护主义抬头。中、美货币政策取向将出现差异，美元走强引发的跨国资本流动值得关注。从内部环境来看，汇率取向需要在稳定贸易、保持国际竞争力与增加资本输出、推动货币国际化之间取得平衡。

结合两类经济体在金融危机复苏之后的表现，我们认为，2015 年人民币汇率将走上重估之路，面临着升值与贬值两方势力的对抗，会在（6.0，6.3）这样一个区间内波动，中期贬值可能性较大。

附录　国际收支编制标准的修改

◇◇

2014 年,中国按国际货币基金组织(以下简称基金组织)1993 年发布的《国际收支手册》(第五版)编制国际收支平衡表。2009 年,基金组织发布《国际收支手册》(第六版),中国将从 2015 年开始按照第六版的标准编制和公布平衡表。

一是储备资产并入金融账户下。中国目前公布的平衡表中,储备资产作为一级项目与经常账户、资本和金融账户并列列示。从第六版开始,将按照国际标准将储备资产列于金融账户下。同时,为兼顾公众的阅读习惯,将在金融账户下设"非储备性质的金融账户"和"储备资产"两个大项,前者口径与目前公布表式的金融账户相同,之下再细分为直接投资、证券投资等。

在新的表式下,如果不考虑误差与遗漏,经常账户顺差时,资本和金融账户必然逆差,不会再出现"双顺差"。

二是项目归属及分类变化。最重要的变化是,来料加工在第五版下按照进口和出口分别记录在货物贸易下,而第六版是按照工缴费净额记录在服务贸易下,转手买卖则由服务贸易调整至货物贸易下。这样,货物和服务贸易差额就出现此消彼长的变化。另外,金融账户下原分为直接投资、证券投资和其他投资,现将"金融衍生工具和雇员认股权"从证券投资中单列出来,变为与证券投资并列的分类,增加了一个大类,等等。

三是项目名称有所调整。一种是英文名称未变而中文翻译改变,如"经常项目"改为"经常账户","资本和金融项目"改为"资本和金融账户","旅游"改为"旅行"(包括商务旅行和私人旅行),建筑改为"建设"(主要考虑是"建筑"一词意义相对较窄,实际上该项服务不仅包括建筑物的建设,还包括道路、桥梁及水坝等的建设)等。

另一种是项目的英文名称变化,以与国民账户体系等其他国际统计标准的相关概念相协调,如经常账户下的"收益"改为"初次收入","经常转移"改为"二次收入","贸易信贷"改为"贸易信贷与预付款"等。

四是金融账户按差额列示而不分别列示借贷方。主要是因为金融交易买卖往往非常频繁,规模非常大,分析资产和负债的净变化比总流量更有意义。并且,总流量通常很难统计,很多时候需根据存量变化推算流量。如存款的存取笔数很多,短期外债的提款和还款频繁,通常最终只关心其净增加多少就可以满足分析需求,同时其余额也会在国际投资头寸表中记录。

五是使用一列方式列示数据且借方记负值。目前在公布国际收支平衡表时按贷方、借方、差额三列列示数据,未来将按照一列列示数据。这种列示方法有助于进行时间序列分析。第六版下,按照国际标准,在平衡表中将以负值来表示借方数据。

此外,《国际收支手册》(第六版)给出了金融账户新的记录方法,即通过数值的正负说明资产/负债的增加/减少。中国则仍沿用了以往的借贷记录法,主要是考虑方便与第五版衔接。

参考文献

1. 巴曙松、金玲玲等:《巴塞尔资本协议 III 的实施:基于金融结构的视角》,中国人民大学出版社 2014 年版。

2. 曹广伟、张霞:《G20 机制的构建及其在后危机时代的角色定位》,《国际展望》2010 年第 6 期。

3. 陈虹:《全球流动性评价体系与流向逆转》,《中国金融家》2013 年第 7 期。

4. 陈雨露、庞中英:《建设"大金融"战略,助推 G20 转型》,《今日中国论坛》2013 年第 16 期。

5. 崔志楠、邢悦:《从"G7 时代"到"G20 时代"国际金融治理机制的变迁》,《世界经济与政治》2011 年第 1 期。

6. 邓敏、蓝发钦:《金融开放背景下国际资本流动的审慎管理——新兴市场经济体的经验》,《金融理论与实践》2012 年第 2 期。

7. 方意:《中国宏观审慎监管框架研究》,南开大学博士学位论文,2013 年。

8. 高海红:《亚洲区域金融合作与中国的作用》,未发表手稿,2015 年。

9. 葛婷婷:《主权财富基金投资动向研究》,《金融经济》2008 年第 7 期。

10. 郭伟、刘扬:《后危机时代欧盟与法国金融监管的新变化及启示》,《国际金融研究》2013 年第 12 期。

11. 国信证券:《透析国际收支与外占的季节性扰动》,《宏观报告》2014 年 5 月 7 日,国信证券股份有限公司,深圳。

12. 苟琴、王戴黎、鄢萍等:《中国短期资本流动管制是否有效》,《世界经济》2012 年第 2 期。

13. 胡再勇:《国际金融监管体系改革的成就及最新进展》,《银行家》2014 年第 10 期。

14. 黄梅波、胡建梅:《国际宏观经济政策协调与 G20 机制化》,《国际论坛》2011 年第 1 期。

15. 黄益平、王勋:《中国资本项目管制有效性研究》,《金融发展评论》2010 年第 6 期。

16. 黄志强:《英国金融监管改革新架构及其启示》,《国际金融研究》2012 年第 5 期。

17. 姜云飞:《欧债危机后对最优货币区理论的再思考》,《世界经济研究》2014 年第 6 期。

18. 金荦:《中国资本管制强度研究》,《金融研究》2004 年第 12 期。

19. 金中夏:《全球流动性管理与中央银行的作用》,《国际经济评论》2011 年第 6 期。

20. 刘轶:《论欧盟金融服务法中的母国控制原则》,《法学论坛》2006 年第 3 期。

21. 刘真:《国际金融稳定法律机制研究》,武汉大学博士学位论文,2012 年。

22. 卢锋、李远芳、杨业伟:《"金砖五国"的合作背景和前景》,《国际政治研究》(季刊)2011 年第 2 期。

23. [美]罗伯特·特里芬:《黄金与美元危机——自由兑换的未来》,陈尚霖、雷达译,商务印书馆 1997 年版。

24. [俄]M.杰里亚金:《二十国集团与国际金融体系改革》,《国际展望》2011 年第 4 期。

25. 马骏、刘斌、贾彦东等:《2015 年中国宏观经济预测》,《中国人民银行工作论文》2014 年第 10 期。

26. 邱立成、王凤丽:《我国对外直接投资主要宏观影响因素的实证研究》,《国际贸易问题》2008 年第 6 期。

27. 商务部、国家统计局、国家外汇管理局:《2014 年度中国对外直接投资统计公报》,中国统计出版社 2015 年版。

28. 汤凌霄、欧阳晓、皮飞兵:《金砖国家外汇储备波动的协动性及其影响因素》,《经济研究》2014 年第 1 期。

29. 汤柳:《欧盟金融监管一体化的演变与发展——兼评危机后欧盟监管改革》,《上海金融》2010 年第 3 期。

30. 汤柳、尹振涛:《欧盟的金融监管改革》,《中国金融》2009 年第 17 期。

31. 唐未兵、彭涛:《后危机时代中国经济发展的路径选择》,《经济学动态》2010 年第 3 期。

32. 吴宗书:《我国对外直接投资母国影响因素分析》,《上海商学院学报》2009 年第 5 期。

33. 项本武:《中国对外直接投资的贸易效应》,《统计与决策》2005 年第 12 期。

34. 项本武:《中国对外直接投资的贸易效应研究——基于 Panel Data 的地区差异检验》,《统计与决策》2007 年第 24 期。

35. 肖立晟:《资本项目下的人民币国际化——伦敦人民币国际化调研报告》,《政策简报》2014 年 8 月 12 日,中国社会科学院世界经济与政治研究所国际金融研究中心。

36. 谢世清:《国际货币基金组织份额与投票权改革》,《国际经济评论》2011 年第 2 期。

37. 谢世清、曲秋颖:《世界银行投票权改革评析》,《宏观经济研究》2010 年第 8 期。

38. 徐明棋:《欧债危机的理论评述与观点辨析》,《国际金融研究》2013 年第 6 期。

39. 杨健全、杨晓武、王洁:《我国对外直接投资的实证研究:IDP 检验与趋势分析》,《国际贸易问题》2006 年第 8 期。

40. 尹继志:《后危机时代欧盟金融监管改革动向与评析》,《南方金融》2013 年第 5 期。

41. 余永定:《寻求资本项目开放问题的共识》,《国际金融研究》2014 年第 7 期。

42. 余永定、张明:《资本管制和资本项目自由化的国际新动向》,《国际经济评论》2012 年第 5 期。

43. 张兵、李翠莲:《"金砖国家"通货膨胀周期的协动性》,《经济研究》2011 年第 9 期。

44. 张礼卿:《资本账户应渐进、有选择开放》,《中国外汇》2012 年第 9 期。

45. 张礼卿主编:《国际金融》,高等教育出版社 2011 年版。

46. 张敏、薛彦平:《国际金融危机下的欧盟金融监管体制改革》,《国际问题研究》2010 年第 5 期。

47. 张明、谭小芬:《双顺差减少的政策建议——〈2014 年第 3 季度中国跨境资本流动报告〉之专题报告》,季度报告,2014 年 11 月 6 日,中国社会科学院世界经济与政治研究所国际投资研究室。

48. 张明、王永中等:《中国海外投资国家风险评级报告》,中国社会科学出版社 2015 年版。

49. 张青龙、王舒婷:《国际收支结构研究:基于人民币国际化视角的分析》,《国际金融研究》2011 年第 5 期。

50. 浙商证券:《美元、人民币汇率主题研究系列报告》,2014 年 10 月 16 日。

51. 中国人民银行调查统计司课题组和盛松成:《我国加快资本账户开放条件基

本成熟》,《中国金融》2012 年第 5 期。

52. 中国人民银行调查统计司课题组和盛松成:《协调推进利率、汇率改革和资本账户开放》,《中国金融》2012 年第 9 期。

53. 中国银行业监督委员会:《危机以来国际金融监管改革综述》,2010 年。

54. 中国人民银行货币政策二司:《人民币国际化报告(2015 年)》,http://www.pbc.gov.cn/huobizhengceersi/214481/214511/214695/index.html。

55. 中国人民银行上海总部国际金融市场分析小组:《2007 年国际金融市场报告》,2008 年 3 月。

56. 中国外汇管理局:《2014 年中国国际收支报告》,2015 年 3 月 31 日,http://www.safe.gov.cn/。

57. 中国外汇管理局:《2014 年中国跨境资金流动监测报告》,2015 年 2 月 1 日,http://www.safe.gov.cn/。

58. 中银香港研究部:《离岸人民币快报》,2015 年有关各期。

59. 周小川:《关于国际货币体系改革的思考》,中国人民银行网站。

60. 朱杰进:《G20 机制非正式性的起源》,《国际观察》2011 年第 2 期。

61. Abiad, A., Detragiache, E., & Tressel, T., " A New Database of Financial Reforms", IMF Staff Papers, Vol.57, No.2, 2010, pp.281-302.

62. Agenor, Pierre Richard, & Moreno-Dodson, Blanca, "Public Infrastructure and Growth: New Channels and Policy Implications", Policy Research Working Paper, Vol.59, 2006, pp.1-59.

63. Aizenman, Joshua, Yothin Jinjarak, & Donghyun Park, "International Reserves and Swap Lines: Substitutes or Complements", NBER Working Paper, No.15804, 2010.

64. Alan M.Taylor, "The Future of International Liquidity and the Role of China", NBER Working Paper, No.18771, 2013.

65. Alfaro, L., Chari, A., & Kanczuk, F., " The Real Effects of Capital Controls: Liquidity Constraints and Firm Investment", Harvard Business School Working Paper, No. 15-016, 2015.

66. AMRO, " The Joint Statement of the 15th ASEAN + 3 Finance Ministers and Central Bank Governors' Meeting", 3 May, 2012, Manila, the Philippines, http://www.amro-asia.org/wp-content/uploads/2012/05/120503AFMGM+3-JS.pdf.

67. Balasubramaniam, Vimal, Ila Patnaik , & Ajay Shah, "Who Cares about the Chinese Yuan?", NIPFP Working Paper, No.89, New Delhi: National Institute of Public Finance and Policy, 2011.

68. Bank for International Settlements, "Global Liquidity: Selected Indicators", BIS website, 2015, Available at http://www.bis.org/statistics/gli.htm.

69. Bartolini, L., & Drazen, A., "Capital - Account Liberalization as a Signal", *American Economic Review*, Vol.87, No.1, 1997, pp.138-154.

70. Basel Committee on Banking Supervision (BCBS), "A Framework for Dealing with Domestic Systemically Important Banks", 2012, http://www.bis.org/publ/bcbs224.pdf.

71. Basel Committee on Banking Supervision (BCBS), "Global Systemically Important Banks: Updated Assessment Methodology and the Higher Loss Absorbency Requirement", 2013, http://www.bis.org/publ/bcbs255.pdf.

72. Basel Committee on Banking Supervision (BCBS), "Implementation of Basel Standards, A Report to G20 Leaders on Implementation of the Basel III Regulatory Reforms", 2014a, http://www.bis.org/bcbs/publ/d299.pdf.

73. Basel Committee on Banking Supervision (BCBS), "Seventh Progress Report on Adoption of the Basel Regulatory Framework", 2014b, http://www.bis.org/publ/bcbs290.pdf.

74. Basel Committee on Banking Supervision (BCBS), "Progress on Post - crisis Reforms: Banking Supervisors and Central Bankers Meet to Discuss", September 2014.

75. Bayoumi, T., & Ohnsorge, F., "Do Inflows or Outflows Dominate? Global Implications of Capital Account Liberalization in China", IMF Working Paper, No.13/189, 2013, pp.1-31.

76. Bergsten, C.F., "The Dollar and the Deficits: How Washington Can Prevent the Next Crisis", *Foreign Affairs*, Vol.88, No.6, November/December 2009.

77. Bhattacharya Amar, Romani Mattia, & Stern Nicholas, "Infrastructure for Development: Meeting the Challenge", Working Paper, London School of Economics and Political Science, 2014.

78. Bini, S.L., "The Internationalization of Currencies: A Central Banking Perspective", in J.Pisani-Ferry & A.S.Posen (eds.), *The Euro at Ten: The Next Global Currency?* Peterson Institute for International Economics and Bruegel, 2008.

79. Binici, M., Hutchison, M., & Schinder, M., "Controlling Capital? Legal Restrictions and the Asset Composition of International Financial Flows", *Journal of International Money and Finance*, Vol.29, No.4, 2010, pp.666-684.

80. Borio, C., R.McCauley, & P.McGuire, "Global Credit and Domestic Credit Booms",

BIS Quarterly Review, September 2011 (Basel: Bank for International Settlements).

81. Bradlow, D., "Reforming Global Economic Governance: A Strategy for Middle Powers in the G20", *Going Global: Australia, Brazil, Indonesia, Korea and South Africa in International Affairs*, Jakarta, Indonesia, May 25-26, 2012.

82. BRICS, "Treaty for the Establishment of a BRICS Contingent Reserve Arrangement", 2014, http://www. pbc. gov. cn/publish/english/955/2014/20140717154639176510565/20140717154639176510565_.html.

83. BRICS, "The Fifth Joint Statistical Publication of the BRICS Countries", 2015, http://brics.ibge.gov.br/downloads/BRICS_Joint_Statistical_Publication_2014.pdf.

84. Brunnermeier, M. K., & L. H. Pedersen, "Market Liquidity and Funding Liquidity", *Review of Financial Studies*, Vol.22, No.6, 2009, pp.2201-2238.

85. Bruno, V., & H.S.Shin, "Cross-Border Banking and Global Liquidity", Mimeo, Princeton University, 2014.

86. Calvo, Guillermo A., & Carmen M.Reinhart, "Fear of Floating", *The Quarterly Journal of Economics*, Vol.117, No.2, 2002, pp.379-408.

87. Cardenas, M., & Barrera, F., "On the Effectiveness of Capital Controls: The Experience of Colombia During the 1990s", *Journal of Development Economics*, Vol.54, No.1, 1997, pp.27-57.

88. Carin, B., & A.Mehlenbacher, "Constituting Global Leadership: Which Countries Need to Be Around the Summit Table for Climate Change and Energy Security", *Global Governance*, Vol.16, No.1, 2010, pp.21-37.

89. Cerutti, E., S. Claessens, & L. Ratnovski, "Global Liquidity and Drivers of Cross-Border Bank Flows", IMF Working Paper, No.14/69, 2014.

90. Chalongphob, Sussangkarn, "Chiang Mai Initiative Multilateralization: Origin, Development and Outlook", *Asian Economic Policy Review*, Vol. 6, No. 2, 2011, pp. 203-220.

91. Chen, S., P.Liu, A.Maechler, C.Marsh, S.Saksonovs, & H.S.Shin, "Exploring the Dynamics of Global Liquidity", IMF Working Paper, No.12/246, 2012.

92. Cheung, Y., & Herrala, R., "China's Capital Controls: Through the Prism of Covered Interest Differentials", *Pacific Economic Review*, Vol.19, No.1, 2014, pp.112-134.

93. Claessens, S., Ghosh, S.R., & Mihet, R., "Macro-Prudential Policies to Mitigate Financial System Vulnerabilities", *Journal of International Money and Finance*, Vol.39, 2013, pp.153-185.

94. Coats, W., "Time for a New Global Currency? New Global Studies 3.1", 2010, Available at http://works.bepress.com/warren_coats/1.

95. Collyns, C., Huefner, F., Koepke, R., Mohammed, S., Tran, H., Gibbs, S., Ticu, P., & Tiftik, E., "Capital Flows to Emerging Markets", *Institute of International Finance Research Report*, 2014, pp.1-38.

96. Committee on the Global Financial System(CGFS), "Global Liquidity—Concept, Measurement and Policy Implications", CGFS Papers, No.45, December 2011.

97. Cooper, Richard, "The Economics of Interdependence: Economic Policy in the Atlantic Community", New York: McGraw Hill/Council on Foreign Relations, 1968.

98. Cooper, Richard N., "Exchange Rate Choices", in Sneddon & Olivei (eds.), *Rethinking the International Monetary System*, Federal Reserve Bank of Boston, 1999.

99. Cooper, R., "Global Imbalances: Globalization, Demography, and Sustainability", *Journal of Economic Perspectives*, Vol.22, No.3, 2008.

100. Cooper, R., "Necessary Reform? The IMF and the International Financial Architecture", *Harvard International Review*, Vol.22 March, 2009.

101. Cooper, R., "SDRs on the International Agenda", 2011, Available at http://english.caing.com/2011-04-20/100250653.html.

102. De Anne J., "A Roadmap for SDR Evolution", in *Beyond the Dollar: Rethinking the International Monetary System*, edited by Subacchi, Paola, & Driffill, John, London, A Chatham House Report, 2010.

103. De Gregorio, J., Edwards, S., & Valdes, R., "Controls on Capital Inflows: Do They Work?", *Journal of Development Economics*, Vol.63, No.1, 2000, pp.59-83.

104. Dyer, G., "G20 Looks to Beijing to Drive Global Growth", Speaking in Beijing, 2010-07-12, Available at http://www.ftchinese.com/story/001033511.

105. Eichengreen, B., "Out of the Box Thoughts about the International Financial Architecture", IMF Working Paper, No.WP/09/116, 2009.

106. Eichengreen, B., *Managing a Multiple Reserve Currency World*, University of California, Berkeley, April 2010.

107. Eichengreen, B., & P. Gupta, "Tapering Talk: The Impact of Expectations of Reduced Federal Reserve Security Purchases on Emerging Markets", Mimeo, 2013.

108. Eichengreen & Barry, "The Irresistible Rise of the Renminbi", *Project Syndicate* (online journal), November 23, 2009. www.project-syndicate.org/commentary/the-irresistible-rise-of-the-renminbi.

109. Eichengreen & Barry, "Banking on the BRICS", *Project Syndicate*, Aug. 13, 2014.

110. Eickmeier, S., L. Gambacorta, & B. Hofman, "Understanding Global Liquidity", BIS Working Paper, No.402, 2013.

111. Eiji Ogawa, & Takatoshi Ito, "On the Desirability of a Regional Basket Currency Arrangement", *Journal of the Japanese and International Economies*, Vol. 16, 2002, pp. 317–334.

112. Eiji Ogawa, & Junko Shimizu, "AMU Deviation Indicator for Coordinated Exchange Rate Policies in East Asia", RIETI Discussion Paper, 2005, 05–E–017.

113. European Stability Mechanism, "European Stability Mechanism Annual Report", 2013, http://www.esm.europa.eu/publications/index.htm.

114. European Cout of Auditors, "European Banking Supervision Taking Shape—EBA and its Changing Context", 2014.

115. European Union, "Establishing a European Financial Stabilization Mechanism", 2010.

116. European Union, "EFSF Framework Agreement", 2011.

117. European Union, "Treaty Establishing the European Stability Mechanism", 2011.

118. European Stability Mechanism, "European Stability Mechanism Annual Report 2013", 2013.

119. Fabrizio, S., "The Global Crisis and the Future of the International Monetary System", Speech by Mr Fabrizio Saccomanni, Director General of the Bank of Italy, at the Chinese Academy of Social Sciences, Beijing, 15 April 2010.

120. Farhi, Emmanuel, & Evan Werning, "Dealing with the Trilemma: Optimal Capital Controls with Fixed Exchange Rates", NBER Working Paper, w18199, 2012.

121. Farhi, Emmanuel, & Evan Werning, "Dilemma not Trilemma? Capital Controls and Exchange Rates with Volatile Capital Flows", *IMF Economic Review*, Vol.62, No.4, 2014, pp.569–605.

122. Ferran, E., & Babis, V.S.G., "The European Single Supervisory Mechanism", *University of Cambridge Faculty of Law Research Paper*, Vol.13, No.2, 2013, pp.255–285.

123. Financial Stability Board (FSB), "Key Attributes of Effective Resolution Regimes for Financial Institutions", 2011, http://www.financialstabilityboard.org/wp-content/uploads/r_111104cc.pdf.

124. Financial Stability Board(FSB), "Consults on Guidance for Recovery and Resolution Planning", 2012, http://www. financialstabilityboard. org/wp − content/uploads/pr_121102.pdf.

125. Financial Stability Board (FSB), "Progress and Next Steps Towards Ending 'Too−Big−To−Fail' (TBTF) Report of the Financial Stability Board to the G−20", 2013, September 2013.

126. Financial Stability Board (FSB), "OTC Derivatives Market Reforms Eighth Progress Report on Implementation", November 2014a.

127. Financial Stability Board(FSB), "2014 Update of List of Global Systemically Important Banks(G−SIBs)", November 2014b.

128. Financial Stability Board(FSB), "Report to the G20 on Progress in Reform of Resolution Regimes and Resolution Planning for G−SIFIs", 2014c, http://www.financial-stabilityboard.org/wp−content/uploads/Resolution−Progress−Report−to−G20.pdf.

129. Financial Stability Board (FSB), "Cross − border Recognition of Resolution Action Consultative Document", September 2014d.

130. Financial Stability Board(FSB), "Global Shadow Banking Monitoring Report 2014", 2014e, http://www. financialstabilityboard. org/wp − content/uploads/r _ 141030.pdf.

131. Forbes, K., Fratzscher, M., & Straub, R., "Capital Controls and Macroprudential Measures: What are They Good for?", DIW Discussion Paper, No.1343, 2013.

132. Forbes, K., & F. Warnock, "Capital Debt − and Equity − Led Capital Flow Episodes", Working Papers Central Bank of Chile, No.676, Central Bank of Chile, 2012.

133. Fratzscher, Marcel, & Arnaud Mehl, "China's Dominance Hypothesis and the Emergence of a Tri−polar Global Currency System", CEPR Discussion Paper, No.8671, Washington: Center for Economic and Policy Research, 2011.

134. Fratzscher, M., M.Lo Duca, & R.Straub, "A Global Monetary Tsunami? On the Spillovers of US Quantitative Easing", CEPR Discussion Papers, No.9195, 2012.

135. Fues, T., "The G − 20: A New Global Governance Framework for Sustainable Development?", *Briefing Paper Shanghai*, Vol.10, 2010.

136. G20, "G20 Coherent Conclusions for the Management of Capital Flows Drawing on Country Experiences", 2011.

137. Galati, G., & P.Woolridge, "The Euro as a Reserve Currency: A Challenge to the Preeminence of the U.S.Dollar?", *International Journal of Finance and Economics*, Vol.

14, No.1, 2009.

138. Galati, G., & Moessner, R., "Macroprudential Policy—A Literature Review", BIS Working Papers, No 337, 2011.

139. Ghosh, A., J.Ostry, & C.Tsangarides, "Exchange Rate Regimes and the Stability of the International Monetary System", IMF Occasional Paper, No.270, 2010.

140. Giordani, P., Ruta, M., Weisfeld, H., & Zhu, L., "Capital Flow Deflection", IMF Wokring Paper, wp14/145, 2014.

141. Gochoco−Bautista, M.S., & Rhee, C., "Capital Controls: A Pragmatic Proposal", ADB Economics Working Paper Series, No.337, 2013.

142. Greenwald, B., & J. Stiglitz, "A Modest Proposal for International Monetary Reform", in S. Griffith − Jones, J. A. Ocampo, & J. E. Stiglitz, (eds.), *Time for a Visible Hand: Lessons from the 2008 World Financial Crisis*, New York: Oxford University Press, 2010.

143. Griffith − Jones Stephany, "A BRICS Development Bank: A Dream Coming True?", Paper prepared for United Nations Conference on Trade and Development, 2014, http//policydialogue.org/files/publications/stephany.pdf.

144. Hamilton, James Douglas, *Time Series Analysis*, Princeton University Press, 1994.

145. Harvey, Andrew C., "*Forecasting, Structural Time Series Models and the Kalman Filter*", Cambridge University Press, 1990.

146. Hausmann, Ricardo, "Currencies: Should There be Five or One Hundred and Five", *Foreign Policy*, Vol.116, No1, 1999, pp.65−79.

147. Heinbecker, P., "The Future of the G20 and its Place in Global Governance", Centre for International Governance Innovation(CIGI), 29−Apr., 2011.

148. Hoguet, G., & S.Tadesse, "The Role of SDR−Denominated Securities in Official and Private Portfolios", *State Street Global Advisors*, November 2009.

149. Hongyi Chen, Wensheng Peng, & Chang Shu, "The Potential of the Renminbi as an International Currency", *China Economic Issues*, Vol.7, No.07, 2007.

150. Huang, Y., & Wang, X., "Does Financial Repression Inhibit or Facilitate Economic Growth? A Case Study of Chinese Reform Experience", *Oxford Bulletin of Economics and Statistics*, Vol.73, No.6, 2011, pp.833−855.

151. International Monetary Fund, "Global Liquidity Expansion: Effects on 'Receiving' Economies and Policy Response Options", Global Financial Stability Report, April 2010.

152. International Monetary Fund,"Reserve Accumulation and International Monetary Stability",2010,Available at http://www.imf.org/external/np/pp/eng/2010/041310.pdf.

153. IMF,"The Fund's Role Regarding Cross-Border Capital Flows",Washington, DC:International Monetary Fund,2010a.

154. IMF,"Recent Experiences in Managing Capital Inflows-Cross-Cutting Themes and Possible Guidelines",Washington,DC:International Monetary Fund,2011a.

155. IMF, "The Multilateral Aspects of Policies Affecting Capital Flows", Washington,D.C.:International Monetary Fund,2011b.

156. International Monetary Fund,"Enhancing International Monetary Stability—Is There a Role for the SDR?", January 7, 2011, Available at http://www.imf.org/external/np/pp/eng/2011/010711.pdf.

157. IMF,"The Liberalization and Management of Capital Flows:An Institutional View",Washington,DC:International Monetary Fund,2012a.

158. IMF, "Liberalizing Capital Flows and Managing Outflows",Washington,DC: International Monetary Fund,2012b.

159. International Monetary Fund, "Global Liquidity: Credit and Funding Indicators",Policy Paper,July 2013a.

160. International Monetary Fund,"Global Impact and Challenges of Unconventional Monetary Policies",Policy Paper,September 2013b.

161. International Monetary Fund,"Global Liquidity-Issues for Surveillance",IMF Policy Paper,2014.

162. IMF,*World Economic Outlook Update:Is the Tide Rising*,Jan.2014.

163. IMF,*World Economic Outlook:Recovery Strengthens,Remains Uneven*,Jun.2014.

164. IMF,*World Economic Outlook Update:An Uneven Global Recovery Continues*, Jul.2014.

165. IMF,*World Economic Outlook:Legacies,Clouds,Uncertainties*,Oct.2014.

166. IMF,*Regional Economic Reports*,Nov.2014.

167. IMF,*World Economic Outlook:Adjusting to Lower Commodity Prices*,Oct.2015.

168. International Organization of Securities Commissions(IOSCO),"Money Market Fund Systemic Risk Analysis and Reform Options",Consultation Report,2012,CR07/12.

169. Iwan Azis,"Regional Financial Safety Nets and Financial Stability",Presented at the Conference on Achieving Financial Stability—Lessons from the Eurozone Crisis for Macroeconomic and Financial Stability,MOF(PRI)-ADBI Joint Conference,March 14,2012.

170. Jacques de Larosière, "The High-level Group on Financial Supervision in the EU", 2009.

171. Jeanne, O., Subramanian, A., & Williamson, J., *Who Needs to Open the Capital Account?* Peterson Institute for International Economics, 2012.

172. Jeffrey A. Frankel, & Shang-Jin Wei, "Yen Bloc or Dollar Bloc? Exchange Rate Policies of the East Asian Economies", in: *Macroeconomic Linkage: Savings, Exchange Rates, and Capital Flows*, NBER-EASE Volume 3, 1994, pp.295-333.

173. Jeffrey A. Frankel, & Shang Jin Wei, "Assessing China's Exchange Rate Regime", *Economic Policy*, Vol.22, No.51, 2007, pp.575-627.

174. Jeffrey A. Frankel, & Shang Jin Wei, "Estimation of De facto Exchange Rate Regimes: Synthesis of the Techniques for Inferring Flexibility and Basket Weights", *IMF Staff Papers*, Vol.55, No.3, 2008, pp.384-416.

175. Jeffrey, A.R., "Single Reserve Currency: An Analysis of the Benefits and Challenges with Implementing a Single Reserve Currency", December 4, 2009, Available at http://www.singleglobalcurrency.org/documents/SingleReserveCurrencyTatmanandTeam13.pdf.

176. Jie Sun, "Retrospect of the Chinese Exchange Rate Regime after Reform: Stylized Facts during the Period from 2005 to 2010", *China & World Economy*, Vol.18, No.6, 2010, pp.19-35.

177. John Williamson, "A Currency Basket for East Asia", Policy Briefs in International Economics, Institute for International Economics, July 2005, No.PB05-1.

178. Kaminsky, G. L., & Reinhart, C. M., "Financial Crisis in Asia and Latin American: Then and Now", *The American Economic Review*, Vol. 88, No. 2, 1998, pp. 444-448.

179. Kenen, P. B., "Reforming the Global Reserve Regime: The Role of the Substitution Account", Paper presented at the 2010 Bellagio Conference, Stockholm, January 2010.

180. Kofstad & Wiig, "What Determines Chinese Outward FDI", *Journal of World Business*, 2010.

181. Korinek, A., "Regulating Capital Flows to Emerging Markets: An Externality View", Manuscript, University of Maryland, 2010.

182. Korinek, A., & Sandri, D., "Capital Controls or Macroprudential Regulation?" NBER Working Paper, No.w20805, 2014.

183. Kose, M. A., Prasad, R., Rogoff, K., & Wei, S. J., "Financial Globalization: A

Reappraisal", *IMF Staff Papers*, Vol.56, No.1, 2009, pp.8-62.

184. Kuemmerle, W., "Building Effective R&D Capabilities Abroad", *Harvard Business Review*, Vol.1997, :pp.61-70.

185. Kwan, Chi Hung, "The Yen, the Yuan, and the Asian Currency Crisis: Changing Fortune between Japan and China", The A/PARC Occasional Paper, 1998.

186. Landau, J.P., "Global Liquidity: Public and Private", in the Proceedings of the Federal Reserve Bank of Kansas City Economic Symposium at Jackson Hole, 2013.

187. Lane, P., & Milesi-Ferretti, G.M., "The External Wealth of Nations Mark II: Revised and Extended Estimates of Foreign Assets and Liabilities, 1970-2004", *Journal of International Economics*, Vol.73, No.2, 2007, pp.223-250.

188. Levy Yeyati, E., Schmukler, S.L., & Van Horen, N., "International Financial Integration through the Law of One Price: The Role of Liquidity and Capital Controls", *Journal of Financial Intermediation*, Vol.18, No.3, 2009, pp.432-463.

189. Lim, C., Columba, F., Costa, A., Kongsamut, P., Otani, A., Saiyid, M., Wezel, T., & Xu, X., "Macroprudential Policy: What Instruments and How to Use Them? Lessons from Country Experiences", IMF Working Paper, WP/11/238, 2011.

190. Linn, J., Bradford, C., "Pragmatic Reform of Global Governance: Creating an L20 Summit Forum", *The Brookings Institution Policy Brief*, Vol.4, 2006.

191. Magud, N.E., Reinhart, C.M., & Rogoff, K.S., "Capital Controls: Myth and Reality—A Portfolio Balance Approach", NBER Working Paper, No.w16805, 2011.

192. Matsumoto, A., "Global Liquidity: Availability of Funds for Safe and Risky Assets", IMF Working Paper, No. 11/136, 2011 (Washington: International Monetary Fund).

193. McKinnon R.I., "Optimum Currency Areas", *The American Economic Review*, Vol.53, 1963, pp.717-725.

194. McKinnon, R.I., *The Order of Economic Liberalization: Financial Control in the Transition to a Market Economy*, Baltimore/Maryland: Johns Hopkins University Press, 1991.

195. McKinnon, Ronald I., "The East Asian Dollar Standard, Life after Death?", *Economic Notes*, Vol.29, No.1, 2000, pp.31-82.

196. McKinsey Global Institute, "An Exorbitant Privilege? Implications of Reserve Currencies for Competitiveness", McKinsey Global Institute Discussion Paper, December 2009.

197. Michel, C., L.Alexandre, & Padoa-Schioppa, T., "Palais-Royal Initiatives", Feb.11, 2011, Available at http://www.global-currencies.org.

198. Mundell, R. A. , "A Theory of Optimum Currency Areas", *The American Economic Review* , *Vol.* 51 , No.4 , September , 1961 , pp.657–665.

199. Mwase Nkunde, & Yang Yongzheng, "BRICs' Philosophies for Development Financing and Their Implications for LICs", 2012, http://www. imf. org/external/pubs/ft/wp/2012/wp1274.pdf.

200. Nakao , T. , "Reforming the International Monetary System: Japan's Perspective", for the Symposium at the Institute for International Affairs , 2010.

201. Obstfeld , Maurice , & Kenneth Rogoff, "The Mirage of Fixed Exchange Rates", NBER Working Paper , No.5191 , 1995.

202. Obstfeld , M. , J. Shambaugh , & A. M. Taylor, "Financial Stability, the Trilemma and International Reserves" , NBER Working Paper , No.14217 , August 2008.

203. Ocampo , J. A. , "Regional Financial Cooperation: Experiences and Challenges", In J. A. Ocampo (ed.) , *Regional Financial Cooperation* , Washington , D. C. : Brookings , 2006 , pp.1–39.

204. Ocampo , J. A. , "Reforming the Global Reserve System" , in S. Griffith-Jones , J. A. Ocampo , J. E. Stiglitz(eds) , *Time for a Visible Hand: Lessons from the* 2008 *World Financial Crisis* , New York : Oxford University Press , 2010.

205. Ocampo , J. A. , & J. Stiglitz, "The Case for a Global Reserve Currency", 2011, Available at http://policydialogue.org/files/events/globalreservearguments_mar2_clean.docx.

206. Ocampo , J. A. , "Special Drawing Rights and the Reform of the Global Reserve System , for the Intergovernmental Group of Twenty-Four" , 2009 , Available via the Internet atwww.g24.org/jao0909.pdf.

207. OECD , General Assessment of the Macroeconomic Situation , Jan.2014.

208. OECD , Interim Economic Assessment , Sep.2014.

209. Ogawa Eiji, & Shimizu Junko, "AMU Deviation Indicators for Coordinated Exchange Rate Policies in East Asia and their Relationships with Effective Exchange Rates" , *The World Economy* , Vol.29 , No.12 , 2006 , pp.1691–1708.

210. Ogawa , Eiji , & Michiru Sakane, "Chinese Yuan after Chinese Exchange Rate System Reform" , *China & World Economy* , Vol.14 , No.6 , 2006 , pp.39–57.

211. Ogawa , Eiji & Takatoshi Ito, "On the Desirability of a Regional Basket Currency Arrangement" , *Journal of the Japanese and International Economies* , Vol.16 , No.3 , 2002 , pp.317–334.

212. O' Neill , Jim, "Building Better Global Economic BRICs", 2012, http://www.

goldmansachs.com/our-thinking/archive/building-better.html.

213. Ostry, J.D., Ghosh, A.R., Habermeier, K., Chamon, M., Qureshi, M.S., & Reinhardt, D.B.S., "Capital Inflows: The Role of Controls", IMF Staff Position Note 10/04 (Washington, DC: International Monetary Fund), 2010.

214. Ostry, J.D., Ghosh, A.R., Habermeier, K., Chamon, M., Qureshi, M.S., Laeven, L., & Kokenyne, A., "Managing Capital Inflows: What Tools to Use?", IMF Staff Discussion Note 11/06(Washington, DC: International Monetary Fund), 2011.

215. Palais, R.I., "Reform of the International Monetary System: A Cooperative Approach for the Twenty-First Century", February 2011, Available at http://www.imf.org.

216. Park, Yungchul, & Yunjong Wang, "The Chiang Mai Initiative and Beyond", The World Economy, Vol.28, No.1, 2005, pp.91-101.

217. Paul Krugman, "China's Dollar Trap", New York Times, 2009, http://www.nytimes.com/2009/04/03/opinion/03krugman.html.

218. Posen, A., "Why the Euro will not Rival the Dollar", International Finance, Vol.11, No.1, 2008, pp.75-100.

219. Prado, Mariana Mota, & Salles, Fernanda Ciminni, "The BRICS Bank's Potential to Challenge The Field of Development Cooperation", Verfassung und Recht in Übersee, Vol.47, 2014, pp.147-97.

220. Quinn, D.P., & Toyoda, A.M., "Does Capital Account Liberalization Lead to Growth?", Review of Financial Studies, Vol.21, No.3, 2008, pp.1403-1449.

221. Qureshi, M.S., Ostry, J.D., Ghosh, A.R., & Chamon, M., "Managing Capital Inflows: The Role of Capital Controls and Prudential Policies", IMF, Working Paper, No.17363, 2011.

222. Rai, V., & L. Suchanek, "The Effect of the Federal Reserve's Tapering Announcements on Emerging Markets", Bank of Canada, Working Paper, No. 2014-50, 2014.

223. Rajan, Ramikishen, "Exchange Rate Policy Options for Post-crisis Southeast Asia: Is There a Case for Currency Baskets?" The World Economy, Vol.25, No.1, 2002, pp.137-163.

224. Rey, H., "Dilemma not Trilemma: The Global Financial Cycle and Monetary Policy Independence", in Proceedings of the Federal Reserve Bank of Kansas City Economic Symposium at Jackson Hole, 2013.

225. Rüffer, R., & L. Stracca, "What is Global Excess Liquidity, and Does it

Matter?", ECB Working Paper, No.696, 2006 (Frankfurt: European Central Bank).

226. Sandra Poneet, "Inward and Outward FDI in China", Paris School of Economies, 2007.

227. Schablitzki, Jan., "The BRICS Development Bank: A New Tool for South-South Cooperation", 2014. http://bricspolicycenter. org/homolog/uploads/trabalhos/6766/doc/168701850.pdf.

228. Schoenmaker, D., Oosterloo, S., " Crossborder Issues in European Financial Supervision", *The Structure of Financial Regulation*, No.2, 2007, pp.264-291.

229. Spencer, Michael, "A 'Yuan Bloc' in Asia? Not yet", *Deutsche Bank Global Economic Perspectives*, 7 February, 2013.

230. Straub, Stéphane, *Infrastructure and Growth in Developing Countries*, World Bank Publications, 2008.

231. Stuenkel, Oliver, "The Financial Crisis, Contested Legitimacy, and the Genesis of Intra-BRICS Cooperation", *Global Governance*, Vol.19, No.4, 2013, pp.611-630.

232. Subacchi, P., & J.Driffill (eds.), *Beyond the Dollar: Rethinking the International Monetary System*, London: Chatham House, 2010.

233. Subacchi, P., & P.Stephen, "Legitimacy vs Effectiveness for the G20: A Dynamic Approach to Global Economic Governance", *International Economics*, Vol.10, 2011.

234. Subramanian, Arvind, & Martin Kessler, "The Renminbi Bloc is Here: Asia Down, Rest of the World to Go?", PIIE Working Paper, WP 12-19, 2013.

235. Summers, Lawrence H., "International Financial Crises: Causes, Prevention, and Cures", *The American Economic Review*, Vol.90, No.2, 2000, pp.1-16.

236. The World Bank, *Global Economic Prospects: Coping with Policy Normalization in High-income Countries*, Jan.2014a.

237. The World Bank, *Global Economic Prospects: Shifting Priorities, Building for the Future*, Jun.2014b.

238. Trichet, Jean-Claude, "Financial Markets Integration in Europe: The ECB's View", BIS Review 39/2005.

239. Trichet, J.C., "Interview in Le Monde", November 2009, Available at http://www. exchange-handbook.co.uk/index.cfm? section=news&action=detail&id=86810.

240. Truman, E., "The International Monetary System and Global Imbalances", January 2010, Available at http://www.piie.com/publications/papers/truman0110.pdf.

241. Truman, E., & A.Wong, "The Case for an International Reserve Diversification

Standard", Peterson Institute for International Economics Working Paper, No.06-2, 2006, Available at http://iiea.iie.com/publications/wp/wp06-2.pdf.

242. Turner, P., "Macro Prudential Policies in EMEs: Theory and Practice", BIS Papers, No 62, 2011.

243. UNCTAD, *World Ivestment Report* 2014: *Investing in the SDGs: An Action Plan*, New York and Geneva: United Nations Coference on Trade and Development, 2014.

244. UNCTAD, *World Ivestment Report* 2015: *Reforming International Investment Governance*, New York and Geneva: United Nations Coference on Trade and Development, 2015.

245. United Nations, "Report of the Commission of Experts of the President of the United Nations General Assembly on Reforms of the International Monetary and Financial System", 2009, Available at http://www.un.org/ga/econcrisissummit/docs/FinalReport_CoE.pdf.

246. United Nations, *World Economic Situation and Prospects* 2014. New York. Jan.2014.

247. United Nations, *World Economic Situation and Prospects* 2014: *Update as of Mid-2014*, New York, Jan.2014.

248. Unsal, D. F., "Capital Flows and Financial Stability: Monetary Policy and Macroprudential Responses", IMF Working Paper, No 11189, 2011.

249. Vestergaard, J., & R.H. Wade, "The New Global Economic Council: Governance Reform at the G20, the IMF and the World Bank", DIIS Working Paper, 2011.

250. Watson Noshua, Younis Musab, & Spratt Stephen., "What Next for the Brics Bank?", Rapid Response Briefing, institute of Development Studies, Issue 3, May 2013.

251. Williamson, J., Why SDRs Could Rival the Dollar, Peterson Institute for International Economics, Number PB 09-20, September 2009, Available at http://www.iie.com/publications/pb/pb09-20.pdf.

252. Williamson, J., "The Future of the Reserve System", Journal of Globalization and Development, Vol.1, No.2, 2010, Available at http://www.bepress.com/jgd/vol1/iss2/art15.

253. World Bank, "Annual Report 2015", http://www.worldbank.org/en/about/annual-report, 2015.

254. World Bank, "World Bank Group Voice Reform: Enhancing Voice And Participation of Developing and Transition Countries in 2010 and Beyond", Paper prepared for the Development Committee meeting, Washington, DC, 2010, http://siteresources.world-

bank.org DEVCOMMINT/Documentation/22553921/DC2010-006(E)Voice.pdf.

255. World Economic Forum, "The Global Competitiveness Report 2014 – 2015", 2014, http://www.weforum.org/docs/WEF_GlobalCompetitivenessReport_2014-15.pdf.

256. WTO, World Trade Report 2015: Speeding up Trade: Benefits and Challenges of Implementing the WTO Trade Facilitation Agreement, 2015.

257. WTO, World Trade Report 2014: Trade and Deveopment: Recent Trends and the Role of WTO, 2014.

258. WTO, Latest Quarterly Trade Trends, Oct.2014.

259. WTO, International Trade Statistics, 2014.

260. Zhang, Liqing, "Reforming International Monetary System and Internationalization of RMB: A Chinese perspective", in *The International Monetary System*, *Energy and Sustainable Development* edited by Sung Jin Kang and Yungchul Park, Routledge Press, February, 2015.

261. Zhang, Liqing, & Kunyu Tao, "The Benefits and Costs of Renminbi Internationalization", in *Renminbi Internationalization: Achievements*, *Prospects*, *and Challenges* edited by Barry Eichengreen and Masahiro Kawai, Brookings Institution Press and Asian Development Bank, February, 2015.

262. Zhu, L., "Employment and Financial Stability: Dual Goals of Capital Flow Management", Jobmarket paper, 2014.